venedig

Walter M. Weiss

Senkrechtstarter

La Serenissima, die Erlauchteste, ist nicht nur ihrer Kunstdenkmäler und über 1200-jährigen Geschichte wegen, sondern auch dank ihrer amphibischen Lage das wohl wundersamste Stadtgefüge der Welt. In ihren Umrissen gleicht sie einem Fisch. Im Westen bilden Parkhäuser und Bahnhof Maul und Augen. Im Südosten, quasi an der Bauchflosse, markieren Dogenpalast und Markusdom das alte Machtzentrum. Dazwischen schlängelt sich der Nervenstrang des Canal Grande durch das Aderngeflecht aus Gassen und Kanälen.

Überflieger

Venedig — die sagenhaft Schöne. Mal eben drüberfliegen, hinweg über das Centro Storico mit San Marco und dem Canal Grande, zum Lido, nach Murano, Burano und den vielen anderen charmanten Laguneninseln.

San Michele

Rendezvous mit dem Tod

Inselhüpfen zwischen Glaskunst, Gemüse und bunten Häuschen ↗

Die Werft einer Weltmacht

Arsenal

Seufz, seufz – adieu, schnöde Welt!

Seufzerbrücke

Bilderbuchkulisse

San Giorgio

Schifffahrtsmuseum

Gondeln, Galeeren und Torpedoboote

Giardini della Biennale

Leistungsschau der Avantgarde

Grandezza und Badespaß am Lido ↘

Kreuz & quer

Fundstücke — zwischen Canal Grande und Adriastrand, Gondelwerkstatt, Musentempel und Adelspalast, Kunstmuseum, Gourmettreff und gemütlicher Weinbar.

Auf der Piazza flanieren

Der Markusplatz ist das Herzstück der Serenissima. Von Arkaden umstellt, von Touristen, Tauben (und Taschendieben) bevölkert, Schauplatz vieler Feste und Feierlichkeiten. Napoleon nannte das Geviert mit den kunstvoll gemusterten Stein- und Marmorplatten »den schönsten Salon Europas«. Nach einem Lokalaugenschein werden Sie verstehen, weshalb.

Ein architektonischer Traum

Selbst wenn Sie nur auf Stippvisite in der Lagunenstadt sind: Den Canal Grande müssen Sie unbedingt abfahren. Denn vom Deck eines Vaporettos, Venedigs schwimmender Tram, nehmen Sie entlang dieser »prächtigsten Straße der Welt« mehr als 200 Palästen und über einem Dutzend kostbarer Sakralbauten die Parade ab … ein architektonisches Spalier, dessen Prunk einem schier den Kopf verdreht!

Dolce Vita am Strand

Wen nach all den Streifzügen durch das steinerne Altstadtlabyrinth die Lust packt, einfach mal mit der Seele zu baumeln: *ecco*, ein Viertelstündchen im Vaporetto hinüber zum Lido schippern und schon liegen sie vor einem hingebreitet – die glitzernde Adria, und davor, soweit das Auge reicht, ein Sandstrand, fein, flach und ausgestattet mit allem, was man zum (Sonnen-)baden all'italiana so braucht.

Ob in einer Sommernacht mit einem Spritz vis-à-vis festlich illuminierter Fassaden, beim morgendlichen Cappuccino auf einem volkstümlichen Campo oder mit einer Ombra in der Wintersonne am Zattere-Kai: Gründe, auf die atemberaubende Schönheit dieser Stadt anzustoßen, bieten sich in Venedig allerorten.

Kopfüber in die Nacht

Das Klischee, dass man in Venedig abends die Gehsteige hochklappt, ist schon lange überholt. Man schlendere nur einmal über den Campo Santa Margherita oder die Campi östlich der Rialto-Brücke; gar nicht zu reden von den Kais entlang der Kanäle Cannaregios: Hier geht vielerorts bis spät in die Nacht die Post ab.

Ein einziger Musentempel

Als Kunstfreund geraten Sie gehörig in Stress! Denn Sie stehen vor der Wahl, den Alten Meistern in der Accademia, der Ca' d'Oro, den diversen Bruderschaftsschulen oder aber im Dogenpalast die Reverenz zu erweisen. Oder doch lieber zu den Hotspots der Moderne? Da wären Punta della Dogana, Peggy Guggenheim, Palazzo Grassi …

Bacaro
Diese Stehbars leisten bis spät nachts Abhilfe gegen Durst und den kleinen Hunger zwischendurch. Und sie bieten die Chance auf einen launigen Plausch mit Einheimischen.

Ein Abend im Fenice oder ein Konzert im Festsaal eines Palastes weitet die Seele. Kein Wunder, Sie sind ja auch in der Stadt von Vivaldi und Monteverdi!

Interessantes Inselhüpfen

Die Glasbläserinsel Murano, Burano mit seinen Spitzenklöpplerinnen und der einstige Bischofssitz Torcello, dazu melancholisch stimmende Eilande wie Lazzaretto Nuovo oder die Klosterinseln San Francesco und San Lazzaro … Venedig ist umringt von lohnenden Ausflugszielen. Wer Lust hat, die menschenleeren Randzonen der Lagune, diese amphibische Traumwelt aus Salzmarschen, Schlick und Schilf, zu erkunden: Die Portale www.guidetovenice.it und www.veneziainbarca.it offerieren Exkursionen in traditionellen Barken.

Schönheit tanken zur »magischen Stunde«: Wessen Herz hier nicht höher schlägt, der hat wohl keines.

Inhalt

Vor Ort

Rund um den Markusplatz 34

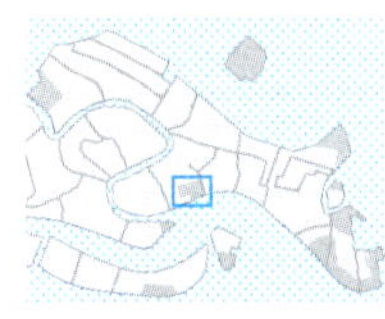

San Marco 62

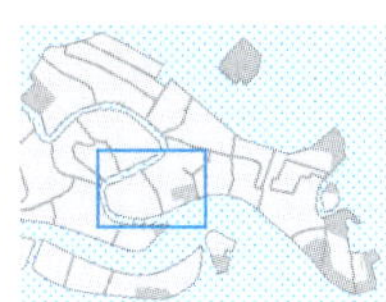

Cannaregio 92

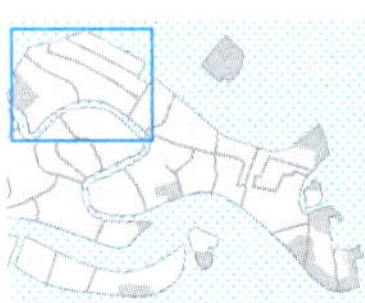

Castello 120

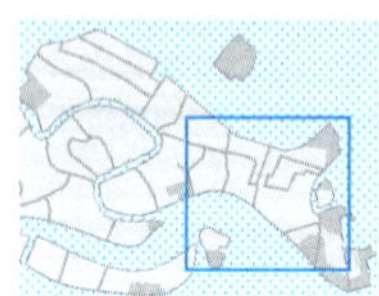

San Polo und Santa Croce 156

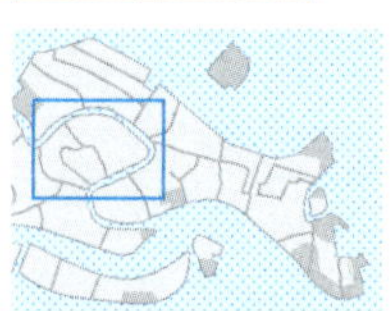

Dorsoduro, San Giorgio und Giudecca 186

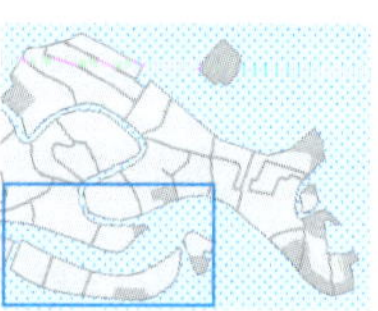

Der Lido und die Laguneninseln 222

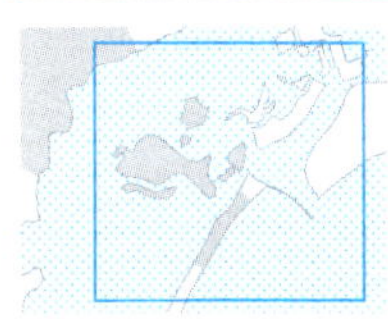

Das Kleingedruckte

Das Magazin

Stadtlandschaften

La Serenissima, die Erlauchteste — Venedig fasziniert Reisende seit alters durch seine einzigartige Lage, Baustruktur und Atmosphäre.

Die Comune di Venezia liegt in der nordwestlichen Ecke der Adria. Sie umfasst das historische Zentrum *(Centro Storico)* sowie den überwiegenden Teil der ca. 600 km² großen Venetischen Lagune mit ihren insgesamt 118 Inseln; außerdem die beiden *lidi,* das Lido di Venezia bzw. Pellestrina, welche die Lagune über mehr als 20 km vom offenen Meer abgrenzen, sowie diverse Orte, darunter Mestre, am Festland. Sie ist durch die Ponte della Libertà mit der *Terra ferma* verbunden und in sechs *sestieri,* Stadtsechstel, untergliedert – San Marco, Castello, Cannaregio, San Polo, Santa Croce sowie Dorsoduro mit den Inseln Giudecca und San Giorgio Maggiore.

Canal Grande und San Marco

Die meisten Besucher erhalten ihren ersten nachhaltigen Eindruck von der schönen Einmaligkeit dieser amphibischen Stadt an Bord eines Vaporetto auf dem **Canal Grande.** Wer die S-förmige Wasserstraße zwischen Bahnhof bzw. Piazzale Roma und der zuckerkringelweißen Salute-Kirche befährt, nimmt einem Spalier aus Palast- und Kirchenfassaden von atemberaubender Pracht die Parade ab. Venedigs imposantes Herz – ein Fixpunkt auf jeder noch so kurzen Besichtigungstour – markiert die **Piazza San Marco.** Im Osten dieses an drei Seiten von eleganten Arkadengängen gesäumten »schönsten Salons der Welt« erheben sich mit dem Dogenpalast und dem vom Campanile flankierten Markusdom zwei Höhepunkte der abendländischen Architektur. Das im Westen und Norden angrenzende Sechstel **San Marco** bildet die historische Kernzone der »Serenissima«. Als solche wartet es mit einer besonders hohen Dichte an kostbaren Kirchen, Palästen und Museen auf. Hier, im Dreieck zwischen Piazza, Rialto- und Accademia-Brücke, finden sich mit den Mercerie auch die exquisitesten **Shopping-Reviere** der Stadt, steht das weltberühmte Opernhaus **La Fenice.**

San Polo, Santa Croce und Dorsoduro

Äußerst geschichtsträchtig ist auch das alte Businessviertel am **Rialto.** Von hier führen Ladengassen über den Campo San Polo zur Frari-Kirche und der nicht minder grandiosen Scuola di San Rocco. An Kunstdenkmälern und Atmosphäre reich ist auch das nordwestlich angrenzende Gassengeflecht von Santa Croce. Die **Campi San Pantalon** und **Santa Margherita** im Sestiere Dorsoduro haben sich, auch dank der vielen Studenten der nahen Universität, zu einer Lokalzone für erlebnishungrige Nachtvögel gemausert. Wenig weiter, auf der **Zattere,** schweift der Blick über den

Giudecca-Kanal. An dessen Westende liegen der Hafen mit den Terminals für die Kreuzfahrtschiffe und, diesem vorgelagert, das Parkhaus-Eiland **Tronchetto.** Zum Süden hin begrenzen die einst industrialisierte Insel **Giudecca** und östlich davon die von Palladios Klosterkirche geprägte Silhouette von **San Giorgio Maggiore** den Horizont. Im Ostteil Dorsoduros bilden Accademia, Ca' Rezzonico und die Sammlung Guggenheim einen weiteren Museumscluster von Weltrang.

Cannaregio und Castello

Im Nordwesten, zwischen Bahnhof und Rialto, sind die Kanäle ungewöhnlich geradlinig, die Wege heller und die Touristenströme etwas dünner. Idyllische und auch trendige Lokale, Läden für Schnäppchenjäger, aber auch manch »Must See«, allen voran das **Ghetto,** harren hier der Entdeckung. Als kontrastreicher erweist sich die »Schwanzflosse« der Altstadt: Beim Spaziergang entlang der **Riva degli Schiavoni** genießt man den Blick über das **Bacino di San Marco.** Weiter östlich erstrecken sich, von ehemaligen Arbeitersiedlungen gesäumt, die Hafenbecken des **Arsenal,** die **Giardini,** Schauplatz der Biennale, sowie die Inselchen **San Pietro** und **Sant'Elena.**

Lido und Laguneninseln

Als Abwechslung zum Altstadtwandern empfiehlt sich Inselhüpfen: in der nördlichen Lagune u. a. auf die Friedhofsinsel **San Michele,** zu den Glasbläsern von **Murano,** den Spitzenklöpplern von **Burano,** auf die Gemüseinseln **Sant'Erasmo** und **Vignole** sowie die für die früheste Siedlungsgeschichte bedeutsame Insel **Torcello.** Südlich der Altstadt warten u. a. die armenischen Mönche von **San Lazzaro** und, last not least, das **Lido** mit seinen mondänen Villen, Hotelkästen und kilometerlangen, Ferienfeeling verströmenden Sandstränden.

Essen ist mehr

Die Meinungen sind geteilt – manche preisen die Cucina Veneziana wie eh und je als eine der führenden Küchen der Welt, andere halten sie dank Massentourismus für längst verdorben. Von ihren historischen Wurzeln her ist sie eine Armeleuteküche. Dem Ruf eines Schlaraffenlands für Schlemmer wird Venedig jedenfalls immer noch gerecht. Ob trendige Stehbar oder urige Trattoria, Gourmettempel oder Vegetarier: Darben muss hier niemand. Im Gegenteil.

Supermercato oder Wochenmarkt: beides probiert, speziell in Venedig aber kein Vergleich.

Eher bodenständig denn dekadent

Vielleicht sollte man vorneweg gleich mit einem immer noch gängigen Missverständnis aufräumen: Venedig ist nicht Italien. Dies gilt für seine Polit-, Kunst- und Mentalitätsgeschichte, aber insbesondere auch für seine kulinarischen Traditionen. Gewiss, auch hier finden Feinschmecker so manchen Gourmettempel, doch das Gros der viel gepriesenen Großmeister der Cucina Novella sitzt eher rund um Mailand, im Piemont, der Emilia und Lombardei. La Cucina Veneta bildet in ihrem Grundwesen, all der von Venedigs Aristokratie einst auch bei ihren Speiseplänen bewiesenen Dekadenz zum Trotz, Kost auch für Fischer, Arbeiter und Bauern.

Reis, Mais, Fisch und regionale Genüsse

Als Fundament dienen ihr, verarbeitet zu Risotto und Polenta, Reis und Mais aus der Po-Ebene. Den zweiten Schwerpunkt bildet fangfrisches Meeresgetier, das die örtlichen Fischer aus der Lagune und Adria holen. Teigwaren hingegen fristen, obwohl häufig Bestandteil des *menu turistico,* auf Speisekarten authentischer Lokale eher ein Schattendasein. Ausnahmen sind die gerne aufgetischten *gnocchi* und *bigoli,* eine Art Makkaroni. Ergänzt und garniert werden die sättigenden Basisgerichte mit Gemüsen und Salaten, Artischocken und Auberginen z. B., Spargel und Zucchini, von den Feldern entlang der Brenta oder auf den Agrarinseln Le Vignole und Sant'Erasmo.

als satt werden

Sie zählt für Liebhaber venezianischer Gastronomie zu den ultimativen Verlockungen: die ombra. Das Wort bedeutet Schatten und verdankt sich den fliegenden Weinhändlern vom Markusplatz, die einst im Laufe des Tages ihre Stände mit dem Schatten des Campanile wandern ließen, damit der Wein nicht warm wird. Gemeint ist damit heute jenes Gläschen leichten Weißweins, das man im Bacaro, der Stehkneipe, gewissermaßen en passant trinkt. Einer solchen Stärkung müssen für gewöhnlich, weil alles andere ungewöhnlich wäre, ein weiteres und weitere folgen. Um aber den Geist dabei nicht allzu abrupt zu beschwingen, labt man sich nebenbei an cicchetti – delikaten Häppchen, die man, ähnlich den spanischen Tapas, auf Tellerchen am Tresen stehend serviert bekommt. Wenn das gesellige Süffeln und Schnabulieren nicht auf eine Lokalität beschränkt bleibt, wird daraus, auch das ganz normal, der »Giro (Spaziergang) da ombre«. In allen Bacari zusammen werden täglich geschätzte 50 000 ombre ausgeschenkt, also etwa so viele, wie die Stadt Einwohner hat. Man ist mit seinem Durst also nie allein.

Hinzu kommen leckere Spezialitäten wie der köstliche *prosciutto* aus San Daniele, der *radicchio trevisano* (Chicorée), der mildwürzige Käse aus Asagio und der Grappa aus Bassano.

Süße und pikante Häppchen

Venedigs Cicchetti sind nahe Verwandte der spanischen Tapas.

Unverzichtbar für einheimische Gaumen sind die erstklassigen Weine aus dem Veneto und dem Friaul. Gar nicht zu reden von jenen raffinierten *dolci,* all den sündhaft süßen Reiskuchen, Cremeschnitten, Keksen, Kipferln und Strudeln, den mit Konfitüre gefüllten Blätterteigtaschen oder in Fett gebackenen *fritelle,* die sich in den Auslagen der zahlreichen *pasticcerie* (Konditoreien) türmen. Und deren ein, zwei sich in Kombination mit einem Espresso in einer Stehbar zu genehmigen zu den unverzichtbaren Vergnügungen jedes Stadtflaneurs zählt.

Apropos Stehbar: Unter den *cicchetti,* den berühmten pikanten Häppchen, die man dort kredenzt (s. S. 15), bevorzugen Kenner, abgesehen von den omnipräsenten und fantasiereich gefüllten *panini* (Sandwiches) und *tramezzini* (dreieckige Weißbrot-Schnitten), je nach Saison u. a. *verdure fritte* (in Butterbrösel gebackenes Gemüse), Artischockenherzen, speziell die *castraure* genannten kleinen, violetten; ferner kleine Schnecken, in Olivenöl eingelegte Miniatur-Tintenfische, Garnelen, Spinnenkrabben, Hackfleischbällchen oder schlicht und einfach Brot mit Sardellen.

Einige praktische Hinweise

Die Cucina Veneziana schmeckt der ganzen Familie.

Ein Menü startet in der Regel mit *antipasti.* Es folgen als *primo piatto* ein Teller mit Pasta, Suppe oder Risotto, hernach als Hauptgang *(secondo piatto)* ein Fisch- oder Fleischgericht mit Gemüse oder Salat als Beilage und zum Abschluss ein Dessert, inklusive *caffè* oder Obst. Zum Thema Frühstück: Das ist vor allem in preiswerteren Hotels leider nicht selten immer noch recht erbärmlich. Es empfiehlt sich, stattdessen in der nächsten Bar einen *caffè* oder *cappuccino* samt *cornetto, panino* oder *tramezzino* zu ordern. Das ist vielfach schmackhafter, schont das Reisebudget und stimmt außerdem gleich passend auf den quirligen, venezianischen Alltag ein.

Die Preisangaben bei den Lokalempfehlungen am Ende jedes Reisekapitels beziehen sich, wenn nicht anders angegeben, auf ein Drei-Gänge-Menü ohne Getränke (€ = unter 20 Euro, €€ = 20 bis 40 Euro, €€€ = über 40 Euro). Für Brot und Gedeck *(pane e coperto)* berechnen die meisten Wirte einen Extra-Obolus. Er ist in der Endsumme für gewöhnlich bereits eingeschlossen.

Buon appetito – aber wohin zum Essen?*

Trotz der Millionen Touristen ist Venedig eine kleine Stadt, eine spezielle Gastronomieszene für ein jeweiliges Viertel gibt es hier nicht. Böse Zungen behaupten allerdings, die Esslokale seien umso besser, je weiter sie vom Markusplatz entfernt wären. Wie bei jedem Klischee steckt auch in diesem ein Körnchen Wahrheit. Billiger sind die Lokale in unbekannteren Lagen in Dorsoduro, Cannaregio oder im Norden und Osten von Castello allemal.
Doch generell gilt: Gut zu essen ist den Venezianern so wichtig, dass Sie (fast) überall ein Lokal nach Ihrem Geschmack finden werden. Warum nicht die Osteria oder Trattoria an der nächsten Gassenecke ausprobieren? Oder für eine kleine Stärkung das Bacaro, die Stehbar. Vor allem hier trifft man die Einheimischen, und zwar meist in Form einer unüberhörbar gesprächigen Stammklientel.
Wem der Sinn nach gehobenener Küche ist: Im Sestiere San Marco sowie rund um die Rialto-Brücke finden Feinschmecker diverse Gourmettempel auf Top-Niveau.

* Wo Sie in den verschiedenen Stadtgegenden gut essen können, steht an Ort und Stelle im Buch.

EIN KLEINES KULINARIK-GLOSSAR

G

Auf Venedigs Speisekarten finden sich u. a. folgende Klassiker: als Vorspeise *(antipasto)* z. B. eingelegtes Gemüse oder sauer eingelegte Sardinen mit Zwiebel **(sarde in saor).**
Als erster Hauptgang *(primo piatto)*, beliebt sind diverse gebundene Suppen, Fischsuppe bzw. -brühe, ein Risotto, insbesondere **risi e bisi** (Reis mit Erbsen) oder **risotto nero,** der vom Tintenfisch schwarze Reisbrei, weiters **bigoli,** eine Art dicke Spaghetti aus dunklem Mehl, die man sehr gerne mit Bohnen **(fagioli)** oder Sardellensauce **(salsa d'acciughe)** kombiniert, aber auch das legendäre, von Arrigo Cipriani, dem Begründer von Harry's Bar, kreierte **Carpaccio** – hauchdünne Rindfleischscheiben, die man in Zitronensaft, mit Rucola und Grana-Padano-Käse kredenzt.
Eine für Venedig ganz typische Zutat ist Tintenfisch, der *paste* und *risotti* schwarz färbt.
Als zweiter Hauptgang *(secondo piatto)* sind, wenig überraschend, Fisch und Meeresfrüchte gang und gäbe – namentlich **baccalà mantecato** (pürierter Stockfisch mit Petersilie und Knoblauch), Seebarsch, Goldbrasse, Seezunge, Seeteufel, Aal, Kalamari, Hummer, Venus- und Miesmuscheln.
Ein häufig angebotenes Gericht ist **frittura mista,** ein Potpourri von gebackenem Fisch.
Wer es lieber mit Fleisch hält, sollte die Spezialität **fegato alla veneziana,** eine leicht angebratene Leber mit gerösteten Zwiebeln und Rotwein, kosten. Zum Standard gehören Koteletts bzw. Steaks, und zwar *ai ferri* (vom Grill) vom Rind, Kalb, Lamm, aber auch Schweinerippchen, Kutteln, Geschnetzeltes, Huhn und der klassische Braten.
Süßmäuler schließen ihr Mahl mit einem Dessert *(dolce)* wie etwa den **aranci caramellizzati** (karamellisierten Orangen), **fiori di zucca** (gebackenen Kürbisblüten), **fritole** (Krapfen mit Rosinen und Pinienkernen) oder **baicoli,** dünnem, süßen Zwieback, den man in seinen Kaffee oder Dessertwein tunkt.

Ausgewählt

Hochgelobt

Seite 81
Bistrot de Venise: Willkommen zur gastronomischen Zeitreise nach historischen Rezepten in stilvoll-romantischem Rahmen. **F5**

Seite 83
La Fenice: Das Gästebuch ist ein Who's who der Musikgeschichte – verständlich bei solchen Gaumenfreuden. **E5/6**

Seite 146
Corte Sconta: Vor allem das fangfrische Schuppengetier lässt hier die Geschmacksknospen vibrieren. **H5**

Seite 176
Poste Vecie: Erlesene Fischgerichte in Palastambiente bei Kaminfeuer und Kerzenlicht. **E4**

Seite 177
Da Fiore: Eine Legende – absolute Spitzenküche in behaglich-elegantem Rahmen. **D4**

Neue Trends

Seite 111
L'Orto dei Mori: Modern gestylte Osteria mit zugleich traditionsreicher und kreativer Spitzenküche. **E2**

Seite 149
Caffè Ai Crociferi: Ein gelungener Mix aus Bacaro-Bar, Frühstücks- und Veggie-Lokal als spannender Hipster- und Backpacker-Treff. **F3**

Seite 215
Caco Nero: Die lichtdurchflutete Kalorientankstelle liegt an einem stillen Kanal – perfekt zum Chillen bei feiner Kost, Musik und Magazin-Lektüre. **A6**

Einfach Venedig

Seite 58
Rivetta: »Buon appetito« in der kulinarischen Vormoderne, bei herzhaften Schmankerln, Schulter an Schulter mit Einheimischen. **G5**

Seite 83
Vino Vino: Parade-Weinbar mit regionaltypischer Küche, nicht zufällig ein Lieblingstreff der Gondolieri. **E5**

Seite 111
Ca' d'Oro Alla Vedova: Mit seinen feinen Pasta, Fisch- und Fleischspezialitäten seit über 100 Jahren im Trend. E 3

Seite 178
Al Nono Risorto: Gastronomischer Wohlfühlort dank toller Holzofenpizze und lokalen Spezialitäten. E 4

Seite 180
Pane, Vino e San Daniele Rialto: Ein kulinarisches Fest vor allem (aber nicht nur) für den berühmten Schinken. E 4

Gesund und vegetarisch

Seite 110
Bacanera: Kreative Küche in schlicht-elegantem Ambiente. F 3

Seite 148
Hopera: Süßes oder Paste und Pizze, open air mit Blick auf die Flaniermeile. J 6

Seite 213
Fujiyama: Salate, Quiches, Reisröllchen, Süßes und exotische Tees, kredenzt im Teehaus bzw. japanischen Garten. C 6

Seite 214
La Tecia Vegana: Fleischloses vom Feinsten nahe dem Hafenviertel. westl. A 6

Süßes & Kaltes

Seite 57
Caffè Lavena: 250 Jahre auf dem Buckel, hochelegant und zu Unrecht im Schatten der benachbarten Promi-Cafés am Markusplatz. F 5

Seite 84
Marchini Time: Eine Pasticceria wie aus dem Bilderbuch mit ungemein köstlichen Kalorienbomben. E 5

Seite 149
Da Chiusso: Wahrlich nix für Diätapostel ist diese familiäre Konditorei mit ihren so südhaft-süßen Verlockungen. H 5

Lieblinge

Seite 110
Vini da Gigio: Familiär geführte Trattoria mit gehobener Hausmannskost. E 3

Seite 146
Da Franz: Die Behaglichkeit und famosen Fischgerichte dieser Hostaria wissen nicht nur Biennale-Besucher sehr zu schätzen. H 5

Seite 149
Da Alberto: Sättigend, erschwinglich, aber vor allem authentisch und lecker – eine Osteria ganz nach Wunsch. F 4

Seite 179
Naranzaria: Prima Weine, dazu pikante Häppchen und Hauptspeisen warten – beim Open-Air-Cinemascope-Blick auf den Canal Grande. E 4

Seite 228
Andri: Schnieke Adresse im Herzen des Lido für Fisch- und auch für Kunstfreunde, denn Hausherr Luca kocht nicht nur, sondern malt auch sehr inspiriert. Karte 6, D 3

Flanieren

An Schaufenstern entlanglaufen — auf Märkten stöbern und schnuppern, das Besondere entdecken …

Schaufenstermeilen

Mercerie: 📍 **F5**
In den engen Ladenzeilen zwischen Markusplatz und Rialto-Brücke sind so gut wie alle großen italienischen und internationalen Modedesigner mit Boutiquen vertreten. S. 79

Markusplatz und Umgebung: 📍 **E/F6**
Noch exklusiver, weil durchmischt mit Juwelier- und Antiquitätenläden, (Glas-) Galerien und anderen edlen Geschäften ist das Warensortiment unter den Arkaden der Piazza und in der Calle Larga XXII Marzo. S. 69

Westlich von Rialto: 📍 **E4**
Besonders gut mit bunten Läden bestückt sind die Gassen zu Füßen der Brücke und der Weg von dort bis zum Campo San Polo. S. 159

Auch echte Gondolieri shoppen in Venedigs Modeboutiquen, so etwa im Edelkaufhaus Fondaco dei Tedeschi.

L

LEBENSMITTELMÄRKTE

Zauberhaft, weil eine Wallfahrt für alle Sinne, ist der Gang über einen der Wochenmärkte der Altstadt; er ist zudem budgetschonend, weil man sich ganz nebenbei für ein kleines Picknick in Eigenregie verproviantieren kann. Fisch, Obst, Gemüse, Käse, Brot beschauen, beschnuppern und kaufen kann man z. B. auf dem **Campo Santa Margherita** (📍 C5), an der **Rio Terrà San Leonardo** (📍 C/D2) und natürlich auf der **Erberia** bzw. **Pescheria am Rialto** (📍 E4, s. S. 160). Die Märkte sind Mo–Sa ca. 7.30 Uhr bis spätnachmittags geöffnet.

Im gesamten Stadtgebiet:
Auch in zahlreichen Nebengässchen oder auf kleinen Campi stößt man auf elegante oder kuriose Boutiquen, Handwerks- und Souvenirläden. Lassen Sie sich doch einfach treiben!

Kaufhäuser

Fondaco dei Tedeschi: 📍 **F4**
Die ehemalige Herberge der deutschen Händler mit ihrem eindrucksvollen, glasüberdachten Arkadenhof ist heute ein Luxuskaufhaus mit Boutiquen aller wichtigen Top-Modebrands. S. 113

Fundstücke

Seite 59
Paropamiso: Alter Schmuck, Textilien, Kunstobjekte aus dem Orient, Ostasien und der Lagune. Stöbern lohnt! **E5**

Seite 72
Valese: »Ebru«, also marmoriertes Papier in diversen Farben und Formen, vom Pionier und Altmeister persönlich hergestellt. **D5**

Seite 151
Muranero: Africa meets Venice – in Person des Glaskünstlers Moulaye Niang aus dem Senegal. **H5**

Seite 151
Stefan Popdimitrov: Die Galerie dieses Tausendsassas ist immer gut für eine originelle Zeichnung, Druckgrafik oder Skulptur. **H5**

Seite 182
Franco Furlanetto: Die legendären Rudergabeln der Gondolieri, hier werden sie von Hand geschnitzt. **D5**

Seite 183
Gilberto Penzo: Ob Gondel, Galeere oder Vaporetto – hier baut und verkauft der Maestro seiner Zunft Boots- und Schiffsmodelle. **D5**

Seite 216
Signor Blum: Allerliebstes Holzspielzeug, Puzzles, Mobiles, Palastmodelle – alles per Laubsäge gesägt. **C6**

Seite 218
Cartavenezia: Grußkarten, Notizbücher, Lampenschirme oder Phantasieobjekte aus handgeschöpftem Papier. **C8**

Von Kopf bis Fuß

Seite 86
The Merchant of Venice: Edles Parfum und duftende Accessoires, feilgeboten in historischem Prachtambiente. **E5**

Seite 151
Kalimala: Zeitloses, schickes Schuhwerk von höchster Qualität aus eigener Handfertigung. **F5**

Seite 152
Ca' del Sol: Eine der Top-Adressen unter den unzähligen Maskenläden. Auch Kurse zum Selbermachen werden abgehalten. **G5**

Seite 181
Monica Daniele: Hier gibt es, in Eigenregie hergestellt, den traditionellen, schwarzen Wollmantel Tabarro plus extravagante Hüte. **D4**

Seite 234
Merletti dalla Olga: Feinste Spitze, authentisch direkt von der Insel der Meisterklöpplerinnen. Karte 2, **B2**

Diese Museen …

Venedig besitzt Dutzende Museen — aber welche lohnen wirklich? Hier einige Empfehlungen.

Gallerie dell'Accademia

Solch eine Gemäldesammlung – mit ca. 600 Bildern in mehr als 20 Sälen – bietet kein zweites Museum. Es ist eine Leistungsschau venezianischer Malerei, vom gotischen Altar über Großmeister wie Tizian, Tintoretto und Veronese bis zu den charmanten Genre- und Landschaftsgemälden aus Barock und Rokoko. Ein Muss für alle Kunstfreunde! S. 209, **D6**

Peggy Guggenheim

Expressionismus, Kubismus, Surrealismus, Dada, Futurismus: Der Sammelpassion der exzentrischen Industriellenerbin und Kunstfreundin verdankt Venedig eines der europaweit erlesensten Museen der Klassischen Moderne. Bestückt ist es mit mehr als 300 Spitzenwerken, Marke Picasso, Dalí und Klee, Mirò und Magritte. S. 212, **D/E6**

Museo Correr

Dieses immens reich bestückte Museum an der Westseite des Markusplatzes lädt zu einer mehrstündigen Tour d'Horizon durch die Geschichte der Stadt, ihre Politik und Administration, Handel, Seefahrt, Kriege, Künste und Feste. Angeschlossen ist eine äußerst kostbare Gemäldegalerie. S. 52, **F6**

Palazzo Grassi

Venedig ist auch in puncto Kunst beileibe nicht nur ein Freilichtmuseum. Im Gegenteil: In diesem Prachtpalazzo am Canal Grande kann man, dem Mäzen Francois Pinault sei Dank, der internationalen Gegenwartskunst den Puls messen. Gleiches gilt für sein 2007 eröffnetes, zweites Haus: das Centro d'Arte Contemporanea an der Punta Dogana. S. 79, **D5/6** bzw. **E/F6/7**

Museo del Settecento Veneziano (Ca' Rezzonico)

Hier liegt der Schwerpunkt nicht auf einzelnen Objekten. Vielmehr präsentiert sich die Ca' Rezzonico als Gesamtkunstwerk aus Möbeln, Textilien, Spiegeln, Lüstern, Keramiken und Fresken. Kein anderes Haus vermittelt, öffentlich zugänglich, einen so umfassenden Eindruck aristokratischer Wohnkultur des 18. Jh. S. 210, **C6**

Casa Tre Oci

Ein Geheimtipp auf der Giudecca: Im »Haus der drei Augen« zeigt man seit wenigen Jahren zeitgenössische Fotokunst. Die Ausstellungen sind wirklich hockkarätig! S. 208, **F8**

Museo Storico Navale

Anhand Hunderter Modelle von Kriegs-, Handels- und Passagierschiffen, Gondeln, Waffen und Navigationsgerät erinnert das Schifffahrtsmuseum an die Zeit, da Venedig das östliche Mittelmeer beherrschte. Ein Muss: die historischen Originalgefährte im dazugehörigen »Pavillon der Schiffe«. S. 145, **J6**

Museo Querini-Stampalia

Dieses Museum lockt mit einer Fülle Alter Meister, einem schönen Interieur der charmanten Genre-Gemälde aus dem Rokoko sowie mit dem von Carlo Scarpa in den 60er-Jahren neu gestalteten Entree. S. 141, **G5**

Palazzo Mocenigo

Thema in diesem Prachtpalast ist die Mode samt dem erlesenen Kunsthandwerk, das Venedig hervorbrachte. Unter demselben Dach lohnt auch das Parfum-Museum über die einst zentrale Rolle Venedigs in Herstellung und Handel von Duftstoffen. S. 176, **D3**

Museo Vetrario di Murano

Zerbrechliche Schätze aus den Ateliers der Insel kann man im Glasmuseum bewundern – 4000 Objekte insgesamt, von archäologischen Artefakten über pompöse Lüster, Vasen und Trinkgläser aus der Belle Epoque bis zu Kreationen aus jüngster Zeit. S. 230, Karte 3, **C2**

MUSEUMSBESUCHE PLANEN

Lohnend ist der **Museum Pass,** er kostet 40 € und berechtigt zum Besuch aller zwölf städtischen Museen. Der mit 30 € (bei Online-Vorbestellung: 25 €) etwas preiswertere **San Marco Museum Pass** beinhaltet vier Museen: Dogenpalast, Museo Correr, Archäologisches Museum und Biblioteca Marciana. Für Kirchenbesichtigungen zu empfehlen: der **Chorus Pass** (s. S. 247). Alle Pässe sind über www.veneziaunica.it erhältlich. EU-Bürger unter 18 und über 65 Jahren haben in den staatlichen Museen freien Eintritt.

... lieben wir!

Nachtschw

Vor allem im Sestiere Cannaregio geht abends die Post ab.

Jahrzehntelang stand Venedig – und das durchaus zu Recht – im Ruf, ab dem mittleren Abend in Tiefschlaf zu verfallen. Gewiss, auch heute ist es nur eine Provinzstadt, die zudem an Überalterung und Abwanderung leidet. Die Zeiten, da Venezianer die Nacht zum Tag voller rauschender Feste machten, liegen lange zurück.

Doch ist in den letzten Jahren im Centro Storico – von der Außenwelt noch zu wenig beachtet – eine quirlige Lokalszene entstanden, mit etlichen, teilweise bis weit nach Mitternacht geöffneten Bars, Künstlercafés und Pubs, in denen Kabarett, Livejazz und andere Kleinkunst aufgeführt wird. An lauen Sommerabenden, wenn die Gäste vor der Hitze in den Innenräumen ins Freie fliehen, verwandeln sich manche Plätze schnell zur Partymeile, auf denen es keine Sperrstunde zu geben scheint. Und auf vereinzelten Campi kann man seit einigen Jahren sogar wieder Gegenwartsmusik und -literatur unter freiem Himmel genießen.

Sehr wohl genießen lassen sich auch die regelmäßig veranstalteten Konzerte, die Opernabende im Teatro Fenice bzw. Teatro Malibran, die großen Kunstereignisse wie Biennale oder Filmfestival sowie die zahllosen großen und kleinen Brauchtumsfeste im Jahreslauf.

* Wohin am Abend? Bei jedem Viertel sind ausgewählte Adressen und Tipps gelistet.

ärmereien

Da ist nachts was los ...

Campo Santa Margherita & San Pantalon C5
Die Grenzzone zwischen den Stadtteilen San Polo und Dorsoduro gilt als (spät)abendlicher Szenetreff – vor allem für die vielen in der Lagunenstadt temporär heimischen Studenten. S. 182

Rio della Sensa bzw. Misericordia C–E1–2
Ein Magnet für hungrige Nachtschwärmer sind die breiten Kanäle im Nordwesten des Stadtsechstels Cannaregio. S. 95

Östlich der Rialto-Brücke E/F4/5
Auch einige Campi im Norden San Marcos, namentlich San Bartolomeo, San Luca und San Lio, gelten als Hotspots der Szene. S. 179

Östliches Castello J6
Zu Zeiten der Kunst- und Architekturbiennale wird auch die Gegend um die Via Garibaldi zur quicklebendigen Begegnungszone. S. 130

Lido Karte 6, **E–H3/4**
Während der Badesaison geht's auch in etlichen Strandlokalen am Nordteil des Lido bis in den frühen Morgen rund. S. 228

V

VAPORETTI FÜR NACHTSCHWÄRMER

Ob für die späte Heimkehr oder Sightseeing nach dem Motto »Venice by night«: Die Nachtlinie N verkehrt, wenn alle anderen Linien ruhen, und zwar spätabends alle 20 Min., des nachts dann im Halbstunde- und Stundentakt. Route: S. Marco S. Zaccaria – Giudecca-Kanal – Tronchetto – Piazzale Roma – Canal Grande – San Marco – Lido. Ebenfalls von ca. 23.20 bis 4.50 Uhr in Betrieb: Linea Murano (NM) und Linea Laguna Nord (NLN) von Fondamente Nove nach Murano bzw. weiter nach Vignole, San Erasmo, Torcello, Burano etc.

Kaum zu glauben, aber ja! Aperol Spritz ist auch in Venedig Kult.

Cocktail & Co. – was trinken

Seite 116
10 Metri Quadrati: Minimalistisch designter, moderatpreisiger Rastplatz an der Fondamenta Cannaregio. **C2**

Seite 117
Il Santo Bevitore: Hier zelebriert man, oft untermalt von Livekonzerten, Hochämter des Biergenusses. **E2**

Seite 153
Enoteca Mascareta: Gemütlicher In-Treff mit großer Auswahl feiner Weine und hohem Geselligkeitsfaktor. **G4**

Seite 219
Da Codroma: Schmausen und Livemusik lauschen an langen Holztischen in behaglicher Boheme-Atmosphäre. **B 6**

Seite 220
Skyline-Bar: Gute Drinks und seeleweitende Ausblicke von der Dachbar des Hotel Hilton Molino Stucky. **B 7**

Seite 220
Harry's Dolci: Auch hier genießen Sie, direkt am Wasser sitzend, einen grandiosen wie exklusiven Panoramablick auf die Stadt. **C 7**

Clubs & Tanzen

Seite 89
Bar Canal: Das Luxushotel Bauer bietet feine Drinks in ebensolchem Ambiente – und im Sommer einen Traumblick von der Terrasse über Venedigs Hauptverkehrsader. **E/F 6**

Seite 184
Da Filo: Ausgezeichnete Drinks und gesellige Stimmung in legerem Second-Hand-Ambiente. **D 4**

Seite 220
Club Piccolo Mondo: Altgedienter Treff für Tanzfreudige – halb Pub, halb Piano-Bar. **D 6**

Seite 228
Pachuka: Fast wie in der Karibik: Luftige Strandbar mit feinen Drinks und mittags ebensolcher Küche. Karte 6, **H 4**

Musik hören

Seite 59
Palazzo delle Prigioni: An der Seufzerbrücke bietet das Ensemble Collegium Ducale Oper und barocke Kammermusik. **G 5/6**

Seite 89
Interpreti Veneziani: Barockmusik auf höchstem Niveau – in der ehemaligen Kirche San Vidal. **D 6**

Seite 116
El Sbarlefo: Live-Gigs Marke Rock, Blues und Jazz, dazu gute Weine und Snacks in beinahe New Yorkerischer Club-Atmosphäre. **F 3**

Seite 220
Venice Jazz Club: Führende Adresse für Live-Gigs mit eigenem Ensemble. **C 6**

Seite 220
Pier Dickens Inn: Gemütliches Pub mit kleiner Bühne für Liveauftritte und jede Menge guter Biere. **C 5**

Kultur aktuell

Seite 110
European Cultural Centre: Reger Kulturaustausch über alle Grenzen hinweg. Ein reichhaltiges Veranstaltungsprogramm. Erlebenswert. **E 3**

Seite 236
Teatro Toniolo & Centro Cultural Dandiani: Diese beiden Stadtbühnen von Mestre sind für einen bereichernden Abend bei Theater, Tanz, Film, einem Vortrag etc. einen Seitensprung aufs Festland wert. Karte 5, **B 2**

Kino

Seite 89
Multisala Rossini: Aktuelle Blockbuster und Arthouse-Filme, zuweilen sogar in der Originalsprache. **E 5**

Molino Stucky, die einstige Getreidemühle am Westzipfel der Giudecca, ist heute ein Hilton-Hotel. Von dessen Dachbar genießt man ein atemberaubendes Stadtpanorama.

Seite 184

La Casa del Cinema: Eine Muss-Adresse für Filmfeinschmecker, gezeigt werden hier Arthouse-Streifen aus aller Welt. **D3**

Seite 117

Teatro Malibran: Es ist der »kleine Bruder« des Fenice und wird für Sprechtheater, Konzerte und Opern genutzt. **F4**

Seite 89

Teatro Goldoni: Die Sprachbarriere lässt sich nicht leugnen. Wegen des Ambientes trotzdem besuchenswert. **E5**

Oper & Theater

Seite 69

La Fenice: Die unverwüstliche Weihestätte für Opern-Aficionados! Zusammen mit dem Teatro Malibran (siehe rechts) gehört das Haus zu den traditionsreichsten Bühnenhäusern der Stadt. **E6**

VERANSTALTUNGSKALENDER

Welche Veranstaltungen gerade wann und wo stattfinden, erfahren Sie aus den in der Regel gratis an Rezeptionen guter Hotels sowie in den Auskunftsbüros erhältlichen, italienisch- und englischsprachigen (Programm-)Zeitschriften und Broschüren; als da wären: »Un Ospite di Venezia« (www.unospitedivenezia.it), »Venews« (www.venezianews.it) oder »Meeting Venice« (www.meetingvenice.it). Tagesaktuelle Infos finden sich natürlich auch in den Lokalzeitungen »Il Gazzettino« und »La Nuova Venezia«.

Wo du schläfst,

Und dafür bietet Venedig viele Optionen — ob stolzes Palasthotel, preisgünstige Pension oder eine lauschige Laube für Verliebte.

Venedig verfügt über Aberhunderte Hotels, in kleinerer Version auch *albergo, pensione oder locanda* genannt, mit insgesamt mehr als 25 000 Betten. Dennoch findet man in der Hauptsaison ohne Reservierung nur mit Glück ein freies Bett. Längere Zeit im Voraus zu buchen, ist dringend angeraten. In den letzten Jahren haben viele schicke, modern ausgestattete Vier- und Fünf-Sterne-Häuser eröffnet. In älteren Quartieren vor allem niedriger Kategorien sind die Zimmer jedoch oft eng, dunkel und unzeitgemäß möbliert, ist das Frühstück karg und überteuert. In der Nebensaison gelingt es zuweilen, Rabatte zu erfeilschen. Und vor allem Häuser im gehobenen Segment bieten auf ihrer Homepage oft günstigere Angebote – vorausgesetzt man bucht kurzfristig und online. Zu den Preisangaben:
€ = Doppelzimmer unter 100 Euro
€€ = Doppelzimmer 100 bis 190 Euro
€€€ = Doppelzimmer über 190 Euro

Trendy & hip

Exquisit und sehr persönlich

Corte di Gabriela, E5: So machen Städtereisen Spaß – ein historischer Palast in Top-Location mit dem Charme einer Privatresidenz, ansprechendem Design als unverwechselbarer Mix von Alt und Neu, dazu ein begrünter Innenhof zum Durchatmen und Frühstücken; vor allem aber eine extrem liebenswürdige Gästebetreuung.

San Marco 3836, Calle degli Avvocati, T 041 523 50 77, www.cortedigabriela.com, 11 Zi. & Suiten, Stazione S. Angelo, €€€

Pionier unter den Designhotels

Ca' Pisani, D7: Venedigs ältestes Boutique-Hotel ist im Stil der Futuristen mit Originalmöbeln dieser Avantgardeströmung geschmackvoll bestückt, mit ungewöhnlichen geometrischen Formen und Farben. Ein Genuss: das hoteleigene Dampfbad und Solarium gleich neben der Dachterrasse. Auch empfehlenswert: das hauseigene Restaurant La Rivista.

Dorsoduro, Rio Terà Foscarini 979a, T 041 240 14 11, www.capisanihotel.it, Stazione Accademia, 29 Zi., €€–€€€

Bezauberndes Boutiquehotel

DD 724, D7: »Charming House«, der Beiname dieses Hotels ist in mehrerlei Hinsicht Programm: beim Design – warme Farben, viel Holz sowie originale Gegenwartskunst an den Wänden. Auch beim Komfort – tolles Frühstück! – bleiben kaum Wünsche unerfüllt. Weiteres

Plus sind die Lage (von manchen Zimmern Aussicht in den Guggenheim'schen Skulpturengarten) und das äußerst nette, hilfsbereite Personal.

Dorsoduro, Fondamenta Venier, 724, T 041 277 02 62, www.thecharminghouse.com, Stazione Accademia, 9 Zi., €€€

Orientalisches Flair

Novecento, D 6: »East meets West«, so lässt sich das stilistische Leitmotiv in diesem kleinen Palazzo wohl am besten beschreiben. Rund um den Erdball haben die Betreiber innovative Ideen, Materialien und Accessoires zusammengetragen. Ergebnis: ein Refugium für anspruchsvolle Individualisten, in dem orientalische Opulenz und zeitgemäß-schlichtes Ethnodesign auf wohltuende Weise zueinanderfinden. Besonders behaglich sitzt man im Leseraum oder im kleinen Garten.

San Marco, Calle del Dose, 2683, T 041 241 37 65, www.novecento.biz, Stazione Giglio, 9 Zi., €€€

Venedig-Vibes pur

Spezielle Aura

Locanda del Ghetto, C/D 2: In diesem schmucken Palast logieren Sie ausgesprochen ruhig im Herzen des jüdischen Ghettos und doch in unmittelbarer Nähe zur quirligen Lokalszene Cannaregios. Die Besonderheit: Über den geräumigen, mit Geschmack möblierten Zimmern befindet sich eine Synagoge. Von den Terrassen der beiden Juniorsuiten kann man das Treiben in dieser für das Leben der jüdischen Gemeinde zentralen Zone gleichsam vom Logenplatz aus beobachten.

Cannaregio, Campo del Ghetto Nuovo, 2893, T 041 712 25 90, www.locandadelghetto.net, Stazione Guglie, €€

Adelspalast goes Top-Hotel

Ruzzini Palace, G 4: Eine stattliche Erscheinung ist dieser viergeschossige Palast an einem der malerischsten Campi der Stadt – bei Dunkelheit ist er effektvoll illuminiert. Im Inneren feiern das aristokratische Flair des Hauses, die schwelgerische Dekoration aus dem 18. Jh. mit modernstem Komfort des 21. Jh. eine stimmige Hochzeit. Der optischen Gediegenheit entspricht der exzellente Service.

Castello 5866, Campo Santa Formosa, T 041 241 04 47, www.ruzzinipalace.com, Stazione Rialto, 28 Zi., €€€

Hohe Authentizität

Becher, E 5: Gediegene Mittelklasse im historischen Gewand. So lässt sich dieses nahe der La-Fenice-Oper gelegene Hotel wohl am besten umschreiben. Spätbarockes Ambiente mit glänzenden Lackmöbeln, Muranolüstern und schwe-

bist du zu Hause

ren Textilien paart sich hier gekonnt mit zeitgemäßem Komfort. Das Personal trägt maßgeblich zur wohligen Atmosphäre bei.
San Marco, Calle del Frutariol, 1857, T 041 522 12 53, www.hotelbecher.com, 17 Zi., Stazione S. Marco Vallaresso, €€

Qualitätsadresse für Kenner

La Calcina, D 7: Das ehemalige Wohnhaus des Historikers John Ruskin bietet helle, gepflegte Zimmer und, direkt am Giudecca-Kanal, eine Restaurant-Terrasse, auf der man bei entsprechendem Wetter das Frühstück serviert bekommt. Aussichtsreiche Eckzimmer: Nr. 2, 22 und 32 – frühzeitig reservieren!
Dorsoduro, Zattere, 780, T 041 520 64 66, www.lacalcina.com, 29 Zi., Stazione Zattere, €€–€€€

Rückzugsort im Grünen

Certosa, Karte 5, D 3: Dieses kleine Hotel, funktionell und in fröhlichen Farben gestaltet (samt kleiner Bar und Restaurant), liegt auf dem Inselchen La Certosa. Dank Garten und weitläufigem Grüngürtel ist es der perfekte Rückzugsort, von dem aus man einerseits die Lagune erkunden kann, andererseits von 6 bis 20 Uhr per Vaporetto in nur wenigen Minuten das Centro Storico erreicht (bis vermutl. Mitte 2023 wegen Renovierung geschlossen).
Isola della Certosa, T 041 520 85 88, www.venicecertosahotel.com, Stazione Certosa, 18 Zi., €€–€€€

Charmant und privat

Schöne Bleibe für Nostalgiker

Accademia, C 6: Einst Quartier der russischen Botschaft, verströmt diese Pension das Flair vergangener Tage. Die gepflegten, individuell gestalteten Zimmer blicken entweder auf den Kanal oder in den romantisch verwachsenen Garten.
Dorsoduro 1058, Fondamenta Bollani, T 041 521 01 88, www.pensioneaccademia.it, Stazione Accademia, 27 Zi., €€€

Im Mekka der Mosaikkunst

Domus Orsoni, C 2: Die Lage ist trotz der Nähe des Ausgehviertels Cannaregio ruhig, die Atmosphäre luftig-hell, der Komfort hoch. Der Clou aber ist die Ausstattung: Die Besitzer, die nebenan eine traditionsreiche Glasfabrik betreiben (s. S. 118), haben ihre Residenz mit höchstem Stilgefühl restauriert – individuell gestaltete Zimmer mit Terrazzoböden, marmorierten Wänden und aufwendig dekorierten Bädern … eine Augenweide!
Cannaregio 1045, Sottoportico dei Vedei, T 041 275 95 38, www.domusorsoni.it, Statione Guglie, €€

Stilvolle Grünoase im Stadtherz

Flora, E 6: So romantisch der wunderschön verwachsene Garten, so zeitgemäß puristisch und stilvoll designt sind die Zimmer dieses Palasts, der ursprünglich eine berühmte Malerschule beherbergte. Ruhige Atmosphäre, moderner Komfort.
San Marco 2283/a, Calle Larga XXII Marzo, T 041 520 58 44, www.hotelflora.it, Stazione S. Marco Vallaresso, 43 Zi., €€

Adresse für Thriller-Fans

Pensione Seguso, D 7: Von außen auf den ersten Blick ein wenig desolat, doch innen ein netter Platz für Nostalgiker: gepflegt mit altmodischem Mobiliar, Bibliothek, Salon, schönem Panorama auf den Giudecca-Kanal – und zentraler

Schauplatz in Patricia Highsmiths Krimi »Venedig kann sehr kalt sein«.
Dorsoduro 779, Zattere ai Gesuati, T 041 528 68 58, www.pensionesegusovenice.com, Stazione Zattere, 36 Zi., €€

Ein reizendes Quartier

Villa Stella, Karte 6, **C3:** Von Aldebaran bis Vega ... jedes der 12 hell und komfortabel ausgestatteten Zimmer wurde nach einem Gestirn benannt. Stella, Michela und ihr Team kümmern sich umfassend um die Gäste und helfen bei organisatorischen Fragen. Wer Glück hat, schläft gemütlich im Himmelbett unter einer Holzbalkendecke. Sommers frühstückt man gemütlich draußen im Garten, Parkplätze auf Privatgrund sind vorhanden.
Lido, Via S. Gallo, 111, T 041 526 07 45, www.villastella.com, Stazione Lido, €€

Refugium in Strandnähe

Quattro Fontane, Karte 6, **C3:** Dieses wahrscheinlich beste der kleinen Hotels am Lido ist in einer früheren Sommervilla untergebracht – ein ruhiger Rückzugsort mit üppigem Garten, eigenem Restaurant und Tennisplatz, mit viel Liebe in gehoben-rustikalem Landhausstil gestaltet. Unbedingt frühzeitig buchen!
Lido, Via Quattro Fontane, 16, T 041 526 02 27, www.quattrofontane.com, Stazione Lido, 60 Zi., Ende April–Anf. Nov., €€

Wenn es einfach sein darf

Nah an dem Nabel der Stadt

Silva, **G5:** Ein Quartier-Schnäppchen an einem malerischen Kanal, etwa auf halbem Weg zwischen Markusdom und Campo Santa Maria Formosa. Kein Lift, keine Klimaanlage, aber tadellose Räume und freundliche Atmosphäre.
Castello 4423, Fondamenta del Remedio, T 041 522 76 43, www.locandasilva.it, Stazione S. Marco S. Zaccaria, 23 Zi., €

DAS PASSENDE BETT SELBST SUCHEN

Alloggi Temporanei, also ›Wohnen auf Zeit‹, vermittelt die Wahlvenezianerin Helga Anna Gross über ihre Agentur@home. Das Angebot umfasst über 100 Quartiere, vom einzelnen Privatzimmer bis zur geräumigen Familienwohnung, T 041 523 16 72, info@venrent.com, www.mwz-online.com.
Empfehlenswerte Hotelportale: www.venedig.com, www.venicehotel.com, www.cross-pollinate.com und www.venetobooking.com

Schnäppchen mit Mehrwert

Ai Do Mori, **F5:** Zentraler kann man für einen solchen Preis in Venedig nicht nächtigen: Zur Piazza sind es keine 50 Schritte und vom Hoteldach sind die Kuppeln des Markusdoms zum Greifen nah. Ein kleines Juwel ist im obersten der drei Stockwerke die »Camera del Pintor« – ein putziges Doppelzimmer mit eigener Terrasse und traumhaftem Panorama.
San Marco, Calle Larga 658, T 041 520 48 17, www.hotelaidomori.com, Stazione S. Marco S. Zaccaria, 23 Zi., €–€€

Prachtlage mit Blick

Generator Hostel, **E8:** Jugendherberge in Traumlage mit Blick auf San Giorgio und San Marco, in altem Gemäuer mit Balkendecken, in zeitgenössischem Design adaptiert, Café und Bar ganzjährig geöffnet, für den Hochsommer schriftliche Reservierung anzuraten. Check-In 24 Std. möglich, zwischen 10 und 14 Uhr sind die Zimmer zwecks Reinigung zu verlassen.
Giudecca 86, Fondamente delle Zitelle, T 041 877 82 88, http://generatorhostels.com, Stazione Zitelle, 27 Zi. mit 235 Betten, p. P. ab 18 € (im 8 Pers.-Schlafsaal) bis max. 100 € (DZ mit Kanalblick)

Vor

»Wenn ich ein anderes Wort für Musik suche«, schwärmte Friedrich Nietzsche, »finde ich immer nur das Wort Venedig«. Beim Blick über die Piazzetta versteht auch der Nicht-Philosoph genau, was er meinte.

Ort

Rund um den Markusplatz

Das Zentrum der einstigen Seegroßmacht — ist nicht nur in den Augen Napoleons der »schönste Salon der Welt«.

Seite 37

Piazza San Marco ✪

Gar keine Diskussion: Dieser Platz zählt wirklich zu den elegantesten städteplanerischen Schöpfungen der Welt. Ein Bummel über ihn ist ein absolutes Muss.

Seite 38

Basilica di San Marco ✪

Die von Kuppeln und einer Quadriga bekrönte Basilika bildet den Höhepunkt jedes Rundgangs über die Piazza. Und die im Inneren mehr als 8000 m² großen, golden leuchtenden Mosaike verdrehen garantiert auch Ihnen den Kopf.

Das Florian ist der Platzhirsch unter den Cafés der Piazza.

Seite 44

Torre dell'Orologio

Sehr reizvoll ist das Panorama von der Dachterrasse des Uhrturms. Aber Achtung: Zur vollen Stunde, wenn die beiden bronzenen ›Giganten‹ loshämmern, heißt es: Ohren zu!

Seite 47

Palazzo Ducale ✪

Das frühere machtpolitische Herz Venedigs ist ein Kunstschrein ohnegleichen. Auf Sonderführungen können Sie auch einen Blick in Kerker und Folterkammer, die Amtsräume des Großkanzlers und der Inquisitoren werfen.

Seite 50

Campanile

Ein Blick von der Glockenstube hinunter auf das Türme- und Giebelmeer zählt zu den Musts jeder Stadterkundung.

Seite 51

Giardini Ex Reali

Wie wohltuend: Unmittelbar hinter dem Markusplatz lädt, öffentlich zugänglich, eine gepflegte Grünoase zum Durchatmen.

Seite 52

Museo Correr 

Anmutiger kann man in Venedigs Vergangenheit nicht eingeführt werden: Im städtischen Museum werden 1200 Jahre Orts- und Weltgeschichte anhand unzähliger kostbarer Relikte dokumentiert.

Seite 54

Auf dem Canal Grande

Eine unvergessliche Initiation für Neuankömmlinge: vom Vaporetto aus dem Spalier der Paläste entlang der schönsten »Straße« der Welt die Parade abnehmen.

Seite 57

Caffè Quadri

Von den süßlichen Melodien des Salonorchesters umsäuselt, in einem Korbstuhl draußen auf der Piazza einen Campari schlürfen … Fast könnte man sich in Casanovas Zeiten zurückversetzt fühlen.

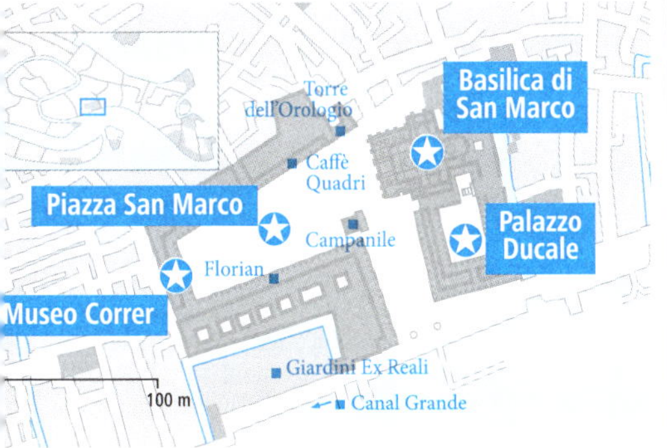

Abend für Abend bietet das Ensemble Collegium Ducale im »Neuen Gefängnis« des Dogenpalasts hochklassige Kammermusik.

»Wer heute in Venedig gute Musik hören will, einen Bolero oder Wiener Walzer, braucht sich nur an einen der Tische der Cafés Florian oder Quadri zu setzen.« (Gaston Salvatore)

Im Herzen der Serenissima

Napoleon nannte sie »den schönsten Salon der Welt«, Jean Cocteau einen »magischen Ort, an dem Löwen fliegen und Tauben schreiten«, und Franz Grillparzer meinte gar, dass, wer hier sein Herz nicht schlagen fühle, keines habe. – Die Piazza San Marco wurde in ihrer über 800-jährigen Geschichte mit unzähligen Superlativen bedacht. Die Verzückung ist leicht nachzuempfinden.

Denn obwohl statt Festzügen und prunkvoller Prozessionen heute hauptsächlich Touristenheere über das kunstvoll gemusterte Pflaster aus grauen Stein- und weißen Marmorplatten ziehen, obwohl die Himmelfahrtsmesse, bei der sich Händler und Handwerker aus ganz Europa ein Stelldichein gaben, längst nicht mehr stattfindet und von hier statt eines Weltreichs nur mehr eine italienische Provinz verwaltet wird, übt der ungemein elegante, trapezförmige Platz eine ungebrochene Anziehungskraft aus – speziell zu Sonnenuntergang, wenn man unter den Arkaden der Procuratien die Schaufenster der Luxusläden entlangflaniert oder in einem der Renommiercafés, von den süßlichen Tönen der Salonorchester umschmeichelt, seinen Campari, Spritz oder Cappuccino schlürft.

Ebensolche Musts sind die Rundgänge durch den angrenzenden Markusdom und den Dogenpalast, der Besuch des Stadtmuseums Correr sowie die Fahrt auf den Campanile. Nur tief in der Nacht und an nebeligen Wintertagen wimmelt es auf diesem wundersamen Geviert, das die Venezianer als einzige Freifläche der Stadt nicht *campo* (Feld), sondern *piazza* (Platz) nennen, nicht von Staunenden und Müßiggängern.

O

ORIENTIERUNG

Reisekarte: F/G 5/6
Cityplan: S. 45
Startpunkt: Der Markusplatz ist dank seiner zentralen Lage und der guten Beschilderung aus allen Ecken der Altstadt problemlos und mehr oder weniger rasch zu Fuß erreichbar. Die nächstgelegenen Vaporetto-Stationen sind S. Marco S. Zaccaria, Giardinetti und Vallaresso (Linien 1, 2, 7 und 10).
Museumspässe: Günstigen Zutritt zu den vier am Platz gelegenen Museen – Dogenpalast, Biblioteca Marciana, Museo Correr und Museo Archeologico – gibt es mit dem San Marco Museum Pass (30 €) bzw. dem Museum Pass (40 €), nähere Infos s. S. 23.

Rund um den Markusplatz

Piazza San Marco 

Auf den ersten Blick mag die Anlage als Geniestreich eines begnadeten Architekten erscheinen – so wunderbar kontrastiert ihre Weitläufigkeit mit dem Winkelwerk der übrigen Stadt und so durchdacht wirkt der ästhetische und inhaltliche Zusammenhang zwischen den einzelnen Ensembleteilen. Doch in Wahrheit ist die **Piazza San Marco** ❶ das Ergebnis eines städtebaulichen Entstehungsprozesses, der sich über sieben Jahrhunderte hinzog.

Vom Gemüsegarten zur Piazza

Ursprünglich war dieser Platz eine baumbestandene, von einem Kanal durchzogene und von den Nonnen des Zaccaria-Klosters als Gemüsegarten genutzte Grasfläche gewesen. Ihre endgültigen Ausmaße erhielt sie im Wesentlichen im 12. Jh., als man den Kanal und auch das Hafenbecken, das den ersten, noch turmbewehrten Dogenpalast umgab, zuschüttete und wenig später das ganze Geviert erstmals pflasterte. Von den heutigen Bauten standen zu diesem Zeitpunkt lediglich der Campanile und die Markusbasilika.

Im späten 16. Jh. wurde dann das alte Hospiz Orseolo neben dem Campanile abgerissen und durch die Neuen Prokuratien ersetzt. Kurz zuvor schon waren der Uhrturm, die Alten Prokuratien sowie, um die Ecke, die Biblioteca

Die Kommune hat schon 2007 den Verkauf von Körnern und das Taubenfüttern auf der Piazza verboten. Das Federvieh indes scheint weiterhin auf die Annulierung des Gesetzes zu hoffen.

N

NO-GO AUF DER PIAZZA

Der Markusplatz ist ein Gesamtkunstwerk und so gelten auf ihm entsprechend strenge Regeln. Auf der gesamten Piazza sind verboten: der Aufenthalt in Badekleidung oder mit nacktem Oberkörper; jegliche Beschädigung, Verunstaltung oder Verschmutzung; das Sitzen außerhalb von ausdrücklich dafür ausgewiesenen Plätzen, der Verzehr von mitgebrachten Lebensmitteln oder Getränken; das Liegenlassen von Abfällen; die Benutzung von Fahrrädern, Rollschuhen oder anderem gefährlichen/störenden Sport- und Spielgerät, die Benutzung von Musikgeräten in hoher Lautstärke – und neuerdings, ganz strikt: das Füttern von Tauben und Möwen.

Marciana und die staatliche Münzprägeanstalt, die Zecca, entstanden. 1807 ließ Napoleon schließlich an der Westseite der Piazza die Kirche San Geminiano abreißen – an die vor dem Eingang zum Museo Correr eine Gedenktafel erinnert– und an ihrer Stelle die Ala Napoleonica errichten.

Basilica di San Marco

Da der **Markusdom**  bis heute nicht nur das zentrale Gebäude des Platzes, sondern das bedeutsamste mittelalterliche Bauwerk der Stadt überhaupt darstellt, sollten Sie den Rundgang mit seiner Besichtigung starten.

Werdegang des »Warzenkäfers«

Die Baugeschichte dieses venezianischen Nationalheiligtums, das den respektlosen Mark Twain an einen riesigen warzigen Käfer und James Morris an einen mongolischen Vergnügungspavillon erinnerte, beginnt unmittelbar nach dem legendären Diebstahl der Markusgebeine aus Alexandria im Jahre 830 (s. S. 270): Damals errichten die Venezianer für ihre neue und nunmehr wertvollste Reliquie einen ersten Schrein, der jedoch noch größtenteils aus Holz ist und 976 im Zuge eines Volksaufstands niederbrennt. Ein von dem Dogen Pietro Orseolo sofort veranlasster Nachfolgebau wird im 11. Jh. wieder abgerissen und durch einen dritten Bau ersetzt, den Kernkörper der heutigen Kirche. Auch er hat nach dem Vorbild der Apostelkirche von Konstantinopel den Grundriss eines griechischen Kreuzes, wird aber dennoch bis heute Basilica genannt.

Vom Jahr seiner Weihe (1071) bis zur Abdankung Ludovico Manins (1797) dient er zugleich als Privatkapelle der Dogen und als Staatskirche, danach als Bischofssitz. Nach der Eroberung Konstantinopels (1204) wird die Basilica innen und außen mit Marmorplatten verkleidet und mit Beutestücken reich dekoriert. Zugleich werden ihre fünf Kuppeln erhöht und ihre Vorhalle erweitert.

In deren Fußboden übrigens kann man einen kleinen, rautenförmigen Porphyr entdecken: Er markiert bis heute jene Stelle, an der am 24. Juli 1177 Kaiser Friedrich Barbarossa vor Papst Alexander III. niederkniete und diesen damit als alleiniges Oberhaupt der Christenheit anerkannte – eine Versöhnung von epochaler Bedeutung, deren Vermittlung durch den Dogen der Stadt einen enormen Prestigegewinn und eine Mittlerfunktion zwischen den beiden großen Machtsphären des Abendlandes bescherte.

Doch weiter zum Finale der Baugeschichte: Zwischen dem späten 14. und dem frühen 16. Jh. erfolgt eine Gotisierung: Viele Fenster erhalten Maßwerk-

Basilica di San Marco

A Westfassade mit Hauptportal
B Vorhalle
C Capella di San Clemente
D Capella dei Mascoli
E Tesoro (Schatzkammer)
F Baptisterium
G Aufgang zum Museum und zur Galerie

I Ikonostase
II Hochaltar/ Markus-Sarkophag
III Pala d'Oro
IV Sansovinos Sakristeitür

1 Porta di S. Alippio
2 Das Leben Josephs
3 Das Leben Mose
4 Szenen aus dem Leben Mariae
5 Das Leben des hl. Isodor
6 Das Leben Johannes'
7 Chorkuppel mit segnendem Christus und vier Heiligen
8 Himmelfahrt Christi
9 Pfingstkuppel
10 Die Heiligen Nikolaus, Blasius, Clemens und Leonhard
11 Auffinden der Markusreliquie und Wunder Christi
12 Szenen aus dem Leben Jesu
13 Passionsgewölbe/ Judaskuss, Kreuzigung, Frauen am Grab
14 Maria mit Propheten
15 Schöpfungskugel
16 Das Leben Noahs
17 Das Leben Abrahams

---

schmuck und die Bögen der Außenfassade Ziergiebel. Ungefähr 1515 ist der Kirchenbau, dessen Abriss dreieinhalb Jahrhunderte später von modernistischen Stadtpolitikern kurze Zeit ernsthaft erwogen wird, in seiner Substanz vollendet. Er verfügt an seinen Fassaden und im Inneren über eine solche Vielzahl hervorragender Ausstattungsstücke, dass sich die folgende Beschreibung auf die allerwesentlichsten beschränken muss.

Vier weitgereiste Rösser

Schon die Außenansicht der Basilika – was für Wucht! – lässt keinen Zweifel daran, dass es sich bei diesem Bau um die steingewordene Quintessenz venezianischer Prachtentfaltung handelt: An der zweigeschossigen **Hauptfassade** mit ihren fünf Portalnischen besticht neben den Proportionen vor allem der Reichtum an verschiedenen Ausdrucksformen und Materialien – die

Mehr als 8000 m^2 misst die Fläche, auf welcher der Markusdom innen mit goldenen Mosaiken überzogen ist. Sie erzählen Geschichten aus der Bibel, dem Leben Jesu und diverser Heiliger.

Reliefs aus istrischem Sandstein (etwa die Darstellungen der Handwerker im Bogen über dem Hauptor!), der polychrome Marmor, die Goldmosaike und die Quadriga, die vier weltberühmten Rosse aus Bronze.

Letztere blicken auf eine bewegte, typisch venezianische Geschichte zurück: Ihr Ursprung liegt im Dunkeln der griechischen oder römischen Antike. Belegt ist, dass sie vom Trajansbogen in Rom nach Konstantinopel geschafft wurden, um den Turm des Hippodroms zu schmücken. 1204 ließ der Eroberer Enrico Dandolo sie nach Venedig verschiffen. Sechs Jahrhunderte später brachte Napoleon sie nach Paris, von wo die Österreicher sie 15 Jahre später in die Lagunenstadt retournierten. 1982 wanderten die Originale ins Museum der Basilika; seither trotzen auf der Portalgalerie Kopien dem sauren Regen.

Glänzender Kunstschrein

Wer dieses Gotteshaus nun zum ersten Mal betritt, steht wohl zunächst sprachlos vor Staunen da. Noch an die Helligkeit der Piazza draußen gewöhnt, benötigt das Auge einige Momente, um sich dem mystischen Halbdunkel anzupassen. Dann jedoch erfasst es, was seit mehr als 800 Jahren jeden Venedig-Besucher schier überwältigt: einen dreischiffigen Raum, dessen Boden mit fantastischen Steinmosaiken ausgelegt ist und dessen mächtige Wände und Pfeiler, Tonnengewölbe und insgesamt fünf Kuppeln nahezu vollständig von golden gleißenden Mosaiken überzogen sind. Geheimnis- und weihevoller kann ein Sakralbau nicht wirken!

Die kostbarsten Ausstattungsstücke des Innenraums finden sich im Chorbereich: die um 1400 entstandene **Ikonostase** mit Figuren der zwölf Apostel, Marias und des hl. Markus, der an seinen Alabastersäulen mit phantastischen Reliefs verzierte **Hochaltar,** der darunter befindliche **Sarkophag des hl. Markus** und Jacopo Sansovinos bronzene **Sakristeitür** mit den Reliefs der Kreuzabnahme und der Auferstehung sowie den sechs Büsten, mit denen der Meister angeblich Tizian, Aretino, Palladio, Veronese, den Chronisten Francesco Sansovino und sich selbst porträtierte.

Ein ganz besonderes Prunkstück ist die **Pala d'Oro,** ein 3,45 x 1,40 m großer Altaraufsatz aus Gold und Email, in dessen Einzelteilen byzantinische und venezianische Goldschmiede zwischen dem 10. und 14. Jh. 1300 Perlen, 400 Granate, 300 Saphire und Dutzende von anderen Edelsteinen verarbeiteten. Nicht versäumen sollte man außerdem den Besuch der **Schatzkammer** (Tesoro) sowie des – kürzlich erst runderneuerten – **Museums** der Basilika. Erstere enthält, trotzdem ein Großteil ihrer Bestände von Napoleon geraubt und eingeschmolzen wurde, eine beeindruckende Sammlung liturgischer Geräte, Reliquiare, Schnitzarbeiten und Gemälde, Letzteres neben den erwähnten Bronzepferden wertvolle Ikonen, Paramente, Manuskripte, Teppiche u. v. m.

Ein goldenes Bilderbuch

Buchstäblich den Kopf verdreht jedem Betrachter freilich der unvergleichliche Mosaikschmuck. Er vor allem macht die Basilica di San Marco so einzigartig und verleiht ihr den spezifisch byzantinischen Charakter. Die Funktion dieses insgesamt fast 1 ha großen, die Sinne etörenden ›Bilderbuches‹ war freilich die in allen Kirchen des Mittelalters übliche – nämlich als ›Armenbibel‹ dem leseunkundigen Volk zu ermöglichen, die Begebenheiten des Alten und Neuen Testaments ›abzulesen‹. Und auch uns bibelkundlich für gewöhnlich nicht sonderlich sattelfesten Nachgeborenen mag es gut tun, den Gehalt des Dargestellten ausführlicher in Erinnerung gerufen zu bekommen.

Achtung, Genickstarre!

Die Warnung scheint angebracht angesichts eines solchen Weltwunders. Immerhin handelt es sich bei diesem ursprünglich im 13. Jh. erschaffenen, seither immer wieder weitflächig restaurierten und erneuerten Mosaikenzyklus um den größten seiner Art im ganzen Abendland. Vorab hilfreich zu wissen ist, dass er in seiner Gesamtheit das Ergebnis eines allumfassenden ikonografischen Plans darstellt. Experten stimmen darin überein, dass dieser bereits im Laufe des 12. Jh. zur Gänze festgelegt war.

Die Mosaike in der Vorhalle hingegen stammen aus dem 13. Jh. Ihre alttestamentarischen Sujets dienen offensichtlich der geistigen Vorbereitung auf die Themen der christlichen Botschaft, die den Gläubigen im Kircheninnern erwarten. Gemeinsam spiegeln sie die für den Stadtstaat charakteristische Ambition und Glaubensstärke, die hier vorherrschenden Sprachen und Stile wider; vor allem jedoch die Entwicklung der hiesigen Kunst von ihren graeco-byzantinischen Wurzeln (die frühen Mosaizisten kamen allesamt aus dem Osten) bis ins Cinquecento, als sogar Tizian, Tintoretto, Veronese und andere Größen motivische Vorlagen für Mosaikbilder beisteuerten. Das dominierende Gold diente dabei nicht nur als alle Darstellungen einigender Grundton, sondern, der Auffassung der Ostkirche gemäß, als Symbolfarbe für das Göttliche schlechthin – als Metapher für jenes Licht, das aus Sicht der Kirchenväter und Theologen des Mittelalters Gott selbst repräsentiert.

Von der Erschaffung der Welt ...

Unsere Besichtigung beginnt sinnvollerweise in der **Vorhalle** (Narthex). Ihre Mosaike datieren aus der Zeit zwischen 1220 und 1300 und zeigen vornehmlich Szenen aus den Büchern Genesis und Exodus. So bekommt man in der ersten Kuppel rechts mittels 26 in drei konzentrischen Kreisen gruppierten Episoden die ganze Schöpfungsgeschichte erzählt. Im Zentrum schwebt der hl. Geist als Taube über dem Wasser. Daran angrenzend werden das Licht von der Finsternis und das Wasser von der Erde geschieden, dazwischen das Firmanent, hernach, im mittleren Streifen, die Pflanzen, Gestirne, Fische, Vögel etc. bis hin zu Adam erschaffen.

An der Peripherie erhalten zunächst diverse Tiere ihre Namen und durchlebt das erste Menschenpaar Sündenfall und Vertreibung aus dem Paradies. In den nördlich angrenzenden Kuppeln bzw. Gewölben verfolgt man die Geschichte von Kain und Abel, die Viten Noahs, Abrahams sowie, in der Fortsetzung an der Nordseite, jene von Joseph und Moses. Auf den Gewänden des Hauptportals finden sich die Muttergottes und diverse Heilige abgebildet. Dort ist der stilistische Unterschied zwischen den älteren, uniformen, plump nebeneinander gereihten Figuren oströmischer Prägung und den einige Generationen jüngeren, von venezianischen Künstlern farbenprächtiger, mit individuelleren Zügen und zueinander in Perspektive stehend gestalteten besonders augenfällig.

MOSAIKE FACHKUNDIG ERLÄUTERT

M

Das Pastoralbüro der Diözese Venedig bietet gemeinsam mit der Prokuratur von San Marco – auch auf Deutsch – exzellente 90-minütige Gratisführungen zu den Mosaiken der Basilika an; nähere Infos unter www.veneziaupt.org oder telefonisch: T 041 270 24 11, Di u. Fr 14.30–16 Uhr. Teilnahmeanmeldung (spätestens acht Tage im Voraus) per E-Mail unter turismo@patriarcatovenezia.it.

… über das Pfingstwunder …

Auch der Bildschmuck des dreischiffigen **Innenraums,** der alle fünf Kuppeln wie auch die massiven Pfeiler, auf denen sie ruhen, lückenlos bedeckt, folgt einer planvollen Ordnung. Die dem Haupteingang nächste **Pfingstkuppel,** die vermutlich älteste der Basilika (Ende 12. Jh.), zeigt im Zentrum den hl. Geist als Taube, welche die zwölf am unteren Rand thronenden Apostel mit goldenen Strahlen beschickt.

Die rechts angrenzende Wand trägt Szenen aus der Karwoche und der Apostelgeschichte und leitet damit thematisch zum Passionsgewölbe über. Judaskuss, Gefangennahme und Kreuzigung, die Frauen am leeren Grab und Christus in der Vorhölle sowie als Auferstandener im Kreise seiner Jünger … Die Motive des (vor-)österlichen Geschehens bilden insofern einen stilistischen Brückenschlag, als die Apostel des Pfingstwunders in ihren gebauschten Gewändern eine nahezu barocke Spätromanik markierten, während man hier die vergleichsweise starren Figuren der Frühgotik vor sich hat.

… bis zur göttlichen Himmelfahrt

Vieles ließe sich über die Fresken in den Kuppeln des Querschiffes (im Norden: Johannes-Vita, im Süden: diverse Heilige) wie auch über die darunter befindlichen Wandszenen (u. a. Vita Mariae und Markuslegende) sagen. Das Hauptaugenmerk gilt jedoch zweifelsohne der **Himmelfahrtskuppel.** In ihrem Zenit schwebt der Erlöser in einem von Engeln gestützten Sternenkreis, rund um ihn gruppiert sind die Apostel und, in der Längsachse der Kirche von zwei Engeln flankiert, Maria. In den Zwickeln schließlich: die vier Evangelisten. Das Zentrum der den Bilderreigen im Osten abschließenden **Chorkuppel** bildet erneut Christus, diesmal thronend als Pantokrator, die Rechte in Segensgebärde.

Farbenreicher »Orientteppich«

Um während des Rundgangs seine Halsmuskeln zwischendurch zu entspannen, sollte man den Blick durchaus auch auf den Boden lenken. Der *pavimento* gleicht einem wundersamen – wenngleich aufgrund seines methusalemischen Alters gehörig Wellen schlagenden – Orientteppich. Die kunstvoll gefügten Bestandtteile aus Marmor, Porphyr und Glas stellen farbenreiche und komplexe geometrische Muster sowie schöne Szenen mit wilden Tieren und Vögeln dar.

Es werde Licht

Um das goldschimmernde Gesamtkunstwerk in seiner ganzen Pracht zu erleben, empfiehlt sich, es unter wechselnden Lichtverhältnissen, also zu verschiedenen Tageszeiten, zu betrachten und auch auf die sogenannten Katzenstege der Galerie zu klettern. Früher war das im Kirchenraum herrschende Dämmerlicht beim Studieren der Mosaike hinderlich. Im Zuge der Restaurierungsarbeiten in den 1990er-Jahren wurde jedoch ein ausgeklügeltes System zur Illumination installiert, das dem Betrachter einen wahren Augenschmaus beschert. Allerdings werden die Scheinwerfer nur zu ausgewählten Uhrzeiten angeknipst. Am besten erkundigt man sich beim Aufsichtspersonal nach dem aktuellen Beleuchtungsplan.

Basilica: www.basilicasanmarco.it, Mo–Sa 9.30–17.15, So/Fei 14–17.15, Ende Okt.–Mitte April nur bis 16.30 Uhr, Eintritt 3 €; Museo di San Marco/Loggia dei Cavalli: tgl. 9.30–17.15 Uhr, Eintritt 7 €; Pala d'Oro/Tesoro: Mo–Sa 9.30–17.15, So/Fei 14–17 Uhr, im Winter jeweils nur bis 16.30 Uhr, Eintritt 5 €, Ticketverkauf im Ateneo San Baseo (vor dem Nordtor, an der Piazzetta dei Leoncini); Messen: wochentags 7, 8, 9, 10, 11, Sept.–Juni auch 12, 18.45 Uhr, So/Fei 7, 8, 9, 10.30, 12, 18.45 Uhr, außerdem ganzjährig Sa und am Vorabend von Fei 18.45 Uhr. Hinweis: Besucher des Doms müssen ihre Traveller-Rucksäcke ausnahmslos abgeben (vor dem Nordtor an der Piazzetta dei Leoncini, tgl. 8.30–19 Uhr, Schließfächer ab 1,99 €; Vorab-Buchung per Kreditkarte unter www.stowyourbags.com).

Symbolträchtiger geht nicht: An der Porta della Carta, dem Eingang in den Dogenpalast (s. S. 47), kniet der Doge vor Venedigs Wahrzeichen, dem Markuslöwen.

Im Osten der Piazza

Zu Stein erstarrte Schatzräuber

Vor der Hauptfassade der Basilica fallen drei **Flaggenmasten** aus Zedernholz ins Auge. Sie ruhen auf kunstvoll gestalteten Reliefsockeln aus Bronze und trugen bereits im 15. Jh. die Banner der zu Venedig gehörigen Königreiche Morea (Peloponnes), Kandia (Kreta) und Zypern. Zur Zeit Napoleons empfand man

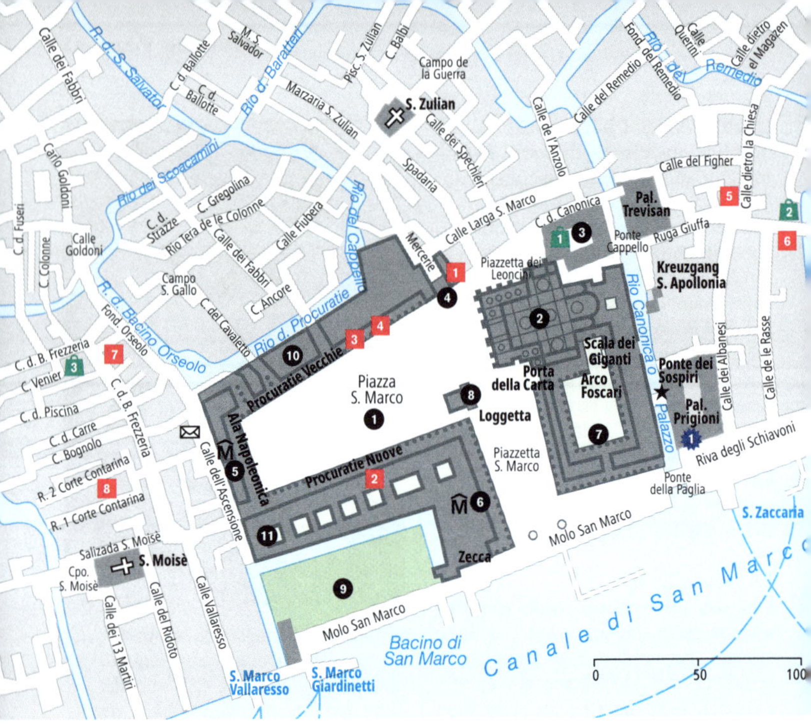

sie als Symbole der Tyrranei und interpretierte sie zu Sinnbildern für Freiheit, Tugend und Gleichheit um.

Die beiden reliefverzierten Marmorpfeiler vor der Kirchensüdfront wurden lange für Siegestrophäen aus Syrien gehalten, sind jedoch neueren Theorien zufolge möglicherweise byzantinischen Ursprungs. Ebenso ungeklärt ist die Herkunft der vier **Porphyrfiguren** an der Außenmauer des Tesoro. Sind es die Tetrarchen Diokletian, Valerius, Maximian und Constantius? Oder doch, wie der Volksmund munkelt, vier Schatzräuber, die bei ihrem Einbruchsversuch zu Stein erstarrten?

Palast des Kirchenfürsten

Umwandert man nun die Piazza entgegen dem Uhrzeigersinn, stößt man zuerst auf die Piazzetta dei Leoncini mit ihren zwei von den Hosenböden vieler Kindergenerationen blank gewetzten roten Marmorlöwen. Hinter ihnen befindet sich der **Palazzo Patriarcale ❸.** Er wurde um 1850 für den venezianischen Kirchenfürsten geschaffen, nachdem dessen Sitz von San Pietro in Castello nach San Marco verlegt worden war. Sein Inneres, u. a. der Tintoretto-Saal, der Saal der Päpste und die Patriarchen-Galerie, sind im Rahmen von – auch deutschsprachigen – Führungen zu besichtigen (Castello 4261, um 15, 16 und 17 Uhr, Dauer: 1 Std., Info/Reservierung T 041 241 38 17 oder turismo@patriarcatovenezia.it, Eintritt 10 €).

Torre dell'Orologio

Lautstarker Zeitmesser

Über dem Durchgang zur Mercerie (s. S. 79) erhebt sich der **Uhrturm ❹.**

Rund um den Markusplatz

Ansehen

1. Piazza San Marco (Markusplatz)
2. Basilica di San Marco (Markusdom)
3. Palazzo Patriarcale
4. Torre dell'Orologio (Uhrturm)
5. Ala Napoleonica/ Museo Correr
6. Biblioteca Nazionale Marciana/ Museo Archeologico
7. Palazzo Ducale (Dogenpalast)
8. Campanile
9. Giardini Ex Reali
10. A World of Potential
11. Fondazione Bevilacqua la Masa

Essen

1. American Bar
2. Florian
3. Ristorante Quadri
4. Caffè Lavena
5. Aciugheta Enoteca
6. Rivetta
7. Chat Qui Rit
8. Da Carla

Einkaufen

1. Bevilacqua
2. Magie di Carnevale
3. Paropamiso

Ausgehen

1. Konzertsaal im Palazzo delle Prigioni

In den Jahren 1496–99 vermutlich nach Entwürfen Mauro Codussis errichtet, wurden ihm kurz darauf die Flügelbauten (vermutlich von Pietro Lombardo) und ein drittes Stockwerk angefügt. Das vergoldete Zifferblatt und der große Markuslöwe vor blauem Hintergrund sind ein Blickfang für jeden, der vom Molo kommend der Piazza zustrebt. Vor allem informierte es über Jahrhunderte die Kaufleute, wenn sie ihre im Becken von San Marco ankernden Galeeren verließen oder bestiegen, welche Zeit es geschlagen hatte.

Auf der Uhr, einem wahren Wunderwerk der Feinmechanik, findet sich das Universum dargestellt. Auf der in 24 Stunden unterteilten Außenzone folgt der Zeiger dem täglichen Lauf der Sonne. Die Innenbereiche sind beweglich und bilden den Tierkreis, die Monate und die Tage sowie die Umlaufbahn des Mondes ab. Das Zentrum ziert ein Abbild der Erde.

Auf der Turmterrasse, die nach langjähriger Renovierung wieder für Besucher zugänglich ist, schlagen zwei riesige Figurenautomaten aus Bronze mit ihren Hämmern zu jeder vollen Stunde weithin hörbar die riesige, über 500 Jahre alte Glocke. Eine Etage darüber thront eine kleine Madonna mit Kind. Zu ihrer Linken wird, in römischen Ziffern, die jeweils aktuelle Stunde, zur Rechten, in arabischen Ziffern, die Minute angezeigt.

Piazza San Marco, Besichtigung nur im Rahmen geführter Besteigungen (auf Ital. Fr–Mo 12 und Do–So jew. 15, auf Engl. Mo 11 u. 14, Di/Mi 12 u. 14, Do 12, Fr, So 11, 14 u. 16 Uhr, Vorab-Buchung online (s. u.) oder telefonisch (+39 041 427 30 892 bzw., aus Italien, T 849 08 2000), http://torreorologio.visitmuve.it, Eintritt 12 € bzw. Museumspass (s. S. 36)

Im Westen der Piazza

Von Arkadengängen gesäumt

An der nördlichen Längsseite des Markusplatzes liegen die seit dem Frühjahr

T

EIN TRAMEZZINI ZWISCHENDURCH?

Ein angenehmer Ankerplatz im Menschenmeer der Piazza ist die unmittelbar zu Füßen des Uhrturms, an der rechten Ecke des Bogengangs in die Mercerie gelegene **American Bar** 1. Dort kann man im Stehen bei köstlichen Brötchen, einer *ombra* oder einem Espresso Kraft tanken. Und das zu durchaus moderaten Preisen (Piazza San Marco 320, tgl. 8.30–mind. 24 Uhr).

2022 erstmals öffentlich zugänglichen **Procuratie Vecchie (s. S. 57, ❿ A World of Potential)** sowie an der Südseite des Platzes die **Procuratie Nuove.** Sie wurden ab 1500 (von Bartolomeo Bon) bzw. ab 1583 (Vincenzo Scamozzi und Baldassare Longhena) anstelle älterer Gebäude errichtet und beherbergten die Büros der Prokuratoren; jener Männer, die ursprünglich für die Pflege der Markuskirche, bald aber für die gesamte interne Staatsverwaltung und Exekutive zuständig und dementsprechend mächtig waren.

In den eleganten Arkadengängen findet man neben exklusiven Shopping-Adressen Venedigs prominenteste Cafés: das 1720 eröffnete **Florian** 2, dessen Ruhm Gäste wie Goethe, Proust, Thomas Mann und Mark Twain in alle Welt trugen, und das gegenüberliegende, jüngere, jedoch nicht minder snobistische **Quadri** 3.

Der Quertrakt, die **Ala Napoleonica** ❺, wurde unmittelbar nach der französischen Besetzung (1807) erbaut. Er bildete kurzzeitig den Eingang zur königlichen Residenz, die Napoleon in der Bibliothek und den Procuratie Nuove installieren ließ. In dem etwas schwerfällig wirkenden Flügel befindet sich neben Privatbüros und einem schönen Ballsaal der Zugang zum **Museo Correr,** dem grandiosen Museum für Stadtgeschichte (s. S. 52).

Biblioteca Marciana

Monumentale Säle

Das Prinzip, Unter- wie Obergeschosse mit offenen Arkadenbögen zu durchbrechen, setzt sich in der **Biblioteca Nazionale Marciana** ❻ fort. Der harmonische Renaissancebau, der sich gegenüber dem Dogenpalast über die ganze Länge der Piazzetta erstreckt und von Palladio als das »prunkvollste Gebäude seit dem Altertum« bezeichnet wurde, gilt als Meisterwerk Jacopo Sansovinos. Dennoch wurde sein Schöpfer, als 1545 die Decke eines der monumentalen Säle einstürzte, ins Gefängnis gesteckt und erst auf Intervention seiner Freunde Tizian und Aretino wieder freigelassen. Der prominente Platz und die gewaltigen Dimensionen des Komplexes, dessen Fertigstellung und Verlängerung bis zum Molo nach Sansovinos Tod der Palladio-Schüler Vincenzo Scamozzi überwachte, sollten die Bedeutung unterstreichen, die man zu jener Zeit in Venedig der Gelehrsamkeit beimaß.

Hort der Gelehrsamkeit

Unter seinem Dach finden sich die erwähnte, auch unter der Bezeichnung **Libreria Sansoviana** bekannte Bibliothek sowie, seit den 1920er-Jahren, das **Museo Archeologico** (s. S. 53). Erstere verdankt ihre bis heute umfangreichen Bestände ursprünglich vor allem zwei Stiftungen: der Büchersammlung des humanistischen Dichters und Gelehrten Francesco Petrarca sowie den mehr als 1000 Handschriften, die der griechische Kardinal Bessarione 1453 bei seiner

Das Florian ist das prominenteste – und teuerste – Caffè auf dem Markusplatz. Wo einst Goethe und Wagner, Chopin, Proust und Balzac saßen, sitzt sich's auch als spätgeborener gemeiner Tourist gut.

Flucht aus Konstantinopel mitgebracht hatte. Ihre Räume, insbesondere Treppenhaus und Lesesaal, wurden von Venedigs besten Künstlern der damaligen Zeit, allen voran Veronese, Tintoretto und Tizian ausgestattet. Von Letzterem stammt das Deckengemälde des Vestibüls, eine »Allegorie der Weisheit«.

Ein beträchtlicher Teil der Bücher ist seit dem frühen 20. Jh. in der angrenzenden **Zecca** untergebracht, der ebenfalls nach Plänen Sansovinos errichteten, für Touristen unzugänglichen Münzanstalt, in der früher der Staatsschatz lagerte.

San Marco 7, Piazzetta, http://marciana.venezia.sbn.it, Linee 1, 2, Stazione S. Marco Giardinetti, Besichtigung der Prunkräume (Sale monumentali): April–Okt. tgl. 10–18, Nov.–März 10–17 Uhr, T 041 240 72 11, Führungen auf Anfrage; Zutritt über Museo Correr, Kombi-Eintritt mit Museumspässen (s. S. 36)

Palazzo Ducale

Machtzentrum der Republik

Residenz der Dogen, Versammlungs- und Wahlort für den Senat und Großen Rat, dazu Gefängnis, Amtssitz der Regierung, der Geheimpolizei und höchsten Richter: Im **Dogenpalast** 7, jenem kolossalen Kubus, der den weiten Raum zwischen Markusdom und Molo einnimmt, schlug seit alters das machtpolitische Herz der Markusrepublik. Nahezu 1000 Jahre lang, von 802 bis zum Einmarsch französischer Truppen 1797, lenkten insgesamt 120 Dogen von hier aus die Geschicke der Serenissima. Seine teppichartig mit weißen und lachsrosa Marmorplatten gemusterte Fassade signalisiert fremden Neuankömmlingen bis heute unmissverständlich, über welche Geltung und Durchsetzungskraft die aristokratische Elite, die hier ihres Amtes waltete, gebot.

Nachdem man die Staatsverwaltung von Malamocco nach Rialto und bald darauf nach San Marco verlegt hatte, war an jener Stelle zunächst ein hölzernes, turmbewehrtes Kastell entstanden. Dieses brannte mehrmals nieder. Einmal, 976, wurde es im Zuge einer Revolte zerstört. Erst unter Sebastiano Ziani, im späten 12. Jh., entstand der erste Palast aus Stein, der, als man für den auf 900 Mitglieder angewachsenen Großen Rat einen Versammlungssaal benötigte, wieder abgerissen wurde. In der Folge entstand der dreiflügelige, leicht trapezförmige Bau in seiner heutigen Gestalt – als erstes, in den Jahren 1340 bis 1400, der dem Molo zugekehrte, gut 70 m lange Südtrakt, wenig später der beinahe gleich lange Westteil. Der gut 100 m messende Osttrakt hingegen war erst nach 1600 endgültig fertiggestellt.

Ein steinerner Wald aus Pfählen

Bevor man sich in den weitläufigen Innenräumen verliert, sollte man der Fassade Beachtung schenken. Der mächtige Baukörper ist von einigen wenigen Spitzbogenfenstern sowie -balkonen durchsetzt und ruht auf langen, doppelstöckigen Reihen von Säulen. Deren Basen stecken, da Piazzetta und Molo mehrmals angehoben wurden, heute etwa 40 cm tief im Boden. Gemeinsam mit der Arkadenreihe im ersten Geschoss symbolisieren sie den Wald aus Pfählen, der die Stadt trägt.

An der Westfront, der Seite zur Piazzetta, markieren im Obergeschoss zwei rosa Säulen – angeblich, so ganz sicher überliefert ist das nicht – jenen Platz, der bei offiziellen Anlässen für den Dogen reserviert war. Auch wurden von hier die Todesurteile verkündet. Links davon, unmittelbar neben dem Markusdom, zieht die **Porta della Carta,** ein Meisterwerk der Steinmetzkunst aus dem mittleren 15. Jh., der Übergangszeit von der Gotik zur Renaissance, die Blicke auf sich.

Inspiziert man die Säulen genauer, entdeckt man an ihren Kapitellen eine Vielzahl wunderschöner Dekordetails – etwa an den beiden Ecken des Südflügels die Skulpturengruppen von Adam und Eva und dem Erzengel Michael (im Westen) sowie dem Erzengel Raphael mit Tobias und dem trunkenen Noah (im Osten). Auf vielen Abschlüssen finden sich kunstvoll gemeißelt allegorische Figurengruppen zu spezifischen Themen – die sieben Todsünden oder die freien Künste der Antike zum Beispiel, Könige und Kaiser, die Völker der Erde, diverse Heilige, Handwerke, Früchte, Tiere mit ihrer Beute, die 12 Monate oder die Planeten und ihre Lage … Nur los: Beim eingehenden Studium lassen sich viele vergnügliche Details entdecken!

Auf den Spuren der Dogen

Irgendwann freilich heißt es, sich loszureißen und durch die **Porta del Frumento,** also vom Süden, der Meerseite, her, den Innenhof zu betreten. Bestimmendes Element ist in ihm der **Arco Foscari,** ein zweigeschossiges, um das Jahr 1470 vollendetes Triumphtor, durch das die frisch gewählten Dogen schritten, bevor sie auf der benachbarten **Scala dei Giganti** in einer feierlichen Zeremonie mit dem *corno ducale* gekrönt wurden. Die von Jacopo Sansovino geschaffenen ›gigantischen‹ Statuen am Ende der Treppe sind Neptun und Mars – Symbole für Venedigs Macht zu Wasser und zu Land.

Wie in der Markuskirche ist auch im Palazzo Ducale die Fülle an Kunstwerken überwältigend. Der Weg sollte, gleich hinter dem Eingang, zunächst in das **Museo dell'Opera** führen, das Originale der Säulen, Kapitelle und Bögen der beiden Palastfassaden präsentiert. Danach geht es durch den Haupthof, an der genannten Giganten-Treppe vorbei, über die **Scala die Censori,** in die luftigen **Loggien** (beachtenswert zur Rechten: einer der Briefkästen, genannt *bocca della verità,* in denen man einst schriftliche Denunziationen von Mitbürgern deponieren konnte, s. S. 273). Hier beginnt der eigentliche, offizielle Rundgang.

Prachtsäle ohne Ende

Weiter führt der offizielle Rundweg über die üppig verzierte **Scala d'Oro,** die ›Goldene Treppe‹, in den Piano nobile, den ersten Stock – in das **Appartamento del Doge,** die Wohngemächer des Heerführers und höchsten Beamten der Signoria. Nach einer Reihe repräsentativer Räume (speziell bemerkenswert: die Sala delle Mappe bzw. delle Filosofi) erklimmt man den Rest der Scala d'Oro. Nunmehr im zweiten Stock des Ostflügels angelangt, durchschreitet man staunend das **Atrio Quadrato** (Kassettendecke mit Tintoretto-Gemälde!), die **Sala delle Quattro Porte** (Tonnengewölbe) und die Sala dell'Anticollegio, die kleine Pinakothek mit Bildern von Tintoretto, Veronese und Bassano.

Schließlich erreicht man die **Sala del Collegio,** wo das höchste Gremium der Republik, der Staatsrat, tagte. Die großen Wandbilder stammen von Tintoretto, die von vergoldeten Schnitzarbeiten umrahmten Deckengemälde von Veronese (das Hauptbild zeigt Christus, Venezia und den Sieger von Lepanto, den Dogen Sebastiano Venier).

Auch die anschließende **Sala del Senato** wird von einem Tintoretto-Gemälde, dem zentralen Deckenbild »Venedig als Herrin der Meere«, beherrscht. Die **Sala del Consiglio dei Dieci,** der Versammlungsraum des berüchtigten Zehnerrats, dem die Wahrung der verfassungsmäßigen Ordnung oblag, verdankt, wie auch die angrenzende **Sala della Bussola,** der Kompass-Saal, ihre

DIE GEHEIMNISSE DES DOGENPALASTS

Sie wollen vom Palazzo Ducale mehr als die Standardroute sehen? Dann erkunden Sie ihn auf den **Itinerarii Segreti,** den »geheimen Wegen«: Diese rund 75-minütigen Rundgänge führen zunächst in die holzgetäfelten Räume der Cancelleria, in denen der Großkanzler seines Amtes waltete und zwei Dutzend Schreiber im Akkord Dokumente kopierten. Es folgen der Archivraum, Amtsstuben und die Folterkammer, in der Angeklagte, an einem Seil hängend, des Nachts von drei Richtern verhört wurden. Über eine schmale Treppe erreicht man die Bleikammern, in denen 1755 für 15 Monate auch Giacomo Casanova einsaß. Den Abschluss bilden die Sala dei Tre Capi del Consiglio dei Dieci, in der einst Beamte Denunzianten nach den Beweggründen für ihr Tun befragten, und schließlich die von Tintoretto bemalte Sala degli Inquisitori di Stato, der Tagungsraum des höchsten politischen Gerichts der Republik (Führungen auf Englisch um 9, 9.30, 11.30 u. 13, auf Italienisch um 11 u. 12.30, auf Französisch um 10.30 u. 12 Uhr). Eine reizvolle Ergänzung stellt die Tour »Die verborgenen Schätze der Dogen« durch die ehemaligen Privatgemächer der Dogen dar (nur auf Italienisch, Fr–So 11.45 Uhr). Tickets für beide Touren kosten jeweils 28 € (reguläre Palastbesichtigung inbegriffen), buchbar am Info-Schalter beim Palasteingang, telefonisch unter +39 041 427 30 89 (aus Italien T 848 082 000) oder, mind. 48 Stunden im Voraus, über http://palazzoducale.visitmuve.it, Link »Plan your visit«.

Ausstattung wiederum dem Maler Paolo Veronese.

Eine Orgie für den Sehsinn

Zweifelsohne: All das Bisherige war schon von schwelgerischer Grandezza. Aber gewissermaßen doch nur ein Vorspiel zur **Sala del Maggior Consiglio.** In diesem gewaltigen 54 x 25 m großen Raum, dem zentralen des zweiten Stockwerks, wählte der bis zu 1800-köpfige Große Rat – ihm gehörten alle Männer, deren Familien im Goldenen Buch verzeichnet waren, an – die hohen Staatsbeamten und Mitglieder der Signoria. Seine ursprüngliche Ausstattung wurde 1574 durch einen Brand vernichtet, seine heutige stammt u. a. von Tintoretto, Veronese und Palma d. J. Die Wandbilder dokumentieren in zwei Zyklen die historische Begegnung Papst Alexanders III. mit dem Dogen Sebastiano Ziani (1177) und die Eroberung Konstantinopels durch Enrico Dandolo (1204). Im Mittelpunkt der Deckengemälde: Veroneses »Apotheose der Venezia«. Die Hauptattraktion des gewaltigen Raumes findet sich an der Stirnseite: Tintorettos »Paradiesbild«. Es ist mit 22 x 7 m das größte Leinwand-Ölbild der Welt und zeigt Christus und Maria, umschwärmt von einer enormen Schar von Heiligen und Engeln.

Ein weiterer imposanter Saal, die **Sala dello Scrutinio** (›Saal der Abstimmung‹), grenzt im Westflügel unmittelbar an den Großen Ratssaal. Wenige Räume weiter, in der **Sala del Magistrato alle Leggi,** einem ehemaligen Archiv, stößt man auf eine besondere Rarität: ein großartiges Triptychon von Hieronymus Bosch – die heute einzigen Bilder des sich mit Vorliebe in apokaplytischen Szenen ergehenden Niederländers auf italienischem Boden.

Zum Abschluss in den Kerker

Der Rundgang endet, nach einem Abstecher über die **Ponte dei Sospiri,** die legendäre Seufzerbrücke (s. S. 124), und in die sogenannten **Prigioni Nuove** (Neuen Kerker), mit der auf vier Räume verteilten, äußerst reich bestückten **Armeria,** der Waffen- und Rüstkammer. Im Bewusstsein behalten sollten Besucher, dass von Zeit zu Zeit Teile der Räumlichkeiten gesperrt werden, der Verlauf des Rundgangs deshalb Änderungen unterliegt.

San Marco 1, T 041 271 59 11, http://palazzoducale.visitmuve.it, Linee 1, 2, Stazione S. Marco S. Zaccaria, April–Okt. tgl. 9–19, Nov.–März 9–17.30 Uhr, Kassenschluss jeweils 1 Std. davor; Buchung: T 041 42 73 08 92 bzw. www.visitmuve.it, Kombiticket mit Museumspässen (s. S. 36); Ticketschalter an der Porta del Frumento am Molo

Campanile

Hier oben war auch schon Galileo

Spätestens nun sollte man, um die Gesamtanlage der Piazza, aber auch den Anblick der ganzen Stadt und ihrer Umgebung aus der Vogelperspektive zu genießen, per Aufzug hinauf auf den **Campanile ❽.** Während man in der manchmal recht langen Menschenschlange wartet, hat man Gelegenheit, die von Jacopo Sansovino erbaute Loggetta (1536–40) zu studieren: Ursprünglich vermutlich als architektonisches Gegenstück zur Scala dei Giganti konzipiert, unter deren Arkaden sich Venedigs obere Zehntausend zum Schwätzchen trafen, war sie später Unterstand der Palastwache während der Sitzungen des Großen Rates.

Eine ungleich spannendere Biografie weist allerdings das angrenzende 95 m hohe Wahrzeichen Venedigs, der Campanile, auf: Im 10. Jh. auf vermutlich karolingischen Fundamenten begonnen und im 12. Jh. maßgeblich erhöht, ist er Venedigs einziges in der Substanz romanisches Bauwerk. Bevor er, kurz

Lieblingsort

Eine Oase zum Durchatmen

Irgendwann erreicht selbst der eingefleischteste Kunstliebhaber den Punkt, wo sich der Sehsinn an der steinernen Pracht fürs Erste satt gesehen hat. Auch die Beine hätten irgendwann gegen eine kurze Rast nichts einzuwenden; und die Seele nach all dem Menschengeschiebe nichts gegen erquickendes Grün. All diese Bedürfnisse erfüllen die zwischen Markusplatz und Mole gelegenen **Giardini Ex Reali** **9**. Die Grünoase wurde 1807 angelegt, nachdem Napoleon nebenan, in den Neuen Prokuratien, Quartier bezogen und den hier stehenden staatlichen Getreidespeicher hatte abreißen lassen. Die kleinen, aber feinen »königlichen Gärten« bieten ein unverhofftes Rückzugsgebiet, in dem man auch gut einen Snack oder ein besinnliches Buch genießen kann.

Der Innenhof des Dogenpalasts steht dessen Außenfassade, was die marmorne Pracht betrifft, kaum nach. Auch hier symbolisieren die langen Arkadenreihen den Wald aus Pfählen, der die Stadt trägt.

nach 1500, das weiß-grüne Spitzdach und den 3 m großen vergoldeten Erzengel Gabriel aufgesetzt bekam, diente *el paron de casa,* der »Herr des Hauses«, wie ihn die Venezianer liebevoll nennen, Heimkehrern als Orientierungspunkt und Daheimgebliebenen als Ausguck. In seiner Glockenstube postierte man im Genuesischen Krieg Kanonen. Galilei demonstrierte dort eine seiner Erfindungen, das Teleskop. Auf halber Höhe hing an der Außenmauer oft ein Holzkäfig, in dem man ›amoralische‹ Personen zu Tode hungern ließ. Und beim Schlag des Maleficio, der kleinsten der fünf Glocken, wurden unten auf der Piazzetta zum Tode Verurteilte hingerichtet.

San Marco 1, www.basilicasanmarco.it, Mitte April–Ende Sept. 8.30–21, Okt. 9.30–18, Nov.–März 9.30–16.45, 1. April-Hälfte 9–17.30 Uhr, Eintritt 10 €

Museen

Stadtgeschichte von A–Z 

5 Museo Correr: Anmutiger kann man in Venedigs Vergangenheit wohl nicht eingeführt werden: Wer die Monumentaltreppe des sogenannten Napoleonischen Flügels (s. S. 46) erklommen hat, genießt zunächst die Gesellschaft idealtypischer Götter und Helden der Antike. Es sind perfekt proportionierte Körper aus blütenweißem Marmor, wie sie nur Antonio Canova, der Großmeister unter den Bildhauern des Klassizismus, kreieren konnte. Sie bevölkern jenen Quertrakt an der Westseite des Markusplatzes, den der korsische Kaiser der Franzosen in Auftrag gegeben hatte und in der Folge die Habsburger, später auch Italiens Könige als Residenz nutzten, wenn sie in der Lagunenstadt weilten.

Die eigentliche Exkursion in die Stadtgeschichte startet um die Ecke, im ersten Stock der Neuen Prokuratien. Die Rolle der Dogen und des Magistrats, Stadtentwicklung, Seefahrt, Alltag und Feste, Handwerke und Künste – solche und viele andere Aspekte finden sich anhand von Urkunden, Bildern, Flaggen, Modellen, Münzen, Waffen, Kostümen, Musik- und Navigierinstrumenten, Karten umfassend dokumentiert. Ein Highlight stellt Jacopo de' Barbaris berühmte Stadtansicht von 1500 dar.

Im Stockwerk darüber zeichnet das **Museo del Risorgimento,** »der Wiedergeburt«, Venedigs Geschicke vom Verlust der Souveränität (1797) bis zur Eingliederung in das vereinigte Königreich (1866) nach. Herzstück des Museums, dessen Anfänge auf das Lebenswerk von Teodoro Correr, einem leidenschaftlichen Sammler aus altem Adelsgeschlecht, zurückgehen, ist die zwei Dutzend Räume füllende Kunstsammlung. Seine Bestandsliste liest sich wie ein Who's who der venezianischen Malerei, von den beiden Venezianos bis zu den drei Bellinis, mit Vittore Carpaccios beiden, vom obligaten Schoßhündchen begleiteten und lange Zeit fälschlich als »Kurtisanen« bezeichneten Aristokratinnen als Aushängeschild. Kostbare Kuriositäten sind die im ersten Stock gezeigten *bronzetti,* Kleinbronzen paduanischer Provenienz. Sehenswert sind die klassizistisch gestalteten **Kaiser-Appartements,** in denen Kaiserin »Sissi« während zweier Aufenthalte insgesamt acht Monate wohnte.

Piazza San Marco 25, T 041 240 52 11, www.visitmuve.it, Linee 1, 2, Stazione S. Marco Giardinetti, April–Okt. tgl. 10–18 Uhr, im Winter bis 17 Uhr (letzter Einlass jeweils 1 Std. vor Schließung); Kombiticket mit den Museumspässen (s. S. 36)

Schätze aus der Frühzeit

❻ **Museo Archeologico:** Willkommen in der Antike! Im Ostteil der Neuen Prokuratien sind, in direkter Nachbarschaft zum Museo Correr, etliche Räume den künstlerischen Zeugnissen des Altertums gewidmet. Zu studieren gibt es griechische Skulpturen und römische Büsten, aber auch eine Vielzahl qualitätvoller Münzen, Gemmen und Keramiken. Die Bestände entstammen zum großen Teil Privatstiftungen reicher Kenner aus der Renaissance. Sie bieten einen repräsentativen Überblick auf die Stilentwicklung von der Klassik bis zur späten Kaiserzeit. Der Rundgang durch die insgesamt 18 Räume mündet in Sansovinos großen Saal der Markusbibliothek, die von denkbar kostbaren Büchern und Handschriften nur so strotzt. Und deren Räumlichkeiten von Tintoretto, Tizian & Co. ausgestaltet wurden (s. S. 46).

San Marco 52, T 041 296 76 63, https://archeologicovenezia.cultura.gov.it/eu, Linee 1, 2, Stazione S. Marco Giardinetti, tgl. 10–18 Uhr, Zutritt über Museo Correr, Kombiticket mit Museumspässen (s. S. 36)

KONTRASTPROGRAMM: GEGENWARTSKUNST

K

Steht Ihnen der Sinn nach einem Kontrapunkt zur vielen Geschichte rundherum? Dann schauen Sie doch in der **Fondazione Bevilacqua la Masa** ⓫ vorbei. Die renommierte Galerie dieser mittlerweile über 120 Jahre alten Kunststiftung ist immer für ästhetische und geistige Inspiration gut. Sie liegt in der Südwestecke der Piazza, im Durchgang zur Salizzada da San Moisè und präsentiert regelmäßig Ausstellungen spannender Zeitgenossen, sei es ansässiger Nachwuchskünstler oder internationaler »artists-in-residence« (San Marco 71/c, T 041 523 78 19, www.bevilacqualamasa.it, Linee 1, 2, Stazione S. Marco Vallaresso, tgl. 11–18 Uhr).

TOUR
Unterwegs auf der schönsten Straße der Welt

Im Vaporetto auf dem Canal Grande

Besitzen Sie kein (Mehr-)Tagesticket von Venezia Unica (s. S. 242), können Sie bei den Verkaufsstellen bzw. Automaten an den Endpunkten der Tour, also sowohl an den Stationen S. Marco als auch Piazzale Roma und Ferrovia, Einzeltickets kaufen.

Gewiss, Paris hat seine Champs Elysées, Wien den Ring, Tokio die Ginza und New York die Fifth Avenue. Doch was ihre Grandezza und Geschichtsträchtigkeit betrifft, stellt Venedigs **»Hauptstraße«** die Prunkmeilen moderner Metropolen mühelos in den Schatten. An die 200 monumentale Paläste und ein gutes Dutzend nicht minder kostbarer Sakralbauten säumen diesen 3,8 km langen Wasserweg, der sich, dem alten Lauf eines Seitenarms des Flusses Brenta folgend, zwischen 40 und 100 m breit, aber bloß 6 m tief, in Form eines seitenverkehrten »S« durch die Altstadt windet.

Angesichts der grandiosen Architekturkulisse und Atmosphäre erklärte der französische Gesandte Philippe de Commynes im 15. Jh. den Canal Grande zur »schönsten Straße der Welt mit den schönsten Häusern«. Obgleich heute rund um den Rialto keine Frachtschiffe aus Alexandria oder Antwerpen, Konstantinopel oder London mehr ankern und statt der damals zehntausend nur noch einige Hundert Gondeln Dienst tun: Das Getriebe auf dem **Canalazzo**, wie die Venezianer ihre Hauptverkehrsader liebevoll nennen, wirkt immer noch überaus malerisch, die Kulisse mondän und das Urteil des schwärmerischen Franzosen zutreffend.

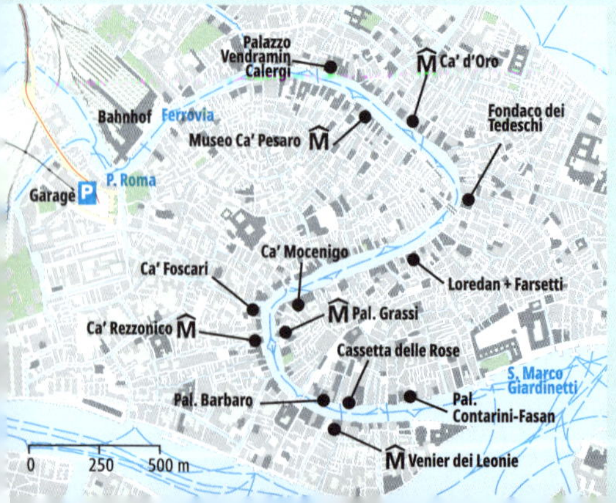

So gilt denn auch die rund 40-minütige Fahrt an Bord

Infos

A–F3–7

Dauer:
Reine Fahrzeit: 30–40 Min. An den zahlreichen Stopps können Sie die Fahrt nach Belieben unterbrechen.

Linie 1: ab Ferrovia bzw. Piazzale Roma nach S. Marco S. Zaccaria und Vallaresso bzw. Lido (ca. 5–23.20 Uhr, alle 12 Min.).
Linie 2: von ebendort bzw. Tronchetto nach S. Marco Giardinetti (ca. 9.30–17 Uhr, alle 12 Min.)
Linie N: zwischen den Verkehrsknotenpunkten Richtung Festland und S. Marco S. Zaccaria und Vallaresso (alle 20–30 Min., ab 1.30 Uhr alle Std.)

eines Vaporetto – oder, ungleich teurer, per Wassertaxi oder Gondel – von der Gegend um **Bahnhof** und **Garage** ostwärts nach **San Marco** bis heute für jeden Neuankömmling als eine Art unverzichtbares Initiationsritual. Ob, wie auf einem Gemälde William Turners, in dunstiges Frühmorgenlicht gehüllt, ob in der glasklaren mediterranen Bläue des Mittags oder aber bei Dunkelheit, wenn hinter den theatralisch illuminierten Spitzbogenfenstern Salons wie aus längst versunken geglaubten Welten mit schwülstigen Seidentapeten, Muranolüstern und unendlich hohen, kunstvoll bemalten Holzdecken auftauchen: Vom Wasser aus betrachtet, vermittelt diese Traumszenerie zu jeder Tages- und Jahreszeit einen unvergesslichen ersten Eindruck von der Einzigartigkeit dieser Stadt.

An Bord einer ›schwimmenden Straßenbahn‹ der Linien 1 oder 2 auf dem Canal Grande unterwegs, nimmt man nicht nur all den berühmten Kunstmuseen wie der **Ca' Pesaro, Ca' d'Oro** oder **Ca' Rezzonico,** den **Palazzi Grassi** oder **Venier dei Leoni** (Guggenheim), die man später eingehends von innen besichtigen wird, die Parade ab. Man gleitet auch an zahlreichen Privatdomizilen vorbei, deren Pracht man von der Landseite gar nicht wahrnähme. Und deren Räumlichkeiten man nur auf persönliche Einladung der Bewohner – und wer kriegt die schon? – zu Gesicht bekäme.

Das Spalier aus Palästen gleicht einem Stein gewordenen Musterbuch der abendländischen Architekturgeschichte. Ihre byzantinischen und gotischen, barocken und klassizistischen Fassaden formen ein Ensemble, dessen Harmonie nur von den eckig-schlichten, grau blechernen **Wartehäuschen der Schiffsstationen** geringfügig beeinträchtigt wird.

Die Namen der Bauherren bilden in ihrer Gesamtheit eine Art tausendjährigen Who's who des venezianischen Patriziats. Dandolo, Da Mosto, Donà, Morosini, Pisani, Gritti, Grimani, Corner … Aus Adelsgeschlechtern wie diesen stammte das Gros der Dogen, der führenden Seefahrer, Feld- und Handelsherren. In ihren mit Marmor und Fresken verzierten Wohnsitzen spiegelt sich die so enge wie fruchtbare Verbindung von Macht- und Kunstsinn eindrücklich wider.

Bequemer, weil mit hoher Wahrscheinlichkeit von einem Sitzplatz aus, genießen Sie das Panorama außerhalb der Rushhour, die sich in Venedig auf die Zeit zwischen ca. 7.30 und 9 Uhr bzw. 17 und 18.30 Uhr beschränkt.

Manche Adressen dienen mittlerweile sehr diesseitigen Zwecken: die **Palazzi Loredan** und **Farsetti** etwa an der Riva del Carbon als Rathaus, wo Venedigs Bürgermeister, der *sindaco*, und der Magistrat, die *giunta*, ihrer Ämter walten. Der **Fondaco dei Tedeschi,** der ehemalige Handelshof deutscher Kaufleute am Fuße der Rialto-Brücke, birgt ein Luxuskaufhaus. Und die **Ca' Foscari,** drei Stationen kanalabwärts, fungiert als zentraler Sitz von Venedigs renommierter Universität.

Schon im Wartehäuschen, vor dem Besteigen des Vaporettos, fühlt man Glücksgefühl und Vorfreude auf das Kommende aufsteigen.

Viele andere Gebäude rufen Assoziationen an legendäre Begebenheiten wach: Unweit des ersten Anlegers am Nordufer zum Beispiel, an der Außenmauer des **Palazzo Vendramin-Calergi,** erinnert eine Tafel daran, dass in diesem längst zum schnöden Spielcasino umfunktionierten Prachtbau am 13. Februar 1883 Richard Wagner seinen letzten Atemzug tat. Vom **Palazzo Mocenigo** aus pflegte Lord Byron, der hier mit einem richtigen Zoo exotischer Tiere und einem Harem schöner Frauen »residierte«, im Canalazzo zu schwimmen.

Versuchen Sie, bei trockenem, nicht allzu unwirtlichem Wetter einen der wenigen Open-Air-Sitze an Deck zu ergattern: entweder beiderseits der Fahrerkabine oder, bei älteren Modellen, auch am Heck. Gewürzt mit dem Geruch des Wassers und dem Fahrtwind, gräbt sich das Erlebnis dieser Tour noch unvergesslicher ins Gedächtnis.

Dessen Landsmann, der Dichter Robert Browning, lebte und starb, wovon ein in Marmor gemeißelter, pathetischer Vierzeiler zeugt, schräg gegenüber in der Ca' Rezzonico. In der **Casetta delle Rose,** vis-à-vis dem Guggenheim-Museum, wohnte während des Ersten Weltkriegs Gabriele d'Annunzio. Von dem eher schmächtigen **Palazzetto Contarini-Fasan** wird behauptet, in ihm habe Desdemona, die unglückselige Frau Othellos, des Shakespear'schen Mohren von Venedig, gelebt. Und im **Palazzo Barbaro,** neben der Accademia-Brücke, malten Claude Monet und James Whistler ihre impressionistischen Ansichten der Serenissima.

Tröstliches Fazit: Wer heute, auf dem Canal Grande unterwegs, dem Zauber dieses Traumgespinsts aus Wasser und Stein erliegt, reiht sich ein in eine jahrhundertelange Ahnenkette heillos Betörter.

Interaktive Ausstellung

⑩ **A World of Potential:** Nach jahrelanger Renovierung unter Führung des britischen Stararchitekten David Chipperfield sind die den Markusplatz im Norden begrenzenden Procuratie Vecchie seit dem Frühjahr 2022 erstmals in ihrer 500-jährigen Geschichte öffentlich zugänglich. Hinter der mehrhundertsäuligen Fassade hat der Versicherungskonzern Generali die Zentrale seiner globalen Initiative namens »The Human Safety Net« zur Verbesserung der Lebensbedingungen vulnerabler Familien und Gemeinschaften in mehr als zwei Dutzend Ländern eingerichtet. Im dritten Stock des ungemein weitläufigen Gebäudes vermittelt eine interaktive Dauerschau, betitelt »A World of Potential«, Einblicke in Zweck und Arbeit dieses Programms. Entlang eines interaktiven Ausstellungspfads können Besucher zugleich ihr persönliches Potenzial entdecken, indem sie ihre eigenen Charakterstärken erforschen und die besten Wesenszüge der Menschen in ihrem Umfeld kennenlernen. Angeschlossen sind eine Kunstgalerie **(Atelier dell'Errore)** und ein von Illy betriebenes Cafè.

Piazza San Marco 105, T 041 503 74 49, www.thehumansafetynet.org/visitaworldofpotential, Linee 1, 2, Stazione S. Marco Giardinetti, Mi–Mo 10–19 Uhr, Eintritt 12 €

Essen

Ein Tramezzini zwischendurch?

1 **American Bar:** s. S. 46

Platzhirsch auf der Piazza

2 **Florian:** 1720 eröffnet, ist das Florian das älteste Café Venedigs. Kein prominenter Besucher der Lagunenstadt, der nicht auf den plüschigen Bänken zwischen den Holztäfelungen und Spiegeln seinen Cappuccino schlürfte und den Melodien des Salonorchesters lauschte (s. S. 290). Freilich: Tradition hat ihren Preis. Achtung, Musikzuschlag draußen, p. P. 6 €, im Café Quadri vis-à-vis 5 €!

Piazza San Marco 56, T 041 520 56 41, www.caffeflorian.com, Linee 1, 2, Stazione S. Marco Giardinetti, tgl. 9–24, Nov.–April 9–23 Uhr, Caffè open air 12 €

Höchste Eleganz seit 200 Jahren

3 **Ristorante Quadri:** Edel dinieren wie zu Casanovas Zeiten – im ersten Stock des Renommiercafés mit Blick auf das abendliche Treiben auf der Piazza. Dem exquisiten Ambiente mit satinroten Stofftapeten und Muranolüstern entsprechen die Gediegenheit von Service und Küche. Spezialtipp für Süßmäuler: die »gebackene Eiscrème« – Amaretto-Mousse mit Mandeln und obendrauf leicht flambierte Meringe. Am berauschendsten sitzt sich's im Quadri übrigens während des Karnevals, wenn vor den Fenstern extravagante Kostüme und Masken wogen. Was u. a. schon Balzac, Stendhal, Lord Byron, Proust und Richard Wagner zu schätzen wussten. Preiswerteres Essen bekommt man im **Quadrino** im informelleren Ambiente der Sala Ponga im Untergeschoss des Ristorante (dieselben Öffnungszeiten).

Piazza San Marco 121, T 041 522 21 05, www.alajmo.it, Mi–So 19–22, Sa/So zusätzl. 12–14.30 Uhr, Linee 1, 2, Stazione S. Marco Giardinetti, Café im Erdgeschoss und Quadrino tgl. 9.30–24 Uhr, Getränk draußen ab 11 €, Stehkaffee an der Theke 3 €, Speisen €€€

Rast mit Dogenpalast-Blick

4 **Caffè Lavena:** Wenig bekannt, doch kaum minder elegant als seine nahe gelegenen Geschwister Quadri und Florian ist dieses 250 Jahre alte Etablissement an der Nordseite der Piazza, unter den Arkaden der Neuen Prokuratien. Das dank seines K.-u.-k.-Ambientes nostalgisch stimmende Lokal, indem Komponisten-Promis wie Verdi, Wagner und Liszt häufig zu Gast waren, wartet mit Kristalllüstern und Marmortischen, erle-

senen Süßigkeiten und im Sommer mit schmalziger Salonmusik (und ebensolchen Preisen) auf.

Piazza San Marco 133, T 041 522 40 70, www.lavena.it, Linee 1, 2, Stazione S. Marco Giardinetti, tgl. 9.30–24 Uhr, Caffè & Cocktails open air ab 10 €

Snacks und Drinks mit Schick

5 **Aciugheta Enoteca:** Traditionelles Bàcaro in modernem Kleid, zwei Gehminuten östlich des Markusdoms. Gute Aperitive, *cicchetti,* selbstfabrizierte Paste und süße Leckereien. Unbedingt probieren: den Flagship-Snack des Hauses – *Pizzetta con l'Acciuga,* eine kleine, mit Sardellen belegte Pizza. Angeschlossen ist eine **Gelateria** mit sensationellen Eissorten, von Lakritze, Mandel und Tomate bis Burrata-Frischkäse oder Kürbis mit Ingwer. Unbedingt probieren!

Campo SS. Filippo e Giacomo 4357, T 041 522 42 92, www.aciugheta.com, Linee 1, 2, Stazione S. Marco S. Zaccaria, tgl. 12–23 Uhr, Snacks €

Authentisch und kommunikativ

6 **Rivetta:** Schreckhafte Zeitgenossen mit Kontaktscheue sind hier vermutlich fehl am Platz. Denn der Padrone wirkt bisweilen etwas ruppig. Und das Gedränge kann erheblich sein. Dafür bietet diese zu Füßen einer Brücke hingeduckte Trattoria, obwohl nur zwei Gehminuten östlich der Basilika, authentische Atmosphäre pur; dazu wohlschmeckendes Essen in sättigenden Portionen zu vernünftigen Preisen und, als Sitznachbarn am selben Tisch, häufig leibhaftige, in der Ruderpause herzhaft zulangende Gondoliere.

Castello 4625, Ponte/Salizzada San Provolo, T 041 528 73 02, Linee 1, 2, Stazione S. Marco S. Zaccaria, tgl. 11.30–22 Uhr durchgehende Küche, €€

Nette Nahrungsquelle für Eilige

7 **Chat Qui Rit:** Nur 50 Schritte vom Markusplatz entfernt bekommt man hier in geschmackvoll-zeitgemäßem Ambiente und familiärer Atmosphäre kreative Küche für gehobene Ansprüche kredenzt. Der Schwerpunkt liegt auf venetischen Spezialitäten und Meeresfrüchten, die Weinkarte ist bemerkenswert reichhaltig.

Calle Tron 1131, T 041 522 90 86, www.chatquirit.it, Linee 1, 2, Stazione S. Marco Vallaresso, Di–Sa 12.30–15, 18–22 Uhr, €€€

Gut essen ohne Nepp

8 **Da Carla:** Trotz ihrer Lage in einem Seitengässchen hinter dem Museo Correr, gleichsam im Auge des Touristenorkans, beschert diese winzige Osteria unerwartete Freuden: Sandwiches und Häppchen, vor allem aber herzhafte Hausmannskost von Antipasti und Paste bis Risotti und Fisch in gemütlich-rustikalem Rahmen zu passablen Preisen. Speziell probierenswert, weil deliziös: die Panna Cotta.

Corte Contarina 1535, T 041 523 78 55, www.osteriadacarla.it, Linee 1, 2, Stazione S. Marco Vallaresso, Mo–Sa 9–22.30 Uhr, €€

Einkaufen

Feinste Textilien

1 **Bevilacqua:** Brokate, Seiden, Samte, Velours und Damaste, Litzen, Kissen und Seidentapeten … Seit dem frühen 18. Jh. fabriziert diese legendäre Firma textile Kostbarkeiten für Königshäuser, Adelspaläste, Luxushotels. In den Werkstätten wenige Schritte östlich der Markusbasilika sind die historischen Holzwebstühle noch in Gebrauch. In den Archiven lagern an die 3500 verschiedene Musterentwürfe. Edlere Ware als in den beiden Verkaufsläden des Unternehmens wird man weltweit kaum irgendwo finden können.

San Marco 337b, Fondamenta Canonica, T 041 528 75 81, Linee 1, 2, Stazione S. Marco S. Zaccaria, außerdem: Campo S. Maria del Giglio 2520, Stazione Giglio, beide: www.bevilacquatessuti.com

Beim Flanieren unter den Arkaden der Piazza unternimmt man eine Zeitreise in die Ästhetik der dekadenten Spätzeit der Markusrepublik.

Handarbeit seit Jahrzehnten

2 **Magie di Carnevale:** Mitte der 1980er-Jahre, im Zuge der Wiedergeburt des örtlichen Carnevals, begann Maria Rita ihre Arbeit an Masken. Heute stellt sie gemeinsam mit Tochter Grazia in minuziöser Handarbeit neben klassischen Masken aus Papiermaché auch historische Kostüme und Porzellanpuppen her.

Castello 4518, Salizzada San Provolo, T 041 522 73 10, www.magiedicarnevale.com, Linee 1, 2, Stazione S. Marco S. Zaccaria

Schöne Dinge aus aller Welt

3 **Paropamiso:** Hier können Conaisseure oder solche, die es werden wollen, in ausgewähltem orientalischem Schmuck, (Ost-)Asiatika, alten Glasperlen aus Murano, italienischen Mosaiken, kostbaren Textilien, Masken und Ritualobjekten außereuropäischer Kulturen stöbern.

Frezzeria 1701, T 041 522 71 20, www.paropamisovenezia.com, Linee 1, 2, Stazione S. Marco Vallaresso, tgl. geöffnet

Ausgehen

Oper & barocke Kammermusik

1 **Palazzo delle Prigioni:** An sieben Abenden pro Woche konzertiert im »Neuen Gefängnis«, östlich des Dogenpalasts an der Seufzerbrücke, das hochklassige Kammerensemble Collegium Ducale. Alternierend auf dem Programm: »Barockmusik« einschließlich der »Vier Jahreszeiten« sowie Opernarien von Mozart und Rossini bis Verdi und Gershwin, Beginn 21 Uhr.

San Marco 4209, Riva degli Schiavoni, T mobil 0328 712 34 31, www.collegiumducale.com, Linee1, 2, Stazione S. Marco S. Zaccaria, Tickets 28 €

Zugabe

Glimpfliche Katastrophe

Das – zwischenzeitliche – Ende eines stolzen Herrn

Der 14. Juli 1902 war für Venedig ein denkwürdiger Tag. Nicht so sehr, weil sich der Sturm auf die Pariser Bastille zum 213. Mal jährte. Sondern weil sein weithin sichtbares Wahrzeichen, von Salzluft, Blitzen und Erdbeben zermürbt, in sich zusammenstürzte. Immerhin: Der Campanile erwies sich als wahrer Gentleman: Tage zuvor schon hatte er mit breiten Rissen die Umgebung gewarnt. Die Piazza war abgesperrt worden, kein Mensch kam zu Schaden. Und wundersamerweise blieb auch die Marangona, Venedigs älteste Glocke, unversehrt. Zehn Jahre danach – und exakt tausend Jahre nach seiner Grundsteinlegung – erstrahlte *el paron de casa,* der »Herr des Hauses«, wie der Volksmund den Turm liebevoll nennt, *com'era e dov'era* (»wie er war und wo er war«) in altem, neuem Glanz.

Heute allerdings ist er aufgrund der immer heftigeren Überschwemmungen, aber auch, weil die Holzpfähle, auf denen er ruht, zusehends vermorschen, erneut gefährdet. Um dem Campanile das Schicksal des Schiefen Turms von Pisa oder, in letzter Konsequenz, gar einen weiteren Kollaps zu ersparen, ließ ihm die Verwaltung vor ein paar Jahren einen aus 12 t Titan (die von ThyssenKrupp angeliefert wurden) gefertigten metallenen Stützgürtel verpassen. ■

LA DOME

	NEL REGNO	ESTERO
Anno	L. 5 —	L. 8 —
Semestre	» 2 50	» 4 —

Anno IV. — N. 30.

ICA DEL CORRIERE

PUBBLICA A MILANO OGNI DOMENICA

li Abbonati del "Corriere della Sera,,

Uffici del giornale:
Via Pietro Verri, 14
MILANO

27 Luglio 1902

Centesimi 10 il Numero.

San Marco

Der zentrale Altstadtbezirk — unterwegs im Gassenlabyrinth zwischen Markusplatz und Rialto-Brücke erwarten einen elegante Palazzi, gleich zwei hochkarätige Museen und ein Musentempel von Weltrang.

Seite 69

Teatro La Fenice ✪

Venedigs legendäres Opernhaus, Anfang des 3. Jahrtausends zum zweiten Mal in seiner Geschichte nach einer Brandkatastrophe als »Phönix« aus der Asche wieder aufgestiegen, lockt mit Inszenierungen auf Weltniveau.

Seite 71

Campo Santo Stefano

Open-Air-Cafés vor zauberhafter Kulisse auf einem der weit- und weltläufigsten Plätze der Stadt – versäumen Sie nicht, hier bei einem Espresso oder Campari das Treiben zu genießen.

Die Cioccolateria Vizio Virtù ist ein Paradies für Süßmäuler!

Eintauchen

Seite 74

Rialto-Brücke ✪

Die von Ladenzeilen gesäumte Verbindung über den Canal Grande zwischen den Sestiere San Marco und San Polo ist eines der Wahrzeichen der Serenissima.

Seite 76

Durch das Rialto-Viertel

Der Bezirk zu Füßen der weltberühmten Brücke war zur Blütezeit Venedigs Drehpunkt des internationalen Fernhandels. Alte Händlerherbergen, Verwaltungs-, Bank- und Lagerhäuser zeugen noch heute von einer perfekten merkantilen Infrastruktur.

Seite 79

Palazzo Grassi

In dem klassizistischen Palast präsentiert der Multimilliardär Francois Pinault einen Teil seiner Sammlung für Gegenwartskunst.

Seite 80

Museo Fortuny

In dem Gebäude, in dem der Künstler Mariano Fortuny mehr als 40 Jahre wohnte, erinnern Textilien, Gemälde und Skulpturen in betörend schwülstigem Ambiente an die vielfältigen Talente des einstigen Hausherrn.

Seite 82

Auf den Spuren des Architekten Carlo Scarpa

Der venezianische Architekt, stark von Frank Lloyd Wright geprägt und 1978 verstorben, war ein Meister der Verknüpfung von Tradition und Moderne. Er hinterließ in der Altstadt mehrere wegweisende Werke, u. a. einen Show Room von Olivetti.

Seite 89

Interpreti Veneziani

Das wahrscheinlich beste Barockensemble der Stadt konzertiert mehr als 200 Mal pro Jahr in der ehemaligen Kirche San Vidal.

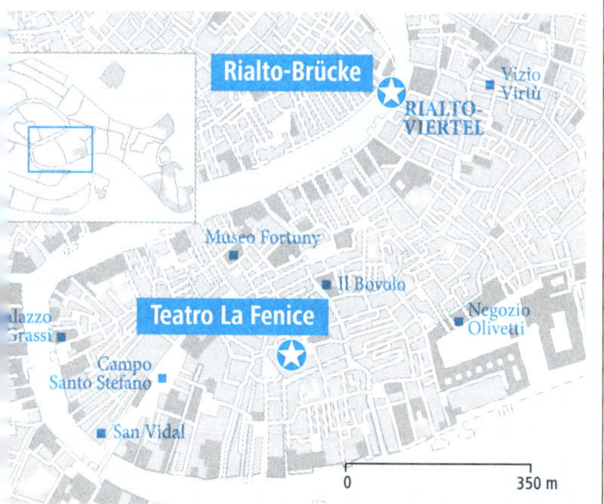

Il Bovolo, das Schneckenhaus, zählt mit zum Entzückendsten, was Venedigs Architektur zu bieten hat.

»An ihren Plätzen schaukeln die Gondeln nervös, und die Ruderer pfeifen den schnellen Booten nach, die an das Fährschiff klatschen mit ihrer Welle.« (Ugo Facco)

Im Kernbezirk des Centro Storico

I

In seiner letzten Schleife vor dem Markus-Bassin umspült der Canal Grande ein besonders geschichtsträchtiges Gebiet: Der zentrale Bezirk San Marco wartet – aufgespannt zwischen dem einstigen Zentrum politisch-religiöser Macht an der Piazza, dem ökonomischen Herz der Stadt am Rialto, sowie, im Westen, an der Accademia-Brücke – mit einer Fülle kostbarer Baudenkmäler auf. Mehr als 1000 Jahre ist es her, dass Bewohner aus der Küstensiedlung Malamocco auf sicherere Inseln im Inneren der Lagune umsiedelten. Rund um ihre Burg, den späteren Dogenpalast, wuchs schon im 9. Jh. der Wohnbezirk, das heutige Sestiere von San Marco.

Dessen uralte Hauptader zu Land, die Mercerie, die vom Uhrturm an der Piazza Richtung Rialto führen, bilden heute gemeinsam mit der Calle Larga XXII Marzo die prestigeträchtigsten Shoppingzonen. Ein Bummel ist hier trotz der häufigen Fußgängerstaus Pflichtprogramm. Vor lauter Luxusboutiquen, Antiquitäten- und Handwerksläden sollten Sie das reiche Kunsterbe nicht ausblenden. Venedig mag anderswo mehr von seinem wehmütigen Zauber verströmen. Dafür ist San Marco besonders dicht mit prächtigen Palästen und Gotteshäusern gespickt.

Vor allem aber sollten Sie sich flanierend durch das Geflecht der engen Gassen treiben lassen. Denn dort dünnen die Passantenströme oft im Nu aus, landet man zuguterletzt stets auf einem malerischen Campo, wo man alle Viere von sich strecken beziehungsweise Koffein und Kalorien tanken kann. Überhaupt ist die gastronomische Vielfalt in San Marco hoch. Und in den Bars etwa am Campo San Lio, San Luca oder San Bartolomeo geht es bis spätnachts erfrischend hoch her.

O

ORIENTIERUNG

Reisekarte: D–F 4–6
Cityplan: S. 66
Route und Zeitrahmen: Für diesen Spaziergang, der westlich des Markusplatzes beginnt und in einem weiten, westlichen Bogen über den Campo Santo Stefano bis zur Rialto-Brücke führt, sind ohne Pausen und Besichtigungen 3–4 Stunden einzuplanen. Wem unterwegs die Füße lahmen, der kann für Teilstrecken auch auf das Vaporetto (Linien 1 oder 2) umsteigen; insgesamt sechs Stationen, darunter Rialto und San Marco, säumen den Weg.

San Marco

San Moisè und Umgebung

Wo starten Sie am besten? An der Vaporetto-Station S. Marco Vallaresso. Erstens, weil dieser Punkt von vielen Richtungen aus über das Wasser rasch erreichbar ist. Zweitens, weil Sie so die Massen auf dem Markusplatz umgehen. Und drittens, weil Sie sich gleich bei Verlassen des Schiffs auf absolut klassische Weise für den mehrstündigen Rundgang stärken können. Denn hinter der unscheinbaren Türe im Eckhaus zur Calle Vallaresso, einem ehemaligen Lagerhaus für Taue, liegt eine der legendärsten Lokalitäten der Stadt, ja der Welt.

Zum Start einen Bellini?

Harry's Bar 1 – legendär ist schon ihre Gründung in den frühen 1930er-Jahren durch Giuseppe Cipriani aus Verona und Harry Pickering. 1929 hatte Letzterer, ein junger, betuchter Amerikaner, monatelang im Hotel Europa logiert und dem Dolcefarniente gefrönt, als er eines schönen Tages erklärte, seine Eltern hätten sein Konto gesperrt und er benötige für Hotelrechnung und Heimkehr 5000 $. Giuseppe, Barmann des Hotels, hatte diese für ihn ungeheure Summe in jahrelanger Arbeit mühsam angespart und außerdem ein weites Herz. Also lieh er dem Dandy sein Vermögen. Und hörte zwei lange Jahre mit wachsender Verzweiflung nichts mehr von ihm. Dann jedoch tauchte der Schuldner unversehens wieder auf, legte den Schuldbetrag und weitere 20 000 $ auf den Tisch und

Rütteln und schütteln im Akkord: Diese Ober wissen haargenau, mit wie viel Prosecco und Pfirsichmark man einen echten Bellini mixt. Kein Wunder: Der Cocktail wurde an ihrem Tresen erfunden.

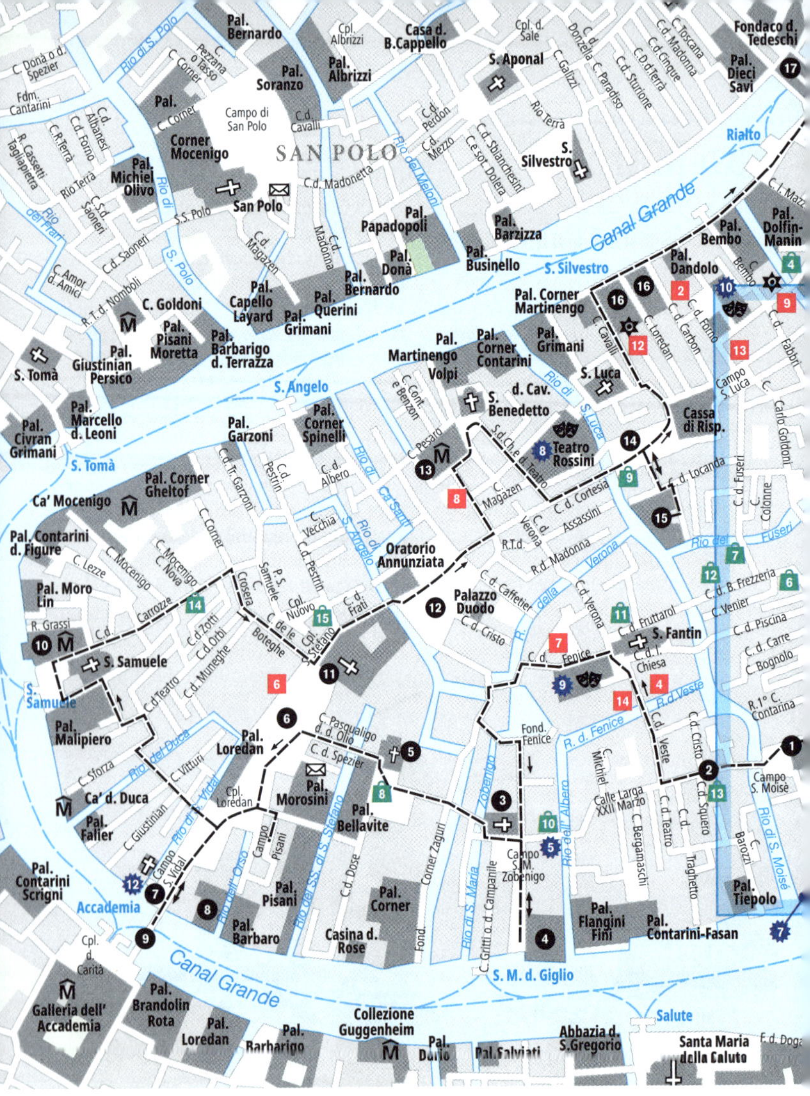

San Marco

Ansehen

1 San Moisè
2 Calle Larga XXII Marzo
3 Santa Maria del Giglio
4 Gritti Palace
5 San Maurizio/ Museo della Musica
6 Campo Santo Stefano
7 Campo San Vidal
8 Palazzo Cavalli-Franchetti
9 Ponte dell'Accademia
10 Palazzo Grassi
11 Santo Stefano
12 Campo Sant'Angelo
13 Palazzo Pesaro/

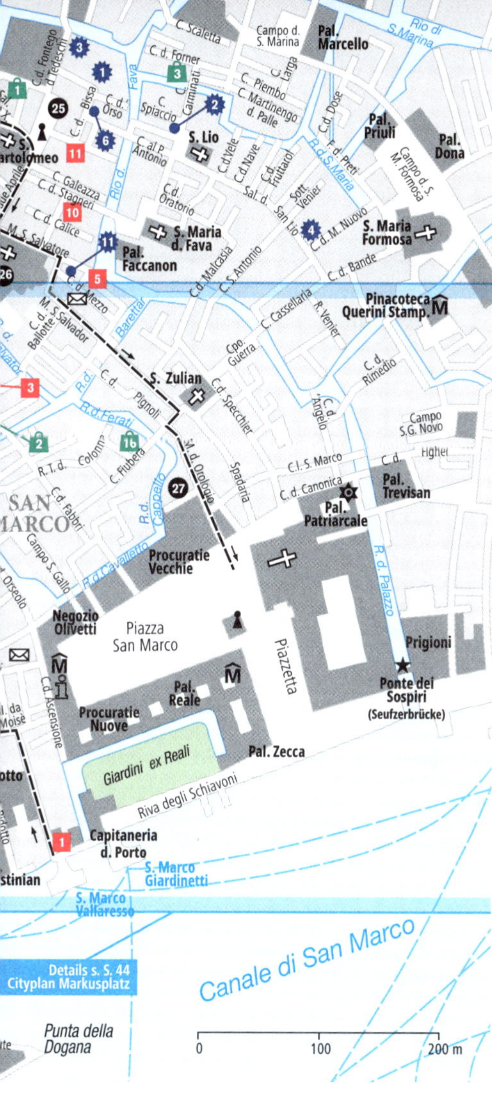

Museo Fortuny
- ⓮ Campo Manin
- ⓯ Palazzo Contarini del Bovolo (›Schneckenhaus‹)
- ⓰ Rathaus
- ⓱ Ponte di Rialto (Rialto-Brücke)
- ⓲ – ⓴ siehe Tour S. 76
- ㉕ Campo San Bartolomeo
- ㉖ San Salvador
- ㉗ Relieftafel in der Merceria dell'Orologio

Essen

1. Harry's Bar
2. Al Colombo
3. Bistrot de Venise
4. Vino Vino
5. Al Gazzettino
6. Osteria Doge Morosini
7. Taverna La Fenice
8. Teamo
9. Al Teatro Goldoni
10. Antico Calice
11. Rosticceria Gislon
12. Al Volto
13. Pasticceria Marchini Time
14. Antico Martini

Einkaufen

1. Millevini Enoteca
2. Venchi
3. Cioccolateria Vizio Virtù
4. Giuliana Longo
5. L'armadio di Coco
6. Kiriku
7. Pot-Pourri
8. Mercantino dell'Antiquariato
9. Noa di Nina
10. Micromega
11. The Merchant of Venice
12. I Muschieri
13. Zora da Venezia
14. Santa Maria Novella
15. Alberto Valese
16. Fonderia Artistica Valese

Fortsetzung siehe S. 68

San Marco Fortsetzung von Seite 67

Ausgehen

1 I Rusteghi
2 Olandese Volante
3 Bàcaro Jazz
4 Inishark
5 Tarnowska's American Bar
6 Bacarando
7 Bar Canal
8 Multisala Rossini
9 Teatro La Fenice
10 Teatro Goldoni
11 Scuola Grande di San Teodoro
12 Interpreti Veneziani

---

meinte schmunzelnd: »Damit können Sie ein eigenes Lokal aufmachen. Wie wär's, wenn Sie es Harry's Bar tauften?«

Cipriani erkannte die Chance. Und bald schon gehörte es zum guten Ton, an der Bar in der Calle Vallaresso Ciprianis Bellini, den berühmten Pfirsichprosecco, zu schlürfen und sich eine Etage höher im Restaurant sein Carpaccio – hauchdünne, mit Parmesan bestreute und mit Olivenöl beträufelte Rindfleischscheiben – auf der Zunge zergehen zu lassen. Ernest Hemingway, Humphrey Bogart, Truman Capote, Churchill, Orson Welles, der Aga Khan, Maria Callas … in dem ledergebundenen Gästebuch sind sie alle, alle verewigt.

Cipriani gründete bald darauf auf der Giudecca sein eigenes Luxushotel und später mit Harry's Dolci ein zweites Restaurant. Die Preise mögen exorbitant sein. Doch wer es sich leisten will, sollte zumindest einmal an dem legendären Ort (oder dessen Ableger am Giudecca Kanal) tafeln und die spezielle Aura aufsaugen.

Von grotesk überladen bis nackt

Danach aber geht's endgültig los – nach links durch die Salizzada San Moisè. Würde man nun die erste Gasse erneut nach links abbiegen und wieder zurück zum Canal Grande gehen, käme man zu jenem Gebäude (hinter dem heutigen Hotel Monaco), in dem von 1638 bis 1774 Europas erstes legales Spielkasino, das **Ridotto,** betrieben wurde. Und schräg gegenüber sähe man die **Ca' Giustinian,** einen gotischen Prachtpalast, der heute die Büros der Biennale di Venezia beherbergt, im 19. Jh. jedoch ein Hotel war, in dem Berühmtheiten wie Verdi, Proust oder Gautier logierten.

Unsere Route aber folgt der Salizzada Richtung Westen. Auf ihr stößt man nach wenigen Metern auf die Kirche **San Moisè** 1, ein Extrembeispiel venezianischen Barocks aus dem mittleren 17. Jh. Ihre Fassade gleicht einer grotesk überladenen Bühnendekoration. Ihr Inneres hat außer einer stark nachgedunkelten »Fußwaschung« von Tintoretto und einem kuriosen Konglomerat aus Malereien und Skulpturen im Hochaltarraum kaum Nennenswertes zu bieten (Campo San Moisè 1456, Mo–Sa 9.30–12.30 Uhr, Eintritt frei).

Die in den 1940er-Jahren entstandene Fassade des benachbarten Hotels **Bauer Grünwald** straft man wohl besser mit Nichtbeachtung. Verglichen mit ihrer betongrauen Nacktheit erscheint einem der Schwulst von San Moisè geradezu als Augenschmaus. Wer würde hinter einer solchen Front ein Fünf-Sterne-Haus vermuten? Und noch dazu eines mit einem so famosen Restaurant wie dem **De Pisis.** In der zugehörigen **Bar Canal** 7 übrigens mixt man bis in die Nacht hinein tolle Cocktails und kann man das Tanzbein schwingen!

Exquisites – oder lieber Fake?

Hinter der kleinen Brücke ändert die Straße ihren Namen. Sie heißt jetzt **Calle Larga XXII Marzo** ❷ und ist von ›modernen‹ Hausfassaden aus den 1980er-Jahren und einer Vielzahl exquisiter Geschäfte gesäumt. Auf ihrem Pflaster bieten schon seit Langem gerne Immigranten aus Schwarzafrika Imitate teurer Designer-Ledertaschen feil. Der Name der Straße erinnert an den schicksalsträchtigen 22. März 1848, an dem die Venezianer unter der Führung Daniele Manins, dem wir auf diesem Rundgang noch begegnen werden, eine von Österreich unabhängige Regierung ausriefen.

Rund um das Teatro La Fenice

Phönix aus der Asche

Etwa auf halber Länge der vergleichsweise langen Geraden führt die Calle della Veste nordwärts direkt auf den Campo San Fantin – vor das Eingangsportal des bedeutendsten Theaters Venedigs. Das **Teatro La Fenice** 9, ein entzückendes Logentheater, dessen fünfgeschossiger Innenraum in elegante Rot- und Goldtöne getaucht ist, wurde um 1790 erbaut und schrieb sich als Schauplatz zahlreicher Uraufführungen in die Musikgeschichte ein (Details s. S. 90). Für internationale Schlagzeilen sorgte 1996, nur vier Jahre nach dem mit viel Pomp begangenen 200-Jahr-Jubiläum, ein Brand, der bis auf das Eingangsportal den gesamten Komplex einäscherte.

Heute erstrahlt das Theater nicht nur originalgetreu rekonstruiert in altem neuen Glanz. Der »Phönix«, der mit vollem Namen Gran Teatro La Fenice di Venezia heißt, knüpft auch mit großem Erfolg an die glorreichen Zeiten als eine der führenden Opernbühnen Europas an, indem er regelmäßig mit hochkarätigen Inszenierungen und Konzerten Furore macht. Erneut geben sich an ihm Dirigenten, Sänger und Tanzensembles, Orchester und Instrumentalsolisten von internationalem Format ein Stelldichein. Das hauseigene Orchester steuert ganzjährig Symphoniekonzerte zum Programm bei. Zwischendurch gibt's Sonderveranstaltungen wie ein renommiertes Jazzfestival, einen Pianistenwettbewerb u. v. m.

Campo San Fantin 1965, 45-minütige Führungen mit deutschsprachigem Audioguide (ca. 11 €) tgl. möglich, genaue Zeiten auf den Websites von Theater und Venezia Unica; Programminfo & Kartenverkauf: www.teatrolafenice.it bzw. www.vivaticket.it, an der Theaterkasse (T 041 272 26 99, tgl. 9–17 Uhr) sowie in den Kartenbüros von Venezia Unica (tgl. 8.30–18.30 Uhr)

Im Bannkreis der Oper

Im Nahbereich des reizenden kleinen Platzes reihen sich nicht nur einige bemerkenswerte Gebäude – abgesehen vom Teatro die von Jacopo Sansovino vollendete Renaissancekirche **San Fantin** und die gleichnamige, ursprünglich San Girolamo geweihte **Scuola** –, sondern auch einige Lokale für Feinschmecker bzw. Nachtvögel. So zum Beispiel der vor über 300 Jahren eröffnete und nach wie vor piekfeine Gourmettempel **Antico Martini,** die Weinbar **Vino Vino** 4. Hungern und dürsten müssen Opernfreunde also definitiv nicht.

Indem Sie nun das Theater im Uhrzeigersinn umrunden, passieren Sie u. a. die wegen ihrer *aranci caramellizzati* (karamelisierte Orangen) bekannte **Taverna La Fenice** 7, das Stammlokal der Sänger, Dirigenten und Regisseure. Sie können einen Blick auf den kanalseitigen Theatereingang werfen, an dem früher die Besucher mit ihren Gondeln anlegten, und gelangen schließlich auf den Campo Santa Maria Zobenigo mit einer weiteren sehenswerten Kirche.

Der Campo Santo Stefano zählt zu den charmantesten Plätzen. Hier kann man sich zwar satt essen, aber kaum an der Schönheit satt sehen.

Ein Blick ins Innere lohnt

Die Kirche **Santa Maria del Giglio** ❸ ist fast zur gleichen Zeit wie San Moisè entstanden (1678–83), bietet aber einen ungleich harmonischeren Gesamteindruck. An ihrer Fassade sind besonders die Reliefpläne der venezianischen Festungsstädte Zara, Candia, Padua und Korfu sowie von Split und Rom sehenswert; Letzterer war eventuell eine Anspielung auf die angebliche Herkunft der Familie Barbaro, die den Bau der Kirche finanziert hat. Im Innern verdienen u. a. die Evangelistenbilder von Tintoretto und, man sehe und staune, eine Heilige Familie von Peter Paul Rubens Beachtung.

Campo San M. Zobenigo 2542, Mo–Sa 10.30–13.30, 14.30–17 Uhr, Eintritt 3 €

Architekturperlen in Sichtweite

An dieser Stelle wäre wieder einmal ein Abstecher zum Canal Grande angeraten oder vielleicht sogar eine Pause auf der Terrasse des angrenzenden **Gritti Palace** ❹ – übrigens ein besonders ansprechendes, weil eher privatimes Hotel der Luxuskategorie in original gotischem Gemäuer (San Marco 2467, Campo Santa Maria del Giglio). Muße wäre hier bei einem Spritz oder Capucco angebracht, denn jenseits des Wassers stehen einige architektonische Perlen aufgereiht: ganz links Santa Maria della Salute, weiter rechts, aus der Frührenaissance, der bereits reichlich schiefe Palazzo Dario mit seiner Marmorfassade und den wunderbaren mehrfarbigen Einlegearbeiten aus Stein, dazwischen, wenig bedeutsam, aber auffällig, der relativ moderne Palazzo der Glasmanufaktur Salviati mit seinen grellbunten Mosaiken und ganz rechts das Palastfragment Venier dei Leoni der Collezione Peggy Guggenheim.

Rund um den Campo Santo Stefano

Zurückgekehrt zur Giglio-Kirche, wandern Sie westwärts, parallel zum Canal Grande, weiter – vorher nicht versäumen: die Auslage von Bevilacqua, dem berühmten Edelladen für Seiden und Samte, in der hinteren Ecke des kleinen Platzes östlich des Gotteshauses (s. S. 46)!

Ein Viertel getränkt in Musik

Der Weg führt über eine kleine Brücke auf den Campiello della Feltrina und über eine weitere Brücke zur Kirche **San Maurizio** ❺. In ihr, einem exakten Nachbau von Sansovinos durch Napoleon zerstörter San-Geminiano-Kirche auf dem Markusplatz, hat man eine interessante, übrigens bei freiem Eintritt zu besichtigende **Dauerschau historischer Musikinstrumente** eingerichtet (s. S. 79).

Ein klein wenig später nur stehen Sie auf dem **Campo Santo Stefano** ❻. Er, der in manchen Plänen auch als Campo Francesco Morosini bezeichnet wird, zählt dank seiner Weitläufigkeit und stilvollen Bebauung zu den elegantesten Plätzen Venedigs. In seiner Mitte steht die Statue des Revolutionsdichters Niccolò Tommaseo, an seinem nördlichen Ende der bedrohlich geneigte Turm der Kirche Santo Stefano, im Süden geht er in den **Campo San Vidal** ❼ über. In der gleichnamigen, seit Langem profanierten **Kirche** (Innenbesichtigung tgl. 9.30–20 Uhr) bieten die **Interpreti Veneziani** ⑫ an mehreren Abenden der Woche Kammermusik vom Feinsten (s. S. 89). Wie wäre es mit einer erneuten kleinen Rast in einem der zahlreichen Lokale, die die beiden Plätze säumen? Übrigens: Hören Sie vielleicht Gesang, Klavier- oder Violintöne? Falls ja, folgen Sie ihnen – bis auf den kleinen Platz an der Ostseite des großen. Er ist quasi der Innenhof des monumentalen, im 17. Jh. erbauten **Palazzo Pisani,** dem heutigen Sitz des städtischen Konservatoriums.

Kunstvolles in einem Palazzo

Schräg gegenüber, hinter dem stets üppig bestückten Blumenstand, steht, in einen schönen Garten gebettet und durch einen neugotischen Trakt ergänzt, die Heimstatt des renommierten Istituto Veneto – der **Palazzo Cavalli-Franchetti** ❽ (Haus Nr. 2847). Sein aufwendig restauriertes Innere wird regelmäßig für interessante Sonderausstellungen genutzt. Eine Stippvisite lohnt aber auch, um sich in der ausgezeichneten örtlichen **Cafeteria** zu laben (Di–So 10–18 Uhr; leckere kleine Speisen, €€).

Provisorium seit bald 100 Jahren

Unmittelbar neben dem Palast überspannt die **Ponte dell'Accademia** ❾ den Großen Kanal. Sie stammt aus dem Jahr 1933 und war eigentlich als Provisorium gedacht. Ihre Vorgängerin, eine von den Österreichern erbaute Eisenbrücke, hatte sich für die neue Generation von Vaporetti als zu niedrig erwiesen. Mittlerweile haben sich die Venezianer wohl an das hölzerne Konstrukt gewöhnt, ein Neubau steht schon lange nicht mehr zur Diskussion.

Hochkarätige Ausstellungen

Nachdem Sie vom Scheitel der Brücke ausführlich den Blick in beide Richtungen des Kanals genossen haben, wenden Sie sich, wieder auf dem Campo Vidal, hinter dem hübschen Garten des ehemaligen deutschen Konsulats nach links und folgen, über das Brückchen, den gelben Schildern Richtung **Palazzo Grassi** ❿. Nach zwei, drei Minuten und mehreren Richtungsänderungen stehen Sie vor jenem frühklassizistischen Riesenpalast, den Giorgio Massari Mitte des 18. Jh. für eine der reichsten Adelsfamilien Vene-

VENEZIANISCHES PAPIER

Die Kunst, Papier händisch zu marmorieren – das heißt, in einem speziellen Verfahren mithilfe eines Leimbades und mit Ochsengalle versetzten Öl- oder Aquarellfarben mit einem zartbunten Ornament zu versehen – war in Japan bereits vor rund 1000 Jahren bekannt. Aus Konstantinopel, wo sie *ebru* hieß, kam sie einst in die Lagunenstadt. Hier geriet sie irgendwann in Vergessenheit. In den 1980er-Jahren machte sich **Alberto Valese** 15 als einer jener Pioniere verdient, die dieser Technik zu einer Renaissance verhalfen. Bis heute ist er einer der führenden Hersteller des sogenannten »venezianisches Papiers«. Dabei verwendet er ausschließlich handgeschöpfte Rohbögen. Die Vielfalt an Mustern ist durch verschiedene Techniken wie Spritzen, Tupfen, Sprühen, strudelartiges Verquirlen oder auch ruckartiges Bewegen des Papiers nahezu unbegrenzt. In seinem kleinen Laden findet man zauberhaft marmorierte Brief- und Geschenkpapiere, Notiz- und Adressbücher sowie handgewebte Seidenstoffe und hübsche Dekorationsobjekte (Campo San Stefano 3471, T 041 523 88 30, www.albertovalese-ebru.com; Interessierten gibt er sein Wissen in halb- oder mehrtägigen Kursen weiter).

digs erbaut und Mitte der 1980er-Jahre der Fiat-Konzern gekauft hat. Letzterer ließ ihn damals mit großem Aufwand von der Mailänder Architektin Gae Aulenti renovieren und hielt darin aufsehenerregende Großausstellungen, etwa über die Phönizier und Pharaonen, Leonardo da Vinci oder Dalí, ab. Seit den mittleren Nullerjahren zeigt der französische Milliardär François Pinault hier ebenfalls hochkarätige Themenschauen (s. S. 79). Im zugehörigen, 2013 eröffneten **Teatrino** (»kleines Theater«), einem 225-sitzigen, architektonisch äußerst spannenden Auditorium, finden regelmäßig Künstlertalks, Konferenzen, Konzerte, Filmabende etc. statt.

Eine Kirche über einem Kanal

Über die Calle delle Carrozze und dann rechts abbiegend erreicht man durch die Crosera und deren Verlängerung die Kirche **Santo Stefano 11**, eine gotische Säulenbasilika aus dem späten 14. Jh. Für die Lagunenstadt ungewöhnlich und sehr beeindruckend ist ihr hölzernes, bemaltes Gewölbe, eine sogenannte Schiffsdecke. Die schönsten Gemälde hängen hier in der Sakristei, u. a. zwei Teile eines Flügelaltars von Bartolomeo Vivarini sowie ein »Abendmahl«, eine »Fußwaschung« und ein »Christus auf dem Ölberg« von Tintoretto.

Ein Stück jüngster städtischer Zeitgeschichte dokumentieren die beiden Bronzetafeln an der Eingangstür zur Sakristei. Sie zeigen zwei Patriarchen aus Venedig, die, zwischen 1958 und 1963 der eine, vier Wochen im Sommer 1978 der andere, auf dem Papstthron saßen – Angelo Roncalli alias Johannes XXIII. und Albino Luciani alias Johannes Paul I. Ein kurioses Detail: Die Fundamente von Santo Stefano ruhen auf zwei getrennten Inseln, der Hochaltar steht über einem Kanal.

San Marco 3825, Mo–Sa 10.30–13.30, 14.30–17 Uhr, Eintritt 3 € oder Chorus Pass

Musikhistoriker aufgepasst

Einige wenige Schritte durch die Calle dei Frati führen auf den **Campo Sant'Angelo 12**, einen stimmungsvollen, von mehreren gotischen Palästen gesäumten Platz. Für Musikliebhaber von Interesse: Im **Palazzo Duodo** (San Marco 3584)

lebte und starb im 18. Jh. der Komponist Domenico Cimarosa.

Museo Fortuny und Umgebung

Ein Wohnpalast wird Museum

Der Weg folgt nun kurz der Calle Spezier, zweigt nach wenigen Schritten links ab und führt zum Eingang des **Palazzo Pesaro** ⓭. In dem grandiosen, wenn auch etwas düsteren gotischen Palast lebte und arbeitete von 1899 bis zu seinem Tod 1949 der Spanier Mariano Fortuny y Madrazo, ein Tausendsassa künstlerischer Kreativität, der vor allem als Wiederentdecker der alten Druck- und Plissiertechnik für kostbare Seidenstoffe, aber auch als ein Pionier moderner Bühnentechnik und -beleuchtung Berühmtheit erlangte. Seine Wohnräume und sein Atelier sind als **Museo Fortuny** zugänglich, dessen Besuch allein schon wegen seiner plüschig-orientalischen Atmosphäre einen Augenschmaus der Sonderklasse verspricht (s. S. 80).

Platz zu Ehren eines Helden

Über den verträumten Campo San Beneto, vorbei an der monumentalen Hauptfront des Palazzo Pesaro und der meist geschlossenen, wenig interessanten Benediktinerkirche, gelangt man rechts durch die Salizzada Teatro (der Name meint das angrenzende ehemalige, heute zum Multiplex-Kino mutierte Teatro Rossini) und, nachdem man einige Gässchen gequert hat, links durch die Calle Cortesia auf den **Campo Manin** ⓮. In dessen Mitte erhebt sich – vor dem Hintergrund des Hauptgebäudes der Cassa di Risparmio di Venezia, einem bis heute umstrittenen Fanal modernistischer Architektur aus den frühen 1970er-Jahren – ein **Standbild** des patriotischen Helden **Daniele Manin:** Dieser war nach

Il Bovolo, das Schneckenhaus, verdreht seinen Betrachtern seit bald 500 Jahren den Kopf.

der allgemeinen Rebellion gegen die Habsburger im März 1848 zum Präsidenten der neu gegründeten Republik ernannt worden. In der Folge hatte er die teils sehr heftigen Freiheitskämpfe angeführt und manchen Erfolg errungen. Doch nach 17 Monaten musste sich die Stadt, schwer beschossen, ausgehungert und von einer Cholera-Epidemie geschwächt, ergeben.

Ein Schneckenhaus

An der Südseite dieses Platzes weist ein gelber Pfeil mit den Worten **Palazzo Contarini del Bovolo** ⓯ in das dahinterliegende Labyrinth. Man folge ihm und ein paar weiteren, und man wird in einem kleinen Hof eine Wendeltreppe mit offenen Arkaden entdecken, die fünf übereinander liegende Loggien verbindet und zum Entzückendsten zählt, was die venezianische Architektur zu bieten hat. Dieser knapp 500 Jahre alte, erst vor wenigen Jahren renovierte, nunmehr schon wieder temporär gesperrte *bovolo* (Schneckenhaus) gehört zum gotischen Palast der Contarini, einer Adelsfamilie, die im Laufe der Jahrhunderte nicht weniger als acht Dogen stellte.

San Marco 2906, www.scalacontarinidelbovolo.com, tgl. 10–18, im Winterhalbjahr 9.30–17.30 Uhr, Eintritt 8 €

An der Riva del Carbon

Zwei Paläste für den Stadtrat

Denselben Weg zurück und vom Campo Manin links an dem bereits gebührlich gewürdigten Sparkassenbau vorbei, geht man nun durch die Calle Cavalli bis zum Canal Grande. Die Kirche San Luca kann man dabei im doppelten Sinne links liegen lassen. Wo man auf die Riva del Carbon, auf dem einst die Kohle verladen wurde, stößt, walten und tagen rechter Hand Venedigs Bürgermeister und sein oberster, oft krisengeschüttelter Rat, die *giunta*. Beide Teile des **Rathauses** ⓰, der Palazzo Loredan und der Palazzo Farsetti, sind schöne Beispiele des veneto-byzantinischen Stils aus dem 13. Jh. Ein Blick zum linken Bereich des jenseitigen Ufers offenbart ebenfalls einige byzantinische Fassaden.

Hier wohnten Dichter und Dogen

Den Kai entlang passiert man bis zur Rialto-Brücke noch einige historisch bemerkenswerte Gebäude: Zuerst ein kleines, rotes gotisches Haus, an dessen Stelle vor dem 15. Jh. das **Geburtshaus Enrico Dandolos** gestanden sein soll. Bei ihm handelt es sich um jenen blinden Dogen, der 1204, beinahe hundertjährig und von außergewöhnlicher Ruchlosigkeit, als Anführer des Vierten Kreuzzuges die christlichen Heere auf ihrem Weg gen Jerusalem nach Konstantinopel umlenkte, die Goldenen Stadt am Bosporus eroberte (und auch gleich plündern ließ) und damit entscheidend die Weichen für die langfristige Vorherrschaft italienischer Städte im Mittelmeer stellte.

Dann, kurz vor dem Querkanal, passiert man den **Palazzo Bembo,** wo der Poet Pietro Bembo das Licht der Welt erblickte, der allen, die mit Typografie befasst sind, als Namenspatron einer der ersten klassischen Druckschriften der Welt ein Begriff ist. Und gleich daneben den **Palazzo Dolfin-Manin,** ein Werk Jacopo Sansovinos. Hier, wo heute die Bank von Italien Büros unterhält, wohnte bis zur Abdankung 1797 Ludovico Manin, Venedigs letzter Doge.

Rialto-Brücke 

Nun aber steht der Besichtigung der Mutter aller Brücken, der weltberühmten und dementsprechend oft fotografierten **Ponte di Rialto** ⓱, nichts mehr im Wege: Nachdem man sich über deren flache Treppen, je nach Naturell mit eingezogenen Schultern oder ausgefahreren Ellbogen, erfolgreich eine Schneise durch die Touristenmassen geschlagen hat, sollte man, von oben, an die Balustrade aus istrischem Marmor gelehnt, das emsige Treiben auf dem Wasser verfolgend kurz die Geschichte dieses Wahrzeichens Revue passieren lassen.

Vom Ponton zum Holzsteg

Die erste Vorgängerin des heutigen Steinbaus, eine Art hölzerner Ponton-Übergang, soll bereits um 1180 vollendet gewesen sein. Schon Mitte des 13. Jh. wurde sie durch einen auf Pfählen ruhenden Holzsteg, dessen Benutzer eine Maut zu entrichten hatten, ersetzt. Dieser wurde 1310 vom aufständischen Baiamonte Tiepolo auf der Flucht vor den

Ob im Hochsommer, in der zarten Frühlingssonne, bei Schnee oder Nebel: La Serenissima verzaubert ihre Gäste zu jeder Saison. Wenn Letzterer wabert, ist sie erfahrungsgemäß meist menschenleer.

Truppen der Signoria in Brand gesteckt und danach notdürftig repariert. Aber ein gutes Jahrhundert später stürzte er bei einer Schiffsprozession unter dem Gewicht der Schaulustigen endgültig zusammen. Die dritte, wiederum hölzerne Brücke kennen wir von Carpaccios berühmtem Gemälde »Das Wunder der Reliquie vom Heiligen Kreuz«, das in der Accademia hängt. Sie verfügte schon über zwei Ladenreihen und, wegen der hochmastigen Segelschiffe, über einen hochziehbaren Mittelteil.

Herr Ponte baut eine Ponte

Anfang des 16. Jh. wälzten dann die Stadtoberen neue Pläne für einen steinernen Neubau. Sansovino, Vignola und angeblich sogar Michelangelo, später auch Palladio reichten Entwürfe ein, aber weil die Staatskasse leer war, wurde der Baubeginn immer wieder hinausgezögert. Erst nach über 80 Jahren schritt man zur Tat. Den Auftrag erhielt Antonio da Ponte. Sein Bau, die heutige Brücke, die übrigens bis ins 19. Jh. als einzige die beiden Ufer des Canal Grande verband, war zwar vielleicht kein architektonisch genialer Entwurf, entsprach aber – im Gegensatz zu manchen älteren Ideen – voll und ganz den praktischen Erfordernissen. Er brauchte über seine ganze Breite von 48 m keine Pfeiler, die den Flussverkehr behindert hätten, trug, beiderseits in zwei Reihen gruppiert, genügend Läden, deren Mieten schließlich den Bau mitfinanzieren sollten, und sah flache, für den Warentransport geeignete Rampen vor. Und auch seine Fundamente, auf jeder Seite 6000 Eichenpfähle, waren, was die mehr als 400 Folgejahre bewiesen haben, klug dimensioniert.

TOUR

Über Venedigs Wall Street

Auf wirtschaftshistorischer Spurensuche im Rialto-Viertel

Es ist wohl kein Zufall, dass William Shakespeare im »Kaufmann von Venedig« seinen Protagonisten Shylock in einer Szene fragen lässt: »Was gibt es Neues am Rialto?« Die Geschichte des Händlers Antonio, der sein Vermögen in überseeischen Unternehmen investiert hat und – um seinem Freund Bassanio mit einem Darlehen das standesgemäße Werben um die schöne Portia zu ermöglichen – dem jüdischen Zinsleiher Shylock ein Pfund Fleisch aus seinem Körper verpfändet, musste in einem hochkarätigen kommerziellen Milieu angesiedelt sein. Und hier, am *rivo alto*, dem hohen Fluss, wie die ersten Siedler diesen Abschnitt ihres wichtigsten Wasserweges nannten, befand sich seinerzeit nun einmal einer der Schnittpunkte des internationalen Warenverkehrs – **»la prima Piazza d'Europa«**, an der die einheimischen *nobili* als Handelsherren tagtäglich ihren Reichtum mehrten.

Der Rialto ist bis heute auch der zentrale Umschlagplatz für frische Lebensmittel vom nahen Festland und den Laguneninseln. Diese stapeln sich unmittelbar östlich des berühmten Fischmarkts an den Ständen auf dem Campo della Pescheria.

Riva del Vin, del Ferro, del Carbon … die Straßennamen entlang dieses mittleren Abschnitts des Canal Grande erinnern an die fieberhaften Aktivitäten von einst, als man entlang der örtlichen Quais Wein, Eisen, Kohle und vieles mehr entlud und der Rialto als logistisches Zentrum für sämtliche Märkte der Stadt fungierte. Heute ist die Tatsache, dass dieser Bezirk über Jahrhunderte ein Finanz- und Wirtschaftszentrum von Weltrang bildete, nur noch bedingt vorstellbar: Gewiss, nähert man sich dem Bezirk vom Markusplatz her durch die Mercerie, nimmt man einem Spalier äußerst schicker Boutiquen die Parade ab. Doch sowohl in der **Salizzada Pio X,** die vom Campo San Bartolomeo direkt an den Canal Grande führt, als auch in deren Verlängerung am Westufer prägen Ramschläden und Souvenirkioske das Bild.

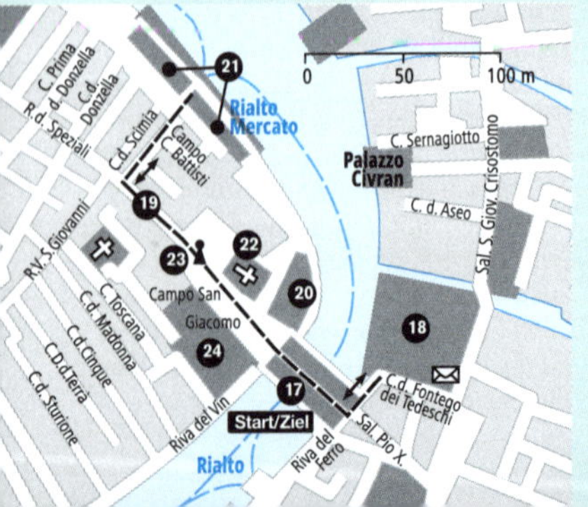

Infos

E/F4

Start und Ziel: Rialto-Brücke, erreichbar über die Stazione Rialto Mercato (Linea 1 am Westufer des Canal Grande) bzw. Stazione Rialto (Linee 1 und 2) an der Riva del Ferro.

Dauer: Etwa 2 bis 3 Stunden, Einkehr in einem der vielen *bacaro* inklusive

Fondaco dei Tedeschi: www.dfs.com/en/venice, tgl. 10–20 Uhr (Aussichtsterrasse tgl. 10.45–19.15 Uhr, freier Zugang, Online-Reservierung dringend empfohlen)

Dennoch empfiehlt es sich, diesen Rundgang genau hier, im Brennpunkt des touristischen Treibens, zu beginnen – an der **Rialto-Brücke 17**, die wie kein zweites Bauwerk den merkantilen Charakter dieser »Erlauchtesten« aller Städte symbolisiert (s. S. 74). Zurück am Ostufer, erweist man dem **Fondaco dei Tedeschi 18** die Reverenz. Die im frühen 16. Jh. errichtete, ehemalige Handelsniederlassung der deutschen Kaufleute (heute ein Kaufhaus der Luxusklasse) ist das Paradebeispiel eines nüchternen, höchst funktionellen Renaissancebaus. Der geräumige Lichthof, in gestalterischer Hinsicht wegweisend für unzählige Arkadenhöfe in ganz Mitteleuropa, verdeutlicht das Organisationsprinzip eines spätmittelalterlichen Handelszentrums: Im Parterre lagerten die Waren, im Stockwerk darüber waren die Kontore untergebracht. In den Obergeschossen aßen und wohnten die Handelsherren – übrigens nach beinah klösterlich strengen Alltagsregeln.

Die Außenfassade am Canal Grande war ursprünglich mit farbigen Fresken von Giorgione und Tizian bedeckt, deren wenige Reste im Ca' d'Oro aufbewahrt werden. Vom **Fondaco der Perser,** der sich früher unmittelbar neben dem der Deutschen befand, ist nicht das Geringste mehr erhalten.

Steigt man erneut über die Ponte di Rialto hinweg, landet man in der **Ruga degli Orefici 19**, die als Hauptstraße des eigentlichen Rialto-Viertels einst den Goldschmieden zugewiesen war. Fast alle Verwaltungs- und Lagergebäude auf dieser Seite des Kanals fielen 1514 einem Großfeuer zum Opfer. Sie wurden im Renaissancestil neu errichtet und fast durchgehend mit Arkaden versehen. Der mit üppigen Marmorinkrustationen verzierte Komplex unmittelbar zur Rechten, direkt am Canal Grande, ist der **Palazzo dei Camerlenghi 20** (Fondamenta Vin Castello Nr. 1), heute wie einst Sitz der Steuer- und Finanzbehörde. In ihm wurden einst Teile des Staatsschatzes, aber auch die Wappen der Zünfte und Gilden aufbewahrt. In seinem Untergeschoss hatten Schuldner ihre Haftstrafen abzubüßen.

Nördlich anschließend erstrecken sich die **Fabbriche Vecchie bzw. Nuove 21** (Nr. 199), hinter deren hohem Portikus sich Werkstätten und Kontore befinden. An

Ganz allein ist man auf der Rialto-Brücke eher selten …

ihrer Hinterseite liegt, 30x28 m groß und gleichfalls von Arkaden gesäumt, der Campo Rialto mit der sehr alten Kirche **San Giacomo** ㉒ (s. S. 163). An deren Apsis kann man eine wohl im 12. Jh. entstandene, lateinische Inschrift folgenden Wortlauts entdecken: »Möge rund um diese Kirche das Gesetz für die Kaufleute gerecht, mögen die Gewichte exakt und die Verträge ehrlich sein«. Die Worte am Kreuz indes – »Dein Kreuz, o Christus, sei die wahre Errettung dieses Ortes« – appellieren an die Glaubenskraft der Geschäftsleute und Arbeiter.

In der angrenzenden **Calle della Sicurtà** unterhielten bereits im 14. Jh. Agenturen Büros, bei denen man Schiffe und deren Ladungen versichern konnte. Unter den Bögen nebenan betrieben ab Mitte des 12. Jh. Privatbanken und ab dem 16. Jh. als erste öffentliche Bank die Banco di Piazza ihr Geschäft. Der **Sottoportico Bancogiro** markiert den Standort jenes im Jahr 1619 staatlicherseits gegründeten Instituts gleichen Namens, in dem erstmals in der monetären Geschichte Europas bargeldloser Zahlungsverkehr praktiziert wurde. In unmittelbarer Nähe kauert bucklig eine für die Geschichte der venezianischen Legislative bedeutsame Figur: der **Gobbo di Rialto** ㉓ (Campo San Giacomo). Die Treppe, die er stützt, führt auf die Colonna del Bando, eine Säule, von der die Bekanntmachungen und die Dekrete der Republik verlesen wurden.

Dank der langen Ladengasse westlich der Brücke sowie aufgrund der vielen in Seitengassen verborgenen Boutiquen und Werkstätten ist das Rialto-Viertel bei Schatz- und Schnäppchenjägern sehr beliebt. Besondere lohnende Shoppingadressen finden Sie im Adressteil zum Sestiere San Polo, zu dem dieses Viertel jenseits des Kanals gehört (s. S. 181).

Geht man zuletzt die paar Schritte zur Brücke zurück, sieht man an deren Fuß zur Linken den karmesinrot getünchten **Palazzo dei Dieci Savi** ㉔ (San Polo 32). Er war Sitz der im Jahr 1477 installierten Steuerbehörde. Die Statue der Justitia, der altrömischen Göttin der Gerechtigkeit, mit Waage und Schwert an der Fassade ist eine Allegorie auf die Funktion der dahinter tätigen Beamten, auf dass sie ihr Amt mit maximaler Unparteilichkeit (statt Gerechtigkeit!) ausübten. Heute ist in dem Bau das für das Funktionieren der Stadt im Alltag höchst wichtige Magistrato alle Acque, die städtische Behörde für Wasserwirtschaft, untergebracht.

Durch die Mercerie

Zu Füßen Goldonis

Wieder ›zu ebener Erde‹ am Ostufer, biegen Sie gewissermaßen in die Zielgerade dieses Rundgangs ein. Sie führt durch die Salizzada Pio X zunächst auf den **Campo San Bartolomeo** ㉕, auf dem sich Venedigs Jeunesse dorée an lauen Abenden zu Füßen des jovial lächelnden, in Bronze gegossenen Komödiendichters Carlo Goldoni ein Stelldichein gibt.

Vorbei an der leider meist versperrten Kirche **San Bartolomeo,** in der Albrecht Dürer 1506 sein bekanntes, heute in Prag befindliches »Rosenkranzfest« malte, gelangen Sie in die Merceria Due Aprile und, nach links in die **Merceria San Salvador** abzweigend, zur gleichnamigen Kirche **San Salvador** ㉖. In ihr kann man einen Blick auf die »Verkündigung« und »Verklärung« von Tizian werfen (Campo San Salvador 4835, www.chiesasansalvador.it, Mo–Sa 9–12, 15–18, Juni–Aug. nachm. nur 16–18 Uhr, Eintritt frei).

Neues Leben in alten Räumen

Empfehlenswert ist auch ein Besuch im angrenzenden Renaissancekloster **San Salvador.** Das Hightech-Forschungszentrum, das die Telecom Italia hier lange Jahre betrieb, ist zwar nunmehr dauerhaft geschlossen. Doch mit etwas Glück findet man das Tor in den schönen Arkaden-Innenhof offen (Campo San Salvador 4826).

Die kleine **Scuola Grande di San Teodoro** 11 schräg gegenüber war über viele, viele Generationen Sitz der im 8. Jh. ins Leben gerufenen und damit ältesten Bruderschaft der Stadt. Heute dient sie tagsüber als Konferenz- und Ausstellungsort und abends als Konzertsaal (Calle del Lovo 4810, variable Öffnungszeiten, www.scuolagrandesanteodoro.it).

Ein Mörser schreibt Geschichte

Nun befindet man sich in der nächsten prestigeträchtigen Shoppingmeile der Stadt. Der restliche Viertelkilometer bis zum Markusplatz ist gesäumt mit Boutiquen, in deren Auslagen die Markenartikel der großen, weiten Konsumwelt locken. Auf ein kleines Kuriosum sollte man noch seine Aufmerksamkeit lenken, bevor man vielleicht in einem der Nobelcafés auf der Piazza einkehrt, um sich unter den Klängen der unermüdlich streichenden Kammerensembles an einem sündhaft teuren Cappuccino zu laben:

Eine **Relieftafel** ㉗, die in der **Merceria dell'Orologio** rechts über dem letzten Durchgang vor dem Uhrturm eine Frau mit einem Mörser zeigt, erinnert an die tapfere Venezianerin, die 1310 während des Tiepolo-Aufstands an dieser Stelle dem Bannerträger der Rebellen ein schweres Gefäß auf den Kopf fallen ließ, sein Gefolge dadurch in Verwirrung stürzte und die Republik »vor großem Unglück bewahrte«.

Museen

Barocke Musikinstrumente

❺ **Museo della Musica:** Das in der Kirche San Maurizio eingerichtete Museum präsentiert eine interessante Sammlung wertvoller Musikinstrumente aus der Barockzeit.

Campo San Maurizio 2624, T 041 241 18 40, Linee 1, 2, Stazione S. Marco Giglio, tgl. 10–13, 15–20 Uhr, Eintritt frei

Gegenwartskunst

❿ **Palazzo Grassi:** 2005 hat der französische Multimilliardär und Mäzen Francois Pinault den frühklassizistischen Palast an der Accademia-Brücke gekauft und den Japaner Tadao Ando beauftragt, seine Innenarchitektur radikal zu adaptieren. Seither werden darin auf 5000 m^2 Aus-

G

GALERIEN DER GEGENWARTSKUNST

Lohnende Stationen für Kunstfreunde im Sestiere San Marco sind:
Bugno Art Gallery: Campo San Fantin 1996d, T 041 523 13 05, www.bugnoartgallery.com (auch zum Thema Fotografie).
A plus A: Calle Malipiero 3073, T 041 277 04 66, www.aplusa.it (spannende Plattform für Nachwuchskünstler).
Arkè: Salizada Malipiero 3211 (nahe Campo San Samuele), T 041 522 43 72, www.artearke.it (interessante Adresse für experimentelle Gegenwartskunst).
La Galleria Van der Koelen: Calle Calegheri 2566, T 032 76 92 36 93, www.galerie.vanderkoelen.de (Ableger der arrivierten Kunstgalerie aus Mainz; Schwerpunkt: internationale Avantgarde).
Paterson Zevi: Salizzada San Samuele 3357, http://patersonzevi.com (internationale Künstler plus In-situ-Arbeiten im Studioatelier.
Caterina Tognon Arte Contemporanea: Ca' Nova di Palazzo Treves, Corte Barozzi 2158 (neben Hotel Europa Regina), T 041 520 15 66, www.caterinatognon.com (Einzelschauen zum Werk heutiger, etablierter wie auch Nachwuchskünstler)
Galleria Traghetto: Campo San Maria del Giglio 2543, T 033 55 29 75 39, www.galleriatraghetto.it (Adresse für Gegenwartskunst, Besuch nur nach Voranmeldung möglich).
Fondazione Bevilacqua la Masa: Piazza San Marco 71c (Galerie der Stiftung für Gegenwartskunst, Details s. Tipp S. 53).

stellungsfläche im Rahmen spannender Themenschauen regelmäßig Höhepunkte aus der mehr als 2000 Werke umfassenden Sammlung für Gegenwartskunst des Hausherren gezeigt.

Campo San Samuele 3231, T 041 200 10 57, www.palazzograssi.it, Linea 1, 2, Stazione S. Angelo oder S. Samuele, Mi–Mo 10–19 Uhr, Kombiticket mit Punta della Dogana (s. S. 211) 15 €

Atelier in grandiosem Palast

⓭ **Museo Fortuny:** Hohe Wände, drapiert mit schweren Textilien und behangen mit schwülstigen Ölgemälden. Dazu, über vier Stockwerke verteilt, Marmortorsi, archäologische Artefakte, historische Fotografien, hochkarätiges Kunsthandwerk aus aller Welt … die Trophäen eines langen Sammlerlebens sind im Palazzo Pesaro (s. S. 73) zu sehen. Öffentlich zugängliche gotische Gemäuer gibt es in Venedig so manche. Aber ein zweites atmosphärisch so packendes wie dieses, in dem der Spanier Mariano Fortuny y Madrazo, seines Zeichens Maler, Bildhauer, Bühnenbildner und Designer, von 1899 an fünf Jahrzehnte lang wohnte und arbeitete, wohl kaum. Was den Besuch dieser Erinnerungsstätte zusätzlich lohnt, sind das im Originalzustand belassene Atelier des multitalentierten Exzentrikers und seine Bibliothek. Aber auch Modelle der von Fortunys entwickelten, seinerzeit völlig neuartigen und wegweisenden Bühnenbauten und Beleuchtungssysteme werden gezeigt sowie Beispiele jener von ihm designten und fabrizierten Plisseestoffe und handbemalten Seidenlampen, die ihn weltberühmt machten. Im Erdgeschoss des Palasts werden zudem regelmäßig interessante Ausstellungen zu Themen und bildenden Künstlern gezeigt, die zu Fortuny, seinem Leben und Werk in einem geistig und stilistisch engen Verhältnis stehen.

Palazzo Pesaro, Campo San Beneto 3958, T 041 520 09 95, http://fortuny.visitmuve.it, Linea 1, Stazione S. Angelo, Mi–Mo 10–18,

Öffentlich zugängliche gotische Gemäuer gibt es in Venedig diverse. Aber ein zweites so opulent ausstaffiertes wie das Museo Fortuny kaum.

Zutritt bis 17 Uhr, aber nur während der temporären Ausstellungen, Eintritt 11 € bzw. Museum Pass

Essen

Lokallegende

1 Harry's Bar: Der Inbegriff venezianischer Top-Gastronomie (s. S. 65). Relativ locker speist man in Nähe der Bar im Erdgeschoss, formeller geht's im 1. Stock zu. Allerdings: Extrem hoch wird die Rechnung da wie dort. Freilich kann man sich auch darauf beschränken, einen der berühmten Bellinis zu schlürfen, dessen ›Rezeptur‹ seinerzeit ebenfalls hier ersonnen wurde.

Calle Vallaresso 1323, T 041 528 57 77, www.cipriani.com, Linee 1, 2, Stazione S. Marco Vallaresso, tgl. 10.30–23 Uhr, €€€

Elegant mit einem Touch Boheme

2 Al Colombo: Gleich neben dem Teatro Goldoni: ein *ristorante venexiano*, wie es im Buche steht – über 200 Jahre alt und ein beliebter Künstlertreff obendrein. Der Koch serviert vor allem Weich- und Schalentiere aus dem Meer in allen erdenklichen Variationen und fangfrisch aus der Adria. Dazu gibt's hausgemachte Teigwaren und Desserts und das ganze Jahr über schwarze und weiße Trüffel.

Corte del Teatro 4619 (bei Campo San Luca), T 041 522 26 27, www.alcolombo.com, Linee 1, 2, Stazione Rialto, tgl. 9–24 Uhr (durchgehend warme Küche), €€€

Gastronomische Zeitreise

3 Bistrot de Venise: Gediegen tafeln vor historischem Hintergrund – klassisch-venezianische Küche, hervorragend zubereitet und von polyglotten Kellnern mit

TOUR
Ganz ohne Plüsch und Rüschen

Auf den Spuren des Architekten Carlo Scarpa

Infos

C–O 5–6

Dauer:
2–3 Std.

Negozio Olivetti:
Piazza San Marco 101 (Nordwestseite), www.negoziolivetti.it, Di–So 10–18 Uhr, 10 €

Ca' Foscari:
Calle Foscari 3246, Info & Anmeldung für Führungen: cafoscaritour@unive.it

Iuav:
Fondamente dei Tolentini 191, www.iuav.it

Bei aller Begeisterung für die Pracht historischer Gebäude: Punktuell stößt man beim Gang durch die Altstadt sehr wohl auch auf Baujuwele des 20. Jh. Mit die funkelndsten hinterließ Carlo Scarpa. Der gebürtige Venezianer setzte als Fachmann vor allem für die Implementierung neuer Elemente in bestehende alte in den 50er-Jahren Maßstäbe. So etwa auf dem Markusplatz: Sein **Negozio Olivetti,** ein Schauraum des italienischen Unternehmens für das seinerzeit so trendige Bürogerät, gilt als Ikone zeitlos eleganter Modernität. Das Portal aus Flechtstahl, der helle Terrazzo, die Teak-Vertäfelungen und Marmortreppe: Jedes Element zeugt von einem untrüglichen Gespür für höchste Qualität bei der Wahl von Materialien, Formen, Farben sowie von äußerster Akribie bei der Suche nach Perfektion.

Scarpas prominentes Projekt in seiner Heimatstadt wartet keine 10 Gehminuten entfernt: Dem Entreebereich und Garten der **Fondazione Querini Stampalia** (s. S. 136) verpasste der Meister Anfang der 1960er-Jahre ein spektakulär modernes, in seiner Schnörkellosigkeit japanisch anmutendes Aussehen; der zugehörige Service-Bereich ist übrigens ein Werk des Schweizers Mario Botta.

Auf den Geschmack gekommen? Weitere Werke Scarpas warten westlich des Canal Grande: etwa die auf Plänen Frank Lloyd Wrights, seines großen Lehrmeisters, basierende, leider nur zu Biennale-Zeiten öffentlich zugängliche **Fondazione Masieri** in der Calle Marlona; oder die **Aula Baratto** im Ca' Foscari, dem Hauptgebäude der Universität im Sestiere Cannaregio. Ein faszinierendes Spätwerk stellt in Santa Croce, am Ostrand des Papadopoli-Gartens, das Portal zum Hauptquartier der **Architekturhochschule Iuav** dar.

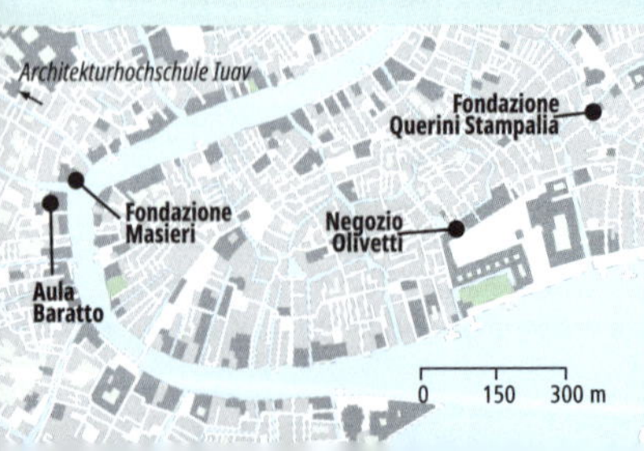

Charme und Stil kredenzt. Auf Wunsch bekommt man auch Kurioses nach Rezepten aus dem 14. bis 18. Jh. gekocht. Und hie und da wird der gepflegte, romantische Rahmen für engagierte Veranstaltungen – Lesungen, Degustationskurse, Kunstausstellungen etc. – genutzt. Exzellente Weinauswahl.

Calle dei Fabbri 4685, T 041 523 66 51, www.bistrotdevenise.com, Linee 1, 2, Stazione Rialto, tgl. 12–15, 19–23.30, Weinbar & -shop durchgehend 11–23 Uhr, €€€

Zwischenstopp nahe La Fenice

4 **Vino Vino:** Diese unkomplizierte und daher gerne auch von Gondoliere frequentierte Weinbar empfängt Gäste mit gemütlichem Ambiente, gutem Preis-Leistungs-Verhältnis, herzhafter Küche mit Schwerpunkt *cicchetti* und Fischspezialitäten sowie – nomen est omen – mehr als 350 Kreszenzen (auch zum Mitnehmen) auf der Weinkarte.

Calle delle Veste 2007a, T 041 241 76 88, www.vinovinowinebar.com, Linea 1, Stazione S. Marco Giglio, tgl. 11.30–23.30 Uhr, €

Klassische cucina veneziana

5 **Al Gazzettino:** Stimmungsvolle Trattoria, deren Wände mit alten Zeitungen und vergilbten Starfotos übersät sind. Highlights: Seebarsch in der Salzkruste, Kabeljau mit Polenta, Spaghetti alla seppia, Muscheln, Risotti usw. Zugehörig: hübsches Mittelklassehotel mit elf Zimmern.

Sottoportego delle Acque 4997, T 041 521 04 97, www.trattoria-algazzettino.com (Hotel: www.algazzettino.com), Linee 1, 2, Stazione Rialto, tgl. 11.30–23 Uhr, €€

Idealer Lunch für Stadtflaneure

6 **Osteria Doge Morosini:** Schnörkelloses Ambiente, höchste Sauberkeit, rasche, professionelle Bedienung, vor allem aber leckere Speisen in großen Portionen zu vernünftigen Preisen. Enorm vielfältiges Speisen- und Weinangebot, von Suppen über Fisch und Fleischiges bis Vegetarisches), als *antipasto* empfehlenswert: die üppige Fischplatte; zur Abrundung gibt's hausgemachte Desserts.

Calle delle Botteghe 2958, T 041 520 10 02, Linee 1, 2, Stazione Accademia, tgl. 10–24 Uhr, preiswerte Tagesteller, €€

Künstlertreff seit über 100 Jahren

7 **Taverna La Fenice:** Mascagni, Respighi, Strawinsky, Toscanini, Lehár und Strauss … Das virtuelle Gästebuch dieses unmittelbar hinter der Oper gelegenen Feinschmeckertreffs liest sich wie ein Who's who der Musikgeschichte des 19. und 20. Jh. Die Prominenz hat nicht gerirrt. Hier lässt sich's bis heute vorzüglich tafeln – Fischplatten, Risotti und, als Kuriosum, kunstvolle Konditorgebilde aus Zucker sind die Markenzeichen. Die Weinkarte birgt über 100 Kreszenzen aus nah und fern.

Campiello della Fenice 1939, T 041 522 38 56, www.ristorantelafenice.it, Linea 1, Stazione Giglio, tgl. 12–24 Uhr, nach Opernabenden auch späte Küche, €€€

Schick gestylte Wein-Bar

8 **Teamo:** Hier wird man im Designer-Ambiente unter historischer Holzbalkendecke mit einem herrlichen Potpourri delikater Häppchen verwöhnt. Was Weinfreunde besonders goutieren: die gute Auswahl an norditalienischen Tropfen, speziell aus der Toskana und dem Veneto, die der Betreiber direkt von kleinen Winzerbetrieben bezieht und regelmäßig im Rahmen abendlicher Tastings und Degustationen verkostet.

Rio Terà della Mandola 3795, T 041 528 37 87, www.teamowinebar.com, Linea 1, Stazione S. Angelo, Mo–Mi, Fr/Sa 9.30–22.30, So ab 10 Uhr; Tipp: gemischte *Cicchetti*-Platte (je nach Größe 13, 18 oder 23 €), €–€€

Preiswert und gut

9 **Al Teatro Goldoni:** Pizzeria und Café, Restaurant, Snackbar und Rotisserie –

dieses angenehm helle, schnörkellos klar möblierte Ecklokal vereint vielerlei gastronomische Gattungen. Die Qualität ist guter Durchschnitt, der Service rasch.
Calle del Teatro/Ponte del Lovo 4747, T 041 522 24 46, www.ristorantegoldoni.it, Linee 1, 2, Stazione Rialto, tgl. 8–24 Uhr, €

Quirlig & authentisch

10 **Antico Calice:** Eine geschichtsträchtige Osteria, wie geschaffen für eine *ombra* und ein paar *cicchetti* zwischendurch, einen sättigenden Tagesteller oder regionaltypisch zubereitetes Meeresgetier aus der Adria; behagliches Ambiente mit viel Holz, lebhafte Musik, tendenziell junges Publikum.
Calle dei Stagneri 5228, bei Campo San Bartolomeo, T 041 520 97 75, www.anticocalice.it, Linee 1, 2, Stazione Rialto, tgl. 12–15, 19–23.30 Uhr, €€

Allround-Talent

11 **Rosticceria Gislon:** In diesem preiswerten Grillrestaurant (im manchmal etwas hektisch-engen Erdgeschoss Self-Service vom Tresen) dreht sich alles um Meeresgetier. Im Vordergrund stehen örtliche, fangfrische Spezialitäten wie Stock- und Tintenfisch, Muschel- und Fischrisotto.
Campo San Bartolomeo/Calle della Bissa 5424a, T 041 522 35 69, Linee 1, 2, Stazione Rialto, tgl. 9–21.30 Uhr, €

Treff für Weinliebhaber

12 **Al Volto:** *Ombre e cicchetti* – pikante Häppchen also und ein beschwingendes Gläschen Wein – bekommt man hier, um die Ecke des Campo San Luca, am Tresen stehend in geradezu idealtypischer Qualität geboten; dazu gibt es im angrenzenden Restaurantbereich feine Regionalküche von Pasta bis Schuppengetier aus der Adria. Ebenso großartig ist, die mit Flaschenetiketten gepflasterte Decke signalisiert's, die Auswahl an Weinen aus dem Veneto und aller Welt.
Calle Cavalli 4081, T 041 522 89 45, www.enotecaalvolto.com, tgl. 10–16, 18–22 Uhr, Linee 1, 2, Stazione Rialto, €€

Ankerplatz für Schleckermäuler

13 **Pasticceria Marchini Time:** Köstliche Süßigkeiten von Cremeschiffchen aus Blätterteig bis zu diversen sündhaften Torten lassen in der Konditorei Marchini, auf halbem Weg zwischen Markusdom und San Zulian-Kirche, das Wasser im Mund zusammenlaufen (auch Bar).
Campo San Luca 4589, T 041 241 30 87, Linee 1, 2 u. a., Stazione S. Zaccaria, tgl. 7.30–20.30 Uhr

Nach dem Opernbesuch

14 **Antico Martini:** Ein Gaumen- nach dem Ohrenschmaus? – Dieser Gourmettempel existierte schon, bevor das Fenice 1790 eröffnet wurde. Es bietet seinen Gästen eine hervorragende Synthese aus venezianischer und internationaler Küche mit Schwerpunkt auf Meerestieren in gediegen-elegantem Ambiente.
Campo Teatro Fenice 2007, T 041 522 41 21, www.anticomartini.com, Linea 1, Stazione S. Marco Giglio, tgl. 11.30–23.30 Uhr, €€€

Einkaufen

Edeltropfen en masse

1 **Millevini Enoteca:** Ein solches Sortiment an Weinen, Bränden und Likören wird man anderswo in Venedig schwerlich finden: Amarone, Barolo, Brunello ... die ganze Palette italienischer edler Tropfen, aber auch formidable Franzosen, Spanier und Kostproben aus Übersee – Connaisseure kommen in dieser unmittelbar hinter der Rialto-Brücke gelegenen Vinothek voll auf ihre Rechnung. Wobei eine Auswahl exzellenter Champagner, Grappe, Olivenöle, Essige das Angebot abrunden. Zudem organisiert Betreiber Lorenzo Menegus, seines Zeichens ausgebildeter

Sommelier, bisweilen Verkostungen und Themenabende.

Fontego dei Tedeschi 5362, T 041 520 60 90, www.enotecamillevini.it, Linee 1, 2, Stazione Rialto, Mo–Sa 10–13.30, 15–20, So 11–19 Uhr

Sündhaft süß

2 **Venchi:** In aller Welt, von Bukarest über Singapur bis Jeddah, verwöhnt diese 1878 in Turin gegründete Edelschokolaterie in Dutzenden eigenen Filialen Schleckermäuler mit Hang zum Luxus. Und auch in San Marco ist sie zum Glück präsent. Aus ihrem »Atelier der Konfektmacherkunst« kommen Milch- und dunkle Schokoladen ebenso wie Pralinen, Prendivoglie-Riegel mit ganzen Haselnüssen, Gianduias, Eiscreme, Chocaviar u. v. m. – ein Gaumentraum!

Calle dei Fabbri 989, T 041 241 23 14, www.venchi.it, Linee 1, 2, Stazione Rialto oder S. Marco Vallaresso, tgl. 10.30–21 Uhr

Schmuckes fürs Haupt

4 **Giuliana Longo:** Sie wollten immer schon einen stilvollen, sommerlich-hellen Panama-Hut? In diesem Salon gibt es ihn, direkt aus Ecuador importiert. Und auch sonst finden sich an dieser charmanten Adresse jede Menge wunderschöne Hutmodelle für sie und ihn.

Calle del Lovo 4813, T 041 522 64 54, www.giulianalongo.com, Linee 1, 2, Stazione Rialto

Vintage-Boutique

5 **L'armadio di Coco:** Wenn Sie es lieben, in hochwertigen Secondhand-Klamotten zu stöbern, sind Sie hier genau richtig. Zu entdecken sind sowohl zahlreiche Stücke namhafter Markenartikler als auch Kreationen vielversprechender Nachwuchsdesigner sowie originell Recyceltes. Außerdem zu finden: Accessoires wie Hüte, Handtaschen, Krawatten, Schmuck etc. in Hülle und Fülle.

Frezzeria 1797, T 041 4767 340, www.larmadiodicoco.it, Linee 1, 2 u. a., Stazione

EIN PARADIES FÜR SCHOKOMÄULER

Das betörende Aroma bemächtigt sich des Kunden gleich beim Eintreten der **Cioccolateria Vizio Virtù** 3: alle Arten von Nüssen, Nougat, Kaffee und vor allem natürlich Kakao, dazu diverse Ingredienzien von Blütenessenzen, Muskat, Pfeffer, Ingwer und Zimt … Die Duftmelange ist so raffiniert wie unwiderstehlich. Und auch der Sehsinn wird von den süßen Kostbarkeiten, die die beiden Betreiberinnen dieses Ladens mit dem frivolen Namen »Laster Tugend« anbieten, verwöhnt: Mehr als 100 Sorten von Schokobrüchen und -riegeln, dazu Dragées, Pralinen, allerlei Kandiertes, ja sogar aus Milch- oder Grand-Cru-Schokolade gegossene Löffelchen, Tassen, Masken, Buchstaben und Bandnudeln finden sich im Sortiment. Ein zusätzlicher Reiz: Die **Schauwerkstatt** erlaubt es Besuchern, den Meistern bei der Ausübung ihrer süßen Kunst über die Schulter zu schauen (Calle Forneri 5988, T 041 275 01 49, www.viziovirtu.com, tgl. 10–19 Uhr).

S. Marco Vallaresso, Mo–Sa 10.30–13.30, 14.30–19 Uhr, So ab 11 Uhr

Damenmode mit Boheme-Touch

6 **Kiriku:** Cristina Nogara bietet in ihrer geräumigen, in einladendem Weiß gehaltenen und mit 50er-Jahre-Fauteuils ausstaffierten Boutique Kreationen vielerlei Designer vorwiegend italienischer Provenienz, aber auch Schuhe und Taschen aus Frankreich und Fernost sowie Kindermode. Fazit: Das Kiriku ist einer der besten unabhängigen Fashionläden der Stadt.

Frezzeria 1729, T 041 296 06 19, Linee 1, 2, Stazione Rialto, Mo–Sa 10–18 Uhr

Fashion als Lifestyle

7 **Pot-Pourri:** Die beiden einander direkt benachbarten Boutiquen sind im Palazzo Regina Vittoria, in dem Goethe einst wohnte, beheimatet und bieten Damenmode und Wohnaccessoires im gediegenen Country-Stil. Cashmere, Wolle, Tweed, Geschirr, Tischtücher, Bilderrahmen: So wohnt man in der toskanischen Villa, kleidet man sich mit Stil für den Landausflug, die Jagd, auf der Jacht. Marina, Malica und Melania, die drei Betreiberinnen, entwerfen Teile der Kollektionen selbst. Der Rest stammt von italienischen Qualitätsausstattern wie Avoncelli, Santoni oder Scapa.

Ramo dei Fuseri 1810, T 041 522 13 32 bzw. 241 09 90, www.potpourri.it, Linee 1, 2, Stazione S. Marco Vallaresso, Mo–Sa 10–19 Uhr

VENEZIANISCHE DÜFTE

Im Herzen San Marcos, um die Ecke der Oper, betreibt der italienische Duftkonzern Mavive Kreateur eigens für seine Edelmarke **The Merchant of Venice** 11 einen Flagship Store. Dessen überaus kunstvoll gestaltetes Ambiente in einer ehemaligen, um 1650 gegründeten Apotheke allein lohnt den Lokalaugenschein. Dazu kommt die wirklich exquisite Produktlinie – duftende Badezusätze, Hautpflegemittel, Accessoires, vor allem aber diverse Parfum-Kollektionen, abgefüllt in feinsten Flakons aus Muranoglas (Campo San Fantin 1895, T 041 296 05 59, www.themerchantofvenice.com, Do–Mo 10–13, 14–19 Uhr).
Das jahrhundertealte Erbe Venedigs als Zentrum des Handels mit Duftstoffen (s. S. 176) haben auch die Schwestern Rosa und Antonietta Resta wiederbelebt: In ihrer Parfumerie **I Muschieri** 12, so hießen einst die mit Düften, Pudern und Kosmetika handelnden Kaufleute, führen sie keinerlei Produkte globaler Großanbieter. Stattdessen verzaubern sie die Nasen ihrer Kundschaft mit Kreationen kleinerer, unabhängigerer Produzenten aus aller Welt – aus Italien u. a. Carthusia und Gritti (Frezzeria 1178, T 041 522 89 40, Mo–Sa 10–19, So 11–18 Uhr); beide: Linee 1, 2, Stazione S. Zaccaria Valaresso.

Fundgrube für Sammler

8 **Mercantino dell'Antiquariato:** Auf dem Campo San Maurizio, zu Füßen der gleichnamigen Kirche mit ihrem Musikmuseum, schlagen mehrmals im Jahr für ein langes Wochenende Antiquitätenhändler aus der Stadt und der Region ihre Stände auf. Dann lässt sich nach Herzenslust nach alten Büchern, Briefmarken, Kleinmöbeln, Nippes u. v. m. stöbern.

Campo San Maurizio, T 032 82 99 92 69 oder 034 71 28 08 48, Info zu aktuellen Terminen unter www.mercatinocamposanmaurizio.it, Linee 1, 2, Stazione S. Marco Giglio

Charmante Damenmode

9 **Noa di Nina:** Mit legerer, pariserischer Atmosphäre empfängt Modeexpertin Daniela Soreca in ihrer charmanten Boutique ihre Kundinnen in spe. Ein Umkleidebereich mit samtenem Sofa plus Samowar lädt zum Anprobieren der schönen Seidenkleider, Sweater, Schals, Mäntel ausgewählter Designer-Brands; im Ableger namens **Nina Boutique** in San Polo (Campiello San Rocco 3130) präsentiert sie vorwiegend Accessoires – Taschen, Hüte, Slipper, bedruckte Seidenstoffe, Stickereien.

Campo Manin 4231, beide: T 041 241 12 63, Mo–Sa 10–14, 15.30–19.30 Uhr, Linee 1, 2, Stazione Rialto

Brillen für Nonkonformisten

10 **Micromega:** Extrem leichtgewichtig, zugleich höchst originell in der Form und elegant sind die von Roberto Carlon designten und in seinem Atelier von Hand gefertigten Sehbehelfe.

Calle delle Ostreghe 2436, T 041 296 07 65, www.micromega.it, Linea 1, Stazione Giglio, Mo–Sa 10–19, So/Fei 11–18 Uhr

Von schwelgerischer Eleganz

13 **Zora da Venezia:** Aus allerfeinstem Muranoglas sind Blüten, Früchte, Vasen, Ketten und vieles mehr farbenprächtig und mit überbordender Phantasie gestaltet und edel ausgeführt. Ihre Produzenten wurden mittlerweile schon mehrfach international ausgezeichnet.

Calle Larga XXII Marzo 2407, T 041 277 08 95, www.zoragalleryvenice.com, Linea 1, Stazione Giglio, tgl. 10–19 Uhr

Düfte vom Feinsten

14 **Santa Maria Novella:** Die Wurzeln dieser Parfümerie-Apotheke (Officina Profumo-Farmaceutica) reichen mehr als 800 Jahre zurück. Aus jenen ersten Experimenten der Dominikanermönche in Florenz, aus Blüten und Kräutern feine und heilsame Aromen zu destillieren, wurde ein kleines, aber feines Düfte-Imperium. Auch diese Filiale bietet ein olfaktorisches Fest.

Salizzada San Samuele 3149, T 041 522 08 14, www.smnovella.com, Linea 1, 2, Stazione S. Samuele, Mo–Sa 10–19, So 11–18 Uhr

Venezianisches Papier

15 **Alberto Valese:** siehe Tipp S. 72.

Traditionsreiches Kunsthandwerk

16 **Fonderia Artistica Valese:** In seiner Metallgießerei in Cannaregio hält Meister Carlo Semenzato als venedigweit letzter seiner Zunft noch jene jahrhundertealte Kunst hoch, mittels Sandmodeln Objekte aus Bronze oder Messing herzustellen (s. S. 105). In diesem Verkaufsshop kann man unter mehreren Dutzend Varianten der berühmten Pferde von San Marco, Markuslöwen, aber auch Türknöpfe und -klopfer sowie Gondelbeschläge wählen – denkbar authentische Souvenirs, die von höchster Kunstfertigkeit zeugen.

Calle Fiubera 793, T 041 522 72 82, www.valese.it, Linee 1, 2, Stazione S. Marco Vallaresso oder S. Zaccaria, tgl. 10.30–19 Uhr

Den Atelierladen von Giuliana Longo unweit der Rialto-Brücke verlässt kaum ein Kunde unbehütet.

Ausgehen

Brötchen für Feinschmecker

1 **I Rusteghi:** Allein ist man auf dem schattigen Campiello gleich hinter San Bartolomeo selten. Und das mit gutem Grund: Die Qualität der Panini, die man in diesem Bacaro kredenzt, hat sich weit herumgesprochen. Ungefähr 30 verschiedene Füllungen umfasst das

Sortiment, darunter neben der üblichen Formaggio-e-Prosciutto-Routine auch Pikantes wie Hühnersalat, Spanferkel mit Radicchio, Shrimps mit Steinpilzen oder Spargel mit Ei. Dazu gibt's famose Weine. Die vier *rusteghi* (Grobiane) aus Carlo Goldonis gleichnamiger, später von Ermanno Wolf-Ferrari vertonten Komödie hätten wohl ihre Freude.

Corte del Tentor 5513, T 041 33 87 60 60 34, www.airusteghi.com, Linee 1, 2, Stazione Rialto, tgl. 11.30–15, 18.30–1 Uhr, Feb. und Aug. geschl., Snacks, €

Für ausgelassenes Feiern

2 **Olandese Volante:** In-Treff für Junge und Junggebliebene, die den charmanten Platz stets scharenweise bevölkern. Schmackhafte Küche mit gelegentlichen Ausreißern nach unten, dafür garantiert gute Biere plus üppige Auswahl an Grappe, Rums, Whiskys und immer feine Stimmung.

Campo San Lio 5658, T 041 099 54 81, Linee 1, 2, Stazione Rialto, tgl. 11–23 Uhr, Küche €–€€

Für musikbegeisterte Nachteulen

3 **Bàcaro Jazz:** Reich sortierte Cocktailbar mit ebensolcher, von kulinarischer Phantasie zeugender Speisekarte (Pizze!), sehr gute italienische Weine; unprätentiöses, grafisch originelles Ambiente, bunt gemischtes Publikum mit Schwerpunkt Jazz-Aficionados, die den quirligen Sound aus dem Off schätzen.

Calle del Fondaco dei Tedeschi 5546, T 041 528 52 49, www.bacarojazz.it, Linee 1, 2, Stazione Rialto, So–Do 12–2, Fr/Sa 12–3, Küche 12–1 Uhr (€–€€)

Abhängen auf Irisch

4 **Inishark:** Ein typisches Pub, als wär's direkt von der Grünen Insel in die Lagune transferiert – mit geradezu berauschenden Vorräten an Whiskys, Bieren und Irish Coffee; zwischen Salizzada San Lio und Campo Santa Maria Formosa.

Stammgäste authentischer Osterien, wie dieser im Zentrum von San Marco, kennen keinen Stress.

Calle del Mondo Nuovo 5787, T 041 523 53 00, www.inisharkpub.com, Linee 1, 2, Stazione Rialto, Di–So 18–1.30 Uhr

Chicago meets Venice

5 **Tarnowska's American Bar:** Stilvolle Hotelbar mit viel Leder und Messing, hervorragenden Cocktails und Weinen, dazu eine Auswahl an Käse; auch gutes Teesortiment.

Campo Santa Maria del Giglio 2494 (im Hotel Ala), T 041 520 83 33, www.hotelala.it, Linee 1, 2, Stazione S. Marco Giglio, tgl. 17–24 Uhr

Quirlige Bar Tapa-Style

6 **Bacarando:** Diese Bar hat sich in den letzten Jahren zu einem populären Treffpunkt gemausert. Abseits des Trubels in einem Gässchen gelegen, bietet sie im Erdgeschoss kreativ belegte *cic-*

chetti, kleine Kalamari am Spieß z. B., Fisch- und Gemüsekroketten, die man – bei Schönwetter auch draußen – an kleinen Tischen schnabuliert. Durchwegs lecker und günstig ist auch, was man im Restaurant im 1. Stock serviert. Richtig gemütlich wird's am späteren Abend, wenn sich die einheimische Jugend an der üppig bestückten Bar beim Schlummertrunk tummelt.

Corte dell'Orso 5495, T 041 523 82 80, www.bacarando.com, Linee 1,2, Stazione Rialto, tgl. 12–24 Uhr, Gerichte ab 20 €

Tolle Cocktails

7 **Bar Canal:** Ein elegant-intimer Treffpunkt für Nachteulen im Luxushotel Bauer mit tollem Angebot an Drinks. Die Bar Canal ist tgl. von 10 bis nach 24 Uhr geöffnet. Abends sorgt auch die Bar des hauseigenen Dachrestaurants **Settimo Cielo** für entspannte Stimmung und eine tolle Aussicht (tgl. 18–24 Uhr).

Campo San Moisè 1459, T 041 520 70 22, www.bauervenezia.com, Linee 1, 2, Stazione S. Marco Vallaresso

Ein Lichtblick für Filmfans

8 **Multisala Rossini:** Von Cineasten lang ersehnt, wurde das altehrwürdige Kino Rossini vor einigen Jahren wieder eröffnet. Als etwas schnödes Mini-Multiplex zwar, aber was soll's: Hier kann man das Jahr über all die Blockbuster und auch manch preisgekrönte Arthouse-Filme sehen, deren Stapellauf man bei der Filmbiennale am Lido versäumt hat – und das manchmal sogar in der Originalsprache, d. h. nicht auf Italienisch synchronisiert.

Salizzada del Teatro 3997, T 041 241 22 45, aktuelles Programm siehe www.comune.venezia.it oder www.mymovies.it/cinema/venezia, Linea 1, Stazione Sant'Angelo, tgl. außer Mo ab 16 Uhr

Musikdrama auf Weltniveau

9 **Teatro La Fenice:** s. S. 69.

Besuchenswert

10 **Teatro Goldoni:** Dieses entzückende Logentheater, das älteste noch existierende der Stadt (eröffnet 1622), bietet authentische Commedia dell'Arte, Goldoni-Stücke natürlich auch sowie Zeitgenössisches. Trotz der Sprachbarriere, allein schon wegen des Ambientes und der Aura wirklich besuchenswert!

Calle del Teatro 4650, T 041 240 20 11, Karten: T 041 240 20 14, www.teatrostabileveneto.it, Linee 1, 2 Stazione Rialto

Musikalische Schwelgerei

11 **Scuola Grande di San Teodoro:** Ein Profi-Ensemble in historischen Kostümen bringt fast das gesamte Jahr über allabendlich im Rahmen szenischer Konzerte einem touristischen Publikum alternierend Vivaldis »Vier Jahreszeiten« oder Arien-Evergreens von Rossini bis Verdi und Puccini zu Gehör – routiniert, aber durchaus qualitätvoll, ergo hörenswert. Und das Ambiente, der Hauptsaal des prächtigen Bruderschaftsgebäudes, ist eine Augenweide.

Campo San Salvador 4810, T 041 521 02 94, www.imusiciveneziani.com, Linee 1, 2, Stazione Rialto, Tickets ab 25 €

Auf höchstem Niveau

12 **Interpreti Veneziani:** Das vermutlich beste unter den zahlreichen Kammermusik-Ensembles der Stadt, das seine Kunst regelmäßig auch auf Übersee-Tourneen demonstriert, gibt an über 200 Abenden pro Jahr in der ehemaligen Kirche San Vidal (s. S. 71) stürmisch applaudierte Konzerte. Programmatische Mittelpunkte bilden die Werke von Barockmeistern wie Bach, Vivaldi, Tartini etc. Einen Zusatzgenuss bietet, im Halbdunkel über den Musizierenden hängend, Vittore Carpaccios Gemälde »Hl. Vitalis auf dem Pferd«.

Campo San Vidal 2862, Info und Tickets unter T 041 277 05 61 bzw. www.interpreteveneziani.com

Zugabe

Vorhang auf für einen Phönix!

Ein Salut für La Fenice, Venedigs berühmtestes Opernhaus

Sie markierte einen frühen Superlativ in der so langen wie ehrwürdigen Chronik der Musikmetropole Venedig: die Eröffnung des Teatro Cassiano im Jahr 1637. Jener steinerne Bühnenbau nahe dem Rialto, im Sestiere San Polo, gilt, weil es von einem Impresario geleitet wurde und auch für nicht adeliges Publikum zugänglich war, als weltweit erstes öffentliches Opernhaus überhaupt. Ende des 18. Jh. war die Serenissima dann der Nabel der Opernwelt. Sie besaß sieben Gesangsbühnen – mehr als jede andere Kulturmetropole Europas. Zwar waren die großen Logen weiterhin der Aristokratie vorbehalten und wurden innerhalb der großen Familien vererbt, doch hatte auch das Volk – zu Einheitspreisen – Zutritt.

Die berühmteste Bühne, die achte, wurde 1790 gebaut. Sie ist, wie es sich für einen Phönix (ital. *fenice*) gehört, das Resultat eines verheerenden Brandes, der 1773 das Theater von San Benedetto einäscherte. Von außen glich es, auf Holzpfählen ruhend und von zwei Kanälen umflossen, einer schlichten Wasserburg. Doch die fünf Ränge seines Innenraums erglänzten in edelsten honiggoldenen, beigen und roten Farbtönen. Die Akustik war phänomenal. Die Eröffnung fiel in jene Zeit, in der die Sopranpartien noch von Kastraten gesungen wurden, in der die Inhalte der Opern noch jenen der Komödien von Carlo Goldoni ähnelten und es auf der Bühne nur so wimmelte von finsteren Bösewichten und komischen Figuren, von Feen und Götterhelden und von kapriziösen Primadonnen, die ohne Rücksicht auf den Fortgang der Handlung ihre Lieblingskoloraturen zum Besten gaben.

Chronisten berichten, dass in den Logen mit Begeisterung getratscht und gegessen, Karten gespielt und geturtelt wurde. Auch von kleinen Wachskerzen berichten sie, die man entzündete, wenn man im Textbuch lesen wollte. Und von Bränden, die damals zum Theateralltag gehörten. Am 12. Dezember 1836 fing auch das Fenice Feuer. Doch der Phönix machte seinem Namen alle Ehre. Binnen eines Jahres erstand das Haus in altem Glanz. Zuvor hatte es einige glorreiche Uraufführungen von Werken Rossinis, Donizettis und Bellinis erlebt. Nun, da der Zeitgeschmack begann, dem Falsett den romantischen Heldentenor und dem komischen Buffo dramatischen Realismus vorzuziehen, grassierte das Opernfieber. Es schlug die Stunde Giuseppe Verdis. Fünf seiner Opern erblickten – trotz der ständigen Konkurrenz durch die Mailänder Scala – im Fenice das Licht der

In den Logen wurde mit Begeisterung getratscht und gegessen, Karten gespielt und geturtelt.

Welt. Die Buchstaben seines Namens wurden als Kürzel für die Worte Vittorio Emanuele Re D'Italia zur Polit-Parole im Freiheitskampf gegen Österreich.

Diese Aufgeschlossenheit für das Zeitgenössische erhielt sich das Fenice auch im 20. Jh. In Kooperation mit dem Musikfestival der Biennale inszenierte es regelmäßig Werke von Komponisten wie Berg, Schostakowitsch und Stockhausen. Diverse von Strawinsky, Britten, Prokofjew, Berio, Nono und Maderna erlebten hier sogar ihre Uraufführungen. Neben den gefeierten Ikonen des Gesangskults – von Callas bis Pavarotti – arbeiteten auch immer wieder Stars wie Leonard Bernstein, Giorgio Strehler, Carla Fracci, Maurice Béjart und Pina Bausch im Haus am Campo San Fantin.

Als man 1992 das 200-Jahr-Jubiläum feierte, präsentierte sich das Haus rundum erneuert. Umgerechnet 5 Mio. € waren investiert worden, um den Zuschauerraum von 912 auf 1150 Sitzplätze zu vergrößern, eine Drehbühne zu installieren und den originalen Bühnenvorhang aus dem 18. Jh. zu renovieren. Doch im Frühjahr 1996 wurde das Fenice Opfer verbrecherischer Handwerker, die, angeblich um einer Strafe wegen verzögerter Leistungserbringung zu entgehen, Feuer legten. Das Haus brannte fast bis auf die Grundmauern ab.

Im Nu kündigten die Betreiber an, es alsbald im alten Stil wieder zu errichten. Jahrelange Rechtsstreitereien und Finanzierungsprobleme führten immer wieder zur Verschiebung der Eröffnung. In der Zwischenzeit wich man ins Teatro Malibran und ein Zelt nahe dem Parkhaus Tronchetto aus. Im Jahr 2003 wurde der glanzvoll rekonstruierte Traditionsbau dann endlich wieder eröffnet. Und seit damals bringt das Ensemble im Rahmen regulärer Saisonen wieder Opern, Ballette und Konzerte auf die Bühne. ■

Nomen est omen: Mehrmals schon ist Venedigs Oper wie der mythische Vogel Phönix der Asche entstiegen. Auch nach dem Brand von 1996.

Cannaregio

Zwischen Bahnhof und Rialto-Brücke – erweist Venedig sich ungewohnt weiträumig und hell. Zu entdecken gibt es, neben dem einstigen Ghetto und diversen Architekturjuwelen, eine quicklebendige, rasch wachsende Lokalszene.

Seite 100

Im ältesten Ghetto der Welt

Beim Gang durch jenes Stadtviertel, in dem die venezianischen Juden seit dem frühen 16. Jh. siedeln mussten, besichtigt man gleich mehrere prächtige Synagogen und das Museo Ebraico.

Seite 102

Koscher schmausen

Auf dem Gebiet des alten Ghetto kredenzen mehrere Lokale nach den jüdischen Speisegesetzen zubereitete Köstlichkeiten – das Restaurant Gam Gam zum Beispiel, die Bäckerei Volpe und die Cafeteria im Museum.

Gerade noch 15 Familien wohnen heute im ehemaligen Ghetto.

Seite 104

Campo dei Mori

Eine kuriose Begegnung erwartet Stadtflaneure am Rio della Sensa, nahe der Casa Tintoretto: vier turbantragende Männer aus Stein. Der Platz, über den diese »Mohren« wachen, ist klein, aber sehr stimmungsvoll.

Seite 105

Madonna dell'Orto

Das sakrale Architekturjuwel aus der Gotik liegt abseits der üblichen Touristenpfade. Hinter ihrer reich verzierten Fassade birgt die Kirche etliche Gemälde Tintorettos und auch sein Grab.

Seite 108

Ca' d'Oro ✪

Das Goldene Haus, der dank seiner Fassade vermutlich schönste gotische Palast der Stadt, ist auch für die darin präsentierte hochkarätige Gemäldesammlung berühmt.

Seite 117

Wo dic Post abgeht

Díe Ufer der Rii della Misericordia und San Girolamo haben sich zum populären Szeneviertel entwickelt. Gerne frequentiert sind etwa die Bar Timon und das Jazz-Lokal Paradiso Perduto.

Seite 111

Dinner open air

An den vier lichtdurchfluteten Hauptkanälen des Sestiere reiht sich cin gutes Lokal an das nächste.

Seite 113

Fondaco dei Tedeschi

Wo einst Deutsche Handel trieben, verführen heute Edelboutiquen zum Geldausgeben.

Seite 118

Die Kunst des Mosaikmachens

Fachkurse für Anfänger und Fortgeschrittene unter Führung von Meister-Mosaizisten der Traditionsfirma Orsoni.

Unverbesserliche Glückssucher pilgern abends ins Casino im Palazzo Vendramin. Hoffentlich kein Omen: 1883 starb dort Richard Wagner.

»Im Winter erwachst du (...) beim Läuten unzähliger Glocken, als vibriere hinter deinen Gazevorhängen ein gigantisches Teeservice aus Porzellan.« (Joseph Brodsky)

Lichter Randbezirk im Norden

E

Ein Bummel vom Bahnhof in weitem Bogen bis zur Rialto-Brücke macht die Vielseitigkeit der historischen Altstadt bewusst. Denn im Sestiere Cannaregio gibt sich Venedig nicht so mondän wie in San Marco, auch nicht so proletarisch wie im östlich angrenzenden Castello. In diesem vergleichsweise jungen, erst in der Renaissance entstandenen Stadtsechstel sind die Kanäle geradliniger, die Ausblicke weiter, die Gassen breiter und weniger gewunden. Und die Touristen vielerorts merklich weniger zahlreich.

Unterwegs in West-Ost-Richtung auf einer mehrere Kilometer langen Trasse erreicht man mit kurzen Abstechern alle wichtigen Sehenswürdigkeiten: die Pracht-Chiesa Madonna dell'Orto, die Kirche Sant'Alvise sowie Ca' d'Oro, jenes gotische Paradestück unter den Palästen am Canal Grande, das auch wegen der darin beheimateten Galleria Franchetti unbedingt besucht gehört. Inmitten dieses freundlichen Bezirks mit seinen kleinen Gärten, Kneipen und Bars schwimmt freilich eine fünfeckige Insel der Melancholie im Strom der Zeit – das Ghetto, in dessen eng aneinander geduckten Häusern seit dem 16. Jh. Venedigs Juden zu wohnen verpflichtet waren.

ORIENTIERUNG

Reisekarte: B–F 1–4
Cityplan: S. 96
Zeitrahmen: Für diesen Spaziergang sollten Sie, ohne Besichtigungen, mindestens 3 bis 4 Stunden einkalkulieren. Am Ausgangspunkt, dem **Bahnhof Santa Lucia,** gibt es eine Informationsstelle von Venezia Unica (gegenüber Gleis 2, tgl. geöffnet). Hier erhält man alle Arten von Auskünften, darüber hinaus Broschüren sowie Stadtpläne gratis.

Und spazieren Sie von dieser Hauptschneise ruhig auch mal Richtung Norden, der offenen Lagune entgegen. Den Canale di Cannaregio z. B., die Rii di San Girolamo, della Sensa oder di Sant'Alvise entlang: Sie führen in Gebiete, wo die Dichte an klassischen Sehenswürdigkeiten ab-, die Unverfälschtheit des Alltagslebens zunimmt. Ihre Anrainer, hauptsächlich Beschäftigte in der Festlandindustrie und Fischer, scheinen ihrer traditionellen Lebensart noch verhafteter zu sein als anderswo in der Stadt. Beim Imbiss in einer der Trattorien oder Bars können Sie sich vom ruhigen Lebensrhythmus, der auf den ungewohnt geräumigen, sonnendurchfluteten *fondamente,* den Kais, herrscht, anstecken lassen.

Cannaregio

Rund um den Bahnhof

Entgegen dem wohlgemeinten Rat von Ästheten, sich der Serenissima nur vom offenen Meer her zu nähern, kommt heute die Mehrheit der Venedigbesucher über den Fahrdamm vom Festland in die Stadt. Automobilisten bietet sich nach Verlassen der Parkgarage zuerst der hässliche Anblick der Hafenanlagen (von Tronchetto) oder des Busbahnhofs (auf dem Piazzale Roma). Bahnfahrer hingegen müssen nur die meist von Trampern bevölkerte Treppe des **Bahnhofs Santa Lucia ❶**, einem gesichtslosen Neubau aus den mittleren 1950er-Jahren, hinabsteigen, und schon stehen sie in typisch venezianischem Ambiente.

Santa Croce in Sichtweite

Jenseits des dicht befahrenen Canal Grande begrüßt die grünspanige Kirche **San Simeone Piccolo,** ein verkleinertes Abbild des römischen Pantheons, den Ankömmling. Zur Rechten überspannt in weitem Bogen die im Jahr 2008 eingeweihte Fußgängerbrücke des spanischen Architekten Santiago Calatrava, die **Ponte della Costituzione** das Wasser, die »Brücke der Verfassung«. Sie soll Fußgängern den Weg zwischen Piazzale Roma und Bahnhof verkürzen, ist in ihrer Funktionalität freilich bis heute umstritten (s. S. 185).

Als praxisgerechter erweist sich linker Hand die 1934 an Stelle einer älte-

Der Rio della Misericordia ist einer jener Kanäle, wo besonders viele Kalorientankstellen darauf warten, Hungrige zu verköstigen. Fast könnte man glauben, er trage deshalb die »Barmherzigkeit« im Namen.

Cannaregio

Ansehen

❶ Bahnhof
❷ Chiesa degli Scalzi
❸ Lista di Spagna
❹ Campo San Geremia
❺ Palazzo Labia
❻ Chiesa di San Giobbe
❼ Jüdisches Museum/ Scuola La Tedesca
❽ Scuola Canton
❾ Scuola Levantina
❿ Scuola Spagnola
⓫ Sant'Alvise
⓬ Wohnhaus Tintorettos
⓭ Madonna dell'Orto

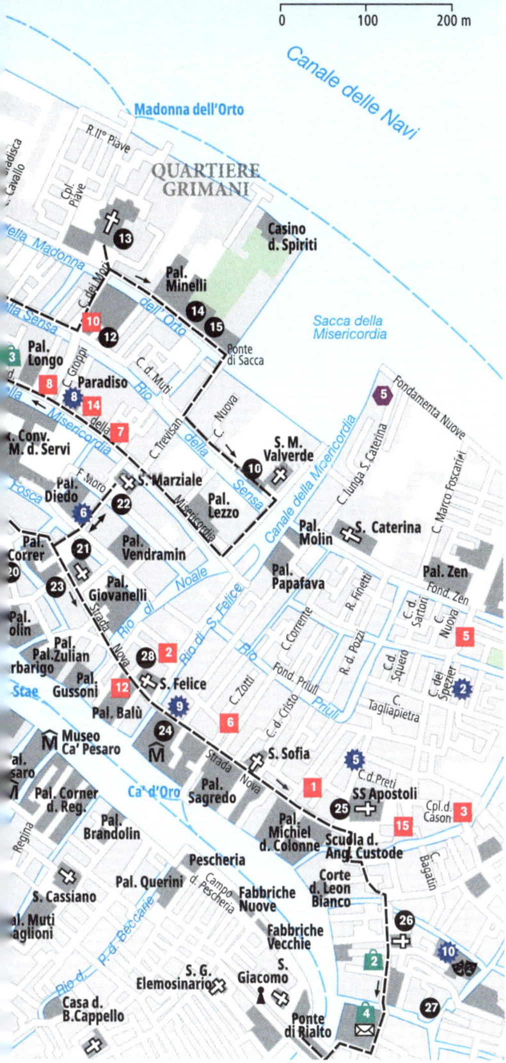

⓮ Fonderia Artistica Valese (Werkstatt)
⓯ Palazzo Contarini
⓰ Scuola Vecchia dell’Abbazia
⓱ Campiello dell’Anconetta
⓲ San Marcuola
⓳ Palazzo Vendramin-Calergi/Casino
⓴ Campo della Maddalena
㉑ Campo Santa Fosca
㉒ Campo San Marziale
㉓ Farmacia Ponci
㉔ Ca’ d’Oro/ Galleria Franchetti
㉕ Campo dei Santi Apostoli
㉖ San Giovanni Crisostomo
㉗ Corti del Milion
㉘ European Cultural Centre

Essen

1 Ai Promessi Sposi
2 Vini da Gigio
3 Bacanera
4 Antica Mola
5 Storica
6 Ca’ d’Oro Alla Vedova
7 Diana
8 Da Rioba
9 Caffetteria Goppion
10 L’Orto dei Mori
11 Al Bacco
12 La Cantina
13 Alla Fontana
14 Sullaluna
15 Risorto
16 – 17 siehe Tour S. 100

Einkaufen

1 Pasticceria DalMas
2 Giacomo Rizzo
3 Atelier Nicolao
4 Fondaco dei Tedeschi

Bewegen

1 Piscina Sant’Alvise
2 BV Kayak
3 Brussa Is Boat

Fortsetzung siehe S. 98

Cannaregio Fortsetzung von Seite 97

❹ Plum Plum Creations
❺ Fallani Venezia

Ausgehen
❶ Santa Lucia
❷ Puppa
❸ Al Parlamento
❹ 10 Metri Quadrati (MQ 10)
❺ El Sbarlefo
❻ Il Santo Bevitore
❼ Timon
❽ Paradiso Perduto
❾ Irish Pub Venezia
❿ Teatro Malibran

---

ren Eisenkonstruktion erbaute **Ponte degli Scalzi,** die Bahnhofsbrücke, die hinüber in den Bezirk Santa Croce führt und einen beliebten Start- und Wendepunkt für die Regatten der Gondolieri markiert.

Noch weiter links steht die **Chiesa degli Scalzi** ❷, die der hl. Maria von Nazareth geweihte Kirche der Unbeschuhten Karmeliter. Hinter ihrer Marmorfassade verbirgt sich ein schöner, spätbarocker Innenraum mit einem gigantischen Hochaltar. Die Deckenfresken G. B. Tiepolos wurden allerdings 1915 von österreichischen Bomben zertrümmert (in der Regel tgl. 7–12, 15–19 Uhr).

Auf der Lista di Spagna

Ein Blick noch auf die in das Pflaster vor dem Bahnhof *(ferrovia)* eingelassene Tafel: Sie erinnert an die von Andrea Palladio geschaffene Kirche Santa Lucia, die 1860 dem Bau des ersten Bahnhofs hatte weichen müssen. Dann biegt man, neben der Scalzi-Kirche, in die **Lista di Spagna** ❸ ein. Sie ist Teil des kilometerlangen Fußgängerwegs, der vor gut 150 Jahren durch Zuschüttung von Kanälen angelegt wurde und seither Neuankömmlinge vom Bahnhof direkt Richtung Markusplatz geleitet.

Ihr Name rührt von der spanischen Botschaft her, die einst im Palazzo Zeno (links, nach etwa 200 m) ihren Sitz hatte. *Lista* meint jene Zone, in der einst die diplomatische Immunität galt.

Hier ruht die hl. Lucia

Vorbei an den mehrheitlich billigen Esslokalen, Boutiquen, Souvenirläden und Hotels dieser touristischen Einfallschneise gelangt man nach wenigen Minuten auf den weitläufigen **Campo San Geremia** ❹. Rechter Hand erhebt sich die gleichnamige Kirche, ein imposanter Kreuzkuppelbau aus der zweiten Hälfte des 18. Jh. In der Kapelle ihres linken Querschiffarms fanden die Überreste der hl. Lucia von Syrakus nach dem Abriss der ihr geweihten Kirche die letzte Ruhestatt (Mi–Mo 9.30–13, 14–17 Uhr). In der angrenzenden **Scuola dei Morti** (sie ist am besten vom Canal Grande zu sehen) nahm man sich früher der Ertrunkenen und ihrer Seelen an.

Radioantennen über dem Ballsaal

Der mächtige **Palazzo Labia** ❺ (Haus Nr. 275), dessen Antennenaufbau schon von der Lista di Spagna aus nicht zu übersehen war, gehörte einst der steinreichen katalanischen Familie Labia und ist seit der Nachkriegszeit Sitz der Regionalzentrale der staatlichen Rundfunkgesellschaft RAI. Er besitzt einen grandiosen, mit Fresken G. B. Tiepolos dekorierten Ballsaal, der freilich im Unterschied zu früheren Jahren neuerdings leider für die Öffentlichkeit nicht mehr zu besichtigen ist.

Steinmetzkunst vom Feinsten

Ein paar Schritte weiter stößt man auf die **Ponte delle Guglie.** Über sie, nach links und dann bei der zweiten Gasse nach rechts, könnte man binnen zwei Minuten das **ehemalige jüdische Ghetto** erreichen (s. S. 100). Doch sollte man zuvor wenigstens ein Stück weit noch auf der Fondamenta Savorgnan den Canale di Cannaregio entlang Richtung Nordwesten wandern. Auf ihr kommt ungefähr nach einem halben Kilometer vis-à-vis der **Palazzo Surian Bellotto** (Haus Nr. 967–69) ins Blickfeld, in dem 1743/44 Jean-Jacques Rousseau als Sekretär des französischen Botschafters arbeitete. Bei der **Ponte dei Tre Archi,** übrigens der einzigen dreibogigen Brückenkonstruktion Venedigs, geht's nach links, und wenig später steht man dann vor dem herausragenden Baudenkmal des nordwestlichsten Stadtzipfels:

Die **Chiesa di San Giobbe ❻**, ein beachtlicher Sakralbau aus der Frührenaissance, besticht vor allem durch die überaus feinen Steindekors am Portal und an den inneren Wandpfeilern. Sie stammen vermutlich aus der Werkstatt Pietro Lombardos und erinnern wohl auch deshalb an die faszinierenden Reliefs in der Miracoli-Kirche (s. S. 140). Was im Innenraum noch besonders auffällt: die farbigen Terrakotten an der Decke der zweiten Seitenkapelle und die »Hirtenanbetung« von Giovanni Girolamo Savoldo (um 1540) in der gotischen Kapelle neben der Sakristei.

Campo San Giobbe 620, Mo–Sa 10.30–13 Uhr, Eintritt 3 € bzw. Chorus Pass. Im Hochsommer und Winter ist das Kirchentor des öfteren versperrt; in diesem Fall bei Haus Nr. 620 läuten

Aus Alt mach Neu

Die paar Schritte bis zum Ende des Kanals sollten Sie nicht scheuen. Denn erstens genießen Sie von dort ein fabelhaftes Panorama über die nördliche Lagune. Und zweitens können Sie noch einen Blick auf zwei, drei bemerkenswerte Stätten werfen: linker Hand auf die Hallen des einstigen Schlachthofs, einen Schatz der industriellen Archäologie, auf dessen Gelände Le Corbusier in den 1960er-Jahren ein ultramodernes Krankenhaus erbauen wollte; nach Beendigung langer Renovierungsarbeiten hat hier vor einigen Jahren die **Wirtschaftsfakultät der Ca' Foscari-Universität** Quartier bezogen.

Zur Rechten, hinter dem auffälligen Rundbogenportal aus istrischem Stein, verbirgt sich eine architektonisch recht reizvolle **Wohnanlage** namens **Sacca San Girolamo** aus den 1990er-Jahren. Und auf derselben Kanalseite, ein Stück noch davor, am Ende der Calle Ferau, erhebt sich das um 1730 errichtete, längst wieder geschlossene **Kloster der Büßerinnen** (Ricovero dei Penitenti) – eine Umerziehungsanstalt für reuige Prostituierte, deren Gemäuer man vor einigen Jahren als Altenheim adaptiert hat.

Die Zeit für den Rückweg am anderen Kanalufer kann man dazu nützen, über die Herkunft des Bezirksnamens Cannaregio zu spekulieren. Ob er, wie manche sagen, von *canal regio* abstammt, dem ›königlichen Kanal‹, durch den vor dem Bau des Fahrdamms die meisten Boote vom Festland zum Stadtkern fuhren? Oder ob er sich davon herleitet, dass dieses Gebiet einst sumpfig und mit Röhricht *(canneto)* bewachsen war?

Noch bevor man eine schlüssige Antwort gefunden hat, ist man schon wieder zurück bei der Hauptroute und, knapp vor der Ponte delle Guglie, an der Calle del Ghetto Vecchio angelangt, die nach links in eben dieses führt (s. S. 100).

TOUR
Venedigs jüdisches Erbe

Ein Gang durch das erste Ghetto der Welt

Im Herzen des Sestiere Cannaregio liegt, umgeben von für Venedig atypisch geradlinigen und lichten Wegen und Kanälen, ein Bezirk mit spürbar anderem, melancholischem Flair verborgen. Bis zu acht Stockwerke hohe Häuser stehen hier, wenige Gehminuten nördlich des Canal Grande, dicht um einen zentralen Platz gedrängt, dazwischen vereinzelt schmale, niedrige Häuschen, hie und da ein hölzerner Aufbau – offensichtlich beengte Verhältnisse. Ein Kranz von schmalen Kanälen schirmt diese seltsame urbane Insel nach allen Seiten hin von den benachbarten Wohngebieten ab. Wir befinden uns im **ehemaligen Ghetto** von Venedig, jenem berühmt-berüchtigten Ort, an dem einst Eisengießer (ital. *getto* für Guss) ihrem staubigen Gewerbe nachgingen und im frühen 16. Jh. die traurige Tradition der Absonderung von jüdischer Gemeinden innerhalb städtischer Kommunen ihren Anfang nahm.

Im Zugangsbereich des Jüdischen Museums lädt der Buchladen Alef mit seinem Sortiment mehrerer Tausend Judaica zum ausgiebigen Schmökern (und Kaufen) ein.

Als Ausgangspunkt für die Erkundung des »chazer«, so hieß der einstige Sperrbezirk in der venezianisch-jüdischen Mundart früher, empfiehlt sich der **Campo del Ghetto Nuovo:** zum einen, weil das große, unregelmäßige Geviert wieder verstärkt die unverwechselbare Stimmung des Ortes bündelt. Da tollen Kinder mit der Kippa auf dem Kopf spielend über das Pflaster. In der Yeshiva studieren junge Männer die Thora, andere sind, angetan mit Gebetsriemen, in Zwiesprache mit Gott versunken. An einer Wand erinnern Bronzetafeln an die 200 Holocaust-Opfer der örtlichen Gemeinde, während nebenan ein schniekes Hotel zum Nächtigen lädt.

Ein zweiter Grund, auf dem zentralen Platz zu starten, ist das **Jüdische Museum ❼**, dessen Eingang dort liegt. Es ist

Infos

C/D 2

Start:
Campo del Ghetto Nuovo (Linee 4.1, 4.2, 5.1, 5.2, Stazione Guglie).

Jüdisches Museum:
Cannaregio 2902b, Juni–Sept. tgl. außer Sa/jüdische Fei 10–17.30, Einlass bis 16.30 Uhr, Eintritt 8 €.

Führungen:
Durch die Synagogen: 10.30–16.30 Uhr im Stundentakt auf Ital./Engl., bei Voranmeldung auch auf Deutsch, Tickets (12 € inkl. Museum), T 041 71 53 59, www.museoebraico.it.
Über den jüdischen Friedhof auf dem Lido: ca. April–Okt. So–Fr, 90 € für den Guide plus 12 € p. P.; Voranmeldung im Museum oder prenotazioni.mev@coopculture.it.

eine kleine, aber kostbare Sammlung, die 1953 hier ihre Heimstatt fand. Ein Schwerpunkt liegt auf Textilien, Gold- und Silberarbeiten aus dem 16. bis 19. Jh. Wer die mit liturgischem Gerät, Handschriften und anderen Exponaten wie Ölleuchtern, Dokumenten etc. reich bestückten Vitrinen entlangwandert, erfährt auch viel über jüdische Feste im Jahres- und Lebenslauf.

Vor allem aber lässt sich angesichts der bedrückend düsteren, ineinander verschachtelten Wohnhäuser des Platzes besonders trefflich über die Geschicke der hiesigen **Comunità Ebraica** reflektieren. Urkundlich belegt begann das zwiespältige Verhältnis der Venezianer zu ihren Mitbürgern mosaischen Glaubens im 10. Jh. mit dem Verbot, Juden und ihre Waren auf venezianischen Schiffen zu transportieren. Venedig war gerade dabei, seine Stellung im Osthandel zu festigen. Die jüdischen Kaufleute aus den nahen Festlandstädten wie Aquileia und Grado galten, ihrer alten, engen Handelsbeziehungen wegen, als gefährliche Konkurrenten.

Auch eine dauerhafte Anwesenheit in der Lagunenstadt verwehrte der Senat den Juden, die in vielen norditalienischen Städten bereits die vom Christentum verpönten Geldgeschäfte betreiben durften, bis weit ins 14. Jh. hinein. Erst 1382, als Venedig nach dem Krieg von Chioggia dringend Geld zur Sanierung seiner Finanzen benötigte, wurde das Verbot gelockert. Deutsche Juden aus Mestre erhielten die *condotta,* die schriftliche Erlaubnis zum Aufenthalt und zur Eröffnung von Pfandhäusern. Wer genau schaut, kann auf dem Campo del Ghetto Nuovo, beim Haus Nr. 2912, noch die Aufschrift der **Banco Rosso,** so benannt nach der Farbe ihrer Quittungen, entdecken.

Die neuen Freiheiten wurden zwar schon 15 Jahre danach wieder eingeschränkt – Juden mussten unbarmherzig hohe Steuern zahlen und als äußere Erkennungszeichen erst einen gelben Kreis, später einen roten Hut tragen; sie durften weder angesehene Handwerke ausüben noch Grundstücke oder Häuser besitzen. Doch die Verfügungen waren weniger drastisch als anderswo. Das 15. Jh. wurde eine Periode relativer Ruhe und Sicherheit. Unverhohlener kam der Antisemitismus erst wieder nach der Niederlage gegen die Liga von Cambrai

Knurrt der Magen? Auf dem Gebiet des ehemaligen Ghettos schafft das Lokal **Gam Gam** 16 in der Gasse Ghetto Vecchio 1122 gut und garantiert koscher Abhilfe (So–Do 12–22, Fr 12–16 Uhr, €). Empfehlenswert sind auch die **Cafeteria** im Jüdischen Museum oder die Süßigkeiten der Bäckerei **Volpe** 17 (Calle del Ghetto Vecchio 1144, Mo–Sa 7–18.30 Uhr). Venedigs einzige als koscher zertifizierte Unterkunft übrigens ist die Pension Kosher House Giardino dei Melograni (Campo del Ghetto Nuevo 2874, T 041 822 61 31, www.pardesrimonim.net).

(1508), als der Flüchtlingsstrom stark anschwoll, zum Vorschein. Die Folge war die Verbannung ins Ghetto.

Das diesbezügliche Schlüsseldatum markiert der 16. März 1516. Denn an jenem Tag verfügte der Senat, dass die Juden der Stadt fortan ausschließlich »in einem Bezirk nahe der Kirche San Girolamo im Stadtteil Cannaregio« leben sollten. Und zwar abgesondert von der übrigen Bevölkerung und ständig kontrolliert von christlichen Wächtern. Dem Erlass gemäß (den bekanntlich bald europaweit viele weitere Kommunen zum Vorbild nahmen) mussten sich die Juden bei Dunkelheit hinter den fensterlosen Außenmauern des Ghettos zurückziehen. Im **Sottoportego** beim Eingang des einstigen Sperrbezirks können Sie im Marmor noch die Vertiefungen sehen, in denen nachts die schweren Torschranken einrasteten.

Die frühesten Ghettobewohner waren Juden aus Süditalien sowie deutsche und polnische Aschkenasim. Sie bauten die **Scuola La Tedesca** 7 (1528) und die nahe gelegene **Scuola Canton** 8 (1531/32). Erstere befindet sich im selben Haus wie das Museum und ist an den fünf großen Bogenfenstern – drei sind zugemauert – erkennbar. Spezielle Merkmale im Inneren sind der elliptische Balkon für die Frauen und, rund um die ›marmorierten‹ Wände laufend, die in goldenen Lettern verfassten Zehn Gebote. Die zweite, vermutlich nach der Stifterfamilie benannte Synagoge präsentiert sich heute im Rokokostil und besitzt als Besonderheit acht Holzpaneele mit biblischen Szenen aus dem Buch Exodus.

Im Laufe des 16. Jh. zogen immer mehr Juden auf der Flucht vor den Pogromen nach Venedig. Die Bevölkerung des Viertels wuchs und mit ihr die Höhe der Wohnhäuser und die Gefahr von Einstürzen, Bränden und Seuchen. 1541 siedelte man die meist reichen Juden aus dem östlichen Mittelmeer – sie waren vor den Türken geflohen und wegen ihrer Kontakte zum Handelspartner am Bosporus hoch angesehen – im Gebiet zwischen dem Ghetto Nuovo und dem Kanal von Cannaregio an. Man nannte es, nicht ganz logisch, **Ghetto Vecchio,** altes Ghetto. 1643 fügte man noch einen dritten Teil, das **Ghetto Nuovissimo,** hinzu.

Lebendiges Erbe: Venedigs Oberrabbiner liest in der Scuola Levantina die Thora.

Im späten 16. und frühen 17. Jh. erlebte die jüdische Gemeinde trotz beengter Wohnverhältnisse und vieler Einschränkungen eine ungeahnte Blüte: Der Adel hatte seine Aktivitäten zusehends auf das Festland verlagert und das riskante, aber einträgliche Levantegeschäft den Juden überlassen. Das Ghetto wurde zu einem Zentrum der Gelehrsamkeit. Unter Fremden war es damals Mode, die Predigten der berühmten Rabbiner zu hören. Vornehme Damen unterhielten hochgeschätzte literarische Salons. Die jüdischen Buchdruckereien genossen in ganz Europa einen exzellenten Ruf.

In dieser Zeit entstanden auch an der Gasse Ghetto Vecchio die zwei schönsten Synagogen Venedigs: die **Scuola Levantina** ❾ und **Scuola Spagnola** ❿. Erstere wurde in der 2. Hälfte des 17. Jh. neu erbaut. Ihre prächtig geschnitzte Kanzel schuf Andrea Brustolon. Die »spanische« bildet das größte Bethaus und verströmt, u. a. wegen der reichen Verwendung mehrfarbigen Marmors, eine spezielle Grandezza.

Im Laufe des 18. Jh. verschlechterte sich die wirtschaftliche Lage der Seerepublik und damit auch der jüdischen Gemeinde. 1737 musste sie Bankrott erklären; wenig später war ihre Einwohnerzahl von 5000 auf ein Drittel geschrumpft. Erlösung brachte erst Napoleon. Er verlieh den Bedrängten 1797 das freie Bürgerrecht und leitete die Epoche der Emanzipation ein, in der sie aktiv für die italienische Einigung kämpften und 1866 schließlich die rechtliche Gleichstellung erhielten.

Heute leben nur mehr etwas über 500 Juden in Venedig und gerade noch 15 Familien in ihrem angestammten Viertel. Ihrem Sinn für Gemeinschaft und Tradition ist zu verdanken, dass sich der einst berühmt-berüchtigte Sperrbezirk eine gewisse Eigenart bewahren konnte; dass die Bethäuser immer noch besuchte Orte des Glaubens sind; dass ein jüdisches Kindertages- und ein Altersheim, mehrere Hebraica-Läden und koschere Lokale noch bzw. wieder existieren.

Sehr reizvoll ist ein Besuch des **Jüdischen Friedhofs** von San Nicolò im Norden des Lido (Führungen s. S. 101). Im Schatten uralter Bäume können Sie die bis zu 500 Jahre alten Grabsteine alteingesessener Familien und deren Symbole wie Löwen, Kronen oder Palmwedel studieren und über die Vergänglichkeit allen Irdischen sinnieren …

Lieblingsort

Die Geheimnisse des Campo dei Mori

Gewiss, vordergründig betrachtet hat der Platz nichts Spektakuläres – keine Prachtpalazzi, kein Renommiercafé. Warum ich den Mohrenplatz dennoch bei jedem Stadtbesuch aufsuche? Sicher, weil hier das **Wohnhaus Tintorettos** ⓬ und, ganz nah, die Kirche **Madonna dell'Orto** ⓭ stehen. Da ist dann freilich noch etwas Unwägbares: Vielleicht das bodenständige Flair? Oder ist's doch auch die Präsenz der vier rätselhaften turbantragenden Mohren aus Stein? Thesen zum Hintergrund des Quartetts gibt es mehrere. Eine besagt, es handele sich um Griechen, die sich in der Nähe stolze Paläste bauten. Eine andere, es seien Symbolfiguren für den Kaufhof arabischer Händler, der sich einst hier erhob. Eine dritte hält sie für Mitglieder der maurischen Familie Mastelli, deren Palast mit dem bekannten Kamelrelief gleich um die Ecke steht. Stadtbekannt waren die vier jedenfalls, pflegten doch die Venezianer einst zu ihren Füßen anonyme Spott- und Schmähschriften zu deponieren. Warum eine der Figuren eine eiserne Nase trägt? Nun, die urspüngliche marmorne Nase brach im 19. Jh. ab und wurde ersetzt. Aber warum durch eine eiserne? Rätsel über Rätsel …

Sant'Alvise und Umgebung

Wie von Kinderhand gemalt

Aus dem Judenviertel gelangt man durch die Calle Farnese, dann nach einer scharfen Linkswendung durch die Calle degli Omesini und in gerader Linie über drei Kanäle auf den Campo di Sant'Alvise. Die gotische, im 17. Jh. umgebaute Kirche **Sant'Alvise** ⓫ beherbergt drei Gemälde G. B. Tiepolos und jene acht entzückenden, scherzhaft Kindercarpaccios genannten Bilder, die zwar nicht von Carpaccio (sondern aus dem Umfeld seines Lehrers Lazzaro Bastiani) stammen, aber tatsächlich aussehen, als hätte ein genialer Künstler sie in den Tagen seiner Kindheit gemalt.

Campo di Sant'Alvise, Mo–Sa 10.30–13.30, 14.30–17 Uhr, Eintritt 3 € bzw. mit Chorus Pass

Zum Mann mit der Eisennase

Von Sant'Alvise geht man den Weg, den man kam, retour bis zum zweiten Kanal, dem Rio della Sensa. Die gleichnamige Fondamenta führt linkerseits direkt auf den **Campo dei Mori,** den Mohrenplatz. Durch die vorherige Quergasse hat man bereits einen schönen Blick auf den kuppelbekrönten Glockenturm der Kirche Madonna dell'Orto erhascht. Aber bevor man dieses gotische Juwel besucht, gilt es noch von außen das **Wohnhaus Tintorettos** ⓬ an der Fondamenta dei Mori (Nr. 3399), in dem der Maler seine letzten Lebensjahre verbracht hat, in Augenschein zu nehmen. Außerdem sollte man auch Sior Antonio Rioba, dem berühmten steinernen Mann mit der Eisennase, deren Berührung angeblich Glück verheißt, und seinen orientalischen Kollegen Tribut zollen (s. Lieblingsort links).

Kostbarkeiten jeder Art

Die Kirche **Madonna dell'Orto** ⓭, ein Bau aus dem mittleren 14. Jh., ist eine der wenig besuchten Kostbarkeiten der Stadt. Was die Mehrheit der Touristen zu genießen versäumt, ist beträchtlich: Da ist zum einen die Fassade – mit ihren Apostelstatuen, den wunderbaren, vielfach durchbrochenen Fenstern und dem reich verzierten Portal stellt sie das wohl wichtigste Beispiel gotischer Kirchenarchitektur Venedigs dar. Dann die Sammlung erlesener Gemälde unter der flachen Holzdecke im Inneren – hier hängen neben anderen ein Cima da Conegliano (»Johannes der Täufer« im ersten Seitenaltar) sowie etliche Tintorettos (z. B. »Tempelgang Mariens«, rechts über der Sakristeitür; sowie »Jüngstes Gericht« und »Anbetung des Goldenen Kalbes«, beide im Chor). Und

ALTES KUNSTHANDWERK – HAUTNAH ERLEBEN

Carlo Semenzato ist einer der letzten Mohikaner seiner in Venedig noch vor zwei, drei Generationen weit verbreiteten Zunft. Und der einzige, der Gästen Einblicke in das kunstvolle Gewerbe des Metallgießens vermittelt. In seinem Shop in San Marco (s. S. 87) bietet er die Artefakte aus Bronze und Messing feil. In seiner Werkstatt, der **Fonderia Artistica Valese ⓮,** kann man ihn bei seinem so archaischen wie faszinierenden Hantieren mit Sandmodeln und flüssig heißem Metall beobachten. An Freitagnachmittagen führt er näher Interessierte in 2–3-stündigen Kurzkursen in die Grundfertigkeiten seines Gewerbes ein (Fondamenta Madonna dell'Orto 3535, www.valese.it, Voranmeldung für Besuche (werktags 9–16 Uhr) und Schnupperkurse unter T 041 720 234 bzw. info@valese.it, p. P. 50 €, keine Mindestteilnehmerzahl).

schließlich findet sich in der rechten Chorkapelle die letzte **Ruhestatt Tintorettos.**

Die Gegend rund um die Grabeskirche des Jacopo Robusti – so hieß Tintoretto, der Meister des Manierismus, mit bürgerlichem Namen – war in der Blütezeit Venedigs, anders als heute, ein Zentrum gesellschaftlichen Lebens. Hier tummelten sich überdurchschnittlich viele Kurtisanen, hier wohnten zahlreiche Künstler und Kaufleute. Nicht grundlos errichteten etwa die Händler gleich neben der Kirche ihre Schule, die **Scuola Santa Maria dei Mercanti.**

Kirche: Campo di Madonna dell'Orto 3512, www.madonnadellorto.org, Mo–Sa 10–17, So/Fei ab 12 Uhr, Eintritt 3 €

Östliches Cannaregio

Ein malerisches Ensemble

Am östlichen Ende der Fondamenta Madonna dell'Orto steht der **Palazzo Contarini** ⓯ (Haus Nr. 2926), in dem sich einst die Intelligenzija der Stadt zu legendären philosophischen Streitgesprächen traf und von dem aus man einen herrlichen Blick auf die zypressenbestandene Friedhofsinsel San Michele hat (s. S. 142).

Hier knickt der Weg nach Süden, um wenig später den Rio della Sensa entlang Richtung Osten zur **Scuola Vecchia dell'Abbazia** ⓰ (gleichnamige Fondamenta, Nr. 3599) zu führen. Das gotische Gebäude, eine der sechs Großen Schulen Venedigs (s. S. 288), bildet mit der gleichnamigen, bisweilen auch **Maria in Valverde** genannten Kirche ein besonders malerisches Ensemble. Der jenseits des Kanals gelegene, riesige Ziegelbau der neuen Scuola (della Misericordia), deren Obergeschoss nach dem letzten Krieg über viele Jahre als Basketballhalle herhalten musste, blieb äußerlich unvollendet. Ihre Grundkonzeption ist ein Werk Jacopo Sansovinos.

Richard Wagners Sterbeort

Der Weg folgt nun der Fondamenta della Misericordia, vorbei am **Paradiso Perduto** 8, einem besonders beliebten Szenelokal mit Livemusik, biegt an der vierten Brücke links in die Rio Terra Farsetti ab und führt quer über den bunten Gemüse-, Obst- und Fischmarkt zum Canal Grande. Wenn Beine und Magen wieder einmal nach Erholung verlangen: Auf dem nahen **Campiello dell'Anconetta** ⓱ sitzt man beim Café sehr gemütlich und von einer Schutzmantelmadonna sowie dem hl. Georg beschützt, vor der Fassade des alten, von der Universität okkupierten Teatro Italia.

Gestärkt besichtigt man (auf dem gleichnamiger Campo) Giorgio Massaris Kirche **San Marcuola** ⓲ mit ihrer unvollendeten Außenfassade sowie den vier seltsamen Altarpaaren und dem »Abendmahl« von Tintoretto. Danach delektiert man sich an der Zuckerbäckerfront des Fondaco dei Turchi (s. S. 172) am jenseitigen Ufer des Canal Grande und an dem Kontrast, den die schlichte Ziegelfassade des benachbarten Hirselagerhauses der Republik zu ihr bildet.

Über den kleinen Kanal an der Querseite des Campo gelangt man zum Hintereingang des **Palazzo Vendramin-Calergi** ⓳. In dem um 1500 von Mauro Codussi und den Brüdern Lombardo geschaffenen Prachtbau hauchte im Winter 1883 Maestro Richard Wagner sein bewegtes Leben aus.

Apotheken als In-Treffs

Nächste Station ist, gleich neben dem Hauptgehweg Richtung Markusplatz, der **Campo della Maddalena** ⓴ mit dem hübschen klassizistischen Gottes-

Eine von über 400 Brücken, über die streunend man sich lustvoll verlieren kann. Diese lässt sich leicht lokalisieren: Im Hintergrund steht die klassizistische Rundkirche La Maddalena.

haus gleichen Namens und einer pittoresken Dachlandschaft aus Giebeln und Kaminen, die ein außertourliches Hälserecken lohnt. Gleich dahinter weitet sich der Weg zum **Campo Santa Fosca** ㉑. Das Bronzedenkmal in seiner Mitte erinnert an den Mönch Pietro Sarpi, besser bekannt unter dem Namen Paolo. Auf ihn, einen äußerst vielseitigen Theologen, politischen Ratgeber und Wissenschaftler (er half u. a. Galilei bei der Konstruktion seines Fernrohrs), war 1607 an dieser Stelle ein Attentat verübt worden.

Ein kurzer Abstecher führt über die Brücke zum ruhigen, stimmungsvollen **Campo San Marziale** ㉒. In der gleichnamigen Kirche harren Deckengemälde von Sebastiano Ricci und Tizians »Tobias und der Erzengel« der Bewunderung. Auf der Strada Nova findet man rechter Hand, gegenüber der Kirche Santa Fosca, die **Farmacia Ponci** ㉓, Venedigs älteste Apotheke (Haus Nr. 2233a). Mit ihrer originalen Einrichtung aus dem 17. Jh. erinnert sie ähnlich wie die fast ebenso alte Testa d'Oro bei der Rialto-Brücke an jene längst vergangenen Zeiten, als die Apotheken noch als gesellschaftliche Treffpunkte dienten, wo man Zeitungen las, sich mit Freunden verabredete und den Theriak erstand, das legendäre Elixier aus mehr als 60 Ingredienzen, das die Venezianer über Jahrhunderte als Allheilmittel in alle Welt exportierten.

Schräg gegenüber erhebt sich der gotische **Palazzo Giovanelli** (Nr. 2292), durch dessen etwas verwahrlosten Vorgarten man in den hübschen Innenhof mit seiner schön geschwungenen achteckigen Wendeltreppe gelangt.

Ca' d'Oro 

Ein Kunstpalast vom Feinsten

Über den Rio di Noale, durch den die Wassertaxis auf ihrem Weg vom Flughafen ins Stadtzentrum brausen, und vorbei an der recht unspektakulären Kirche San Felice gelangt man zu der Querstraße, an deren Ende sich die **Ca' d'Oro** ㉔ befindet. Das ›Goldene Haus‹ gilt als schönster Profanbau der venezianischen Hochgotik. Seine dreigeschossige, asymmetrische Fassade wirkt wie aus Zucker gegossen – eine Art Stein gewordene Buranospitze, so filigran ist ihr Maßwerk ziseliert. Außerdem ist sie mit dekorativen Marmorinkrustationen versehen.

Erbaut wurde dieses ursprünglich auch noch mit vergoldeten Steinmetzarbeiten geschmückte Juwel – daher der Name – in der ersten Hälfte des 15. Jh. unter der kunsthandwerklichen Leitung lombardischer Meister, federführend mit dabei: Giovanni und Bartolomeo Bon. Im Laufe der Generationen und zahlreicher Besitzerwechsel war der Palast beinahe zur Ruine verkommen, ehe ihn Baron Giorgio Franchetti originalgetreu sanierte und 1916 mitsamt seinen Möbel- und Gemäldesammlungen der Stadt überantwortete. Diese machte ihn zehn Jahre später als **Galleria Franchetti** der Öffentlichkeit zugänglich (s. S. 109).

Nördlich des Rialto

Ein besonders charmanter Platz

Der **Campo dei Santi Apostoli** ㉕, man erreicht ihn über die breite Strada Nuova, dient seit altersher als Knotenpunkt

Im Fondaco dei Tedeschi, wo einst Händler aus Deutschland ihre Waren lagerten und verkauften, betreiben neuerdings diverse Firmen der globalen Luxusgüterindustrie Edelboutiquen.

zwischen Rialto und dem Norden der Stadt. Die gleichnamige **Kirche** mit dem eleganten, schlanken Campanile ist vor allem wegen der Kapelle Corner, einem Schmuckstück des Renaissance-Architekten Mauro Codussi, sehenswert (tgl. 8.30–19 Uhr). Die gegenüberliegende **Scuola dell'Angelo Custode** (Nr. 4448) dient seit fast 200 Jahren den Lutheranern der deutschen Gemeinde als Sitz. In dem Gebäude nebenan (Nr. 4392) wohnte Mitte des 18. Jh. der englische Konsul Joseph Smith, ein Kunstfreund, der Canaletto zu seiner ergebnisreichen Englandreise verhalf.

Rechts hinter der Brücke, an der Südseite des Campo, findet man den kleinen Hof **Corte del Leon bianco.** Sein Name weist auf die renommierte Herberge hin, die im angrenzenden Palast von Alvise da Mosto, dem Entdecker der Kapverdischen Inseln, untergebracht war, und in der 1769 inkognito der Habsburgerkönig Joseph II. logierte.

Wo Marco Polo wohnte

Dem etwas verwinkelten Straßenzug folgend, gelangt man wenig später zu der orangeroten, in ihrer Gesamtheit um 1500 von Mauro Codussi entworfenen Kirche **San Giovanni Crisostomo** 26. In deren wunderbar luftig proportionierten Inneren besonders beachtenswert sind Giovanni Bellinis hinreißender »Hl. Hieronymus« in der ersten rechten Seitenkapelle, Tullio Lombardos Altarrelief »Krönung Mariens« und Sebastiano del Piombos Hochaltarbild des Kirchenpatrons (tgl. 7.30–12, 15–19 Uhr).

Unmittelbar dahinter führt links ein Gässchen in die **Corti del Milion** 27 – zwei enge Höfe, die nach Marco Polos mittelalterlichem Bestseller über seine 24-jährige Asienreise, »Il Milione«, benannt sind. Man beachte die Torbögen mit ihrem Reliefschmuck aus dem frühen 14. Jh.! An der Stelle des 1678 fertiggestellten, zum Millennium aufwendig generalrenovierten **Teatro Malibran** 10 – es grenzt hinter den zwei Höfen an den Kanal – stand einst das Wohnhaus des legendären Kaufmannssohns und Entdeckungsreisenden (1254–1324); eine Gedenktafel zeugt davon.

Keine 100 m hinter der Crisostomo-Kirche, direkt neben der Rialto-Brücke, befindet sich der **Fondaco dei Tedeschi** 4 (Haus Nr. 5554), die legendäre ehemalige Handelsniederlassung der deutschen Kaufleute (s. Tour S. 76). Von ihm sind's ein paar Schritte nur um die Ecke, und schon steht man vor der Rialto-Brücke, an der sich seit jeher die innerstädtischen Hauptverkehrswege kreuzen.

Museen

Im ältesten Ghetto der Welt

7 **Jüdisches Museum:** siehe Tour S. 100.

Erlesene Gemälde ✪

24 **Galleria Franchetti:** Natürlich stellt allein der architektonische Rahmen eine Attraktion ersten Ranges dar. Immerhin gilt die Ca' d'Oro mit ihrer wie aus Spitze geklöppelten Fassade als Meisterstück spätmittelalterlicher Steinmetzkunst, ja als schönster Palast der venezianischen Gotik überhaupt (s. S. 108). Sein Inneres hat zwar unter mehreren radikalen Umgestaltungen im 19. Jh. gelitten, wurde aber vom letzten Besitzer, dem Kunst-Connaisseur Baron Giorgio Franchetti, mehr oder weniger wiederhergestellt. Dessen Kunstsammlung, die seit 1927 von der Stadt verwaltet wird, enthält rare Möbel und kunsthandwerkliche Objekte aus (Spät-)Gotik, Renaissance und Barock, Gobelins aus Flandern, eine einmalige Münzkollektion, vor allem aber Gemälde aus dem 15. und 16. Jh. Stärkste Besuchermagnete sind Andrea Mantegnas »Hl. Sebastian«, Vittore Car-

paccios »Verkündigung«, eine »Venus« von Tizian sowie Bilder von van Dyck und Paris Bordone. Im zweiten Stock sind jene Fragmente der Fresken von Tizian und Giorgione ausgestellt, die einst die Außenmauern des Fondaco dei Tedeschi schmückten. Nicht versäumen sollten Sie die Aussicht von der Loggia über den Canal Grande auf die Pescheria.

Calle di Ca' d'Oro 3932, T 041 520 03 45, www.cadoro.org, Linea 1 Stazione Ca' d'Oro, Di–So 10–19 Uhr, Eintritt 13 €

Die Zukunft anpacken

28 European Cultural Centre: Diese 2002 von dem Holländer Rene Rietmeyer gegründete Einrichtung widmet sich dem internationalen Kulturaustausch, indem sie Ausstellungen zu Kunst und Architektur, Symposien und vielerlei andere Aktivitäten organisiert. Ihr italienischer Zweig betreibt in Venedig drei Zentren – im Palazzo Bembo (San Marco, Riva del Carbon 4793), im Palazzo Michiel (Cannaregio, Streada Nuova 4391) und hier, im Palazzo Mora. Dank des bunten Strauß inspirierender Aktivitäten lohnen sowohl eine Visite vor Ort wie auch ein Blick auf die Website mit ihren virtuellen Touren.

Strada Nuova 3659, T 034 08 20 58 11 oder 034 67 60 33 86, aktuelle Infos zu Events und Öffnungszeiten unter www.ecc-italy.eu, Linea 1, Stazione Ca' d'Oro

Essen

Unkompliziert, aber gut

1 Ai Promessi Sposi: Hinter dem Tresen dieser angenehm unprätentiösen Osteria wartet ein reiches Häppchen-Sortiment. Doch bekommt man auf den massiven Holztischen auch ein handfestes Mittags- oder Abendmahl serviert – typisch venetische Hausmannskost: vom Muschelsalat oder Räucherspeck und originellen Paste bis zum fangfrischen Grillfisch oder Fritto misto.

Calle dell'Oca 4367, T 041 241 27 47, Linea 1, Stazione Ca' d'Oro, Di–So 11.30–14, 18.30–22.15 Uhr, Mo nur abends, €€

Fast schon klassisch

2 Vini da Gigio: Überaus gemütliche, familienbetriebene Trattoria, in der auf Basis saisonal frischer Ingredienzien exzellent aufgetischt wird; *piatti tipici* aus dem Meer (Fisch und Muschelgerichte) ebenso wie vom Rind (Ossobuco!) und Wild. Ein Pluspunkt: die hervorragend sortierte Weinkarte.

Fondamenta San Felice 3628, T 041 528 51 40, www.vinidagigio.com, Linea 1, Stazione Ca' d'Oro, Mi–So 12–14.30, 19–22.30 Uhr, €€€

Kunsthandwerk am Herd

3 Bacanera: Das Kreativteam rund um Paolo Risica, den Gründer dieser Hostaria, kredenzt eine kleine, doch höchstfeine Selektion innovativer Speisen. Die Wurzeln seiner Kochkunst reichen tief in lagunare Traditionen, mit Ausflügen nach Übersee, insbesondere Fernost auf den Tellern ist zu rechnen. Das Ergebnis: anregende Geschmacksfeuerwerke auf der Zunge, genossen in schick-elegantem Ambiente.

Campiello de la Cason 4506, T 041 260 1146, www.bacanera.it, Linee 1, 2, Stazione Rialto, Mi/Do 19–22, Fr–So 12–14, 19–22 Uhr, €€–€€€

Authentisch nach alten Rezepten

4 Antica Mola: »Mangia e bevi che la vita 'xe un lampo« (Esse und trinke, denn das Leben ist ein Blitz): Nach diesem der Speisekarte vorangestellten Motto kredenzt man in dieser so gemütlichen wie preiswerten Trattoria gleich hinter dem Ghetto *cucina tipica veneziana* – von *sarde in saour* oder Crostini über Risotto und *pasta e fagioli* bis zu *baccalà mantecato* oder *fritto misto di mare*.

Fondamenta Ormesini 2800, T 041 71 74 92, Linee 4.1/2., 5.1/2, Stazione Guglie, Mo–Fr 11–16, 17.30–24, Sa/So 11–24 Uhr, €€

Rustikal, aber köstlich

5 Storica: Das Ambiente dieser Trattoria ist geradezu auffallend unauffällig. Höchstens die naive Malerei an den Wänden ist eine Erwähnung wert. Umso löblicher, was auf den Tisch kommt: tadellose Gerichte nach typisch venezianischen Rezepturen, schwarze Spaghetti z. B. oder solche mit kleinen Tintenfischen und Auberginen, überhaupt frische Fische diverser Art. Und all dies zu wohltuend moderaten Preisen. Eine spezielle Empfehlung!

Salizada Seriman 4858, Ponte dei Gesuiti, T 041 528 52 66, www.trattoriastorica.it, Linee 12, 13, 22, 4.1/2, 5.1/2, Stazione Fondamenta Nuove, Mo–Sa 12–14.30, 19–22.30 Uhr, €–€€

Seit über 100 Jahren im Trend

6 Ca' d'Oro Alla Vedova: Bei der ›Witwe‹ verkehren hauptsächlich Einheimische, die Wert auf gediegene Küche legen. Vielerlei Arten von Fisch, Fleisch, Gemüse, Paste. Leckermäuler sollten unbedingt *bussolai* und/oder *zibibbo* probieren! Eine andere Spezialität dieses seit über 100 Jahren von einer Familie betriebenen Bilderbuch-Bacaro sind *polpette,* knusprige, am besten mit einem Gläschen Weißwein hinunterzuspülende Fleischbällchen vom Schwein.

Ramo Ca' d'Oro 3912, T 041 528 53 24, Linea 1, Stazione, Ca' d'Oro, Fr–Mi 11.30–14.30, 18.30–22.30 Uhr, €€

Mit arabischem Touch

7 Diana: Die Küche dieses sehr gemütlichen Ristorante trägt deutlich schmeckbar die Handschrift der sehr aufmerksamen Betreiber aus Nahost. Spezialisiert ist man auf Fisch- und Fleischgerichte; daneben stehen mehr als 20 verschiedene Paste und auch allerlei Vegetarisches zur Wahl. Riesenportionen! Tische am Kanal.

Fondamenta della Misericordia 2519, Ecke Calle de le Pignete, T 339 867 51 58, Linee 4.1/2, 5.1/2, Stazione Madonna dell'Orto, tgl. 12–23 Uhr, €€

Tafelfreuden am Kanalufer

8 Da Rioba: Gutes Mittelklasse-Restaurant mit variantenreicher Karte, ansprechendes Angebot an in Eigenregie fabrizierter Paste, *secondi* (Fisch, Fleisch) sowie *dolce.* Was den Appetit zusätzlich anregt: das behagliche Ambiente mit Ziegelwänden, Holzbalkendecken sowie Fotos und Gemälden lokaler Künstler. Tische mit 35 Plätzen auch am breiten Trottoir.

Fondamenta della Misericordia 2553, T 041 524 43 79, www.darioba.com, Linee 1, 2, Stazione S. Marcuola, Di–So 12.30–14.30, 19.30–22.30 Uhr, €€

Koffein-Tankstelle

9 Caffetteria Goppion: Idealer Rastplatz am Fußweg vom Bahnhof Richtung San Marco oder vom Vaporetto zum Ghetto. Zehn Sorten von Goppion-Kaffee, dazu leckere *dolci* und *panini* (Sandwiches) *con prosciutto,* auch hier stehen Tische vor der Tür.

Calle del Pistor 1903, T 041 71 42 32, Linee 1, 2, Stazione S. Marcuola, Do–Di 7–21 Uhr, Snacks, €

Unkonventionell

10 L'Orto dei Mori: Lorenzo Cipolla, der aus Sizilien stammende Chef, hat für seine für hiesige Verhältnisse ungewöhnlich modern gestylte Osteria ganz bewusst eine Location abseits des Touristentrubels gewählt. Und er schwört, so sein via Website verkündetes Credo, auf eine simple, Traditionen verpflichtete und auf Produkten allerfeinster Qualität basierende Küche. Das Ergebnis: eine Speisekarte, auf der venezianische und mediterrane Rezepte kreative Hochzeit feiern, mit viel Fisch, aber auch Lamm, Ente, Leber und variantenreichen Salaten. Ein süßes, auf der Zunge zerschmelzendes Gedicht zum Abschluss erwünscht? Probieren sie Lorenzos Schokomousse oder das Pistazieneis! Am schönsten im Sommer an einem Tisch draußen bei Kerzenlicht.

Campo dei Mori 3386, T 041 524 36 77, www.osteriaortodeimori.com, Linee 4.1/2, 5.1/2, Stazione Madonna dell'Orto, Do–Mo 12.30–14.30, 19–24 Uhr, €€

Ortstypisch schlemmen

11 **Al Bacco:** Diese Osteria muss man schon kennen oder speziell empfohlen bekommen. Einfach mal so stolpert man hier draußen, nordwestlich des Ghetto, nahe der Mündung des Rio di San Girolamo in die Lagune, kaum in sie. Doch die Extra-Schritte an den äußersten Rand des Bezirks lohnen. Immerhin handelt es sich um eine der ältesten Osterien der Stadt. Im Sommer unter Weinlauben im Garten, im Winter in der behaglichen, holzgetäfelten Stube labt man sich bevorzugt an famosem Meeresgetier – pechschwarzen Spaghetti mit Tintenfisch z. B., Muscheln oder gegrilltem Seebarsch. Aber Achtung: Ist der Wirt gut gelaunt, kann es passieren, dass er Gäste vom Sessel zieht und zu wilder Tangomusik durch das Lokal wirbelt.

Fondamente Capuzine 3054, T 041 525 60 93, Linee 4.1/2, 5.1/2, Stazione Guglie, Mi–Mo 10–15, 18–22.30 Uhr, €€

Fundgrube für Fischfreunde

12 **La Cantina:** Eine der Topadressen für Meeresgetier, dazu *cicchetti,* kreativ komponiert etwa mit Austern, Spargel oder Wachteleiern, vorzügliche Weine. Ein gutes Zeichen: Mehrheitlich tummeln sich in der »Kantine« einheimische Connaisseure.

Campo San Felice 3689, T 041 779 52 91, Linea 1, Stazione Ca' d'Oro, tgl. 8.30–24 Uhr, Tagesgerichte und gemischte Fischplatte, €€–€€€

Putziges Ecklokal

13 **Alla Fontana:** Die schmackhaften Häppchen und Weine laden zum Reinschauen und Probieren und sind vor allem bei Einheimischen populär. Wer mehr Zeit hat, kann sich an hervorragenden Hauptspeisen gütlich tun. Im Sommer Tische draußen am Kanal.

Fondamenta di Cannaregio 1102, T 041 71 50 77, Linee 4.1/2, 5.1/2, Stazione Guglie, tgl. 11.30–23.45 Uhr, €€

Refugium für Leib und Seele

14 **Sullaluna:** Natürlich kann man dieses Lokal auch aufsuchen, um in den Büchern, die man hier feilbietet, zu schmökern. Doch die sind erstens allesamt auf Italienisch und zudem mehrheitlich für Kinder. Der Hauptgrund für die Einkehr in diesem wunderbar nach Kaffee und Backwaren duftenden Bistro ist vielmehr ein kulinarischer: Francesca, die gute Fee des Hauses, zaubert köstliche vegetarische/vegane Snacks (z. B. Hummus und Käseplatte). Auch ihren Kuchen und Keksen ist kaum zu widerstehen. Dazu kredenzt sie feine Weine, Bio-Fruchtsäfte und einen organischen Prosecco namens Lunatico. Ein herzerwärmender Ort zum Atemholen.

Fondamenta Misericordia 2535, T 041 72 29 24, www.sullalunavenezia.it, Linee 4.1, 4.2, 5.1, 5.2, Stazione Madonna dell'Orto, Mi–Mo 9–22 Uhr, €

Süffeln und Schlemmen

15 **Risorto:** Mehr als beachtliche Auswahl an Weinen, Bieren, Soft und Long Drinks, dazu delikate Cicchetti, Panini und Insalate in einladend-geselligem Rahmen.

Campo drio la Chiesa 4467, T 041 458 81 76, Linee 1, 2, Stazione Rialto oder Ca'd'Oro, Di–So 10.30–24 Uhr, €–€€

Koscher schmausen

16 – 17: siehe Tour S. 100.

Einkaufen

Süßes als Take away

1 **Pasticceria DalMas:** Idealer Stopp für Schleckermäuler: Bäckerei mit venezianischem Gebäck, Schokolade und Pralinen, eigene Herstellung, in Bahnhofsnähe.

Cannaregios Kanäle sind gespickt mit schicken Osterien und Bars. Diese heißt Timon und ist bei der örtlichen Jugend zurzeit besonders populär.

Lista di Spagna 149–150a, T 041 71 51 01, www.dalmaspasticceria.it, Linee 1, 2, 3 u. a., Stazione Ferrovia, Mo–Fr ab 6.30, So ab 7 bis jew. 19.30 Uhr

Paradies für Teigwaren

2 **Giacomo Rizzo:** Täglich außer sonntags frisch zum Mitnehmen – Cannoli, Linguine, Gnocchi, Ravioli, Agnolotti, Tagliatelle, Tortelloni etc. mit dutzenderlei Füllungen, von Artischoken- bis Heidelbeer- und Schokoladenaroma; und alles streng biologisch, teils gar makrobiotisch hergestellt.

Salizzada San Giovanni Crisostomo 5778, T 041 522 28 24, Linee 1, 2, Stazione Rialto, Mo–Sa 9–13, 15.30–19.30 Uhr

Verkleiden nach Lust & Laune

3 **Atelier Nicolao:** Auf der Suche nach einem historischen Kostüm? In dieser über 1000 m^2 großen Werkstatt werden Sie garantiert fündig. Seit mehr als 40 Jahren schneidern hier Profis – auch im Auftrag internationaler Film- und Festausstatter – Gewänder für sie und ihn aus allen erdenklichen Epochen, von Mittelalter bis in die 1950er-Jahre, von Renaissance bis Fantasy. Dazu gibt's (wahlweise auch im Online-Shop) passende Schuhe und Strümpfe, Hüte, Halskrausen und Perücken. Ab 10 Personen werden Betriebsführungen angeboten, ab 15 Personen ist zudem die Durchführung von Kurzworkshops möglich.

Fondamenta Misericordia 2590, T 041 520 70 51, www.nicolao.com, Linee 1, 2, Stazione S. Marcuola, Mo–Fr 9–13, 14–18 Uhr

Venedigs KaDeWe

4 **Fondaco dei Tedeschi:** Die einstige Niederlassung der deutschen Händler-

Während der Vogalonga, der Volksregatta, steht die Stadt vor Begeisterung Kopf. Die Route verläuft auch durch Cannaregio. Teilnehmer in spe können sich z. B. bei Brussa Is Boat ein Boot leihen.

gemeinde, im frühen 16. Jh. errichtet, wurde nach jahrzehntelanger Nutzung als Hauptpostamt mit riesigem Aufwand in ein Edelkaufhaus verwandelt. Mit Boutiquen vertreten sind, von Fendi und Gucci bis Swarovski & Co, viele der üblichen Global Player der Luxusmode- und Accessoiresbranche. Die Preise sind entsprechend exorbitant. Auch die Bar im Erdgeschoss ist nicht billig, ein Espresso dort dennoch zu empfehlen, um die wirklich spektakuläre Architektur in Ruhe auf sich wirken zu lassen. Wunderschön ist auch die Aussicht von der Dachterrasse, deren Besuch nichts kostet, aber wegen des Andrangs auf 15 Minuten beschränkt ist und einer Vorab-Anmeldung via Internet bedarf.

Calle del Fontego del Tedeschi, T 041 314 20 00, www.dfs.com/en/venice, Linee 1, 2, Stazione Rialto, tgl. 10.30–20 Uhr

Bewegen

Schwimmen

1 Piscina Sant'Alvise: In der Mittagshitze oder an Regentagen auf zwei, drei Stunden ins Hallenbad – warum nicht? Das moderne 25-m-Becken in dem historischen Ziegelgemäuer ermöglicht es, ernsthaft Längen zu ziehen. Der Blick fällt dabei durch Panoramafenster auf den Parco di Villa Groggia mit seinem historischen Amphitheater. Da man regelmäßig Kurse für Schulen und Senioren abhält, lohnt ein Blick auf den Stundenplan der Website, ehe man die Schwimmbrille überzieht.

Calle del Capitello 3163, T 041 524 05 38, www.piscinasantalvise.it, Linee 4.1/2, 5.1/2, Stazione Sant'Alvise, Mo–Do 8.30–20, Fr 8.30–18.30 Uhr

Paddelnd durch die Stadt

2 **BV Kayak:** Mit dem Ein-Mann-Boot durch die Altstadt zu paddeln, verspricht – feuchten – Spaß für Jung und Alt. Im Rahmen geführter Kajakfahrten erkunden Sie, wahlweise tagsüber oder spätabends, das Kanal-Labyrinth. Im Preis für die jeweils zweistündigen Touren sind eine kurze Instruktion, wasserdichte Tasche und Sicherheitsjacke plus Versicherung inkludiert. Im Büro wartet danach eine warme Dusche. Nach Schwierigkeitsgraden gestaffelt stehen drei Routen zur Auswahl.

Calle Turlona 2866, T 0344 264 90 55, Linee 4.1/2., 5.1/2, Stazione Guglie oder Sant'Alvise, Touren sind tgl. zwischen 10 und 21 Uhr möglich, ab 60 € p. P.

Sein eigener Kapitän sein

3 **Brussa Is Boat:** Ob eine Topetta, das typische Flachboot mit Außenborder zum Selbststeuern (ohne Führerschein), oder ein Bragozzo, ein von einem Profi gelenkter Frachtkahn für bis zu 10 Personen – bei Giampietro Brussa kann man seit über 40 Jahren unkompliziert sein eigenes, bestens gewartetes Boot mieten. Gäste von auswärts freilich dürfen nur noch hinaus auf die offene Lagune und zu den Inseln fahren. Auf innerstädtischen Kanälen lässt die kommunale Behörde per Gesetz nur Einheimische mit Privatgefährten schippern.

Fondamenta Labia 331, T 041 715 787, www.brussaisboat.it, Linee 4.1/2., 5.1/2, Stazione Guglie oder Sant'Alvise; Büroöffnungszeiten: Mo–Fr 7.30–18, Sa 7.30–12.30 Uhr, April–Okt. auch So vormittags, Topetta: 35 €/Std., 160 €/Tag, Bragozzo: Tarife auf Anfrage

Ausgehen

Anregender Stilmix

1 **Santa Lucia:** Dieser Zwitter aus Bàcaro und Irish Pub ist vor allem bei der Jugend sehr beliebt. Vis-à-vis des Palaz-

LUST AUF EINEN KREATIV-WORKSHOP?

In erster Linie stellt Arianna Sautariello in ihrem Atelier **Plum Plum Creations** 4 selbst Postkarten und Lesezeichen, Radierungen, Aquarelle, Kupferstiche und Linolschnitte her, um sie anschließend als qualitätvolle Souvenirs zu verkaufen. Doch zeigt sie Interessenten im Rahmen von Kursen auch gerne, wie man's macht – vom Zeichnen des Entwurfs auf Papier über das Gravieren des Negativmotivs in die Zink- oder Kupferplatte bis zum eigentlichen Printvorgang. Zur Auswahl stehen 4-, 8-, 16- und 30-stündige Kurse, die Teilnahmegebühr beträgt inkl. Material 70–330 € (Fondamenta dei Ormesini 2681, T 041 476 54 04, www.plumplumcreations.com, Linee 1, 2, Stazione S. Marcuola, Mo–Sa 10–13, 17–20 Uhr, Termine nach Vereinbarung).

Oder wollen Sie, unter kundiger Anleitung, einmal Seriegrafien kreieren? Dann sollten Sie bei **Fallani Venezia** 5 einen Workshop buchen. Die Erben des in Venedigs Kunstszene legendären Laborgründers Fiorenzo Fallani hüten ein Archiv mit über 1000 hochkarätigen Werken von rund 200 in- und ausländischen Künstlern aus mehr als 50 Jahren. Einstündige Schnupperkurse sind ebenso im Angebot wie Ganztages-Workshops für Fortgeschrittene (Calle Lunga Santa Caterina 5001A, T 0335 585 16 89, www.fallanivenezia.com, Linee 12, 13, 22, 4.1/2, 5.1/2, Stazione Fondamente Nove, Reserv.: info@fallanivenezia.com, ab 40 € p. P.).

zos der RAI gelegen, empfiehlt sich das Lokal insbesondere für An- und Abreisende, sind es doch von hier zu Fuß keine fünf Minuten zum Bahnhof. Open-Air-Tische am malerischen Campo San Geremia.

Lista di Spagna 282b, T 041 524 28 80, Linee 4.1/2, 5.1/2, Stazione Guglie, tgl. 7–2 Uhr

Gemütliches Hideaway

2 Puppa: Diese schlichte, aber sympathisch privatime Bar, die sich im äußersten Osten Cannaregios in einem Seitengässchen versteckt, ist aus guten Gründen rasch zu einem In-Treff für Einheimische geworden. Eigner Masoud stammt aus Bangladesh und hat sich mit seinen Cocktails (speziell dem first-class Spritz!) einen hervorragenden Ruf ermixt. Ebenfalls gute Gründe zur Einkehr sind seine Hamburger, Gemüse-Samosas, *cicchetti* und die Kleinkunst an den Wänden.

Calle del Spezier 4800, T 041 541 04 10, Linee 4.1/2, 5.1/2., u. a. Stazione Fondamente Nove, tgl. 9–23 Uhr

RIEN NE VA PLUS

R

Auch in Venedig kann, wer möchte, sein Glück versuchen: Im **Casino,** das direkt am Canal Grande, im **Palazzo Vendramin-Calergi 19,** beheimatet ist, sind ganzjährig täglich im Angebot: French & Fair Roulette, Baccara, Black Jack, Trente-Quarante, Karibisches Poker, diverse Automaten (Eintritt 5 €). Das Spiel ist mit einem Mindesteinsatz von 10 € ziemlich billig. Diversen Spielen nach amerikanischem Stil kann man auch in einer Zweigstelle unmittelbar neben dem Marco-Polo-Flughafen, in der Ca' Noghera, frönen (Haupthaus am Canal Grande: Calle Larga Vendramin 2040, Linee 1, 2, Stazione San Marcuola, Ca' Noghera: Tessera, Via Paliaga 4/8, beide: ganzjährig tgl. außer 24./25. Dez. geöffnet, Tische von 15.30 (Ca'Noghera) bzw. 19.30 (Vendramin), Slots von 11 bzw. 17 bis jeweils 2.45 Uhr, an Sa und Vorabenden von Fei bis 3.15 Uhr, nähere Informationen unter www.casinovenezia.it).

Lässig-schicke Bar

3 Al Parlamento: Entspannter, studentisch angehauchter Treff mit auffallend freundlichen Kellnern, zeitgemäß geradliniges Ambiente mit viel Holz und nautischem Touch in Form eines Plafonds aus Schiffstauen; feine Auswahl an *panini, tramezzini, polpette, pizze,* Bieren und anderen Drinks. Stimmungsvoller Außenbereich am Kai des Cannaregio-Kanals unweit der Tre-Archi-Brücke. Ein Hit: der Sonntagsbrunch mit smoother Musik und manchmal Livekonzerten.

Fondamenta Savorgnan 511, T 041 244 02 14, www.alparlamento.it, Linee 4.1/2., Stazione Crea, tgl. 7.30–1.30 Uhr

Stimmiger Rastplatz

4 10 Metri Quadrati (MQ 10): Dieser noch relativ junge Zugang der venezianischen Bar-Szene gilt bereits als einer der heißesten Hotspots von Cannaregio. Das moderatpreisige, in minimalistischem Weiß mit Ziegelmauer gehaltene Lokal lockt Touristen und Einheimische gleichermaßen. Hauptgründe: der feine Spritz, die originellen Cocktail-Kreationen, dazu die schmackhafte Kulinarik Marke Paste, Risotti, Sandwiches etc. und im Sommer die sonnenbeschienenen Tische draußen am Kanal.

Fondamenta Cannaregio 1020, T 041 713 241, Linee 4.1/2, 5.1/2, Stazione Guglie, tgl. 7–1 Uhr

Ein Hauch von Jazzclub

5 El Sbarlefo: Ein bisschen erinnert diese Bar mit ihrem schnörkellos-schmucken Design an einen New Yorker Club. Immerhin finden auch hier an Freitag- und Samstag-Abenden regelmäßig jazzige, bluesige und rockige Live Gigs statt. Das Inhaberpaar Alessandro und Andrea sorgt, neben entspannter Stimmung, auch für eine breit gefächerte Auswahl feiner Weine, Süßigkeiten und pikanter Snacks. Ein Schwerpunkt bei Letzteren gilt traditionsbewusst Schuppengetier. Probieren sollten Sie u. a. *sarde in saor*, den Räucherhering mit Polenta, das Stockfischpüree *(baccalà mantecato)* oder das Carpaccio vom Schwert- und Thunfisch.

Salizzada del Pistor 4556c, T 041 524 66 50, www.elsbarlefo.it, tgl. 10–23 Uhr, Linea 1, Stazione Ca'd'Oro (Ableger in Dorsoduro, Calle San Pantalon 3757, gleich hinter der Kirche San Pantalon, tgl. 7–24 Uhr)

Mekka für Bierfans

6 **Il Santo Bevitore:** Im »heiligen Trinker« können Freunde außergewöhnlicher Gerstensäfte, einen Katzensprung nur von der viel begangenen Strada Nova entfernt, regelrechte Hochämter des Biergenusses zelebrieren. Von Klassikern aus Belgien wie Kwak, Chimay oder Blanche de Namur über Londoner *pale ale* bis zu orginellen Craft-Bieren in- und ausländischer Provenienz reicht die Palette. Dazu gibt's kulinarische Köstlichkeiten aus dem Hinterland und immer wieder auch Livekonzerte sowie Verkostungen von Bieren aus Mikro-Brauereien.

Campo Santa Fosca, Fodamenta Diedo Vendramin 2393a, T 041 717 560, www.ilsantobevitorepub.com, Linee 1 bzw. 2, Stazione Ca' d'Oro bzw. S. Marcuola, Mo–Sa tgl. 16–2 Uhr

Ankerplatz für Nachtschwärmer

7 **Timon:** Schicke Bar mit sehr guten Weinen, vielfältigem Sortiment belegter Brötchen sowie – vor allem auch! – tollen Steaks; hier fühlt sich jugendliches Publikum bei smoother Musik wohl.

Fondamenta degli Ormesini 2754, T 041 524 60 66, Linee 1, 2, Stazione S. Marcuola, tgl. 17–1 Uhr

An der Wiege der Lokalszene

8 **Paradiso Perduto:** Nach wie vor, wie seit Jahrzehnten schon, einer der populärsten In-Treffs für junge und jung gebliebene Nachteulen, und in der Regel entsprechend rammel- und stimmungsvoll. Küche: tadellos und klassisch venezianisch, von Cicchetti bis feine Paste, Seafood und gebratene Leber. Spezialtipp: der Vorspeisenteller für zwei Personen. Zusatzplus: die häufige, meist jazzige Livemusik.

Fondamenta della Misericordia 2540, T 041 72 05 81, https://ilparadisoperduto.wordpress.com (mit aktuellem Programm), Linee 4.1/2, 5.1/2, Stazione Madonna dell'Orto, Do–Mo 10–23 Uhr

Treff für Bier- und Sportfans

9 **Irish Pub Venezia:** Willkommen auf der Grünen Insel! Als Pionier und bis heute Platzhirsch unter den irischen Lokalen der Stadt, offeriert dieser Pub neben echten Ales und Guinness auf einem Megaschirm Liveübetragungen von Golf, Tennis, Rugby und Champion's-League-Matches.

Corte dei Pali 3847, T 041 639 66 92, Linea 1, Stazione Ca' d'Oro, tgl. 10–2 Uhr

Der kleine Bruder des Fenice

10 **Teatro Malibran:** 1677 eröffnet und 1835 nach der französischen Sängerin Maria Malibran benannt – sie gilt als erste Diva der Operngeschichte –, bietet diese Traditionsbühne heute, nach ihrer glanzvollen Wiedereröffnung im Jahr 2001, neben italienischem Sprechtheater bisweilen auch qualitätvolle Konzerte und Opern.

Campiello del Teatro 5873, San Giovanni Crisostomo, Infos & Karten: T 041 965 19 75 bzw. T 041 78 65 11, www.teatrolafenice.it, Linee 1, 2, Stazione Rialto

Zugabe

Die Magie der Farben

Der Glashersteller Orsoni

Jahrhundertelang war die Herstellung von Smalten – durch Schmelzen erzeugtem Mosaikglas – europaweit ein Privileg venezianischer Glasmacher und galt als hohe Kunst. Heute ist die 1888 gegründete Firma Orsoni das letzte in der Altstadt noch einschlägig aktive Unternehmen. Ihr Magazin ist der Traum jedes Farbenthusiasten, reihen sich doch in den Regalen, fein säuberlich nach Nuancen sortiert und nummeriert, bis unter die Decke Platten mit mehr als 3500 verschiedenen Glasurtönen.

Der im Westen Cannaregios beheimatete Betrieb offeriert in seinen Räumen 3-, 7- und 14-tägige Mosaizierkurse. Seine Fachkräfte stehen Teilnehmern beim Experimentieren mit den vielfältigen Farbschattierungen (darunter allein mehr als drei Dutzend von 24-Karat-Blattgold), beim Schneiden des Glases und am Schmelzofen mit Rat und Tat zur Seite. Ebenfalls im Angebot: Spezialkurse für Mikro- bzw. Porträtmosaike, inkl. Fachführungen im Markusdom und der Kathedrale von Torcello (Infos: www.orsoni.com; Besichtigung bei freiem Eintritt jeden ersten und letzten Mi im Monat). ■

O2230
O2240
O2250
O2260
O2040
O2050
MADE IN ITALY

Castello

Kirchen, Museen und Bruderschaftshäuser — das ehemalige Armenviertel der Werftarbeiter ist reich an weltberühmten Kunstschätzen. Stimmungsvolle Plätze und Grünflächen bieten Gelegenheit zum Durchatmen.

Seite 132

Das Biennale-Gelände

Auf einem Bummel über das Biennale-Gelände begegnet man einer Vielzahl wegweisender Beispiele moderner Architektur. Und zwischendurch lässt sich's in den schattigen Giardini angenehm chillen.

Seite 134

Scuola Grande San Giorgio

Carpaccios Gemäldezyklus in der Bruderschaftsschule der Dalmatiner gehört mit ihren Szenen aus dem Leben der hll. Georg, Trifon und Hieronymus zu den großen Kunstschätzen der Stadt.

In diesem Sestiere lebte und arbeitete übrigens Tizian!

Seite 137

Santi Giovanni e Paolo

Der imposante Backsteinbau bietet mit über zwei Dutzend Dogengräbern eine Leistungsschau venezianischer Bildhauerei. Und gleich davor lockt der stimmungsvolle Campo Zanipolo zu einer Pause.

Seite 141

Pinacoteca Querini-Stampalia

Die entzückenden Alltagsszenen auf den Gemälden von Gabriele Bella illustrieren, wie die Venezianer vor 250 Jahren lebten und Feste feierten.

Seite 142

Ausflug nach San Michele

Der besinnliche Spaziergang über die ca. 1 km nördlich gelegene Friedhofsinsel führt zu den Gräbern prominenter Künstler und in Venedigs älteste Renaissancekirche.

Seite 145

Schifffahrtsmuseum

Auf die Spuren der 1000-jährigen Seefahrtsgeschichte der Markusrepublik führt das mit fantastischen Modellen so überreich bestückte Museo Storico Navale.

Seite 149

Ai Crociferi

Auf diesen erfrischenden Mix aus Frühstückslokal, Veggie-Restaurant und Bacaro-Bar hat Venedig lange gewartet.

Seite 152

Ca' del Sol

Hier können Sie Ihre Karnevalsmaske selbst herstellen – im Rahmen ein- oder mehrtägiger Atelierkurse.

Seite 154

Arsenal

Hier befand sich nicht nur Europas erste Fließbandfabrik, sondern über Jahrhunderte ein Machtzentrum der Seerepublik.

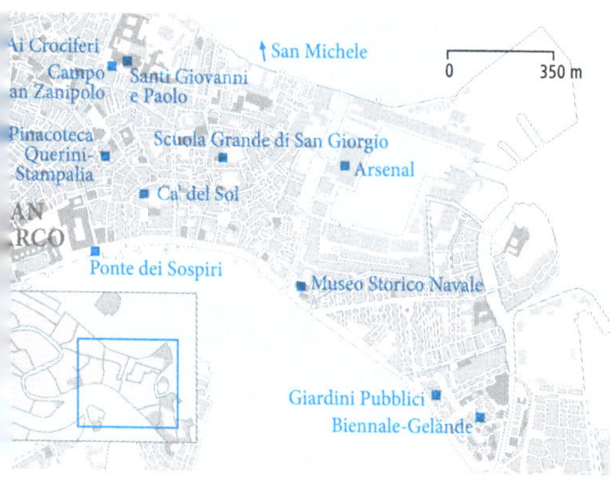

Die Häftlinge hatten allen Grund zum Seufzen, wenn sie über die Ponte dei Sospiri in den Kerker gingen.

»Alle paar Tage ging ich zur Biennale und nahm meine Hunde mit. In einem Restaurant dort wurden sie immer besonders nett behandelt und mit Eiscreme traktiert.« (P. Guggenheim)

Durch die östliche Altstadt

Ein schöneres Panorama lässt sich kaum denken: Flaniert man vom Molo vor dem Dogenpalast die Riva degli Schiavoni entlang bis zum Arsenal, nimmt man Schritt um Schritt, über einen Kilometer weit, den Quai-Fassaden und diversen Luxushotels die Parade ab. Dabei leuchtet von der Insel vis-à-vis Palladios bestechend harmonischer Klosterkirchen-Komplex San Giorgio Maggiore herüber. Danach steht in Form der Giardini ein Stück grünes Venedig (und zu Zeiten der Biennale eine volle Ladung moderner Kunst) auf dem Programm, ehe man auf mäandrierenden Wegen in weitem Bogen durch das ehemalige Arbeiterviertel der *arsenalotti* Richtung Nordwesten zurückwandert.

Castello, Venedigs größtes Stadtsechstel, kennzeichnet eine große Vielfalt. Im Westen, nahe der Piazza, von hoher Noblesse, wird es nach Osten zu immer volkstümlicher, auch ärmlicher. Rund um das Arsenal, dieses einst so geheimnisumwitterte Herz der mächtigen Seehändlernation, in das Normalsterbliche immer noch nur sehr beschränkt Zutritt haben, erstreckt sich das winkelige Wohngebiet der ehemaligen Werftarbeiter. Auch in den Gassen beiderseits der breiten Via Garibaldi und auf der östlich angrenzenden Insel Sant'Elena nimmt der Alltag seinen sympathisch ungekünstelten Gang; trifft man auf eine Welt der kleinen Kneipen, Läden und Werkstätten, auf Kinder, die unter aufgespannten Wäscheleinen Ball und Fangen spielen.

Hochkarätige Kunst wartet erst wieder auf dem Rückweg Richtung Stadtmitte – in Form berühmter Kirchen zum Beispiel wie San Zanipolo, Santa Maria dei Miracoli oder Il Gesuiti, mit den Bruderschaftshäusern der Griechen und Dalmatiner, dem Reiterdenkmal Colleonis und dem Palazzo Querini-Stampalia mit seiner charmanten Pinakothek.

O

ORIENTIERUNG

Reisekarte: F–L 2–7
Cityplan: S. 127
Startpunkt: Der Rundgang beginnt vor dem Markusplatz und führt in einer weiten Schleife bis in den ›fernen Osten‹ der Altstadt. Wem der ca. 8 km lange Fußweg zu lang ist, kann die entlegenen Gebiete (Via Garibaldi, San Pietro und die Giardini) von San Marco aus im Vaporetto anreisend erkunden. Für die gesamte Route sollten Sie ohne Besichtigungen einen halben Tag einplanen.

Castello

Piazzetta

Die **Piazzetta** ❶, der längliche Platz zwischen Biblioteca Marciana und Dogenpalast, eignet sich bestens als Ausgangspunkt für eine Entdeckungstour durch Castello, den östlichsten der sechs Stadtbezirke. Bevor man sich aufmacht, Venedigs finstere Seiten zu entdecken (der Weg führt immerhin in die Verliese des Staatsgefängnisses, vor die Tore einer geheimnisumwitterten Schiffsfabrik und Waffenschmiede sowie in die Gegend der Sarg- und Grabsteinmacher), kann man erst einmal den schützenden Segen von Sankt Theodor und Markus einholen, den Stadtpatronen Venedigs, die von den beiden **Säulen** auf der Piazzetta herabgrüßen.

Ein Krokodil und ein Löwe

Theodor, mit Schild und Lanze ausstaffiert und in Begleitung eines rätselhaften Krokodils, war vor seiner Ablösung durch Markus der Hauptheilige der Stadt. Seine Biografie ist ebenso ungewiss wie die wirkliche Herkunft der angeblich als Kriegsbeute aus Rom mitgebrachten Marmorstatue. Der geflügelte Bronzelöwe mit den Achataugen, dessen Beine auf dem Weg nach Paris, wohin ihn Napoleon für 18 Jahre entführte, lädiert wurden, war vor seiner Umwidmung angeblich eine assyrische Chimäre. Die zwei monolithischen Säulen, auf denen die Figuren stehen, haben die Venezianer im frühen 12. Jh. in Syrien gestohlen. Der Baumeister Niccolò Barattieri, dem 1172 das Kunststück gelang, sie aufzurichten (wobei eine dritte Säule beim Entladen des Schiffes im Wasser versunken sein und bis heute dort liegen soll), erhielt als Lohn die Konzession, in den Buden zwischen den beiden Herrschaftssymbolen

Keine falschen Erwartungen bitte: So menschenleer ist der Molo vor dem Dogenpalast nur bei Regenwetter in der Nebensaison.

Glücksspiel zu betreiben – ein zweifelhafter Lohn, denn wenig später beschloss der Senat, zu Füßen der Säulen, an denen ursprünglich große Schiffe vertäut wurden, Hochverräter hinzurichten.

Ponte dei Sospiri

Schauriger Seufzer

Doch wende man seinen Blick von solch hässlichen Details lieber ab und stattdessen hin auf das großartige Bild der Insel von San Giorgio Maggiore mit der strahlend weißen Palladio-Kirche. Danach schlage man vorne am Pier, dem Molo, den Weg nach links ein. Entlang der Fassade des Palazzo Ducale, vorbei an der Eckskulptur, die den Erzengel Raphael und den trunkenen, von seinen Söhnen verspotteten Noah zeigt, erreicht man den Ponte della Paglia, auf dem in der Hauptsaison täglich Tausende von Kameras klicken: Das Motiv der fotografischen Begierde ist der **Ponte dei Sospiri** ❷ (zu Deutsch: Seufzerbrücke), über den die Gefangenen – unter ihnen bekanntlich auch Casanova, dem später die Flucht gelang – vom Dogenpalast in den Neuen Kerker (Palazzo delle Prigioni) mit seinen *pozzi*, den Zellen im Keller, und den *piombi*, den Bleikammern im Dachgeschoss, gelangten (s. S. 50).

Luxus im Prunkpalast

Der nächste Hausblock erstaunt durch seine Hässlichkeit. Er wurde nach dem Zweiten Weltkrieg als Hotelanbau errichtet, und zwar genau dort, wo 1172 der Doge Vitale Michiel II., als er vor dem aufgebrachten Pöbel ins Kloster San Zaccaria fliehen wollte, ermordet wurde und gemäß einem Gelübde nie mehr ein Gebäude aus Stein stehen sollte. Verblüffend, dass dieser Klotz zu dem benachbarten **Hotel Danieli** ❸ gehört. Denn die Ästhetik des Stammhauses könnte gegensätzlicher nicht sein:

Ende des 14. Jh. von den Dandolo erbaut, ist es mit seiner weinroten, von Säulenarkaden durchbrochenen Fassade und dem großen, überdachten Innenhof bis heute ein Prachtbeispiel für einen frühgotischen Palazzo geblieben; einen Palazzo, der sich im Laufe seiner Geschichte im Besitz so illustrer Adelsfamilien wie den Gritti, den Mocenigo und den Bernardo befand. Zwischen 1822 und 1840 wurde das prunkvolle Gebäude von einem gewissen Giuseppe Dal Niel (woraus später Danieli wurde) nach und nach in eine Luxusabsteige verwandelt; in dessen Gästebuch prangen seitdem Widmungen von Berühmtheiten wie Dickens, Wagner und Proust, Balzac sowie dem legendären Liebespaar George Sand und Alfred de Musset.

K

KULINARISCHE STÄRKUNG IN TRAUMLAGE

Wer während dieses langen Rundgangs Energie in Form eines Koffein-Boosters tanken will, sollte das in der kleinen Stehbar **Al Todaro** 16 tun. Nicht nur ist der hier kredenzte Mocca oder Cappuccino, sind die Sandwiches und kleinen Süßigkeiten, nicht zu vergessen das Eis, vorzüglich. Auch das Ambiente mit seiner Glasdecke und Chromvitrine hat Qualität Marke 1950er-Jahre. Zudem ist die Lage zu Füßen des hl. Teodoro auf seiner Säule, vis-à-vis dem Dogenpalast, nicht zu toppen. Und angesichts solch prestigeträchtiger Location sind die Preise erfreulich moderat. Deutlich mehr berappt freilich, wer draußen an den Tischen das Traumpanorama genießen will – doch es lohnt! (Molo Piazzetta 3, www.al-todaro.it, So–Do 10–19, Fr/Sa 10–20 Uhr, im Sommer länger).

San Zaccaria

Aus Kloster wird Kaserne

Nach der nächsten Brücke biegt man in die zweite Gasse (beim Zeitschriftenstand) ein und steht kurz darauf vor dem Ensemble des ehemaligen Benediktinerinnenklosters **San Zaccaria** ❹. Dieses ist eine Gründung des byzantinischen Kaisers Leo V. aus dem 9. Jh., der die Reliquien des hl. Zacharias, dem Vater Johannes des Täufers, hierher bringen ließ. Seine Nonnen waren stets Töchter aus bestem Hause und angeblich alles andere als klösterlich-tugendhaft, jedoch so wohlhabend und einflussreich, dass die Dogen sich viele Jahrhunderte lang bemüßigt fühlten, zu Ostern in ihrer Mitte einen Dankgottesdienst zu feiern.

Zum hohen Ansehen trug neben den üppigen Mitgiften auch die Tatsache bei, dass die Nonnen in der Frühzeit für den Bau der Markuskirche und die Erweiterung der Piazza bereitwillig ihren Gemüsegarten opferten. Außerdem soll der Überlieferung nach eine hiesige Äbtissin im 9. Jh. das Urmodell des *corno,* des merkwürdig geformten Dogenkäppchens, gefertigt und dem Oberhaupt der Republik geschenkt haben. Das Konventsgebäude, zu dem auch der gut sichtbare vorgotische Campanile gehört, dient seit der Säkularisation 1810 als Kaserne.

Kostbarkeiten in der Kirche

Die gleichnamige Kirche ist ein Neubau aus dem späten 15. Jh. und dementsprechend das typische Ergebnis einer Zeit des stilistischen Übergangs. Ihre Marmorfassade vereint Elemente der Gotik (Kleinteiligkeit und vertikale Gliederung) und der Renaissance (Rundgiebel, Muschelnischen, frei stehende Säulen). Der seltsam abseits stehende Campanile indes ist, ebenso wie die leider meist unter Wasser stehende Krypta der 1100 Jahre alten ersten Kirche, romanisch.

Über die Seufzerbrücke trat auch Casanova als Häftling den Gang in die berüchtigten Bleikammern an.

Das imposante Kircheninnere wiederum wartet, vom Grundriss bis zum Maßwerk, mit deutlich gotischen Zügen auf – und mit etlichen erlesenen Kunstwerken: die Altartafel in der Sakristei zum Beispiel, eine »Geburt Johannes des Täufers«, stammt vom jungen Tintoretto. In der Tarasio-Kapelle, dem Chor der gotischen Vorgängerkirche, sind die wunderschönen Gewölbefresken Andrea del Castagnos zu finden. Seine Darstellung Gottvaters mit Evangelisten und Heiligen gilt als erste Renaissancemalerei Venedigs und machte zur Entstehungszeit (1442) wegen ihrer völlig neuartigen Lebendigkeit Furore. Sehenswert ist außerdem das Grabmal Alessandro Vittorias (1525–1608), das der berühmte Bildhauer selbst entwarf.

Die größte Kostbarkeit ist aber das 1505 entstandene Altarbild von Giovanni

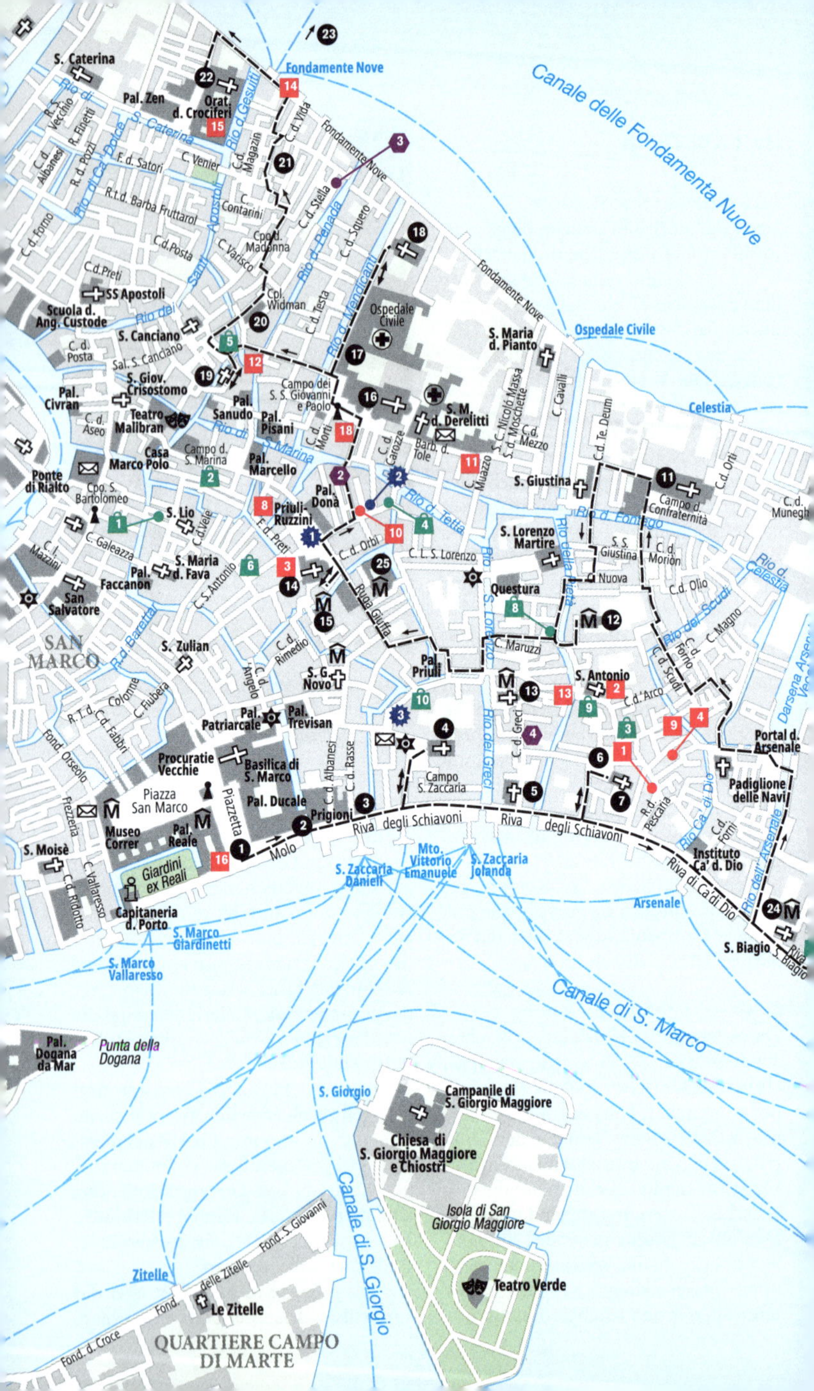
S. Caterina
Pal. Zen
Orat. d. Crociferi
Fondamente Nove
Canale delle Fondamenta Nuove
Fondamente Nove
Ospedale Civile
SS Apostoli
Scuola d. Ang. Custode
S. Canciano
S. Giov. Crisostomo
Pal. Civran
Teatro Malibran
Casa Marco Polo
Pal. Sanudo
Pal. Pisani
Pal. Marcello
Campo dei S. S. Giovanni e Paolo
S. M. d. Derelitti
S. Maria d. Pianto
Ospedale Civile
Celestia
S. Giustina
Ponte di Rialto
Cpo. S. Bartolomeo
S. Lio
Priuli-Ruzzini
Pal. Donà
S. Lorenzo Martire
Campo d. Confraternità
S. Maria d. Fava
Pal. Faccanon
San Salvatore
Questura
SAN MARCO
S. Zulian
Pal. Priuli
S. Antonio
S. G. Novo
Pal. Patriarcale
Pal. Trevisan
Portal d. Arsenale
Procuratie Vecchie
Basilica di S. Marco
Campo S. Zaccaria
Padiglione delle Navi
Piazza San Marco
Pal. Ducale
Prigioni
Riva degli Schiavoni
Museo Correr
Pal. Reale
Piazzetta
Molo
S. Moisè
Giardini ex Reali
S. Zaccaria Danieli
Mto. Vittorio Emanuele
S. Zaccaria Jolanda
Instituto Ca' d. Dio
Riva di Ca' di Dio
Arsenale
Capitaneria d. Porto
S. Marco Giardinetti
S. Marco Vallaresso
S. Biagio
Canale di S. Marco
Pal. Dogana da Mar
Punta della Dogana
S. Giorgio
Campanile di S. Giorgio Maggiore
Chiesa di S. Giorgio Maggiore e Chiostri
Isola di San Giorgio Maggiore
Canale di S. Giorgio
Teatro Verde
Zitelle
Le Zitelle
QUARTIERE CAMPO DI MARTE

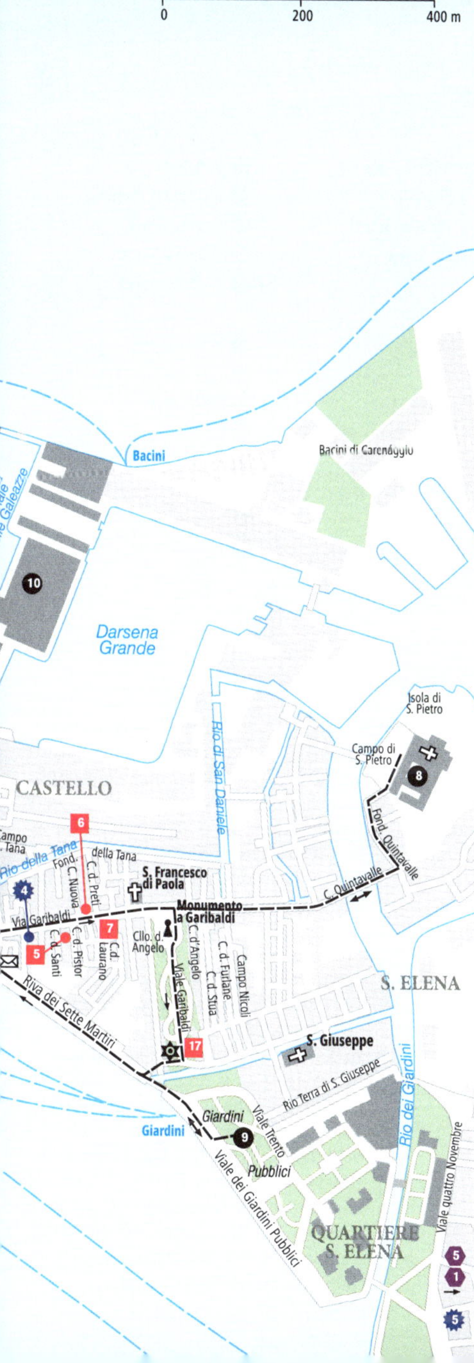

Castello

Ansehen

1. Piazzetta
2. Ponte dei Sospiri (Seufzerbrücke)
3. Hotel Danieli
4. San Zaccaria
5. Santa Maria della Pietà
6. Campo Bandiera e Moro
7. San Giovanni in Bragora
8. San Pietro di Castello
9. Giardini Pubblici/ Biennale-Gelände
10. Arsenal
11. San Francesco della Vigna
12. Scuola Dalmata di San Giorgio degli Schiavoni
13. San Giorgio dei Greci/ Museo Dipinti Sacri Bizantini
14. Santa Maria Formosa
15. Palazzo Querini-Stampalia/Museo della Fondazione Scientifica
16. Santi Giovanni e Paolo (›San Zanipolo‹)
17. Scuola Grande di San Marco
18. San Lazzaro dei Mendicanti
19. Santa Maria dei Miracoli
20. Palazzo Widmann
21. Wohnhaus Tizians
22. Santa Maria Assunta dei Gesuiti
23. Insel San Michele
24. Museo Storico Navale
25. Palazzo Grimani

Fortsetzung S. 128

Castello Fortsetzung von Seite 127

Essen
1 Al Covo
2 Da Franz
3 Alle Testiere
4 Corte Sconta
5 Giorgione
6 Ai Nevodi
7 Hopera
8 Ai Barbacani
9 Bacarando Ai Corazzieri
10 Al Mascaron
11 Alla Strega
12 Da Alberto
13 Da Chiusso
14 Al Giubagio
15 Caffè Ai Crociferi
16 Al Todaro
17 Serra dei Giardini
18 Rosa Salva

Einkaufen
1 Giovanna Zanella
2 Flavia
3 Muranero
4 Libreria Acqua Alta
5 Libreria Miracoli
6 Kalimala
7 Domino Arte
8 Stefan Popdimitrov
9 Banco Lotto Nr. 10
10 Ca' del Sol

Bewegen
1 Sestante di Venezia
2 Fitness Point
3 Palestra Novafit
4 Wellness Center Venezia
5 Stadio Penzo

Ausgehen
1 Zanzibar
2 Enoteca Mascareta
3 Risorto
4 Strani
5 Vincent

Bellini im linken Seitenschiff, eine »Sacra Conversazione« von berückender Stille und Farbigkeit mit Maria und Kind, einem musizierenden Engel sowie den vier Heiligen – Lucia und Katharina, Petrus und Hieronymus. Die Figuren stellen Spitzenprodukte venezianischen Kunsthandwerks zur Schau: ein Glas aus Murano, eine Violine, Bücher und erlesene Textilien.

Campo San Zaccaria 4693, Mo–Sa 10–18 Uhr, Eintritt frei, für die Besichtigung der Kapellen und der Sakristei sind 3 € zu bezahlen

Die Riva degli Schiavoni entlang

Wirkstätte des »Roten Priesters«

Wieder zurück auf der Uferpromenade, wandert man an einer Reihe guter Hotels vorbei. Den Sommer über ankern hier neben den kleinen, bulligen Lotsenschiffen häufig Kreuzfahrt- und Kriegsschiffe, die neben den zarten Fassaden besonders riesig wirken. In den Wintermonaten sorgen manchmal Karussells, Schießbuden und Zuckerwatteverkäufer für eine Jahrmarkt-Atmosphäre. Und jahreszeitenunabhängig wacht über all dem, in Bronze gegossen und von Markuslöwen flankiert, König Viktor Emanuel.

Die spätbarocke Kirche **Santa Maria della Pietà** 5, deren klassische Fassade an der Riva stark an Palladio erinnert, ist eine Weihestätte venezianischer Musikgeschichte. Sie wurde von Giorgio Massari im Gedenken an Antonio Vivaldi errichtet (1745–60). Der komponierende, auffallend rothaarige Priester war im angrenzenden Konservatorium fast 40 Jahre lang als Violinlehrer und Chorleiter tätig. Hauptattraktion der Kirche sind die Deckenfresken von G. B. Tiepolo.

Riva degli Schiavoni 3701, Di–Fr 10.15–12, 15–17, Sa/So 10.15–13, 14–17 Uhr, Eintritt 3 €

Eine Oase der Ruhe

Einen Abstecher sollte man auf den **Campo Bandiera e Moro** ❻ machen (zu erreichen durch die Calle del Dose, links hinter dem Hotel Londra Palace). Der Platz, der nach zwei adligen Venezianern benannt ist, die bereits 1844 für die Einheit Italiens kämpften und durch die Hand gedungener Mörder starben, ist eine von Touristen kaum besuchte Insel der Stille. An seiner Nordseite steht der wunderschöne gotische **Palazzo Gritti Badoer** (Nr. 3608), schräg gegenüber die ebenfalls gotische Kirche **San Giovanni in Bragora** ❼. Hier hängt, neben Bildern von Paris Bordone, Alvise und Bartolomeo Vivarini, ein Hauptwerk aus der venezianischen Frührenaissance: Cima da Coneglianos »Taufe Christi« (Mo–Sa 10.30–13.30, 14.30–17 Uhr, Eintritt frei).

Venedigs maritimes Erbe

Einige Minuten weiter östlich überquert man an der Riva den Kanal, der direkt auf den von zwei Türmen begrenzten Eingang des **Arsenals** (s. u.) zuführt. An der linken Ecke sieht man die wappen- und skulpturengeschmückten Forni Militari, die ehemaligen Militärbäckereien, in denen der Schiffszwieback *(biscotto)* hergestellt wurde. Ihnen gegenüber, am Campo San Biagio, steht ein alter Kornspeicher, in dem seit 1919 das **Museo Storico Navale** untergebracht ist, das die Geschichte von Seehandel und Seekriegen der Venezianer dokumentiert (s. S. 145).

BLICKE IN VENEDIGS HINTERHÖFE

Was für ganz Venedig gilt, empfiehlt sich ganz besonders für den östlichen Teil des Bezirks Castello – nämlich auch mal abseits der beschriebenen Route mäandrierend durch das Gassenlabyrinth zu spazieren. Speziell (süd-)westlich des Arsenals sowie beiderseits der östlichen Via Garibaldi, wo einst vornehmlich die Arbeiter dieser einst weltweit größten Schiffswerft lebten, zeigt sich Venedig bis heute ganz und gar nicht von seiner glänzenden, vielmehr von einer ziemlich ärmlichen Seite. Doch bekommt man gerade hier, in der Stille fernab der Touristenpfade, unter Wäscheleinen, zwischen bröckelnden Mauern und geflickten, zum Trocknen aufgespannten Fischernetzen, eindrücklich vermittelt, wie grau der Alltag sich einst für das Gros der Bewohner der Serenissima – und eben für manche bis heute noch – gestaltet.

Isola di San Pietro

Unmittelbar nach der nächsten Brücke führt im spitzen Winkel die Via Giuseppe Garibaldi Richtung Osten. Sie entstand wie so viele Gehwege durch Zuschüttung eines Kanals, hieß früher nach dem Stiefsohn Napoleons und Italiens kurzzeitigem Vizekönig Eugène de Beauharnais Via Eugenia und ist die breiteste Straße der Stadt. Ihre Verlängerung führt an der Calle Tiepolo, in der noch vor zwei, drei Jahrzehnten das Geburtshaus des Rokokomalers stand, vorbei durch eine volkstümliche, recht triste Wohngegend und über die hölzerne lange **Ponte di Quintavalle** (malerisches Fotomotiv!) auf die Insel San Pietro di Castello. Diese trug in grauer Vorzeit – vielleicht ihrer Olivenform wegen – den Namen Olivolo.

I

EINE KREATIVE IDYLLE ZUM ENTSPANNEN

Auf den ersten Blick ist das **Caffè La Serra** ›bloß‹ ein – wenn auch für venezianische Verhältnisse ungewöhnlich grüner und weiträumiger – kulinarischer Rastplatz. Ein Gewächshaus, wo man zwischen duftenden Jasmin- und Zitruspflanzen bei Kaffee und Kuchen, Bio-Säften, feinem Wein, Käse und anderen Snacks Kalorien und Ruhe tanken und zudem Magazine und Bücher zu grünen Themen lesen kann. Doch die feingliedrige Gusseisen-Glas-Konstruktion, die 1894 aus Anlass der ersten Biennale erbaut und danach für fast 100 Jahre als Aufbewahrungsort für kältesensible Pflanzen im Winter genutzt wurde, ist viel mehr: In den 1990er-Jahren verfallen und in den Nullern von der Stadtverwaltung sorgsam restauriert, wird **Serra dei Giardini** 17, so der offizielle Name, seither von der Kooperative »Nonosoleverde« gemanagt. Diese versteht die Orangerie als sozialen Treffpunkt, an dem Einheimische wie Touristen gemeinsam Feste feiern, Workshops zu Bio-Themen sowie Ausstellungen veranstaltet werden und Musiker – in der Saison u. a. das Opern-Ensemble »Musica in Maschera« (www.musicainmaschera.com) – auftreten. Außerdem ist der Ort Heimstatt für das Kulturprojekt »Microclima«, das die Zusammenarbeit zwischen lokalen Künstlern und internationalen Institutionen auf sozialem und ökologischem Gebiet fördert (Viale Giuseppe Garibaldi 1254, T 041 296 03 60, www.serradeigiardini.org, Linee 1, 2, Stazione Giardini, Café tgl., Orangerie und Verwaltung Di–So 10–20 Uhr).

Keimzelle des Bistums Venedig

Ursprünglich stand auf dem Eiland das Kastell *(castello)*, das dem ganzen Stadtsechstel seine Bezeichnung gab. Beherrscht wird es von der Basilika **San Pietro di Castello** 8, einem zwar großen, jedoch ziemlich kahlen und kalten Bau aus dem frühen 17. Jh. (mit einem Hochaltar von Baldassare Longhena und einem von Mauro Codussi vollendeten Campanile), dessen Geschichte für Venedig sehr bedeutsam ist. Denn der Ort, einer etwas wundersamen Legende nach von den Trojanern gegründet, war schon früh der erste venezianische Bischofssitz und später, von 1451 bis zum Fall der Serenissima, Sitz des Patriarchen der Stadt. Dessen an die Kirche grenzender Palast diente übrigens lange Zeit als Kaserne und ist heute ein schnödes Wohnquartier.

Campo San Pietro 70, Mo–Sa 10.30–13.30, 14.30–17 Uhr, Linee 4.1., 4.2., 5.1., 5.2., Stazione S. Pietro, Eintritt 3 € bzw. Chorus Pass

Entspannen und Relaxen

Auf dem Rückweg zweige man am Beginn der Via Garibaldi links in die gleichnamige breite Viale ab und genieße die in dieser Stadt seltene Möglichkeit, zwischen Rasenflächen und Bäumen zu wandeln. Das Areal der **Giardini Pubblici** 9, an die südlich das Biennale-Gelände (siehe Tour S. 132) anschließt, ist der größte und meistbesuchte Park der Stadt, mit viel Schatten, Ruhebänken, Kinderschaukeln, Imbissstand und – einem Bronzedenkmal für Italiens Freiheitsheld Nummer eins, **Giuseppe Garibaldi.**

Eine weitere Möglichkeit, ganz nach Belieben im Grünen zu lustwandeln, dabei den weiten Blick über das Wasser des Bacino di San Marco zu genießen, kräftig durchzuatmen und sogar kostenfrei an ein paar von der öffentlichen Hand aufgestellten Fitnessgeräten den Kreislauf zu aktivieren, bietet, keine zwei

Gehminuten entfernt auf der östlich angrenzenden Insel Sant'Elena, der **Parco delle Rimembranze.**

Arsenal und Umgebung

Über den Quai, der hier in Erinnerung an sieben im Zweiten Weltkrieg von den Deutschen erschossene Stadtbürger **Riva dei Sette Martiri** heißt, gelangt man zurück zum Schifffahrtsmuseum. Wenig beachtet, jedoch sehenswert, weil zur Entstehungszeit im 15. Jh. vorbildhaft, ist auf halbem Weg der Komplex der **Marinarezza** (Nr. 1430a) – ein ehemaliges Spital und Altenheim für Kriegsveteranen.

Unser Weg knickt nun im rechten Winkel nach Norden ab. Nach zwei, drei Minuten steht man vor den beiden ziegelroten Portalen, dem Ingresso all'Acqua bzw. di Terra, des **Arsenals** ❿, der seinerzeit größten Werft der Welt (s. S. 154). Sie zählen zu den beliebtesten Stadtansichten. Der Landeingang, ein Werk Antonio Gambellos (1460), gilt als erste Manifestation der venezianischen Renaissance. Er wurde nach dem Sieg gegen die Türken bei Lepanto (1571) mittels istrischem Marmor zu einer Art Triumphbogen mit acht Säulen und allegorischen Statuen ausgestaltet.

Zwei Löwen tanzen aus der Reihe

Zwei kuriose Details: Der geflügelte Markuslöwe über dem Tor hält in seinen Pranken ein geschlossenes Buch – die üblicherweise auf den Buchseiten eingravierte Inschrift »Friede sei dir, Markus, mein Evangelist« erschien seinem Schöpfer angesichts des wenig friedlichen Charakters des Ortes offenbar nicht angebracht. Und der Löwe links vom Portal, der gemeinsam mit drei ebenfalls griechischen Artgenossen den Zugang bewacht und ursprünglich

Auf den Wiesen vor den Ausstellungshallen des Arsenals kann man herrlich die Seele baumeln lassen …

im Hafen von Piräus stand, trägt an seiner Flanke höchst bizarre Gravuren. Erst spät wurden sie als nordische Runen erkannt, die Folgendes besagen: »Asmud ritzte diese Runen ein zusammen mit Asgeir, Thorleif, Thord und Ivar, auf Wunsch Haralds des Langen, obwohl sich die Griechen nach näherer Erwägung widersetzten« und »Egil führte in Rumänien und Armenien Krieg«.

Fachkräfte benötigt?

Die Route führt nun linker Hand entlang dem von drei Brückchen namens Paradiso, Purgatorio und Inferno überspannten Rio di San Martino zur gleichnamigen **Kirche,** einem für die mittlerweile verwöhnten Sinne eher mediokren Ziegelbau. Folgt man von ihm nun jenseits des Brückchens den **Fondamente Penini,** sieht man über

TOUR
Wo Messehäuschen zu Stiljuwelen werden …

Ein architektonischer Streifzug durch das Biennale-Gelände

Ein ästhetisch fulminanter Auftakt: Den früheren Ticketkiosk, einen zauberhaft filigranen Verkaufsstand aus Glas, schuf 1952 Carlo Scarpa. Heute kauft man die Eintrittskarten nebenan, im 200 m langen, rostfarbenen Stahlzylinder des Projekts »The Cord« (2003, Büro C+S Associati).

Napoleons unbändigem Umgestaltungswille verdanken die Venezianer ein Erholungsgebiet: Ganz im Osten Castellos ließ der Korse nicht nur, indem er einen Kanal zuschütten ließ, die Via Garibaldi, die breiteste Straße der Stadt, anlegen. Er hieß auch gleich einen angrenzenden Wohnbezirk demolieren. An seiner Stelle entstand ein für hiesige Verhältnisse weitläufiger Park, die **Giardini Pubblici** ❾. Einen Teil davon widmete man Ende des 19. Jh. zum Schauplatz der Biennale um. Er wurde parzelliert und den Nationen, die an der 1895 anlässlich der Silbernen Hochzeit des italienischen Königspaares ins Leben gerufenen Esposizione Internazionale d' Arte teilnahmen, gratis zur Verfügung gestellt, auf dass sie dort in Eigenregie ihre Pavillons errichteten.

Heute unterhalten 29 Länder in diesen **Giardini della Biennale** eigene temporäre Kunstherbergen. Dutzende weitere stellen, über das ganze Stadtgebiet verstreut, in Palästen, Kirchen oder Lagerhallen aus. Statistiken belegen für die jüngsten Jahre jeweils mehr als 600 000 Besucher. Wer über das 4 ha große, mit alten Bäumen bestandene Parkgelände schlendert, konzentriert sich vorrangig auf die ausgestellten Kunstproduktionen. Doch sollte man dabei auch den Gebäuden Beachtung schenken, denn viele entpuppen sich als wahre Stiljuwele. Und bieten in Summe einen Querschnitt durch die globale Entwicklung der Architektur der letzten 100 Jahre.

In der euphorischen Stimmung nach Ende des Zweiten Weltkriegs, als der Einzug der Moderne auch in Venedig vermeintlich unmittelbar bevorstand,

Infos

K/L 7/8

Anfahrt:
Linee 1, 2, 4.1/2, 5.1/2, 6, 8, Stazione Giardini

Biennale:
Die Kunst- bzw. Architekturschau findet alle zwei Jahre von Mai bis November statt, dann herrscht auf dem Gelände emsiges Treiben (www.labiennale.org, Di–So 11–19, Ende Sept.–April 10–18 Uhr, Eintritt ab 25,50 €). Im Winterhalbjahr liegen die Giardini della Biennale unzugänglich in Dornröschenschlaf versunken.

planten hier etliche Stars der Avantgarde Projekte – Le Corbusier etwa ein neues Spital, Frank Lloyd Wright einen Komplex am Canal Grande und Louis Khan ein Konferenzzentrum. Keines gelangte über das Entwurfsstadium hinaus. Die Biennale-Gärten indes, wo in den frühen Jahren zunächst vorrangig dem Historismus gefrönt worden war, mutierten zum realen Experimentierfeld für fortschrittliche Architekten.

Eindrücklich zeigt sich dies bald nach Betreten des Geländes: Den **Pavillon Venezuelas**, der sich rechterseits der zentralen Platanenallee erhebt, schuf Mitte der 1950er kein Geringerer als Carlo Scarpa (s. Tour S. 82), der das Gesicht der Biennale als deren Chefarchitekt lange prägte. Auch der benachbarte **Schweizer Pavillon** (1952) hat, seine fensterlose Front bezeugt's, mit Bruno Giacometti einen so unkonventionellen wie prominenten Schöpfer. Wandert man weiter ostwärts, kommen die Kunsttempel **Japans** (1956) und, dahinter versteckt, **Südkoreas** (1995) in den Blick. Es folgt der 1938 aus dem Umbau des älteren Bayerischen Pavillon hervorgegangene **Padiglione della Germania.** Ihm zur Seite steht, zwischen Bäumen verborgen, mit seinem spiralförmigen Raumgefüge und dem Dach aus schräg geschichteten T-Traversen formal äußerst spannend, die dreidimensionale Visitenkarte **Kanadas** (1957).

Im zentralen Parkbereich fasziniert mit seiner schlichten Originalität Sverre Fehns **Pavillon der Nordischen Länder** (1962). Dahinter finden sich, im Uhrzeigersinn gruppiert, weitere Schmuckstücke: u. a. der langgestreckte, mit seinem weit auskragenden Kupferdach einem Vaporetto nachempfundene **Buch-Pavillon** (1991, von James Stirling u. A.) sowie die Adressen **Hollands** (1954, Gerrit Rietveld), **Finnlands** (1956, Alvar Aalto), der **USA** (1930, Aldrich & Delano) und **Israels** (1952, Zeev Rechter). Von Letzterem, einer bestechend schlichten weißen Box, führt ein Brückchen in die östliche, um 1930 der Biennale einverleibte Zone. Hier erstreckt sich, mit einem Halbrund im Zentrum, jener lange Gebäudetrakt, den seinerzeit mehrere Länder unter sich aufteilten. Einen ästhetisch krönenden Abschluss markiert schließlich am äußersten Nordrand, der von Josef Hoffmann, dem Begründer der Wiener Werkstätten, entworfene **Pavillon Österreichs.**

Einen Blickfang bildet, am Ufer des Rio dei Giardini thronend, der australische Pavillon. 2015 eröffnet, ist dieser Kubus mit seiner radikal zeitlosen Hülle aus schwarzem Granit das mit Abstand jüngste von allen Gebäuden.

den Haustüren zur Linken immer wieder in Stein gemeißelte Hinweise, welche Fachkräfte der Werft dahinter wohnten. Appuntador de Calafaii (Nr. 2445) etwa meint den ›Aufseher über die Kalfaterer‹. Der Cappo Maestro alle Seghe (2446) war der Sägemeister. Der Name des charmanten Campo de le Gorne, in den der Weg mündet, hingegen meint die Schwalbenschwanzzinnen *(gorne)* an der mächtigen Arsenalmauer vis-à-vis.

San Francesco della Vigna

Nach ungefähr zehn Minuten Fußmarsch Richtung Norden erreicht man, durch die Calle delle Muneghette, später über zwei Kanäle und zuletzt durch einen Säulengang, die Franziskanerkirche **San Francesco della Vigna ⓫.** Dieser Bau, 1534 von Jacopo Sansovino begonnen, steht an jenem Ort, an dem der heilige Markus auf dem Rückweg von Aquileia nach Rom Halt gemacht haben soll.

Palladios früher Geniestreich

Das Gebäude ist architekturhistorisch vor allem wegen seiner um 1570 entstandenen Fassade bedeutsam. Denn diese stellt Andrea Palladios ersten – und überaus geglückten – Versuch dar, eine Kirchenfront in Form eines antiken Tempels zu gestalten. Viele Experten meinen, die Proportionen zwischen den einzelnen Bauteilen aus istrischem Kalkstein – dem mächtigen Sockel und Dreiecksgiebel, dem Thermenfenster und Gebälk, den Halbsäulen und Wandfeldern – seien dem Meister aus Vicenza später weder bei San Giorgio Maggiore noch bei der Redentore (siehe Tour S. 204) so perfekt gelungen wie hier.

Das Kircheninnere, ein hoher, recht nüchterner Saal mit zwei Querhausarmen und zehn Seitenkapellen, beherbergt neben mehreren Dogengräbern etliche hochkarätige Ausstattungsstücke. Unter ihnen: zwei wunderschöne thronende Madonnen, eine Giovanni Bellini zugeschriebene »Muttergottes mit Heiligen« (in der Cappella Santa; erreichbar durch die Tür im linken Querarm), Statuen von Alessandro Vittoria (auf den Weihwasserbecken beim Eingang und in der zweiten linken Seitenkapelle) sowie Marmorreliefs aus der Lombardo-Werkstatt in der Cappella Giustinian, links vom Chor.

Campo San Francesco 2786, tgl. 10–12, 15–18 Uhr, Eintritt frei

Überaus freisinnige Nonnen

An den von Gestrüpp halb verdeckten Gasbehältern vorbei erreicht man links durch die Calle del Tedeum und ihre etwas verwinkelte Verlängerung den besonders malerischen **Rio di Sant'Antonin.** Von hier empfiehlt sich ein Abstecher rechts durch das Gässchen auf den **Campo San Lorenzo,** der früher unter Venedigs galanten Herren als vorzügliche Adresse galt. Der Grund? Hinter der Ziegelfassade der heute geschlossenen Kirche befand sich nicht nur das verloren gegangene Grab Marco Polos, sondern auch ein berühmtes Konvent. Dessen Nonnen, von ihren adligen Vätern, die sich keine Aussteuer leisten wollten, in lebenslange Ehelosigkeit verbannt, standen im Ruf, sich, wie es ein Zeitzeuge formulierte, »überaus erstaunliche Freiheiten zu gestatten«.

Scuola Dalmata di San Giorgio degli Schiavoni

Den Dalmatinern sei Dank

Als die Bande der Venezianer zu Dalmatien, das sie damals Schiavonia nannten, ab dem 13. Jh. enger wurden, entwickelte sich der breite Kai zwischen Dogenpalast und Arsenal zum bevorzugten Anlegeplatz für Schiffe von der östlichen Adriaküste. Ganz in der Nähe, am Rio di Sant'Antonin, gründete die dalmatinische Kolonie eine eigene Bruderschaft, die sie unter den geistigen Schutz der drei in ihrer Heimat besonders verehrten hll. Georg, Triffon und Hieronymus stellte.

Das Gebäude der Mitte des 16. Jh. errichteten **Scuola Dalmata di San Giorgio degli Schiavoni** ⓬ mag im Vergleich zu den sechs Scuole Grande der Stadt klein sein. Doch ihr kunsthistorischer Wert kann kaum überschätzt werden. Hinter ihrer eleganten, zweistöckigen Fassade, in einem Raum »von der Größe eines Gästezimmers in einem altmodischen englischen Pub«, so der Vergleich des immer für eine launige Formulierung guten John Ruskin, befindet sich einer der großen Kunstschätze der Stadt – der Gemäldezyklus, den Vittore Carpaccio zwischen 1502 und ca. 1508 für die Scuola schuf.

Was für ein Kunstschatz!

Er zeigt Szenen aus dem Leben besagter Schutzpatrone und offenbart alle Charakteristika seines genialen Schöpfers: die Eleganz und leise Melancholie seiner Figuren, die Neigung, alle Geschehnisse, und seien sie noch so exotisch, stets in ein venezianisches Ambiente zu verpacken, und die Vorliebe für oft kuriose Details, etwa den stets auftauchenden weißen Spitz. Der fabulierfreudige Chronist der Frührenaissance hatte sie eigentlich für das Obergeschoss gemalt. 1551 wurden sie im Zuge eines Umbaus ins Erdgeschoss verfrachtet und teilweise sogar, um sie an die neuen Gegebenheiten anzupassen, zerschnitten. Ihrer Wirkung tat der Raumwechsel freilich keinen Abbruch.

Auf den Bildern an der linken Seitenwand sieht man den hl. Georg, wie er mit dem Drachen ringt, ihn schließlich tötet und das Ungeheuer hierauf im Triumphzug in die Stadt bringt. Wobei der Schauplatz des Kampfes mit Gliedmaßen, Knochen und einem halbzernagten Körper der offensichtlichen Opfer des Untiers übersät ist. An der Altarwand tauft er in der Stadt Silene das heidnische Königspaar von Libyen. Daneben errettet der hl. Trifon als Kind die Tochter König Gordians vor einem Basilisken. An der rechten Seitenwand sieht man zunächst Christus am Ölberg und die Berufung des hl. Matthäus.

Die drei folgenden Werke sind dem hl. Hieronymus gewidmet. Sie zeigen den Kirchenvater und Schöpfer der Vulgata, der lateinischen Bibelübersetzung, a) beim Bändigen eines Löwen, b) in seiner letzten Stunde und c) in seiner Studierstube am Schreibpult stehend. Wobei das letzte und wohl berühmteste Bild auch als Vision des hl. Augustinus gedeutet wird.

Calle dei Furlani 3259a, www.scuoladalmatavenezia.com, Mi–Mo 10–17.30 Uhr, Voranm. per E-Mail (segreteria@scuoladalmatavenezia.com) obligatorisch, Eintritt 7,50 €

Das Griechenviertel

Ein letztes Mal über den Rio di Sant'Antonin und geradeaus durch die Calle del Lion erreicht man den Rio di San Lorenzo. Blickt man von der Brücke nach rechts, erkennt man – mit etwas Phantasie – die Perspektive, aus der Gentile Bellini vor 500 Jahren sein berühmtes Bild »Wunder der Kreuzreliquie« malte, das heute in der Accademia hängt. Das Gebäude zur Linken beherbergt übrigens die Questura, das Hauptquartier der Polizei.

Relikte byzantinischer Zeit

Südöstlich der Brücke hat seit der großen Fluchtwelle, die auf die Eroberung Konstantinopels durch die Türken (1453) folgte, bis zum heutigen Tag die griechisch-orthodoxe Gemeinde ihr Zentrum. Sie war lange Zeit, noch vor den Armeniern und Deutschen, die bedeutendste unter den vielen venezianischen Ausländerkolonien und zählte zu ihrer Blüte vor 500 Jahren über 10 000 Mitglieder; sie arbeiteten vor allem als Händler und Geldleiher sowie ab dem 16. Jh., höchst erfolgreich, im Druckereigewerbe. Gegenwärtig leben nur mehr ein paar Dutzend Griechen in der Stadt. Ihre kleine Zahl kontrastiert allerdings mit der großen Bedeutung, die das venezianische Istituto Ellenico, das einzige griechische Studienzentrum im Ausland, seit seiner Gründung in den 1950er-Jahren gewonnen hat.

Der historische Baukomplex der griechischen Gemeinde besteht aus der im mittleren 16. Jh. erbauten Kirche **San Giorgio dei Greci** ⓭ (Mo 9.30–17, Di–Sa 9.30–16 Uhr), deren bedrohlich schiefem **Campanile** und der – im 17. Jh. durch Baldassare Longhena umgebauten – ehemaligen **Scuola di San Nicolò,** deren Mitglieder bedürftigen Landsleuten unter die Arme griffen. Das schmale, hohe Gotteshaus wartet mit einem reich geschnitzten Chorgestühl und einer von golden leuchtenden Ikonen bedeckten Ikonostase auf. Noch mehr Ikonen, nämlich rund 150 aus vier Jahrhunderten, präsentiert das kleine **Museo Dipinti Sacri Bizantini** (s. S. 141), das im ehemaligen Bruderschaftshaus eingerichtet wurde.

Viele Schweine und ein Elefant

Die nahe gelegene Kirche **Sant'Antonio** ging vor allem zweier animalischer Anekdoten wegen in die Stadtannalen ein: Ihre Mönche besaßen einst eine Schweineherde, die über Jahrhunderte mit behördlicher Genehmigung frei in der Stadt umherlaufen durfte. Erst 1409 empfand man die Tiere als öffentliches Ärgernis und beraubte sie ihrer Freiheit. Im Jahr 1819 suchte dann ein Elefant, der in der Nähe aus einem Käfig ausgebrochen war, in der Kirche Zuflucht. Er konnte nur mit einem Artilleriegeschütz zur Strecke gebracht werden.

Campo Santa Maria Formosa

Zur schönen Muttergottes

Doch zurück zur Route: Sie führt von der Kirche der Griechen Richtung Westen vorbei an dem gotischen **Palazzo Priuli** auf den Campo Santa Maria Formosa, einen der größten, schönsten und lebendigsten Plätze der Stadt. Von den Balkonen der stattlichen Paläste, die ihn säumen – u. a. dem **Palazzo Priuli Ruzzini** aus der Spätrenaissance (Nr. 5866) und dem gotischem **Palazzo Donà** (Nr. 6125/26) – pflegte man seinerzeit die häufigen Stierkämpfe, Feste und Theateraufführungen zu verfolgen.

In der Mitte des Campo steht, für hiesige Verhältnisse ungewöhnlich, fast völlig frei die Kirche **Santa Maria Formosa** ⓮**.** Sie entstand in den letzten Jahren des 15. Jh. nach Plänen Mauro Codussis, ihre dem Platz zugewandte Fassade jedoch erst am Anfang und der Campanile gar erst Ende des 17. Jh. (Mo–Sa 10.30–13.30, 14.30–17 Uhr, Eintritt 3 € bzw. Chorus Pass).

Hinter der Südseite der Kirche findet man, etwas abseits, den **Palazzo Querini-Stampalia** ⓯**,** einen Bau aus dem 16. Jh., den ein Mitglied der prominenten Adelsfamilie 1869 dem Staat vermachte und den Venedigs Stararchitekt Carlo Scarpa (1906–78) in den 1960er-Jahren auf Aufsehen erregend kompromisslose und zugleich hochelegante Weise umgestaltete (s. S. 141 sowie Tour S. 82).

Santi Giovanni e Paolo

Venedigs größter Kirchenbau

Rechts von dem Haus Nr. 6129, in dem Sebastiano Venier, der heldenhafte Sie-

Von der Ponte della Pietà am Ufer der Dalmatiner schweift der Blick bis zur Kirche San Giorgio dei Greci. Deren schiefer Turm markiert seit gut 400 Jahren das geistige Zentrum der Griechengemeinde.

ger der Schlacht bei Lepanto lebte, biegt man vom Campo Santa Maria Formosa in die Calle Lunga Santa Maria Formosa ein, folgt dem gelben Wegweiser links in die Calle Trevisan und gelangt wenig später vor die Backsteinfassade der Kirche **Santi Giovanni e Paolo 16**. ›San Zanipolo‹, wie der Volksmund die große Klosterkirche der Dominikaner in der für den venezianischen Dialekt typischen Verschmelzung zweier Heiligennamen mit einem Kunstwort nennt, ist nicht nur der größte Sakralbau der Stadt. Langhaus und Chor erstrecken sich gemeinsam über 101,5 m, das Gewölbe schwebt 35 m über dem Boden. Sie ist auch eine Art Pantheon der Markusrepublik.

Hinter ihren gewaltigen Ziegelmauern, die von den strenger Askese verpflichteten Bettelmönchen unverputzt und weitgehend schmucklos belassen blieben, fanden nicht weniger als 27 Dogen ihre letzte Ruhe. Hinzu kommen weitere führende Männer – Militärs wie der erwähnte Sebastiano Venier, aber auch Künstler wie Lorenzo Lotto und mehrere Mitglieder des Bellini-Clans. Die Gesamtwirkung des Kolossalbaus, der vermutlich schon Ende des 13. Jh. begonnen, aber erst 1430 geweiht wurde, ist im Vergleich mit der gleichaltrigen großen »Rivalin« von San Polo, der Marienkirche der Franziskaner (s. S. 166), deutlich gotischer und auch homogener. Keine Chorschranke zerteilt den Raum. Die Säulen wirken schlanker. Die Zahl der Chorkapellen ist reduziert. Auffallend ist das Fehlen eines Campanile.

Dem Detailstudium der überreichen Ausstattung könnte man Stunden widmen. Zu den Glanzstücken zählen Altarblätter von Giovanni Bellini, Alvi-

Lieblingsort

Gucken und genießen: Campo San Zanipolo

Einen prächtigeren Platz für eine Rast wird man, abgesehen von der Piazza, in ganz Venedig schwerlich finden: An der Ostseite ragen die Ziegelmauern jener monumentalen **Bettelordenskirche** ⓰ himmelwärts, in der mehr als zwei Dutzend der berühmtesten Dogen in ihren pompösen Gräber ruhen. Schräg gegenüber gleißen die Marmorinkrustationen der **Scuola Grande di San Marco** ⓱, des kunsthistorisch wohl glanzvollsten Spitals der Welt. Ihr zu Füßen: ein Idyll aus Kanal, Brückchen, schmalen Häusern … Und als ästhetisches i-Tüpfelchen thront über dieser Traumkulisse in theatralischer Pose auf hohem Podest, hoch zu Ross Bartolomeo Colleoni. Hinzu kommt, dass man im **Café Rosa Salva** 18 tgl. von 8 bis 20 Uhr besonders famose *dolci* kredenzt. Also: ein Sessel in die Sonne gerückt, ein Espresso, eine *ombra* samt süßem Beiwerk geordert! Und dem lustvollen Schauen und Staunen steht nichts mehr im Wege.

se Vivarini, Lorenzo Lotto und Jacopo Palma d. J. sowie Deckengemälde von Veronese (in der Cappella del Rosario), Piazzetta (Dominikus-Kapelle) und Marco Vecellio (in der Sakristei); weiters der im Stil antikischer Triumpharchitektur gestaltete Hauptaltar von Baldassare Longhena und die in den Glaswerkstätten von Murano gefertigten gotischen Fenster im Querhaus.

Das Hauptaugenmerk aber hat den 52 mehrheitlich überaus pompösen Grabmälern an den Wänden und zumindest einigen der 150 in den Boden eingelassenen Grabplatten zu gelten. Sie bieten in ihrer Gesamtheit eine veritable Leistungsschau der venezianischen Bildhauerkunst von der Spätgotik über die Hochrenaissance bis in den Barock. Das Grab des Dogen Giovanni Dolfin (1356–61) etwa besteht noch aus einem einfachen, reliefverzierten Sarkophag. Gräber wie jene von Pietro Mocenigo (1474–76) oder Andrea Vendramin (1476–78) – gestaltet von Pietro bzw. Tullio Lombardo – sind bereits eigenständige, reich strukturierte Architekturstücke mit aufrecht stehenden Figuren und einem vielfältigen Bildprogramm. Und das Kolossalgrab Alvise Mocenigos (1570–77) bezieht als typisch maßloses Barockwerk gleich das innere Kirchenportal mit ein.

Campo SS Giovanni e Paolo 6363, Mo–Sa 9–18, So/Fei 12–18 Uhr, Linee 4.1, 4.2., 5.1., 5.2., 12, 13, 22, Stazione Fondamenta Nuove, oder Linea 1, Stazione Rialto, Eintritt 3,50 €

Campo San Zanipolo

Ein machtgieriger Condottiere

Auf dem Platz vor der Kirche steht auf einem Marmorsockel das bronzene **Reiterstandbild Bartolomeo Colleonis,** jenes berühmt-berüchtigten Söldnerführers aus Bergamo, der in der zweiten Hälfte des Quattrocento Venedigs Expansion auf dem Festland maßgeblich vorantrieb. Es wurde 1488 von Andrea del Verrochio, in dessen Florentiner Werkstatt der jugendliche Leonardo da Vinci in die Lehre ging, modelliert und von Alessandro Leopardi gegossen. Als das – neben Donatellos berühmtem »Gattamelata« in Padua – einzige erhaltene Reiterdenkmal aus dem 15. Jh. markiert es, was Detailtreue und Dynamik der Darstellung betrifft, einen Meilenstein in der Entwicklung der italienischen Renaissance-Bildhauerei.

Die Geschichte des Denkmals ist übrigens ein Lehrstück für die Schläue der Stadtoberen: Der Condottiere Colleoni hatte dem Staat ein riesiges Vermögen hinterlassen unter der Bedingung, dass ihm vor San Marco ein Denkmal errichtet werde. Die Republik, in finanziellen Nöten, aber nicht bereit, den blasphemischen Wunsch zu erfüllen, ließ das fertige Werk zwar tatsächlich ›vor San Marco‹ aufstellen, freilich vor der Schule gleichen Namens.

Das schönste Spital der Welt

Die **Scuola Grande di San Marco ⓱,** 1260 zu karitativen Zwecken gegründet und nach einem Brand 1485–95 neu gebaut, gilt als eine der bedeutsamsten Renaissance-Schöpfungen der Stadt. Ihre Fassade mit den kunstvollen Reliefs und mehrfarbigen Marmorintarsien erhebt sich direkt neben San Zanipolo, an der Nordseite des Campo. Sie stammt größtenteils von Pietro Lombardo und seinen Söhnen, der obere Bereich mit den Rundgiebeln jedoch von Mauro Codussi. Im Inneren des Bruderschaftsgebäudes, das seit 1815 das städtische Krankenhaus (Ospedale Civile) beherbergt, kann man nach Rückfrage beim Portier den heute zur Bibliothek umfunktionierten Versammlungssaal mit seiner prächtigen Kassettendecke und die Herberge *(albergo)* mit ihren großformatige Leinwandbildern besichtigen.

Die Kirche hinter dem Spitalskomplex, **San Lazzaro dei Mendicanti** ⓲, ist für Touristen gesperrt. Ein Abstecher zu ihrem palladianischen Portal auf der gleichnamigen Fondamenta lohnt jedoch auch wegen des Blicks auf das gegenüberliegende malerische Gelände der ehemaligen Gondelwerft beziehungsweise, den Rio di Mendicanti entlang, über das Wasser auf die Friedhofsinsel **San Michele** (s. S. 142).

Santa Maria dei Miracoli

Eine beliebte Hochzeitskirche

Überquert man die Brücke vor der Scuola San Marco und folgt der Gasse geradewegs, stößt man auf eines der wunderbarsten Renaissancegebäude ganz Italiens: die Kirche **Santa Maria dei Miracoli** ⓳. Sie wurde, nachdem jemand in der Nähe ein wundertätiges Marienbildnis gefunden hatte, in nur acht Jahren, 1481–89, erbaut. Seit die internationale Stiftung Save Venice sie kurz vor dem Millennium generalrenovieren ließ, erstrahlt sie außen wie innen noch immer besonders hell. Allein die Außenwände, speziell die Fassade, mit ihren farbigen Marmorinkrustationen machen sie zu einem unschätzbaren Juwel.

Und das Innere, ein einschiffiger, tonnengewölbter Saal (Propheten- und Heiligenporträts in der Kassettendecke beachten!) ist dank den Meistern der Lombardo-Werkstatt ein wahres Wunderwerk der Steinmetzkunst. Man studiere etwa die teils figürlichen, teils ornamentalen, aufs feinste ziselierten Reliefs an den Balustraden der Treppe, den Altarschranken und den Bogenpfeilern des um 14 Stufen erhöhten und überkuppelten Chores. Wenn dann noch, wie gelegentlich, leise Sakralmusik vom Band ertönt, verwundert es nicht, dass dieser mit grauem und rosa Marmor getäfelte Raum in jungen Venezianern – und auch recht vielen Ausländern – den Wunsch erweckt, in dieser Kirche zu heiraten.

Campiello die Miracoli 6075, Mo–Sa 10.30–16.30 Uhr, Eintritt 3 € bzw. Chorus Pass

Zu den Fondamente Nove

Wo Tizian malte

Nach einem kurzen Umweg zum **Palazzo Soranzo Van Axel** (vor dem Kircheneingang links durch die Calle Castelli), in dessen Innenhof man, falls der Portier den Zutritt gewährt, das schöne Exemplar einer Außentreppe besichtigen sollte, kehrt man zurück zur Chorseite der Miracoli-Kirche. Von dort steuert man über den Campo Santa Maria Nova und vorbei am **Palazzo Widmann** ⓴ (Calle Larga Widmann 5403), einem Frühwerk Baldassare Longhenas (1630), die nördlich gelegene Fondamenta Nuove an. Nach einiger Suche kann man auf dem winzigen Campo del Tiziano schließlich das **Wohnhaus Tiziano Vecellios alias Tizian** ㉑ entdecken. Der Maler, der hier 45 Jahre lebte, genoss von seinem Fenster aus übrigens noch eine freie Sicht auf die Lagune (Casa del Tiziano 5182).

Manifestation jesuitischer Macht

Am Kai angelangt, sollten Sie noch westwärts bis zur Jesuitenkirche **Santa Maria Assunta dei Gesuiti** ㉒, allgemein bekannt unter der Kurzbezeichnung **I Gesuiti,** gehen. Der sich etwas abseits der Touristenpfade am Nordostrand von Cannaregio erhebende Bau war der Endpunkt eines viele Jahrzehnte währenden Streits, in dessen Verlauf die Führer der Markusrepublik den päpstlichen Orden sogar der Stadt verwiesen. Er ist denn auch beispielhaft für den venezianischen Hochbarock und erinnert Kenner von außen frappant an Il Gesù, die Stammkirche der von Ignatius von Loyola gegründeten Societas Jesu in Rom.

Schon die von Domenico Rossi entworfene Fassadenarchitektur beeindruckt mit ihren Kolossalsäulen und dem pompösen Skulpturenschmuck. Noch imposanter wirkt der vor einigen Jahren erst mit viel Liebe zum Detail generalrenovierte Innenraum: die damastähnliche, grün-weiße Dekoration der Wände mit ihren Marmorintarsien, die Deckenfresken, der mit steinernen Flechtornamenten kunstvoll dekorierte Boden. Zentraler Blickfang ist der von Giuseppe Pozzo verschwenderisch gestaltete Hochaltar mit seinem Tabernakel aus Lapislazuli. Einen Höhepunkt der Ausstattung stellt in der ersten Kapelle des linken Seitenschiffes Tizians um 1550 entstandenes, ungemein suggestives Bildnis des «Martyriums des hl. Laurentius« dar.

Campo dei Gesuiti 4885, Mo–Do 10.30–13, 16–18.30, Fr 10.30–13, 15–19 Uhr, Linee 12, 13, 22, 4.1., 4.2., 5.1., 5.2., Stazione Fondamenta Nuove, Eintritt frei

Museen

Ostrom an der Adria

⑬ Museo Dipinti Sacri Bizantini: Nach dem Vormarsch der Osmanen und dem Fall Konstantinopels 1453 stellten Griechen die, abgesehen von der jüdischen, größte nicht katholische Gemeinde der Stadt. In ihrer ehemaligen Scuola di San Nicolò ist seit 1959 ein Ikonenmuseum untergebracht. An die 80 zum Teil über 600 Jahre alte Kultbilder aus der sogenannten kretischen Schule machen die Sammlung im Verbund mit kostbaren illuminierten Handschriften, Paramenten und liturgischem Gerät zur wohl bestsortierten in Europa.

Ponte dei Greci 3412 (Istituto Ellenico), T 041 522 65 81, www.istitutoellenico.org, Linee 1, 2, 4.1., 4.2., Stazione S. Marco S. Zaccaria, tgl. 9–17 Uhr, Eintritt 6 €

Rokoko meets Moderne

⑮ Museo della Fondazione Scientifica Querini-Stampalia: Ob Faust- oder Stierkampf, Ballspiel oder Ruderregatta, Redoute, öffentliche Tombola oder Travestie, ob Morgenspaziergang oder prunkvoller Abendempfang, Bußprozession oder Begräbniszeremonie, aber auch Dogenkrönung, Richtersitzung oder Zusammenkunft des Großen Rates: Wer sehen will, wie die Venezianer zur Zeit des ausgehenden 18. Jh. ihr privates und öffentliches Leben inszenierten, der pilgere in den Palazzo Querini Stampalia. Nur wenige Maler haben das soziale, religiöse und politische Geschehen im alten Venedig so vielfältig, genau und volksnah auf Leinwand gebannt wie Gabriel Bella und Pietro Longhi. Und in keiner anderen Bildersammlung sind die beiden auch nur annähernd so umfangreich vertreten wie in dieser. Die Pinakothek umfasst eine Fülle hervorragender Werke Alter Meister, von Giovanni Bellini, Lorenzo di Credi und Jacopo Palma Il Vecchio bis Bernardo Strozzi, Giambattista Tiepolo und Antonio Canova. Auch die Ausstattung der insgesamt 20 Schauräume mit originalen Rokoko-Möbeln, kostbaren Globen, Textilien, Spiegeln, Stuckdecken und grandiosen Murano-Lüstern ist ein wahrer Augenschmaus.

Doch mit am tiefsten graben sich wohl bei jedem Besucher die entzückenden Genre-Bilder ins Gedächtnis. Longhi, 1701 in Venedig geboren, ist mit zahlreichen Jagd- und Jahrmarkts- und volkstümlichen Tanzszenen sowie dem Zyklus »Die sieben Sakramente« vertreten. Seine Porträts und Figurenensembles zeigen Angehörige aller Klassen, von der Aristokratenfamilie über den Inselbauern bis zum Wahrsager, Gaukler und Akrobaten. Sie weisen ihren Schöpfer als hellwachen Chronisten mit einem feinen Sensorium für die sozialen Zustände und zugleich als liebenswürdig schelmischen Geistesverwandten des Komödiendichters Carlo

TOUR
Schönes Rendezvous mit dem Tod

Ein Ausflug zur Friedhofsinsel San Michele

Vom Vorbeifahren auf dem Weg nach Murano kennen vermutlich viele Venedigbesucher den Friedhof der Stadt. Insofern sind seine weißumrandeten Backsteinmauern, die hohen Zypressen, die wie Trauerkerzen aussehen, und auch die Capella Emiliana an der Nordwestecke des Inselchens ein durchaus vertrauter Anblick. Doch nur die wenigsten gehen jemals bei der Stazione Cimitero an Land, um die finale Ruhestatt der Einheimischen aus der Nähe kennenzulernen. Was schade ist, denn ein Besuch **San Micheles** ㉓ vermittelt erhellende Einblicke in das Verhältnis der Venezianer zu den letzten Dingen. Außerdem kann man hier einigen prominenten Wahlvenezianern seine Reverenz erweisen, und, dem emsigen Treiben der Altstadt nah und fern zugleich, wunderbar Stille tanken. Schließlich wirkt jener Ort, an dem der Tod in Venedig buchstäblich zuhause ist, zumindest an hellen Sommertagen keineswegs bedrückend – eher als ein heiteres Elysium denn eine dunkel-mysteriöse Toteninsel à la Arnold Böcklin.

Am Eingang des Friedhofs überreicht Ihnen der Pförtner auf Wunsch einen kostenlosen Lageplan.

Der duftige Eindruck steigert sich beim Ausstieg vom Vaporetto. Denn da zieht linker Hand ein pittoreskes Gebäudeensemble, hellstrahlend und von anmutigen Proportionen, alle Aufmerksamkeit auf sich: Die Kirche **San Michele in Isola** wurde 1469–78 nach Plänen Mauro Codussis errichtet und gilt als erstes im Stil der Renaissance errichtetes Gotteshaus im damals noch gotisch geprägten Venedig. Ungewöhnlich war neben der neuen Formensprache mit Pilastern, Segmentgiebeln und Muschelmotiven auch die Verwendung des weißen Steines aus Istrien für die Fassade. Auch wenn die Ausstattung des dreischiffigen Kircheninneren leider nicht hält, was das reizvolle Äußere verspricht, sollten Sie durchaus einen Blick hineinwerfen.

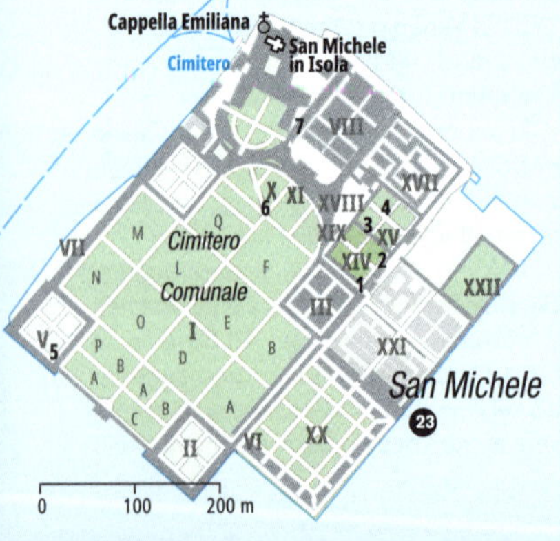

Infos

G/H 1/2

Cimitero di San Michele: Geöffnet April–Sept. tgl. 7.30–18, Okt.–März bis 16 Uhr. San Michele di Isola und Cappella Emiliana: nur werktags vormittags, Eintritt frei.

Die Friedhofsinsel liegt ca. 1 km nördlich der Altstadt. Die Zufahrt erfolgt mit Vaporettos der Linien 4.1 oder 4.2 von den Stationen Fondamente Nove bzw. Murano.

Lohnender ist der in die links angrenzende **Cappella Emiliana,** ein um 1530 von Guglielmo di Grigi genannt Bergamasco auf sechseckigem Grundriss erschaffenes Renaissancejuwel. Sein Inneres wartet mit hervorragend gearbeiteten Reliefs, Marmoraltären und einem polychromen Steinfußboden auf.

Die Insel war seit dem frühen 13. Jh. Sitz einer Kamaldulenser-Einsiedelei. Das zugehörige Kloster war für seine reich bestückte Bibliothek und das Skriptorium bekannt. Die Karriere San Micheles als Totenacker begann Anfang des 19. Jh. mit zwei autoritären Federstrichen: Es war Napoleon, der per Dekret die Auflösung der Einsiedelei anordnete. Parallel verbot er aus sanitären Gründen die bis dahin übliche Bestattung in der Altstadt und bestimmte das Inselchen San Cristoforo della Pace zum neuen und künftig einzigen kommunalen Friedhof. Dieser wurde wenig später wegen akuter Platznot um das benachbarte San Michele erweitert. Die nach einem Generalplan konzipierte Gesamtanlage war 1876 fertiggestellt.

Ein Rundgang führt vom Eingang zunächst in drei von halbkreisförmigen Grabwänden umfasste Bereiche. Hier ruhen in der Gruftkapelle sowie in den für italienische Friedhöfe so charakteristischen Schubladengräbern vor allem Priester, Ordensangehörige und Militärs. Dahinter, nach Osten hin, erstreckt sich, in grasbewachsene Karrees unterteilt, die Zone der Erdgräber. Sie präsentiert sich sorgsam gepflegt, mit Kieswegen zwischen weißen Marmorkreuzen, Plastikchrysanthemen und vergilbenden Gedenkfotos.

Nicht nur Friedhofsromantikern ist zu empfehlen, hier ein Weilchen ziellos durch das Areal zu flanieren und dabei die teilweise sehr aufwendig und kunstvoll gestalteten Gräbern in Augenschein nehmen. Mit dem Plan in der Hand lässt sich aber auch zielstrebig den prominenten Toten des Gottesackers die Reverenz erweisen: Der Namhafteste unter ihnen dürfte wohl **Igor Strawinsky (1)** sein, dem die Stadt nach seinem Tod 1971 die sehr seltene Ehre einer Totenmesse in Santi Giovanni e Paolo, der Begräbniskirche der Dogen, erwies. Er liegt, Seite an Seite mit Gattin Vera, in seinem von Giacomo Manzù denkbar schlicht gestalteten Grab, im Bereich

Übrigens: In dem einstigen Kloster zeichnete Mitte des 15. Jh. der Mönch Fra Mauro auf Basis der Erzählungen venezianischer Seefahrer jene berühmte, heute in der Biblioteca Marciana aufbewahrte Weltkarte, mit deren Hilfe Kolumbus die Neue Welt entdeckte – und indirekt Venedigs Dominanz im Welthandel brach.

Georgy Frangulyans Skulptur »Dantes Barke« (2007) scheint vor den Fondamente Nuove über dem Wasser zu schweben. Sie zeigt den Dichter, wie er Vergil den Weg zur Toteninsel weist.

der Griechisch- und Russisch-Orthodoxen (Sektor XIV). Wenige Schritte nur entfernt ruht, ebenfalls in den Nichtkatholiken vorbehaltenen und merklich weniger gepflegten Sonderzonen, Strawinskys kongenialer Mitstreiter, der Choreograf und Gründer der legendären Kompagnie »Ballets Russes«, **Sergej Diaghilew (2;** 1872–1929). Freunde meisterhafter Lyrik halten im Sektor der Protestanten vor dem schlichten Grab des Literaturnobelpreisträgers **Joseph Brodsky** inne **(3,** 1940–96); sowie vor der efeuumrankten, mit keinem Vers, keinem Namen, sondern denkbar puristisch dem bloßen Namen versehenen Steinplatte, unter der der US-amerikanische Dichter **Ezra Pound (4;** 1885–1972) seine letzte Ruhe fand.

Liebhaber moderner Musik pilgern zu den letzten Ruhestätten von **Ermanno Wolf-Ferrari (5;** 1876–1948; Sektor V im äußersten Südwesten) und dem 1990 verstorbenen Komponist **Luigi Nono (6)** im westlichen Halbkreis nahe dem Eingang. Beachtung verdient auch, ganz in der Nähe, unter der ersten Arkade des großen Kreuzgangs, das Grab **Christian Dopplers (7)**, jenes genialen Mathematikers und Physikers (1803–53) aus Salzburg, der den nach ihm benannten Doppler-Effekt in der Akustik und Optik entdeckte.

Für die jüngste Erweiterung des Friedhofs in der Nordostecke zeichnet kein Geringerer als David Chipperfield verantwortlich. Der britische Stararchitekt schuf in Analogie zu der älteren Gräberstruktur eine Reihe rechteckiger, durch enge Gassen verbundener Höfe – eine in ihrer schnörkellos-strengen Schlichtheit faszinierende Raumkomposition.

Postskriptum zu einem chronischen Problem aller Venezianer, der Raumnot: Auf San Michele finden wegen des hohen Salzgehalts des Bodens, der den Verwesungsprozess stark verzögert, kaum noch Erdbegräbnisse statt. Die Leichen werden vielmehr, in Wänden übereinander gestapelt, in luftdichten Nischen aufbewahrt. Nach wenigen Jahrzehnten entnimmt man die Gebeine und äschert sie ein. Die **Ossarien** (Knocheninseln) wie Santa Giustina nahe der Sile-Mündung oder das zwischen Torcello und dem Festland gelegene Inselchen Sant'Ariano sind seit Generationen außer Gebrauch. Gegen Ende des 20. Jh. wurde es trotz dieses platzsparenden ›Rotationsprinzips‹, und obwohl sich mittlerweile die Mehrheit der Venezianer auf dem Festland beerdigen lässt, erneut eng. Deshalb wurde der Friedhof in den letzten Jahren zum Nordosten hin durch Aufschüttungen erweitert.

Goldoni, eines Zeitgenossen, aus. Für den 30 Jahre jüngeren Bella, ebenfalls ein echter Sohn der Lagunenstadt, ist für seine Dutzenden, deutlich großformatigeren Alltags- und Festszenen, deren Reiz auch in ihrer detailgetreuen Dokumentation der Stadt- und Architekturlandschaft liegt, sogar ein eigenes Kabinett reserviert. Zudem veranstaltet die Stiftung immer wieder temporäre Ausstellungen, Installationen und Workshops zu aktuellen Themen. Im Erdgeschoss befindet sich ein nettes Café (Di–So, Fei 10–19 Uhr).

Campo Santa Maria Formosa 5252, www.querinistampalia.it, Linee 1, 2, 4.1., 4.2., u. a. Stazione S. Marco S. Zaccaria, Di–So 10–18 Uhr, Eintritt 14 €

Pantheon der Seerepublik

㉔ **Museo Storico Navale:** Galeeren, Gondeln und Galeassen, Fischer-, Prozessions- und Segelboote, aber auch moderne Schlachtschiffe und Ozeandampfer: Wer sich für das maritime Erbe der Markusrepublik interessiert, findet im Schifffahrtsmuseum sein Eldorado. Kein zweiter Ort ruft so eindrücklich in Erinnerung, wie untrennbar Venedigs Schicksal seit alters mit der Lagune und dem Meer verwoben ist. Nirgendwo sonst im gesamten Adriaraum findet sich die mehr als tausendjährige Geschichte der zivilen und militärischen Schifffahrt auch nur annähernd so reich dokumentiert. Wer durch die auf fünf Etagen verteilten 42 Räume jenes ehemaligen Kornspeichers wandert, den Italiens Marine nach dem Ersten Weltkrieg als Museum adaptierte, kann Aberhunderte Modelle aller nur erdenklicher Wassergefährte genauestens begutachten. Hinzu kommt eine immense Fülle an Navigationsinstrumenten, Karten, Globen, Gemälden, Stichen, Waffen, Uniformen, Büsten, Standarten und sonstigen Militaria.

Das wohl spektakulärste Schaustück ist die Nachbildung des berühmten Bucintoro. Auf einem solchen Festschiff pflegten die Dogen einmal jährlich zum Gedenken an die Eroberung der dalmatinischen Küste hinaus auf die Adria zu fahren und symbolisch einen Ring zu versenken. Das Zeremoniell der »Vermählung mit dem Meer« wird bis heute im Zuge der Festa della Sensa nachgespielt. Das gezeigte Modell wurde 1828 angefertigt und entspricht dem letzten Exemplar, das in Originalgröße 1728 vom Stapel lief. Es zeugt sowohl von der grenzenlosen Prunksucht der venezianischen Elite am Vorabend ihrer Entmachtung als auch von der Detailliebe und stupenden Fertigkeit der Kunstschnitzer.

Ungleich schlichter, aber in ihrer Vielfalt ebenfalls faszinierend sind die verkleinerten Replikate jener Frachtkähne und -barken, mit denen Venedigs Händler ihre Güter über die Lagune beziehungsweise die Kanäle und Flüsse des Festlands beförderten. Sie heißen Batelon, Batella oder Bragozzo, Peata, Rascona oder Topo, sind meist mit Segeln bestückt und zeugen von einer sehr spezifischen Schiffertradition, die auf manchen Laguneninseln in Resten noch heute lebendig ist. Der Nachbarraum ist dem unverzichtbaren Thema Gondel gewidmet – ihrer Konstruktion, der Entwicklung ihrer Formen. Glanzstück ist die einstige Privatgondel von Peggy Guggenheim. Eine Art Ehrenhalle für Venedigs Admiralität bildet der Eingangsbereich im Erdgeschoss. Der Geschichte der gesamtitalienischen Marine, aber auch der Erinnerung an die Präsenz der K.-u.-k.-Kriegsflotte in der Oberen Adria ist der zweite Stock gewidmet.

Einen faszinierenden Kosmos der Nautik und des Bootsbaus stellt der **Padiglione delle navi** – der im Norden direkt an das Museum grenzende »Pavillon der Schiffe« – dar. In den weitläufigen, ursprünglich zur Ruderherstellung genutzten Hallen aus dem 16. Jh., die unter Mitverwaltung des Schifffahrtsmuseums stehen, werden weitere historische Wasserfahrzeuge präsentiert.

Riva San Biagio 2148, T 041 240 52 11, www.visitmuve.it, Linee 1, 4.1., 4.2., Stazione Arsenale, Mi–Mo 11–17 Uhr, Eintritt 10 €

Verstecktes Juwel

㉕ Palazzo Grimani: Hinter einer vergleichsweise bescheidenen Fassade überrascht dieser öffentlich zugängliche, aber zu Unrecht wenig besuchte Palast mit einer hochkarätigen manieristischen Ausstattung: steinerne Mosaikböden, Wände und Decken reich stuckiert und kunstvollst bemalt – und alles famos restauriert. Eine Augenweide! In einem Nebentrakt werden Sonderschauen mit moderner Kunst gezeigt.

Ramo Grimani 4858, T 041 241 15 07, Reservierung T 041 520 03 45, Linee 1, 2, 4.1., 4.2., u. a. Stazione S. Marco S. Zaccaria, Di–So 10–19 Uhr, Eintritt 12 €, Okt.–März jeden 1. So im Monat Eintritt frei, Kombiticket mit Galleria Franchetti um 17 €

Essen

Für Freunde guten Fischs

1 Al Covo: Es mag wohl an der Nationalität von Patron Cesare Benellis charmanter Gattin, Diane, liegen, dass hier mit Vorliebe Feinschmecker von jenseits des großen Teiches einkehren. Sie tun gut daran. Die Fischküche in dieser gepflegten Trattoria ist nämlich stets sehr gut, bisweilen exzeptionell. Auch wer gute Weine und üppige Süßspeisen liebt, kommt hier voll auf seine Rechnung.

Campiello della Pescaria 3968, T 041 522 38 12, www.ristorantealcovo.com, Linee 1, 2, 4.1., 4.2., 5.1., 5.2., Stazione S. Zaccaria, Do–Mo 12.45–14, 19.30–22 Uhr, €€€

Famose Fischgerichte

2 Da Franz: Nicht nur zur Zeit der Biennale ist es schwer, in dieser vor allem für seinen Fisch weithin gerühmten Hostaria spontan einen Tisch zu ergattern. Allzu behaglich sitzt es sich in dem eleganten, von Maurizio Gasparini mit viel Charme geführten Lokal und auch an den Tischen draußen am Kanal. Und, wichtiger noch: Allzu herrlich lässt sich's hier schmausen. Highlights der Küche sind die *seppie* (Tintenfisch), der gegrillte Aal und, aus der Vielzahl der hausgemachten Desserts, das Tiramisu. Nicht ohne Grund geben sich bei »Franz« bisweilen auch TV- und Filmstars die Ehre. Auch der Weinkeller präsentiert sich bestens bestückt.

Salizada San Antonin 3499, T 041 522 08 61, www. hostariadafranz.com, Linee 1, 2 u. a., Stazione Giardini, Mi–Mo 19–2 Uhr, Mitte Nov.–Mitte März Di, Jan. komplett geschl., €€€

Gehoben, aber ohne Schischi

3 Alle Testiere: Nur neun Tische zählt diese so schnörkellos wie stilvoll gestaltete Osteria. Doch was auf ihnen landet, ist eine wärmste Empfehlung wert. Bruno und Luca, die beiden Wirte, verwenden wo immer möglich lokale Rohware, Fisch, Gemüse, Kräuter, Gewürze aus der Lagune und ihren Inseln. Auch die Rezepte und mehr als hundert feine Weine sind lokaler Provenienz und die Kochkünste durch die Bank famos. Hochinfektiös ist die sehr herzliche Atmosphäre.

Calle del Mondo Novo 5801, T 041 522 72 20, www.osterialletestiere.it, Linee 1, 2, Stazione Rialto, Di–Sa 12–15, 19–23 Uhr, €€

Kulinarisches Highlight

4 Corte Sconta: Das eher schlichte Interieur darf nicht darüber hinwegtäuschen, dass es sich bei diesem etwas versteckt, ein paar Gassenwindungen westlich des Arsenal-Eingangs gelegenen Lokal um ein famoses – und nicht eben billiges – Fischrestaurant handelt. Das *risotto di scampi* z. B., die *moscardini* (kleinen Tintenfische) oder *schie* (Shrimps aus der Lagune) mit Polenta munden eins a. Da darf man in Ermangelung einer Speisekarte getrost auf die Empfehlung der Hausherrin vertrauen. Auch die Weinliste ist mehr als beachtlich, und der von Weinlauben umrankte Hinterhof ein Idyll.

Calle del Pestrin 3886, T 041 522 70 24, www.cortescontavenezia.com, Linee 1, 4.1/2,

Wo kehren trendige Backpacker ein? Im Caffè Ai Crociferi! Das Konventsgebäude, das den Hof umschließt, beherbergt ein hippes Hostel.

Stazione Arsenale, Di–Sa 12.30–14.30, 19–22 Uhr (Mitte Juli–Mitte Aug. u. Jan. geschl.), €€€

Ideal nach dem Biennale-Besuch

5 **Giorgione:** Hervorragendes Angebot gegrillter Fische und Meeresfrüchte in nettem Ambiente zu vernünftigen Preisen. Speziell probierenswert: die frittierte Fischplatte, Fischrisotto, der gebackene Steinbutt und *Spaghetti alla busera* (mit Garnelen). Nicht selten greift Betreiber Lucio Bisutto, dem übrigens auch die zwei Minuten weiter westlich, ebenfalls an der Via Garibaldi gelegene **Osteria Al Garanghelo** gehört, abends zur Gitarre und gibt alte venezianische Lieder zum Besten.

Via Garibaldi 1533, T 041 522 87 27, www.ristorantegiorgione.it, Linee 1, 2 u. a., Stazione Giardini, Do–Di 11.30–15.30, 18–22.30 Uhr, €

Kleinigkeiten für Kunstfreunde

15 **Caffè Letterario:** Im Palazzo Querini-Stampalia, budgetschonend den Hunger stillen, in der netten, puristisch gestylten Mensa der Fondazione Querini Stampalia, im Sommer auch im zugehörigen grünen Innenhof: Toast, Brötchen, Salate oder auch nur ein Kaffee oder Cocktail und mittags ein dreigängiges, frisch zubereitetes Menü um 10 €.

Campo Santa Maria Formosa 5252, T 0345 1406 072, www.querinistampalia.it, Linee 1, 2 u. a., Stazione S. Marco S. Zaccaria, Di–So 10–19 Uhr, €–€€

Labsal für Leib und Seele

6 **Ai Nevodi:** Typischer kann man mit der Cucina Veneziana nicht auf Tuchfühlung gehen. Ob mit Schätzen aus der Adria belegte *cicchetti* (herrlich pikant: der Stockfisch, *baccalà alla vicentina*) oder die Fischsuppe, ob die Paste mit Pista-

zienpesto bzw. Sardellen-Zwiebel-Sauce *(bigoli in salsa)*, ob Steak, Octopus oder Pilzrisotto … Kein Wunder, dass in dieser gemütlichen Trattoria einheimische und von weit zugereiste Fans solcher Spezialitäten scharenweise in trauter Eintracht schlemmen.

Via Giuseppe Garibaldi 1788, T 041 241 1136, Linee 1, 4.1/2, Stazione Arsenale (bzw. Giardini), tgl. 12–16, 18–23 Uhr, €€

Süßes & mehr

7 **Hopera:** Kein Ausbund an Heimeligkeit und Lokalkolorit, aber tadellose Paste, Pizze, Salate, auch Homemade-Süßspeisen in fairem Preis-Leistungs-Verhältnis, dazu feiner Kaffee, nette Bedienung und Open-Air-Tische mit unterhaltsamem Promenadenblick. Alternative für den raschen Hunger, das Gläschen Wein zwischendurch, zwei Gehminuten westwärts an derselben Seite: die **Bar El Refolo** (Sa/So 12–24, Di–Fr 17.15–24 Uhr).

B

BILLIG IST DAS VERGNÜGEN JA NICHT …

… doch das Panorama auf die Stadt und das San-Marco-Becken, das man vom Dachrestaurant des berühmten **Hotel Danieli** 3 genießt, ist genau genommen unbezahlbar. Dazu kommt, dass die mediterranen und regionalen Spezialitäten, die man kredenzt, wie bei der Adresse nicht anders zu erwarten, köstlich munden. Elegante Kleidung ist allerdings obligat! (Riva degli Schiavoni 4196, Innenrestaurant ganzjährig, tgl. 12–15, 19–22.30 Uhr; Nachmittagssnacks auf der Open-Air-Terrasse ca. Ende April–Ende Sept. tgl. 15–18, Sonntagsbrunch 12.30–15 Uhr, Reservierung unter T 041 522 64 80, €€€).

Via Garibaldi 1386, T 041 520 11 30, Linee 1, 4.1/2, Stazione Arsenale, tgl. 7–24 Uhr, €–€€

Gemütlich und schmackhaft

8 **Ai Barbacani:** Unter den 700 Jahre alten Holzbalken dieses ehemaligen Kohledepots, an schlichten Holztischen vor offenem Kamin, sitzt sich's überaus gemütlich. Vor allem aber trägt zum Wohlbefinden die herzhafte, Venedigs kulinarischen Traditionen verpflichtete Küche bei (Schwerpunkt Fischgerichte). Und das zu moderaten Preisen.

Calle del Paradiso 5746, T 041 521 02 34, www.barbacani.com, tgl. 11–23 Uhr, €€

Mit Livemusik

9 **Bacarando Ai Corazzieri:** Heimelige Trattoria mit schöner, überdachter Sommerterrasse um die Ecke zum Campo Bandiera e Moro. Vielfältige Fleisch- und Fischspezialitäten, köstliche hausgemachte Desserts, nett, familiäre Führung. Ein-, zweimal die Woche Livejazz.

Salizzada del Pignater 3839, T 041 523 82 80, www.bacarando.com, Linee 1, 4.1/2, Stazione Arsenale, tgl. 11.30–24 Uhr, €€

Speziell für Fischliebhaber

10 **Al Mascaron:** Das Restaurant wird von Einheimischen viel frequentiert und ist deshalb so gut wie immer überfüllt. Das Ambiente ist eher unscheinbar, die Küche dafür umso besser und das Preis-Leistungs-Verhältnis absolut fair. Hervorhebenswert: der opulente Antipasti-Teller und die teilweise recht ausgefallenen Fischspezialitäten.

Calle Lunga Santa Maria Formosa 5225, T 041 522 59 95, www.osteriamascaron.it, Linee 1, 2 u. a., Stazione Rialto oder S. Marco S. Zaccaria, Di–Sa 12–15, 19–23 Uhr, €€

Pizzeria der anderen Art

11 **Alla Strega:** Die Einkehr in der ›Pizzeria zur Hexe‹, zwei Minuten östlich von Santi Giovanni e Paolo, ist vor allem Fa-

milien zu empfehlen. Denn die ›schaurige‹ Dekoration verspricht den Kleinen Gruselspaß. Über 60 verschiedene Pizzavariationen zieren, nebst *cicchetti* und anderen Speisen, die Karte. Im Sommer sitzt man unter alten Weinreben im Garten.

Barbaria delle Tole 6418, T 041 528 64 97, Linee 4.1/2, 5.1/2, 22, Stazione Ospedale, Di–Sa 12–15, 19–22, So nur 12–15 Uhr, €

Feines vom Schuppentier

12 Da Alberto: Die Atmosphäre ist einladend, das Preisniveau, zumal angesichts der Riesenportionen, absolut erschwinglich. Die Speisekarte strotzt, von Scampi, Seebarsch oder Stockfisch bis Fischrisotto oder -gnocchi, vor köstlich zubereiteten Spezialitäten. Tipp zum Brunch: die warmen Fischfrikadellen mit einem Gläschen Hauswein, täglich spätvormittags frisch aus dem Ofen.

Calle Giacinto Gallina 5401, T 041 523 81 53, www.osteriadaalberto.it, Linee 1, 2, Stazione Rialto bzw. Linee 4.1/2, 5.1/2, 12, 13, 22, Stazione Fondamente Nuove, tgl. 10.30–15, 18.30–23 Uhr, €€

Bar-Pasticceria-Juwel

13 Da Chiusso: Galle bitte mal kurz weghören! Oder besser für eine Extra-Arbeitsschicht rüsten! Denn an all den verführerisch-süßen, unwiderstehlichen Kalorienbomben, mit reichlich Buttercreme überzogenen Schokoladetörtchen etwa, dem Tiramisu, den Vanille-Croissants oder dem Rumkuchen *baba* kann und darf man nicht vorbeigehen. Dass in dieser liebenswerten, familiengeführten Konditorei auch der Mocca oder Cappuccino exzellent mundet, den man an der Theke lehnend kippt, versteht sich von selbst.

Salizzada dei Greci 3306, T 041 523 16 11, Linee 1, 2, Stazione S. Marco S. Zaccaria, Do–Di 7–20 Uhr

Gourmet-Treff

14 Al Giubagio: Wer hier auf sein Vaporetto Richtung Murano wartend nur kurz hereinschaut, könnte meinen, es handele sich um eine, zugegeben überdurchschnittlich schicke Panini-Bar. Ihr wahres Können offenbaren Alberto, Giulio, Paolo und ihr Team erst im originell designten Hinterzimmer: Zwischen Ziegelwänden und Flaschenregalen – oder im Sommer auf der Terrasse mit Blick auf die Friedhofsinsel San Michele – genießt man eine mehr als gehobene, zeitgemäß kreative Küche und dazu die äußerst smarte Bedienung.

Fondamente Nove 5039, T 041 523 60 84, www.algiubagio.net, Linee 12, 13, 22, 4.1/2, 5.1/2, Stazione Fondamenta Nove, Mi–Mo 7–23 Uhr, €€–€€€

Zeitgeist hinter Klostermauern

15 Caffè Ai Crociferi: Auf einen solch erfrischenden Mix aus Frühstückslokal, Veggie-Restaurant und Bacaro-Bar hat Venedig lange gewartet. Er ist Teil des zur Zeit wohl hipsten Hostels der Stadt – dem »Combo« im ehemaligen Konvent Ai Crociferi, und hat sich entsprechend binnen Kurzem zum In-Treff von Studenten, stilbewussten Backpackern Hipsters & Co. gemausert. Man sitzt im weiträumigen Hof des über 800 Jahre alten Ziegelgemäuers, in seinen im Industrie-Shabby-Schick gestylten Innenräumen oder lässt sich auf der Terrasse am Kanal eine kühlende Brise um die Nase wehen. Und ergötzt sich wahlweise am Aperitivo, Cappuccino, an feinen *cicchetti,* Sandwiches oder Salaten. Abends gibt's manchmal kostenlos Livemusik oder DJs zu hören. Ideal als Ort zum Verschnaufen, etwa auch nach der Rückkehr von einer Tour zu den Inseln der nördlichen Lagune.

Campo dei Gesuiti 4878, T 041 528 61 03, Linee 12, 13, 22, 4.1/2, 5.1/2, Stazione Fondamente Nove, Bar-Restaurant: tgl. 7.30–23.30 Uhr, €

Café im Stehen

16 Al Todaro: siehe Tipp S. 124.

Im Hof der Libreria Acqua Alta sind die Bücher noch mannshoch auf dem Boden, im Inneren jedoch vorbeugend schon mal in alten Booten und Badewannen gestapelt.

Kreative Idylle zum Entspannen

17 **Serra dei Giardini:** siehe Tipp S. 130.

Kaffee mit Aussicht

18 **Rosa Salva:** siehe Lieblingsort S. 138.

Einkaufen

Edle Maßschuhe

1 **Giovanna Zanella:** Sie ging bei Rolando Segalin, dem Großmeister unter Venedigs Maßschustern, in die Lehre und ist dessen höchsten Qualitätsansprüchen verpflichtet. Doch ihre Kreationen sind, im Gegensatz zum klassischen Schuhwerk des Maestro, schräg in der Form, federleicht und oft poppig-bunt. So umfasst ihre Kollektion Paare in Form von Gondeln oder nackter Füße mit lackierten Zehennägeln, andere sind mit Blütenblättern verziert. Kein Wunder, dass sich Giovanna des Ansturms kaum erwehren kann. Wer zum ersten Mal in ihrer kleinen Werkstatt-Boutique Platz nimmt, bekommt zunächst seine persönlichen Leisten angefertigt. Die Wartezeit ab Tag der Order beträgt rund zwei Monate, der Preis für Damenschuhe mindestens 500 €, für Stiefel bis zu 900 €. Ein Paar edler Trotteure für den Herren kommt auf 700 €, Minimum. Doch kommen bisweilen auch fertige Schuhe zum Verkauf.

Campo San Lio 5641, T 041 523 55 00, www.giovannazanella.com, Linee 1, 2, Stazione Accademia, Mo–Sa 9.30–13, 15–19 Uhr

»Mascareti« und Kostüme

2 **Flavia:** Bei Flavia gibt es handgemachte, teilweise blattvergoldete Masken aus Papiermaché. Neben diesen Kostbarkeiten verleiht der Laden außerdem authentische Karnevalskostüme und Smokings

von bester Güte. Das Angebot ist auch online einsehbar.

Campo Corte Spechiera 6010, T 041 528 74 29 oder 347 139 34 01, www.veniceatelier.com, Linee 1, 2, Stazione Rialto, Mo–Sa 10–18 Uhr

Glaskunst einmal anders

3 **Muranero:** Der Senegalese Moulaye Niang alias Muranero ging bei Meistern der Glasbläserkunst in Murano in die Schule und kreiert in seinem Ateliershop Perlen, Hals- und Armbänder – Afrikas Phantasie lässt grüßen – mit faszinierenden Farbkombinationen. Jedes Stück ist ein Unikat. Auch bietet er Kurse an, in denen man unter Anleitung seine eigenen Perlen fabrizieren lernt (ab 100 € p. P.).

Salizzada del Pignater 3545, T 033 84 50 30 99, www.collectionmuranero.art, Linee 1, 4.1/2, Stazione Arsenale, tgl. 11–19 Uhr

Geniales Chaos

4 **Libreria Acqua Alta:** Aus der Not, bei Flut immer wieder kniehoch im Brackwasser zu waten, hat der Buchhändler Luigi Frizzo auf ziemlich exzentrische Weise eine Tugend gemacht: Seine Riesenbestände an neuen und antiquarischen Büchern in diversen Sprachen lagert er ohne ersichtliche Ordnung nicht bloß in Regalen, sondern auch in alten Kanus, Fässern, Badewannen und einer originalen Gondel gestapelt. Im Hinterhof hat er sogar eine massive Treppe aus Büchern ›gemauert‹. Was den Überblick erschwert, die Lust aufs Geratewohl zu stöbern indes spürbar steigert.

Calle Lunga Santa Maria Formosa 5176b, T 041 296 08 41, Linee 4.1/2, 5.1/2, 22, Stazione Ospedale, tgl. 9–19 Uhr

Bücher-Schatztruhe

5 **Libreria Miracoli:** In dieser von Claudio Vascon, einem Buchhändler wie aus dem Wunschkatalog altmodischer Bibliophiler, kenntnisreich verwalteten Papierhöhle findet man rare Titel zur Kunst- und Kulturgeschichte Venedigs, auch deutsch- und englischsprachig, sowie Comics, Poster, Vintage-Postkarten ...

Campo Santa Maria Nova 6062, T 041 523 40 60, Linee 1, 2, Stazione Rialto, tgl. 10–18 Uhr

Gutes Schuhwerk

6 **Kalimala:** Schick und schlicht zugleich sind die Sneaker, Stiefeletten, Sandaletten und Halbschuhe für sie und ihn, die Roberto Zuttion in seinem Atelier seit 1997 aus Rindsleder in Eigenregie und mit höchstem Qualitätsanspruch herstellt. Außerdem im Sortiment: Taschen, Geldbörsen, Rucksäcke, Gürtel und manches mehr. Pro Paar ist mit 90–180 € zu rechnen.

Salizzada San Lio 5387, T 041 830 65 04, www.kalimala.net, Linee 1, 2, Stazione Rialto, Mo–Sa 9.30–19.30 Uhr

Kuriose Fundgrube

7 **Domino Arte:** Seit der Jahrtausendwende nun schon lädt dieses sympathische Geschäft, mit Verve betrieben vom Venezianer Giancarlo und Valencia aus New Orleans, zum lustvollen Stöbern. Glas- und Keramikstücke, Bronzeskulpturen, Lithografien und Fotografien namhafter Künstler, dazu ein anregendes Kunterbunt an Zier- und Sammelobjekten vielerlei Provenienz.

Via Garibaldi 1649, T 041 277 13 25, www.dominoarte.it, Linee 1, 4.1/2, Stazione Arsenale, Fr–Mi 12–19.30 Uhr

Galleria d’arte

8 **Stefan Popdimitrov:** Aus Bulgarien stammend, beherrscht Stefan eine Vielzahl traditioneller Mal- und Drucktechniken. Als Phantastischen Realismus könnte man seine bevorzugte Stilrichtung bezeichnen. Und auch als Bildhauer verfügt er über schier unbändige Schöpferkraft. Die Auswahl an originellen Kreationen in seinem Verkaufsatelier ist entsprechend groß. Wer ein ganz persönliches Souvenir sucht, sollte den Künstler um ein Porträt

bitten. Ob mit Pinsel, Blei- oder Kohlestift: Das Ergebnis hat mit Sicherheit bleibenden Erinnerungswert.

Calle de la Fraterna/Ponte de la Comenda 3371a, T 0349 5132 754, Linee 1, 2 u. a., Stazione S. Marco S. Zaccaria, So–Freitagsüber bis in den späten Abend geöffnet

Mode mit sozialem Mehrwert

9 **Banco Lotto Nr. 10:** Wer hier zugreift, leistet einen wertvollen Beitrag zur Resozialisierung aus der Lebensbahn geworfener Frauen. Denn dieser Shop ist Teil der Kooperative Il Cerchio (Der Kreis), die sich für die Ausbildung und Wiedereingliederung von Häftlingen in die Gesellschaft engagiert. Sämtliche Ware, alle die schicken, aus hochwertigen Textilien gefertigten und dennoch niedrigpreisigen Kleider, Kostüme, Jacken, Capes, Taschen und Mäntel haben Frauen aus dem Giudecca-Gefängnis selbst entworfen und geschneidert.

Salizzada San Antonin 3478a, T 041 522 1439, Linee 1, 2 u. a., Stazione S. Marco S. Zaccaria, Mo–Sa 9.30–19.30 Uhr

FÜR VERKLEIDUNGSKÜNSTLER

Seit Venedigs Karneval Ende der 1970er reanimiert wurde, sind die Maskenläden wie Pilze aus dem Boden geschossen. **Ca' del Sol** 10 zählt seit einem Vierteljahrhundert zu den absoluten Qualitätsadressen. Als Grundmaterialien dienen Inhaber Amid Sedighi und seinem Team neben Papiermaché u. a. auch Leder, Eisen oder Stoff. Die Rohmasken werden hernach händisch bemalt, mit Federn, Swarovski-Kristallen und mancherlei mehr kunstvoll verziert. Dem Schauraum angeschlossen ist ein Bereich, in dem man, nicht nur zu Karneval, tageweise originalgetreue Masken und Kostüme ausleihen kann. Außerdem veranstaltet Sedighi regelmäßig Kurse, in denen Maskenmacher in spe die Anfertigung von Schablonen und Gießformen sowie diverse Dekorationstechniken erlernen. Diese können, je nach Kundenwunsch, zwischen drei Stunden und fünf Tagen dauern und kosten p. P. ab 120 € (Fondamenta dell'Osmarin 4964, T 041 528 55 49; www.cadelsolmascherevenezia.com, Linee 1, 2 u. a., Stazione S. Marco S. Zaccaria, tgl. 10–22 Uhr).

Bewegen

Öko-Abenteuer

1 **Sestante di Venezia:** Nachhaltigen Tourismus, einen spannenden Mix aus Abenteuer und Umwelterziehung, hat sich das sympathische Team um Fabio Cavaletto, den Gründer dieser Kooperative, auf die Fahnen geschrieben. Seit mehr als 20 Jahren nun schon organisieren sie – für kleine und große Gruppen, auch Familien – Bootsausflüge in die Lagune. Diese führen auf wenig besuchte Inseln, zu Klöstern, Festungsanlagen, in die Schilf- und Salzmarschen. Zur Wahl stehen ein 11- und ein 56-sitziges Gefährt. Auch im Angebot: Tagesausflüge per Rad, z. B. entlang der Nordküste zu Fischfarmen und vergessenen Dörfern im Raum Jesolo-Cavallino oder vom Lido südwestwärts bis Chioggia.

Büro: Calle Oslavia 8, Sant'Elena, T 041 241 39 87 bzw. 0333 156 69 29 (9–18 Uhr), www.sestantedivenezia.it, Linee 1, 4.1/2, 5.1/2, 6, Stazione S. Elena, Preise auf Anfrage

Fitness und Wellness

Auch indoor können Sie im Sestiere Castello Ihre Kondition trainieren: im **Fitness Point** 2 (Calle del Pestrin 6141, Santa Maria Formosa, T 041 520 92 46, www.fitnesspointvenezia.com, Mo–Fr 8–22, Sa 8–15 Uhr) sowie im tadellos ausgestatteten Gym **Palestra Novafit** 3 (Calle Stella 5356, T 0347 229 02 13, Linee 12, 22, 4.1/2, 5.1/2, Stazione Fondamente Nove, Mo–Fr 8–22, Sa 8–15 Uhr) lässt sich der Leib zwischendurch gut auf Touren bringen; wohlige Entspannung indess findet man im **Wellness Center** 4 (Calle Pietà 3697, Riva degli Schiavoni, T 041 318 06 58, http://wellnesscenter venezia.it, Mo, Mi, Fr 8–21, Di, Do 9–21, Sa 9–13 Uhr).

Tifosi auf Zeit?!

5 **Stadio Penzo:** Warum nicht auch in der Lagunenstadt zum Fußballmatch? Der AC Venezia trägt seine Heimspiele im Stadio Penzo auf der ganz im Osten des Centro Storico gelegenen Insel Sant'Elena aus.

Infos: T 041 396 96 00, http://veneziacalcio.wordpress.com (nur auf Ital.), Stazione S. Elena, Tickets ab 12 €

Ausgehen

Bar-Kiosk für Gesellige

1 **Zanzibar:** Good vibrations bei köstlichen, preislich moderaten Drinks, Snacks, Eiscreme und starker Musik vor der unterhaltsamen Menschenkulisse eines Campo, der zu den unbestritten schönsten der Stadt zählt. Perfekt auch für den Abendausklang.

Fondamenta Santa Maria Formosa 5840, T 034 71 46 01 07, Linee 1, 2 u. a., Stazione Rialto oder S. Marco S. Zaccaria, Mo–Do 8–23, Fr–So 8–2 Uhr

Kultplatz für Nachteulen

2 **Enoteca Mascareta:** Gemütlicher In-Treff mit hohem Geselligkeitsfaktor, pikante Köstlichkeiten, famose Weinliste mit über 100 Kreszenzen, vorwiegend aus Italien und Frankreich. Allabendlich im Zentrum des Geschehens: der umtriebige Besitzer Mauro Lorenzon – eine echte Stimmungskanone.

Calle Lunga Santa Maria Formosa 5183, T 041 523 07 44, www.ostemaurolorenzon.it, Linee 1, 2 u. a., Stazione Rialto oder S. Marco S. Zaccaria, tgl. 19–2 Uhr

Zwischenstopp wie sich's gehört

3 **Risorto:** Kreative *cicchetti,* leckere Biere und Weine, gute Cappuccinos plus beste Laune hinter dem Tresen, und das nur wenige Minuten östlich der Piazza San Marco. Kurz: Es handelt sich um eine Bacaro-Bar fast wie aus dem Bilderbuch

Campo San Provolo 4700, T 041 458 73 01, Linee 1, 2 u. a., Stazione S. Marco S. Zaccaria, tgl. 8–1 Uhr

Tolle, kleine Bar

4 **Strani:** Feine *proscutti, salumi, formaggi,* allerlei Frittiertes und jede Menge lecker belegte Brötchen. Dazu offeriert das immer gut gestimmte Betreiberteam süffige *ombre* sowie eine Vielzahl vorzüglicher Aperitifs und – teilweise auch frisch gezapfter bzw. exotischer – Biere; nett zu sitzen und meist bis auf den letzten Platz besetzt: die Tische auf der breiten Flanierzone.

Via Giuseppe Garibaldi 1582, T 041 847 59 11, Di–So 10–1, Mo 18–1 Uhr, Linee 1, 4.1/2, Stazione Arsenale (oder Giardini)

Im stillen Winkel

5 **Vincent:** An der östlichen Peripherie der Altstadt, auf dem Inselchen Sant'Elena, liegt von Touristenströmen weitgehend unbehelligt, diese gute und günstige Snackbar. Vorwiegend Einheimische genießen die preisgünstigen Gerichte, tadellose Paste z. B., Bruschette und Biere, den Charme von Besitzer Vincenzo, vor allem aber die traumhafte Ruhelage unter schattenspendenden Bäume mit Blick auf den angrenzenden Kanal und Grünbereich.

Viale Quattro Novembre 36, T 041 520 44 93, Linee 1, 4.1/2, 5.1/2, 6, Stazione S. Elena, Di–Sa 7–22.30, So 8–22 Uhr

Zugabe

Die einst größte Werft der Welt

Das Arsenal – am Brennpunkt der marinen Macht der Markusrepublik

Sie galt im Mittelalter als größte Industrieanlage Europas und formte das militärische Rückgrat der venezianischen Seemacht: jene Schiffsfabrik im äußersten Nordosten der Altstadt, deren Name, Arsenale (von arab. *dar as-sina'a,* »Haus des Handwerks«), seit dem Mittelalter weltweit als Synonym für Waffenlager gilt. Und deren riesige Hafenbecken und Hallen in dem ansonsten so kleinteiligen Stadtgefüge bis heute einen merkwürdigen Fremdkörper bilden.

Bereits zu Beginn des 12. Jh. existierte an diesem Ort eine freilich noch schmalbrüstige Werft. Schließlich stellte die Beherrschung der Meere schon damals – und in der Folge über viele Jahrhunderte hinweg – eine der Säulen des Gemeinwesens der Serenissima dar. Zwecks Aufbaus einer Flotte ließ bereits im Jahre 1104 der Doge Ordelaffo Falier im Osten der Stadt auf zwei Zwillingsinseln namens Zimole rund um ein Hafenbecken, das über einen Rio mit der offenen Lagune verbunden war, ein paar überdachte Docks errichten.

Der Ausbau dieses ersten Arsenale Vecchio erfolgte schrittweise parallel zum Aufstieg Venedigs – und zum Niedergang der ehemals rund 300 *squeri,* der privaten Werften: Im frühen 14. Jh. wurde es durch den Arsenale Nuovo und 150 Jahre später durch den Arsenale Nuovissimo erweitert. 1460 entstand der monumentale Ingresso di Terra, der Landeingang (s. S. 131). Und im 16. Jh. fügten dem weitläufigen Gebäudekomplex Jacopo Sansovino die ›Schildkröten-Schuppen‹ und Schwimmdocks, Michele Sanmicheli die Halle für den *bucintoro,* das goldverzierte Paradeschiff der Dogen, und Andrea da Ponte die über 300 m langen Hallen für die Seilereien hinzu.

Auf dem Höhepunkt seiner Bedeutung, zu Zeiten der Kriege gegen die Osmanen, umfasste das Areal 46 ha (heute sind es 32). Bis zu 16 000 Männer, Säger, Zimmerer und Kalfaterer, Kanonengießer, (Zwieback-)bäcker, Mast-, Segel- und Rudermacher, fabrizierten damals Handels- und Kriegsgaleeren und Galeassen gleichsam im Akkord. Das extrem emsige Treiben, der Gestank und Lärm, das kochende Pech, inspirierten Dante nachweislich bei seiner Beschreibung der Hölle in der »Göttlichen Komödie«.

Dieses für damalige Zeiten ungeheure Industriekonglomerat war – und ist – von einer 3,5 km langen Mauer umgeben und vom Geheimdienst ähnlich eifersüchtig bewacht wie heute die amerikanischen und russischen Atomwaffen-Arsenale. »Nicht ohne Grund«, schwärmte ein Chronist nach der Schlacht von Lepanto (1571), »wird die Anlage als *arx senatus* gedeutet, als starker Arm des Senats«. Erst zwei Jahre zuvor war das örtliche Pulvermagazin explodiert, wobei Aberhunderte Werftarbeiter ums Leben kamen und das gesamte Arsenal in Trümmer fiel.

Welche Bedeutung die Republik der Großwerft beimaß, wird an den Privilegien deutlich, die sie den dort Arbeitenden, den *arsenalotti,* gewährte: Sie gab ihnen freie Kost und Logis – Letztere in eigens erbauten Reihenhäusern, deren Funktionalität selbst Anfang des 20. Jh. noch anderen Stadtregierungen als Vorbild diente. Sie knüpfte ein soziales Netz, durch das ihre Alten und Kranken versorgt und ihre Kinder erzogen wurden. Und sie überantwortete ihnen die Bewachung des Dogenpalasts.

Dem Arsenal haftet bis heute eine gewisse Aura des Verbotenen an. Öffentlich zugänglich ist (Mo–Fr 10–17 Uhr vom Campo della Celestia aus) nur sein nördlicher Teil, wo Werkstätten und Büros untergebracht sind – darunter die des Betreiberkonsortiums für das Projekt M.O.S.E. (s. S. 267) und des Laborio Thetis, dessen Ingenieure mit Erfolg an zukunftsträchtigen Transport- und Umwelttechnologien tüfteln. Der Hauptbereich ist militärisches Hoheitsgebiet, dient u. a. als Flottenstützpunkt, birgt ein Forschungszentrum der Marine und ist nur im Rahmen sehr seltener Sonderführungen (Info: maristudi@marina.difesa.it) und während der Bootsmesse (www.salonenautico.venezia.it) zugänglich.

Sehr wohl Einblicke in diese geheimnisumwitterte Zone bekommen freilich Biennale-Besucher gewährt. Denn für die Kunstschau, die alle zwei Jahe stattfindet (s. S. 132), werden diverse Bereiche wie etwa die 300 m langen Seilereien (Corderie), die Waffenschmieden (Artiglierie), Schwimmdocks (Gaggiandre) und Hallen zur Segelherstellung (Tese), in Summe rund 5 ha, temporär für Ausstellungszwecke genutzt. ■

Im Arsenal befand sich die weltweit erste Marineschule. Bis heute betreibt Italiens Armee hier eine einschlägige Ausbildungsstätte.

San Polo und Santa Croce

Der Rialto-Bezirk — ist ein quirliges Zentrum des Centro Storico. Die beiden Viertel westlich davon verdrehen Kunstfreunden mit herrlichen Kirchen, Palästen und Museen den Kopf. Doch an vielen Ecken geht es auch gemütlich zu.

Seite 160

Auf den Spuren der Cucina Veneziana

Vom berühmten Fischmarkt unweit der Rialto-Brücke zum Obst- und Gemüsemarkt und danach zu den besten historischen Bàcari dieses Viertels führt diese kulinarische Tour.

Seite 166

Frari-Kirche ✪

Der Kolossalbau der Franziskaner ist ein Juwel der Gotik voller erlesener Ausstattungsstücke – allen voran Tizians revolutionäre »Himmelfahrt« über dem Hochaltar.

Ein Prosecco am Canal Grande bei Sonnenuntergang? Prego!

Eintauchen

Seite 169

Scuola Grande di San Rocco ✪

Achtung, Halsverrenkungsgefahr! Das Bruderschaftsgebäude aus der Hochrenaissance gilt mit seinen weltberühmten Gemäldezyklen Tintorettos als einer der grandiosesten Innenräume Italiens.

Seite 171

San Giacomo dall'Orio

Eines der ältesten Gotteshäuser der Stadt (aus dem 13. Jh.) mit Deckenfresken von Paolo Veronese und drum herum der sehr malerische, baumbestandene Campo laden zur Zeitreise und Rast.

Seite 175

Casa Goldoni

Im Geburtshaus des unsterblichen Bühnendichters tauchen Sie tief in die amüsante Welt der Commedia dell'Arte.

Seite 175

Ca' Pesaro

Das Museo d'Arte Moderna bietet einen faszinierenden Querschnitt durch die Kunst des 19. und 20. Jh.

Seite 176

Palazzo Mocenigo

Einblicke in aristokratische Wohnkultur, Mode und Textilkunst des 17./18. Jh. sowie hochwertigste Textilkunst: Authentischer als in diesem Prachtpalast ist es kaum möglich.

Seite 179

Dine & Wine

Die Gegend zwischen Rialto-Brücke und Pescheria ist zum gastronomischen Szeneviertel geworden. Top-Adressen direkt am Canal Grande sind Naranzaria, Bancogiro und Al Pesador.

Seite 183

Gondeln zum Selberbauen

Gilberto Penzo fertigt in seiner Werkstatt von Hand Modelle diverser venezianischer Boots- und Schiffstypen. Ein Hit für Kinder sind seine Laubsäge-Bausätze.

Im Fischmarkt legen die Händler stolz aus, welch buntes Getier sich – immer noch – in der Adria tummelt.

»Hier in Venedig entsteht ein ewiges Ineinander und Gegeneinander von Wegen und Tönen, durch die Grundelemente Wasser, Luft und Erde.« (Luigi Nono, Komponist)

Das alte Venedig, wie es leibt und lebt

D

Das alte Geschäfts- und Bankenviertel am Rialto, die prächtigen Bruderschaftsschulen von San Rocco oder San Giovanni Evangelista, dazu Museen wie jene in der Ca' Pesaro, dem Fondaco dei Turchi oder Palazzo Mocenigo und Kirchen wie San Rocco, San Polo, San Stae sowie die alles überragende Frari. Sie alle und das Spalier prunkvoller Paläste am Canal Grande machen aus San Polo, dem geografischen Kerngebiet der Altstadt, und dem westlich angrenzenden Sestiere Santa Croce eine an Kunst, Architektur und Atmosphäre besonders reiche Gegend.

Dank der langen Ladenzeilen, die von der Rialto-Brücke westwärts führen, und auch wegen der zahlreichen in Seitengassen verborgenen Boutiquen, Werkstätten und Ateliers ist vor allem San Polo bei Schatz- und Schnäppchenjägern sehr beliebt. Doch der Doppelbezirk, der gewissermaßen die obere Bucht im verkehrten »S« des Großen Kanal ausfüllt, kann auch volkstümlich.

Auf den großen Campi von San Giacomo dell'Orio und San Polo z. B. trifft man auf Dreirad fahrende Kinder, halten Alte, fast wie am Dorfplatz, auf sonnenbeschienenen Bänken ihren Schwatz. Die vielen gemütlichen Osterie und Bacari verströmen Lokalkolorit pur. Noch ruhiger geht es im westlich angrenzenden Sestiere Santa Croce zu. Hier lädt mit dem Giardino Papadopoli sogar ein großer Park zum Durchatmen im Grünen.

O

ORIENTIERUNG

Reisekarte: B–F3–5
Cityplan: S. 164
Startpunkt: Rialto-Brücke (Linee 1 und 2, Stazione Rialto)

San Polo erstreckt sich vom Rialto bis zur Frari-Kirche. Nordwestlich davon schließt sich in weitem Bogen, vom Canal Grande auf Höhe der Ca' Pesaro bis zu den großen Hafenbecken der Stazione Marittima, der Bezirk Santa Croce an. Sich in der labyrinthischen Gegend zurechtzufinden ist weniger kompliziert, als es auf den ersten Blick scheinen mag. Zwei mit gelben Pfeilen beschilderte Hauptrouten führen durch das Gassengeflecht: Eine verläuft zwischen Rialto und der Scalzi-Brücke beim Bahnhof, die andere weiter südlich zur Frari-Kirche und von dort weiter zur Accademia. So gut wie alle nennenswerten Sehenswürdigkeiten liegen entlang dieser beiden Wege oder in ihrer unmittelbaren Nähe.

San Polo

Durch das Rialto-Viertel

Will man die alten Wohngegenden am rechten Ufer des Canal Grande erkunden, liegt es nahe, damit in den Gassen und auf den Plätzen nahe der Rialto-Brücke anzufangen. Denn hier am *rivo alto,* dem hohen Fluss, wie die ersten Siedler diesen Abschnitt ihres wichtigsten Wasserwegs nannten, laufen viele Lebensadern zusammen.

Hier liegt seit dem Hochmittelalter Venedigs Geschäfts- und Bankenzentrum (s. Tour S. 76), hier findet täglich der größte **Markt** 1 der Stadt statt (s. S. 160). Und hier führt nolens volens für jedermann der Weg vorbei, der an diesem mittleren Teil des Kanals zu Fuß auf das gegenüberliegende Ufer will. Man schlendere also zuerst einmal ziellos, aber möglichst morgens, durch die **Ruga degli Orefici** ❶, die Gasse der Goldschmiede (s. S. 77), und die dahinter liegenden Gässchen mit Souvenir-, Obst- und Gemüseständen. Es ist erstens ein sinnliches Vergnügen und zweitens eine gute Einstimmung auf das Labyrinth, durch das man sich in den nächsten Stunden bewegen wird.

Im Nebel der Frühzeit

Früher oder später aber sollten Sie beginnen, die Kunstdenkmäler ins Auge zu fassen, die hier, zum Teil halb verdeckt von Kiosken und Kistenstapeln, auf engstem Raum stehen. Vielleicht zuerst die keine 50 Schritte vom Fuß der

Am Westufer des Canal Grande, ganz nahe der Rialto-Brücke, erhebt sich der Palazzo dei Camerlenghi. Der reich mit Marmor verzierte Komplex ist heute wie einst Sitz der Finanz- und Steuerbehörde.

TOUR
Auf den Spuren der Cucina Veneziana

Kulinarische Schnuppertour rund um Fisch- und Viktualienmarkt

Der Ausgangspunkt dieser alle Sinne ansprechenden Tour ist mit dem Vaporetto der Linien 1 oder 2 bequem zu erreichen (Stazione Rialto).

Eine der schönsten Methoden, der venezianischen Küche auf den Geschmack zu kommen, besteht darin, am frühen Morgen eines Werktags dem Rialto-Viertel einen Besuch abzustatten. Am besten so gegen acht, wenn sich die Bäckereien und Metzgerläden allmählich mit Hausfrauen füllen, sollten Sie von der berühmten Brücke kommend westwärts durch die **Ruga degli Orefici** ❶ und danach rechter Hand Richtung Canal Grande schlendern. Da türmt sich beiderseits des Weges frisches Obst und Gemüse – je nach Saison Salate, Spargel, Artischocken von den Laguneninseln Vignole und Sant'Erasmo oder von den Ufern der Brenta. Daneben, in knisternde Klarsichthüllen verpackt, Nudeln in dutzenderlei Formen, Reis und Mais aus der Po-Ebene oder, in Kühlvitrinen kunstvoll gestapelt, Schinken aus San Daniele und mildwürziger Käse aus Asagio.

Während Sie so schauen und schnuppern und hie und da vielleicht sogar ein wenig probieren, stürmt das Markttreiben auf Sie ein, wie man es zugleich trubeliger und gelassener daheim im Norden nicht erleben kann. Allerorten absolvieren Hausfrauen ihre *chiacchierate* – die unerlässlichen Schwätzchen über Schirocco oder Acqua alta, die Kinder oder das neueste Kochrezept. Andere führen witzige Streitgespräche mit dem Verkäufer (Venezianerinnen sind ob ihrer Schlagfertigkeit gefürchtet). Doch es wird auch gejammert über die steigenden Preise, obwohl es hier immer noch am billigsten ist. Gerüche und Farben, Anfassen, Verkosten, Abwiegen, Streiten … All das offenbart, was uns die Supermarktkultur vorenthält.

Infos

E/F 4

Dauer:
je nach Appetit und Muße 2 Stunden bis zu einer kleinen Ewigkeit.

Antico Dolo:
Ruga Vecchia San Giovanni vulgo Ruga Rialto 778, T 041 522 65 46, www.anticodolo.it, tgl. 11–24 Uhr.
Do Mori:
Ramo 1° de la Galiazza 429, T 041 522 54 01, Mo–Sa 8–19.30 Uhr.
Da Pinto:
Campo Beccarie 367, T 041 522 45 99, www.ristorantevinidapinto.it, tgl. 11.30–23 Uhr.

Noch sinnlicher geht es nebenan, am Campo della Pescheria, dem **Fischmarkt** 1, zu. Und dies, obzwar hier neuerdings nur mehr neun Händler aktiv sind und diese fast 1000 Jahre alte Einrichtung deshalb ganz grundsätzlich in ihrem Bestand gefährdet ist. Hier harrt Schuppengetier verschiedenster Art und Größe auf Eis hingestreckt seiner finalen Bestimmung – Exoten aus fremden Meeren, tiefgefroren eingeflogen, oder Kiementräger aus der heimischen Lagune, ferner Muscheln, Krebse, Hummer, Langusten und natürlich Tintenfische für die diversen ›schwarzen‹ Spezialitäten *alla seppie*. Der malerische Backsteinbau übrigens, in dessen Loggia sich dieses Treiben allmorgendlich von neuem selbst inszeniert, wurde erst kurz nach 1900 im Zuge einer Revenezianisierung des Rialto errichtet; und zwar anstelle einer nur wenige Jahre zuvor errichteten, ästhetisch völlig missglückten Gusseisenkonstruktion, nach Plänen eines Malers namens Cesare Laurenti.

Die *cucina veneziana* zählte einst zu den feinsten Küchen der Welt. Mag ihr Glanz seither auch etwas verblasst sein: Diese Stadt ist immer noch ein Schlaraffenland für Schlemmer und die Vielfalt insbesondere an frischem Meeresgetier ist – siehe oben – nach wie vor enorm. Als ihr ›Bauch‹ gilt das rechtsuferige ›Hinterland‹ von Rialto, also die nahe dem Canal Grande gelegenen Gassen des Sestiere San Polo. Sie sind nicht zufällig auch das bevorzugte Revier Donna Leons, wenn es darum geht, Commissario Brunetti und seine Gesprächspartner mit Gläschen und Häppchen zu laben.

Nahezu ungezählt sind die Lokalitäten, an denen sich der Appetit hier stillen lässt. Die **Osteria Antico Dolo** 20 in der Ruga Vecchia z. B.: Mehr als 100 Jahre ist diese venezianische *Tripperia* (Kuttelhaus) alt, eng und wenig schick, aber dank des Charmes und der Kochkünste von Bruno Ruffini, einem gelernten Bootsbauer, dennoch ein kulinarischer Hotspot. Die *piatti tipici veneziani*, von Vollwert-Bigoli in Sardellensauce bis Kürbisgnocchi oder *mazzancolle* (Garnelen) mit Radicchio, sind so vielfältig wie lecker (und haben freilich auch ihren recht happigen Preis). Und wer will, kann sich hier als besondere Spezialität schon vormittags auf Fettpapier gekonnt gewürzte *trippa lessa*, einen Blättermagen, reichen lassen.

Die Zahl der Fischhändler in der Pescheria schrumpft in bedrohlichem Tempo. Nicht einmal mehr als ein Dutzend hält noch die Stellung.

Noch viel, viel geschichtsträchtiger ist **Do Mori** 21: Schon 1462, also eine Generation bevor Kolumbus die Neue Welt entdeckte, wurde in dieser eher düsternen Taverne Wein verkauft. Desgleichen geschieht, mit kurzer Unterbrechung im 16. Jh., bis heute. Kupferbecher für den Wein, Kupferkessel am Plafond, alte Zeitungen an den Wänden, Flaschen, wohin man blickt ... das Ambiente ist sozusagen präkolumbianisch urig. Auf dem Teller hat das überwiegend einheimische Publikum freilich ein sehr zeitgemäßes Sortiment an *cicchetti* (die Portion um 5 €), und in den Gläsern vorzügliche Tropfen. Immerhin seit dem späten 19. Jh. schon dient **Da Pinto** 22 den Händlern des Markts um die Ecke als Kalorientankstelle. Sie bekamen von hier die *tripe* pfannenfrisch an ihren Stand geliefert. Mit raffinieren Leckereien werden Hungrige heute verwöhnt: mit *alici* z. B., *carciofi*, *baccalà mantecato*, einer *frittura mista* oder *masanette*, winzigen grünlichen Krabben, die man samt und sonders verzehrt. Richtig satt wird man hier übrigens schon um ca. 28 €.

Eine köstliche Ergänzung zum Marktbesuch bietet unmittelbar um die Ecke die **Casa del Parmigiano** 2: Delikatessen, speziell Käse in allen erdenklichen Geschmäckern und Konsistenzen (Erberia Rialto, Campo della Bella Vienna 214, T 041 520 65 25, www.aliani-casadelparmigiano.it, Mo–Mi 8–13.30, Do–Sa 8–19.30 Uhr).

Postskriptum zur Orientierung: In die Rituale der örtlichen Gastronomie Eingeweihte werden beim Lesen dieser Lokaladressen müde schmunzeln. Sie wissen: Folgte man der penilben Beschreibung der Wege, würde man sich unweigerlich in den Mäandern des labyrinthischen Geflechts verirren. In solchen Fällen hilft nur die Annäherung *alla veneziana:* Man stimuliere zunächst in einer Bar an einer der Hauptschneisen des Fußgängerverkehrs seine Seele mit einer ersten *ombra* und nenne hierauf dem nächstbesten Passanten den Namen des anvisierten Lokals. Neun von zehn Befragten werden, so es sich um Einheimische handelt, kennerhaft lächelnd den Weg – *sempre dritto* – weisen. Das Ritual ist durchschnittlich drei- bis viermal zu wiederholen. Irgendwann, nach mehreren Abzweigen und/oder Kehrtwendungen steht man dann tatsächlich vor einer winzigen Tür. Aus dem holzgetäfelten Lokalinneren dringt herzerwärmendes Gemurmel, draußen verheißt eine vom Wirt eigenhändig bekrakelte Kreidetafel allerlei Wundersames aus den Tiefen venezianischer Küchen und Keller. Wie lautet die zeitlose Regel der Lagunenbewohner? Hier sucht man nicht, man lässt sich treiben.

Brücke entfernte Kirche **San Giacomo di Rialto ❷**: Auch wenn ihr Grundstein nicht, wie gerne behauptet, bereits im Jahre 421, sondern erst irgendwann im 7. oder 8. Jh. gelegt wurde, so zählt dieser Kreuzkuppelbau doch zu den ältesten Gotteshäusern der Stadt. Ihr heutiges Aussehen verdankt die Kirche dem Generalumbau nach einem Brand in der Zeit der Renaissance. Nur die Vorhalle mit den Marmorsäulen blieb von der 400 Jahre älteren Vorgängerin erhalten. Das Innere ist aufgrund mehrerer Altarblätter und Statuen durchaus eine Stippvisite wert.

Die große Uhr an der Außenwand des Gotteshauses hingegen kann man getrost ignorieren. Sie musste, wie der britische Reiseschriftsteller James Morris für sein famoses Venedig-Buch in den 1960er-Jahren minutiös recherchierte, bereits im Mittelalter wegen chronischer Fehlanzeige mehrmals erneuert werden. Nach 1700 stand sie dann jahrzehntelang bei vier Uhr still, im Ersten Weltkrieg zeigte sie drei Uhr nachmittags und heutzutage steckt sie bei neun Uhr fest.

Campo San Giacomo di Rialto, Mo–Sa 9–17 Uhr, Eintritt frei

Pordenone oben und unten

Ein zweiter Sakralbau wartet zweimal um die Ecke. Die von Häusern völlig umbaute, vom Campo Rialto Nuovo (hinter dem Palast der zehn Weisen) aus zu betretende **Chiesa di San Giovanni Elemosinario ❸**, ein Renaissancebau, war viele Jahre versperrt, ist mittlerweile jedoch, schön renoviert, wieder zugänglich. Sie ist ein Werk Antonio Abbondis, genannt Scarpagnino, und birgt je ein schönes Altarbild von Tizian und Pordenone. Letzerer schuf auch das während der Instandsetzung wieder entdeckte, prachtvolle Deckenfresko.

Mo–Sa 10.30–13.30 Uhr, Eintritt 3 € oder Chorus Pass

Zum Campo San Polo

Ein obdachloser Kaiser

Über die Verlängerung der Ruga Vecchia San Giovanni, die Ruga Ravano, gelangt man auf den **Campo Sant'Aponal ❹**. Die Kirche selbst, profaniert und in ein Aktenlager umgewandelt, ist völlig uninteressant, aber eine hölzerne Tafel über einem niedrigen Hofeingang in der Südwestecke des Platzes verdient Beachtung. Sie erinnert an Papst Alexander III., der im Jahr 1177 auf der Flucht vor den Häschern von Friedrich I. Barbarossa nach Venedig kam. Der Legende nach soll er, mittellos und unerkannt, an dieser Stelle seine erste Nacht in der Stadt unter freiem Himmel verbracht haben. Ein halbes Jahr später sah Venedig die feierliche Versöhnung der beiden Widersacher.

Casanovas Karrieresprung

Immer dem Haupttross der Passanten folgend, kommt man schließlich über zwei Kanäle und durch einen dunklen Durchgang auf den **Campo San Polo ❺**. Dieser größte Campo der Stadt, auf dem die Venezianer einst bei jeder Gelegenheit Stier- und Bärenhatzen, Maskenbälle und allerlei andere Volksbelustigungen veranstalteten, wird von den Fassaden zweier mächtiger Paläste beherrscht: dem **Palazzo Corner-Mocenigo** an der Westseite und dem **Palazzo Soranzo** gegenüber.

In Letzterem, einem gut instand gehaltenen, noch heute von Nachkommen der altehrwürdigen Patrizierfamilie Soranzo bewohnten Doppelpalast aus der Übergangszeit vom 14. zum 15. Jh., tat der junge Giacomo Casanova einst auf seiner Karriereleiter einen gewaltigen Schritt nach oben: Als Geiger für einen Ball engagiert, rettete er einem kranken Senator das Leben und wurde von diesem zum Dank adoptiert. So gelangte er in den Adelsstand.

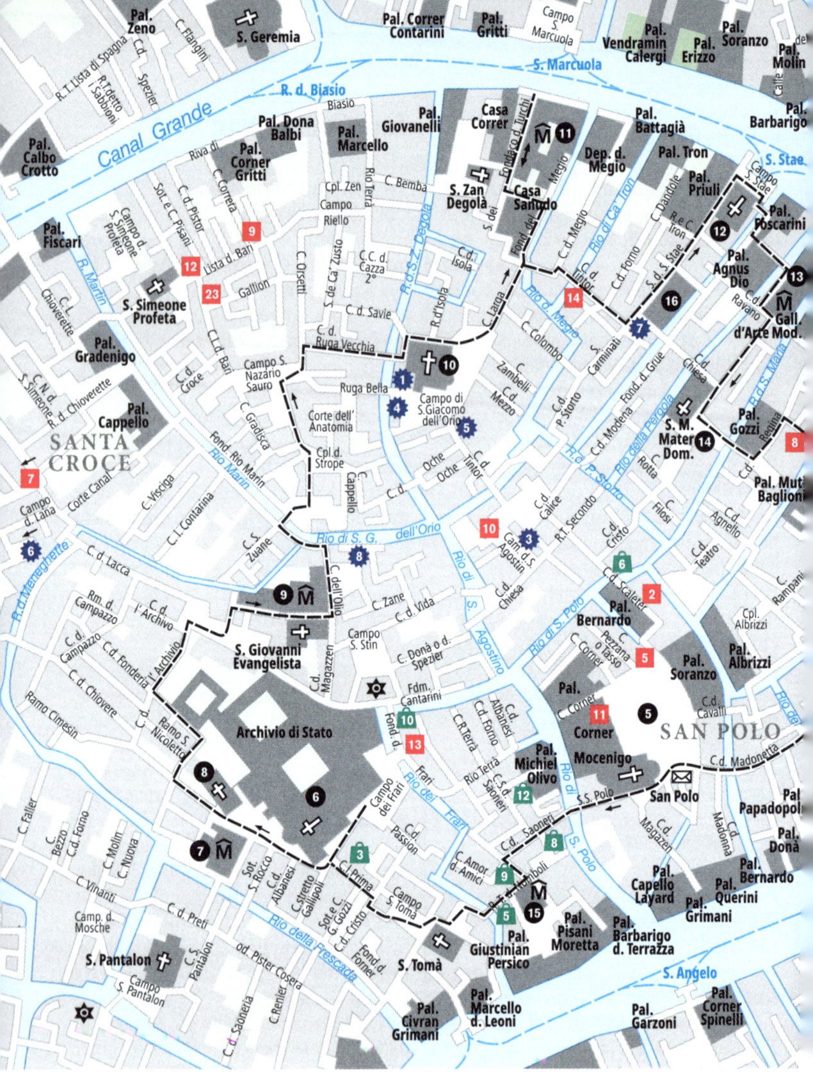

San Polo und Santa Croce

Ansehen

1. Ruga degli Orefici
2. San Giacomo di Rialto
3. Chiesa di San Giovanni Elemosinario
4. Campo Sant'Aponal
5. Campo San Polo
6. Santa Maria Gloriosa dei Frari
7. Scuola Grande di San Rocco
8. Chiesa und Scoletta di San Rocco/ Museo Leonardo da Vinci

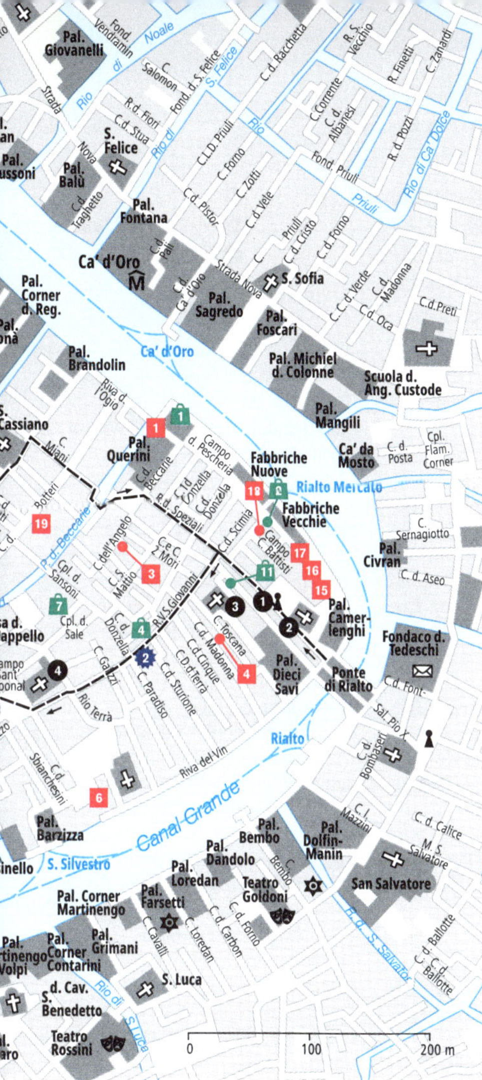

❾ Scuola Grande di San Giovanni Evangelista

❿ Campo San Giacomo dall'Orio

⓫ Fondaco dei Turchi/ Museo di Storia Naturale

⓬ San Stae

⓭ Ca' Pesaro/ Galleria Internazionale d'Arte Moderna u. Museo d'Arte Orientale

⓮ Campo Santa Maria Mater Domini

⓯ Museo Goldoni

⓰ Palazzo Mocenigo

Essen

1 Poste Vecie
2 Da Fiore
3 Do Spade
4 Madonna
5 Birraria La Corte
6 Ai Coghi
7 Da Lele
8 Al Nono Risorto
9 All'Anfora
10 Due Colonne
11 La Patatina
12 Ai Bari
13 Frary's
14 La Zucca
15 Osteria Naranzaria
16 Osteria Al Pesador
17 Bancogiro
18 Al Mercà
19 Pane, Vino e San Daniele Rialto
20 – 22 siehe Tour S. 160
23 Gelateria Alaska

Einkaufen

1 Fisch- und Viktualienmarkt
2 Casa del Parmigiano
3 Libreria Emiliana
4 Gems of Venice
5 Tragicomica
6 Monica Daniele
7 Gabriele Gmeiner
8 Fanny

Fortsetzung S. 166

San Polo und Santa Croce Fortsetzung von Seite 165

9 Franco Furlanetto
10 Malefatte
11 Attombri
12 Gilberto Penzo

Ausgehen
1 Al Prosecco
2 Ruga Rialto
3 Da Baffo
4 Bagolo
5 Da Filo
6 Enoteca Buso Durello
7 La Casa del Cinema
8 Palazetto Bru Zane

Düster in jeder Beziehung

Ein hässlicherer, doch nicht minder denkwürdiger Zwischenfall ereignete sich im Jahr 1548 in der Südwestecke des Platzes, vor dem Campanile: An einem Februartag wurde dort Lorenzino de' Medici, der nach dem Mord an seinem Vetter Alessandro, dem Herzog von Florenz, in die Lagunenstadt geflohen war, von florentinischen Meuchelmördern erstochen.

Bleibt die Stippvisite der ziemlich düsteren Kirche **San Polo,** die zu Domenico Tiepolos Kreuzweg-Zyklus in die Sakristei und zu Tintorettos »Abendmahl« im rechten Seitenschiff führen sollte (Mo–Sa 10.30–13.30, 14.30–17 Uhr, Eintritt 3 € oder Chorus Pass; Eingang durch das schöne, spätgotische Seitenportal an der Südfront).

Frari-Kirche

Nun überquert man den Kanal, dann diagonal zuerst einen Campiello, gleich danach den Campo San Tomà, wo in der kleinen **Ex-Scuola dei Calegheri** (Haus-Nr. 2857), der Schule der Schuhmacher, manchmal zeitgenössische Künstler beachtenswerte Werkschauen präsentieren und auch die Bibliothek im Obergeschoss eine Stippvisite lohnt. Am Ende der kurzen Calle Prima steht man vor den ziegelroten Mauern der Franziskanerkirche **Santa Maria Gloriosa dei Frari ❻**, in Venedig kurz »Frari« genannt.

Kolossalbau eines Bettelordens

Nach rechts die Front bis zum Seiteneingang entlanggehend (das Hauptportal ist nur selten geöffnet), fällt einem nicht nur das schlichte Äußere dieses weltberühmten Kunstschreins auf, sondern auch seine gigantische Größe. Sie steht in seltsamem Gegensatz zur prinzipiellen Bescheidenheit des Bettelordens, erklärt sich aber aus der ungewöhnlichen Baugeschichte: 1236, nur wenige Jahre nachdem Franz von Assisi mit seinen Anhängern nach Venedig gekommen war, hatte der Doge Jacopo Tiepolo den Mönchen ein großes Stück Brachland überlassen. Bereits rund hundert Jahre später ist ein erster, stattlicher Kirchenbau vollendet. Doch in der Zwischenzeit haben die Dominikaner jenseits des Canal Grande mit der Errichtung von ›San Zanipolo‹, einem monumentalen Gotteshaus (s. S. 137), begonnen.

Rivalität: Wer baut die Größere?

Die Franziskaner packt der Ehrgeiz. Sie beschließen einen Neubau. Da jedoch der alte Chor zum Abhalten der Messen unverzichtbar ist, errichten sie, gleichsam spiegelverkehrt, zuerst an der Westseite einen neuen Chor. Es folgen das heutige Querhaus und der Campanile. Erst 1415 reißt man den alten Bau ab und vollendet, stets im edlen Wettstreit mit den Dominikanern, den neuen mit dem Langhaus und der Weihe des Hochaltars (1469). Die Größe der beiden Ordenskirchen brachte die politischen Behörden in eine Zwickmühle. Denn bis dahin hatte als ungeschriebenes Gesetz gegolten, dass kein kirchlicher Bau die Dimensionen der staatlichen Repräsentationsbauten (zu denen ja als Palast- und Staatskirche auch die Markusbasilika zählte) erreichen dürfe. Die salomonische Lösung: Frari und San Zanipolo sollten die Gräber der Dogen und anderer politischer Persönlichkeiten beherbergen und so indirekt auch politische Bedeutung erlangen.

Tizian ist hier allgegenwärtig

Betritt man die Frari, deren Architekt übrigens bis heute nicht bekannt ist, durch den Seiteneingang, wirkt sie zuerst recht uneinheitlich. Erst der Blick vom Haupttor vermittelt den Eindruck eines typisch gotischen Raumgefüges. Man hat ein weitläufiges und lichtdurchflutetes Langhaus vor sich, eine Allee von eher gedrungenen Rundpfeilern, begrenzt von Bartolomeo Bons und Pietro Lombardos ziselierter Chorschranke aus Marmor, durch deren Mittelbogen Tizians berühmtes Hochaltarbild »Himmelfahrt Mariens« hervorleuchtet.

Erste Station auf dem Besichtigungsrundgang ist linker Hand die bleiche **Grabpyramide Antonio Canovas.** Der Star unter den neoklassizistischen Bildhauern (1757–1822) hatte sie ursprünglich als Mausoleum für Tizian entworfen – in Anlehnung an sein Werk in der Wiener Augustinerkirche, das Grabmal für Maria Christina von Österreich. Doch erst nach seinem eigenen Tod hatten Spendengelder aus ganz Europa die Errichtung ermöglicht. Im Innern des Denkmals, das eigentlich überhaupt nicht in seine Umgebung passt, ruht seither in einem Porphyrgefäß Canovas Herz.

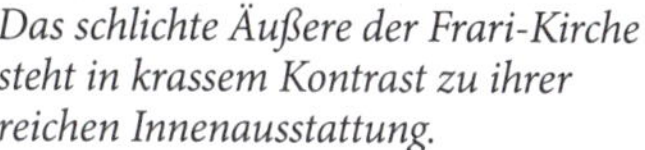

Das schlichte Äußere der Frari-Kirche steht in krassem Kontrast zu ihrer reichen Innenausstattung.

An der gegenüberliegenden Kirchenwand soll sich der Ort **Tizians letzter Ruhe** befinden. Im Jahre 1576 von der großen Pestepidemie im Alter von mindestens 99 Jahren dahingerafft, soll der Renaissancekünstler zwar zuerst wie alle anderen Pestopfer auch vor der Stadt in einem Massengrab verscharrt, dann jedoch auf Geheiß des Dogen exhumiert und bei den Franziskanern endgültig bestattet worden sein. Beinahe 300 Jahre danach ließ der Habsburgerkönig Ferdinand I. dem Malergenie von Schülern Canovas an dieser Stelle posthum das pompöse Mausoleum aus weißem Carraramarmor errichten.

Eine Familie verewigt sich

Die Frari ist für Verehrer Tizians nicht nur wegen dessen Grab, sondern auch wegen zwei seiner wichtigsten Gemälde, die sie beherbergt, ein Wallfahrtsort. Das eine, die sogenannte **Pesaro-Ma-**

Man kann diskutieren, ob die Bauherren der Frari als Bettelmönche ihrem Gebot zur Bescheidenheit gebührlich folgten. Sei's drum. Ohne ihren Auftrag hätte Tizian seine »Himmelfahrt« vielleicht nie gemalt.

donna, befindet sich – nach erfolgter Renovierung nunmehr wieder mit der ursprünglichen Farbinsentität strahlend – im linken Seitenschiff zur Linken des Seitenportals. Es ist, wie seinerzeit durchaus üblich, religiöses Votivbild und Gruppenporträt in einem, denn die Gläubigen, die andächtig zu Füßen der hl. Maria beten, tragen die Gesichtszüge der Familie Pesaro, deren Oberhaupt, Jacopo (links kniend), im Auftrag Papst Alexanders VI. gegen die Türken gekämpft und das Werk bei Tizian in Auftrag gegeben hatte.

Seine kunsthistorische Bedeutung verdankt das Bild u. a. der kühnen Komposition, bei der die zentralen Personen einschließlich der Muttergottes konsequent aus der Bildmitte gerückt wurden.

Eine epochale »Himmelfahrt«

Das andere Gemälde, die schon erwähnte »**Assunta**« (Himmelfahrt) hinter dem Hochaltar, gilt allgemein als Schlüsselwerk zwischen Renaissance und Barock. Allein das Format des Tafelbildes von 6,90 x 3,60 m sprengt den Rahmen des bis dahin Üblichen. Vor allem aber war es die ungewohnt dramatische Dreiteilung des Bildes in die erdverbundene Zone der Apostel und die illusionistisch leuchtenden Himmelsbereiche der Muttergottes und des Allmächtigen, die Gemütsbewegtheit in den Gesichtern der Dargestellten und die suggestive Farbgestaltung, das Rot und Gold, die den Beginn einer neuen Epoche markierten.

Tizians »Assunta«, die das Marienbild der folgenden Jahrhunderte ähnlich stark beeinflussen sollte wie Michelangelos Sixtinische Kapelle die bildliche Vorstellung von Gottvater, war so revolutionär, dass sogar die Franziskaner während ihrer Entstehung immer wieder Missfallen bekundeten und dem Künstler angeblich 30 Jahre lang den vereinbarten Lohn verweigerten.

Und es gibt noch mehr zu sehen

Bei aller Bezauberung durch den Farbenmagier Tizian sollte man nicht die zahlreichen anderen künstlerischen Glanzstücke innerhalb der Kirche außer Acht lassen: z. B. die Grabmäler der Dogen Francesco Foscari und Nicolò Tron (Gebrüder Bregno bzw. Antonio Rizzo, beide spätes 15. Jh.) an den Seitenwänden des Presbyteriums, das Chorgestühl (deutsche Schnitzer und Marco Cozzi, 1468), das Grab des Opernpioniers Claudio Monteverdi, die hölzerne Johannes-Skulptur von Donatello und das Altarbild Bartolomeo Vivarinis (allesamt in den Chorkapellen), die steinernen Monumente für allerlei Söldner und Heerführer an den Wänden des rechten Querschiffs (u. a. über dem Durchgang zur Sakristei das Grabdenkmal für Admiral Benedetto Pesaro sowie, rechts davon, das Reiterstandbild für General Paolo Savelli) und das Pesaro-Triptychon Giovanni Bellinis in der Sakristei, eine äußerst stimmungsvolle Darstellung der »Madonna mit Heiligen«.

Campo dei Frari 3072, Mo–Sa 9–18, So 13–18 Uhr, Juni–Sept. abends länger, Eintritt 5 € oder Chorus Pass

Scuola Grande di San Rocco

Und nun Raum frei für Tintoretto

Geht man an der Südseite um die Frari-Kirche herum, stößt man am Campo San Rocco auf ein Gebäude, das John Ruskin in seinem Klassiker »The Stones of Venice« euphorisch als eines der drei kostbarsten der Welt bezeichnete – die **Scuola Grande di San Rocco** ❼. Es handelt sich um einen Renaissancebau, der zwischen 1515 und etwa 1560 entstanden ist und der einflussreichen Gilde der Textilmacher als Versammlungsort diente. Seinen Ruhm verdankt er dem 56-teiligen Gemäldezyklus, mit dem Jacopo Robusti alias Tintoretto zwischen 1564 und 1588 Wände und Decken schmückte. Der gewiefte Maler, dessen Vater als Färber Mitglied dieser Gilde gewesen war (*tintoretto* = kleiner Färber), hatte für die Ausschreibung nicht, wie seine Konkurrenten, bloß Skizzen vorbereitet, sondern gleich ein fertiges Bild gemalt und in der Folge den Gesamtauftrag erhalten.

Des Künstlers großer Coup

Allein die etwas lichtarme **Erdgeschosshalle** mit den acht großformatigen Gemälden, die Ereignisse aus dem Leben Mariä zeigen, würde die Scuola zu einem Kunstdenkmal ersten Ranges machen. Doch sie ist nur das Vorzimmer zu zwei noch weit großartigeren Räumen – zur sogenannten Herberge (**Sala dell'Albergo**) und zum **großen Saal** im Obergeschoss. Letzterer zählt dank seiner perfekten Proportionen und der überreich verzierten Kassettendecke, vor allem aber dank der Ausgestaltung durch Tintoretto zu den prachtvollsten Innenräumen ganz Italiens. An die 30 Gemälde schuf der Meister allein für diesen Raum – ein Gesamtkunstwerk der Hochrenaissance, dessen Opulenz und Homogenität sämtliche Prunkräume des Dogenpalasts in den Schatten stellen.

Spieglein, Spieglein in die Hand

Die goldverbrämte **Kassettendecke** zieren Motive aus dem Alten Testament. Dem Betrachter, der am Eingang, damit er sich nicht den Hals verrenke, kleine Spiegel ausgehändigt bekommt, begegnen darauf u. a. Adam und Eva, Abraham und Isaak, Moses, Elias, Jakob und Jonas. Das Leitmotiv der Wandgemälde indes bilden Leben und Wirken Jesu. Wobei etliche Sujets, von der Krankenheilung am Teich Bethesda und der Auferweckung des Lazarus bis zur Brotvermehrung und zum Abendmahl, in thematischem Bezug zu der für die Gilde zentralen karitativen Aufgabe, der Pflege von (Pest-)Kranken, stehen. Und als wär's nicht genug, warten nebenan, in der **Sala dell'Albergo,** wo sich einst der Vorstand der Bruderschaft zu versammeln pflegte, weitere virtuos komponierte Werke Tintorettos. Blickfänge bilden hier die riesige, ungemein ausdrucksstarke Kreuzigungsszene an der Hauptwand sowie das zentrale Deckenbild, das den verklärten hl. Rochus, den Schutzpatron aller Seuchenkranken, zeigt.

Bei aller Bewunderung für die fulminante Innenausstattung, sollte man die Qualität des allseitig freistehenden Gebäudes, insbesondere dessen reich gegliederte Fassade, nicht außer Acht lassen. An seiner Errichtung waren mehrere Baumeister beteiligt.

Campo San Rocco 3052, www.scuolagrandesanrocco.it, tgl. 9.30–17.30 Uhr, Eintritt 10 €

Tintoretto zum Zweiten

Nach diesem Kunstrausch wäre eine Verschnaufpause in einer der Bars rechts von der Scuola angebracht. Danach aber empfiehlt sich noch schnell ein Blick in die gegenüberliegende Kirche **San Rocco** ❽, wo die Gebeine des Schutzpatrons der Scuola, Rochus von Montpellier, ruhen. Dessen Leben und Wirken hat Tintoretto auf etlichen eindrucksvollen Gemälden thematisiert, welche die Innenfassade (zwei), den Chor (vier) sowie den ersten Altar rechts zieren (Mo–Sa 9.30–17.30, So ab 13.30 Uhr).

Schräg gegenüber, an der Nordseite des kleinen Campo San Rocco, erhebt sich ein zweiter, ungleich bescheidenerer, jedoch äußerst charmanter Sitz der ehemaligen San-Rocco-Bruderschaft, die **Scoletta.** Sie wurde um die Jahrtausendwende mit viel Liebe zum Detail generalsaniert, zeigte danach zunächst interessante Wechselausstellungen und beherbergte heute das **Museo Leonardo da Vinci** (s. S. 174).

Zur Scuola Grande di San Giovanni Evangelista

Wahre Bücherschätze

Hinter der Chiesa San Rocco führt der Weg nach Norden und, dem Uhrzeiger folgend, in weitem Bogen um das ehemalige Kloster der Franziskaner. Hinter dessen hoher Mauer ist seit der Säkularisierung im späten 18. Jh. das **Archivio di Stato,** untergebracht – ein Schatz aus Millionen Büchern, Faszikeln und Pergamenten, die, in rund 300 Zimmern fein säuberlich geordnet, die 1000-jährige Stadtgeschichte dokumentieren.

Campo dei Frari 3002, T 041 522 22 81, www.archiviodistatovenezia.it, Studienraum Mo–Fr 8.10–17.50 Uhr.

Und noch eine Bruderschaft

Bei der ersten Möglichkeit rechts abbiegend gelangt man durch die Calle della Lacca in den Hof einer architektonisch überaus anmutigen Anlage aus der Frührenaissance – der **Scuola Grande di San Giovanni Evangelista** ❾. Diese dem

Der legendäre Venedig-Kenner John Ruskin zählte die Scuola di San Rocco (links) zu den »drei kostbarsten Gebäuden der Welt«. Spätestens beim Betreten des Obergeschosses versteht man seine Euphorie.

Evangelisten Johannes geweihte ›Schule‹ – sein Tiersymbol, der Adler, spreizt in der Lünette über dem Hofportal die Flügel – wurde bereits 1261 von Flagellanten gegründet und zählte bis zu ihrer Auflösung im Jahre 1806 zu den sechs ›Großen‹ Bruderschaften Venedigs. Ihre Berühmtheit verdankt sie jenem heute in der Accademia aufbewahrten Zyklus von Bildern, auf denen gegen Ende des 15. Jh. u. a. Gentile Bellini und Vittore Carpaccio das »Wunder der Kreuzreliquie« für die Nachwelt festhielten. Von innen ist das Bruderschaftshaus mit seiner großartigen, doppelläufigen Treppenanlage leider nur sehr eingeschränkt zu besichtigen.

Campiello della Scuola 2454, T 041 71 82 34, www.scuolasangiovanni.it, zugänglich nur nach tel. Voranm. bzw. zu Zeiten von Konzerten (in der zugehörigen Kirche) oder Kunstausstellungen Mo–Fr 9.30–13, 14–17.30 Uhr, Eintritt 10 €

Santa Croce

Bezaubernder Stilmischmasch

Unter dem erwähnten steinernen Adler des Portals der Scuola Grande stehend, wendet man sich nun nach links, überquert den Rio Marin und danach, in mehr oder weniger gerader Linie, drei ziemlich schäbige Campi namens Cristo, Strope und Nazario Sauro. Von Letzterem gelangt man ostwärts durch die Ruga Bella auf den **Campo San Giacomo dall'Orio** **10**, einen mit alten Bäumen bestandenen, beschaulichen Platz mit der malerischen **Kirche** gleichen Namens in der Mitte. Der mehrmals erweiterte Bau aus dem 13. Jh. ist meist nur durch den kleinen Seitengang an der Südseite zu betreten. Er nennt u. a. eine prächtige Kelchkanzel aus mehrfarbigem Marmor und Decken-

Der Kürbis (ital. La Zucca) diente in den 1980ern Venedigs kritischen Dichtern und Denkern als Lieblingstreff. Die wortgewandten Weltenretter sind weitergezogen. Die Küche ist immer noch gut (s. S. 179).

bilder des Barockmeisters Paolo Veronese sein Eigen. Vor allem aber verströmt er innen eine reizvolle, mittelalterliche Atmosphäre (Mo–Sa 10.30–13.30, 14.30–17 Uhr, Eintritt 3 € oder Chorus Pass).

Fondaco dei Turchi

Verlässt man den Platz am Nordende durch die Calle Larga und folgt dem linken Ufer des angrenzenden Kanals, steht man nach einer kurzen Links-rechts-Kombination am Canal Grande und vor dem Eingang zu einem der ältesten Paläste der Stadt: dem **Fondaco dei Turchi ⓫**. Die Hauptfassade dieses Monumentalbaus aus der veneto-byzantinischen Stilepoche (frühes 13. Jh.) prägt sich dem Besucher dank der breiten, offenen Säulenhalle und der unverwechselbaren *torreselli,* der Seitentürmchen, recht leicht ins Gedächtnis.

Einst Türken, heute Dinosaurier

Umso verwirrender ist seine Geschichte: Erbaut vom Stammvater der einflussreichen Patrizierfamilie der Pesaro, ging das Gebäude bald in den Besitz der Herzöge von Ferrara über – und zwar auf heftigen Wunsch der Stadtväter, die sich bei den d'Este solcherart für ihre Hilfe gegen die Genuesen im Chioggia-Krieg erkenntlich zeigten.

In den folgenden Jahrzehnten wurde der Palast, entsprechend den ständig wechselnden politischen Launen, zwischen Päpsten, Dogen und Legaten hin- und hergeschenkt. Währenddessen diente er häufig als Absteige für erlauchte Gäste, etwa den byzantinischen Kaiser Manuel II., dessen Nachfolger Johannes VIII. oder den Habsburger Friedrich III.

1621 schließlich wurde der Palast für die nächsten zwei Jahrhunderte Kaufhof der türkischen Händler (daher der Name). Danach verkam er zur Ruine. 1860 wurde er auf Betreiben des unermüdlichen John Ruskin komplett – und wie viele Experten behaupten, brutal – renoviert. Heute beherbergt er das **Museo di Storia Naturale** (s. S. 174).

Zur Ca' Pesaro

Besonders beeindruckt von solch Schmuckstücken der Sammlung wie dem fast 20 m langen Wal-Skelett oder dem vollständigen Dinosaurier aus der Südsahara, wandert man den Weg längs des Kanals, den man kam, wieder retour, zweigt dann jedoch über die erste Brücke nach links ab, wiederholt bei der dritten Quergasse, der Salizzada San Stae, dasselbe nochmals und erreicht nach ca. 100 Schritten erneut den Großen Kanal. Neben der weißen, barock-klassizistischen Kirche von **San Stae** ⓬ (Campo San Stae 1981, Mo–Sa 14.30–17 Uhr, Eintritt 3 € oder Chorus Pass), in der häufig Konzerte stattfinden, erspäht man auf einem Wegweiser den Namen des nächsten Ziels – der **Ca' Pesaro** ⓭.

Moderne in kolossalem Rahmen

Wer zuvor den Canal Grande entlanggefahren ist, hat diesen mächtigen Barockkomplex mit seiner heute wieder hell strahlenden Fassade aus istrischem Marmor noch in Erinnerung. Nun bietet sich die Gelegenheit, diesen kolossalen Palazzo, an dem von 1652 bis weit in das 18. Jh. hinein gebaut wurde, aus der Nähe zu betrachten: Von Baldassare Longhena entworfen, Venedigs einzigem Barockarchitekten von Weltrang, der u. a. auch die kanalabwärts thronende Ca' Rezzonico und die Salute-Kirche schuf, wurde die Ca' Pesaro vor einigen Jahren mit großem Aufwand restauriert. Seither spiegelt sie das massive Repräsentationsbedürfnis seiner Bauherren, der mächtigen Adelsfamilie Pesaro, erneut auf das Eindrücklichste wider.

Noch faszinierender ist, was sich hinter der Fassade aus diamantförmigen Bossen und pompös umrahmten Bogenfenstern bzw. den Mauern des kaum minder großartigen, mit einem Brunnen Jacopo Sansovinos bestückten Vorhofs verbirgt: zum einen ein Raumgefüge wie aus dem Musterbuch für venezianische Prachtpaläste – mit einem hallenartigen Korridor, der sich vom Eingangshof bis zum Canal Grande erstreckt, mit majestätischen Treppen und einem ebensolchen zentralen Salon, mit wunderschönen Terrazzo-Böden und freskierten Decken. Zum anderen harrt hier, genauer: im Piano nobile, mit der **Galleria Internazionale d'Arte Moderna** eine der italienweit bedeutendsten Sammlungen der frühen und klassischen Moderne ihrer Bewunderer (s. S. 175). Und im dritten Stock, gleich unter dem Dach, lockt das sträflich spärlich besuchte **Museo d'Arte Orientale** mit kostbaren Exponaten aus Japan und Südostasien (s. S. 175).

Zurück zur Rialto-Brücke

Die nächste Station, der **Campo Santa Maria Mater Domini** ⓮, ist vom Eingang der Ca' Pesaro auf fast direktem Weg zu erreichen und zählt zu den entzückendsten Plätzen der Stadt. Um den Genuss seiner Palastfassaden noch zu intensivieren, der über 700 Jahre alten **Case Zane** (Nr. 2174) und **Barbaro** (Nr. 2177) zum Beispiel oder des nur unwesentlich jüngeren **Palazzo Viero-Zane** (Nr. 2120), sollten Sie sich in einer der einladenden Cafeterie vor Ort ein Tramezzino oder einen Cappuccino genehmigen. Die Tore der angrenzenden Renaissancekirche sind leider fast immer geschlossen.

Barbusig auf der Brücke

Verlässt man den Campo über die Brücke an seiner Stirnseite, hat man bloß noch dem Zickzack-Kurs, den die gelben Schilder mit der Aufschrift ›Rialto‹ vorgeben, zu folgen und ist im Nu Teil jenes Menschenstroms, der einen unweigerlich bis an die Fundamente der berühmten Brücke spült. Das *quartiere* von San Cassiano übrigens, durch das man dabei spaziert, hieß früher Carampane und war ein beliebter Rotlichtbezirk. Die berühmte **Ponte delle Tette** (venez. ›Brücke der Brüste‹), die man hier durchquert, erinnert an die Sitte der schönen Damen, oben ohne um Kunden zu buhlen.

S

VENEDIG, EIN SÜNDENPFUHL?

Weit gefehlt! In Venedig, wo seit dem Zweiten Weltkrieg Prostitution gesetzlich verboten ist, sich, wer Sex kaufen will, in das kriminelle Milieu des Straßenstrichs von Mestre begeben muss und wo ein Museum der erotischen Kunst, das 2006 eröffnete, bereits nach zwei Jahren wegen mangelnden Publikuminteresses wieder seine Pforten schloss – in dieser heute so prüden Stadt betrieben Ende des 16. Jh. über 11 000 Frauen das älteste Gewerbe der Welt. Und der Besuch bei einer der berühmten Kurtisanen war selbst für höchste Staatsgäste obligat! Denn die Damen galten als *honorata* und *galante* und waren hoch gebildet. Sie lebten in verschwenderischem Luxus, besuchten regelmäßig die *stufe,* eine Art venezianischer Beauty-Farm, empfingen in ihren literarischen Salons die mächtigsten und geistvollsten Männer ihrer Zeit und prägten die Moden und Umgangsformen der feinen Gesellschaft. Kurz: Sie entsprachen dem Renaissance-Ideal der emanzipierten, ökonomisch unabhängigen und – selbstverständlich – schönen Frau, die es sich auch erlauben konnte, zwecks Kurzweil ganz offiziell einen *cicisbeo,* einen hübschen jungen Mann, zu halten.

Museen

Alles rund um das Universalgenie

8 Museo Leonardo da Vinci: Die Scoletta der ehemaligen San-Rocco-Bruderschaft beherbergt eine multimediale Schau über Leben und Werk des Universalgenies der Renaissance, darunter Nachbauten seiner interaktiven Flug-, Kriegs- und anderer Maschinen sowie anatomischen Modelle.

Campo San Rocco 3052, T 041 887 68 15, www.davincimuseum.it, April–Okt. 10.30–18.30, Nov.–März 10.30–17.30 Uhr, Eintritt 8 €

Nicht nur Wale und Fische

11 Museo di Storia Naturale: Das Naturhistorische Museum im ehemaligen »Händlerpalast der Türken« lohnt, insbesondere auch für Familien, durchaus einen zwei-, dreistündigen Aufenthalt: Im Erdgeschoss wird man von kolossalen Walskeletten und einem Aquarium begrüßt, dessen Ambiente und Tierbestand aus dem sogenannten Tegnùe, speziellen Unterwasser-Felsformationen im Westteil der Lagune, stammen. Im Obergeschoss illustrieren Ausstellungen anhand von Exponaten aus den reichen hauseigenen Sammlungen zur Zoologie, Botanik, Mineralogie und Pilzkunde didaktisch ansprechend Themen wie Paläontologie, Evolution und Artenvielfalt.

Salizzada del Fontego dei Turchi 1730, T 041 275 02 06, www.visitmuve.it, Juni–Okt. Di–Fr

10–18, Sa/So 10.30–18, Nov.–Mai Di–Fr 9–17, Sa/So 10–18 Uhr, Eintritt 8 €

Klassisches von der Biennale

⓭ **Galleria Internazionale d'Arte Moderna:** Das Konzept war so naheliegend wie faszinierend: 1895 hatte Venedigs kunstbeseelter Bürgermeister Ricardo Selvatico die Silberne Hochzeit von Umberto I. und Margherita, dem italienischen Königspaar, zum Anlass genommen, eine internationale Ausstellung zeitgenössischer Kunst, die berühmte Biennale, ins Leben zu rufen. Nur drei Jahre später vermachte jene Duchessa Felicita Bevilacqua La Masa, die heute in Büstenform über der Treppe zum Piano nobile der **Ca' Pesaro** wacht, ihren Palast der Stadt. Einzige Auflage: Man möge in dem grandiosen Bau am Canal Grande ein Museum Moderner Kunst etablieren. Zunächst wurden Schenkungen privater Mäzene zusammengetragen. Doch bald schon begann die Kommune systematisch bei der Biennale prämierte Bilder aufzukaufen. Parallel förderte die von der Herzogin finanzierte Stiftung junge Avantgardisten, deren Werke von der Jury abgelehnt worden waren. Das Ergebnis ist eine repräsentative Kollektion von Gemälden und Skulpturen des 19. und 20. Jh., die in der Wahrnehmung von Touristen zu Unrecht stets ein wenig im Schatten der Collezione Guggenheim steht.

Der stilistische Bogen ihrer Bestände, deren Präsentation die Museumskuratoren gerne immer wieder ändern, um kritische Anregungen und ungewöhnliche Perspektiven bereichern, ist weit gespannt. Er reicht von den Stadtansichten einheimischer Naturalisten wie etwa Giacomo Favretto und Ippolito Caffi über die sogenannten Ca' Pesaro-Sezessionisten, die sich gegen den Mainstream-Konservativismus der Kunstpolitik in den Jahren nach 1900 auflehnten, bis zu Emilio Vedova und anderen venezianischen Pionieren der Nachkriegszeit. Ebenfalls reich vertreten sind die internationalen *big names* der Klassischen Moderne – Mirò, Chagall, de Chirico, Klee, Klimt, Klinger und Kandinsky, aber auch Matisse, Moore, Ernst und Tanguy.

Besonders stolz ist man auf die Skulpturensammlung zweier Ausnahme-Bildhauer: die aus Wachs und Gips modellierten, impressionistisch anmutenden Plastiken von Medardo Rosso und die mindestens ebenso ausdrucksstarken Arbeiten des Mailänders Adolfo Wildt. Dass immer wieder auch Zeitgenössisches in die Ausstellungen einfließt, zeigt die Anschaffung einer Arbeit des US-Konzeptkünstlers Bruce Nauman, dessen Arbeit neuerdings zwei Meisterwerke der Arte Povera von Giovanni Anselmo und Jannis Kounellis ergänzen.

Fondamenta Mocenigo 2076, T 041 72 11 27, http://capesaro.visitmuve.it, April–Okt. 10–18, Nov.–März 10–17 Uhr, Linea 1, Stazione S. Stae, Eintritt kombiniert mit Museo d'Arte Orientale: 14 € bzw. Museum Pass (s. S. 242)

Perfektion Made in Fernost

⓭ **Museo d'Arte Orientale:** Rüstungen, Gemälde, Keramiken, Lackarbeiten, Porzellan … Perfektion und makellose Eleganz fernöstlichen Kunsthandwerks aus dem 17.–19. Jh. kann man im Dachgeschoss der Ca' Pesaro genießen. Diese viel zu wenig wahrgenommene Sammlung hat ein adeliger Weltenbummler um 1888 in Japan, China und Indonesien zusammengetragen. Zusätzlichen Charme verleiht ihr die wunderschön altmodische Art der Präsentation.

Fondamenta Mocenigo 2076, T 041 524 11 73, www.polomusealeveneto.beniculturali.it, April–Okt. 10–18, Nov.–März 10–17 Uhr, Linea 1, Stazione S. Stae, Kombiticket mit Galleria d'Arte Moderna: 14 € bzw. Museum Pass (s. S. 242)

Hommage an den Dichter

⓯ **Museo Goldoni:** Willkommen in der charmanten Welt der Commedia dell'Arte! Im Palazzo Centani, auch bekannt als Casa Goldoni, wurde 1707 Carlo Goldoni, der Meister der Komödie, geboren. Heute ist in diesem gotischen Palast mit der malerischen Treppe und dem Brunnen im Innenhof ein Institut für Theaterwissenschaften untergebracht, mit drei öffentlich zugänglichen Schauräumen, die Memorabilia des Autors, Theaterplakate, fremdsprachige Ausgaben seiner Bücher, Stiche, historische Kostümteile etc. sowie ein altes Puppentheater präsentieren. Zudem werden mittels originaler Möbel des 18. Jh. Szenen aus Bühnenstücken, aber auch Gemälden jener Zeit nachgestellt.

Calle dei Nomboli 2794, T 041 275 93 25, www.carlogoldoni.visitmuve.it, April–Okt. Do–Di 10–16 Uhr, Eintritt 5 € bzw. Museumspass (s. S. 242)

Erlesene Mode und Parfumkultur

⑯ **Palazzo Mocenigo:** Thema dieses im Kern gotischen, Anfang des 17. Jh. jedoch massiv umgestalteten und nach dem Zweiten Weltkrieg zum Museum erklärten Palasts ist die Mode. So birgt er u. a. ein Studienzentrum für Textil- und Modegeschichte. Vor allem aber erfährt, wer die Ausstellung im ersten Stock besichtigt, viel über den Geschmack zu Zeiten des Barock, Rokoko und Empire in puncto Wohnkultur, Kleidung und Accessoires. Erlesene Gewänder, Fächer, Handschuhe und Taschen, Mützen, Hüte, Schmuck und vieles mehr dokumentieren den Wandel der Mode und zugleich die hohe Kunstfertigkeit der örtlichen Weber, Schneider, Schuster, Sticker- und Spitzennäherinnen und Hersteller von Galanteriewaren. Zusätzlich reizvoll macht den Besuch die Tatsache, dass sich all die Salons, in denen einst ein Zweig einer der einflussreichsten Adelsfamilien residierte (die Mocenigos stellten sieben Dogen), ihre Originalausstattung aus dem 17./18. Jh. weitgehend bewahren konnten.

Von den insgesamt 20 Räumen sind neuerdings fünf einem speziell wichtigen, jedoch bislang nirgendwo ernsthaft behandelten Aspekt der Geschichte Venedigs gewidmet – der Herstellung und dem Handel von Duftstoffen. Zum Hintergrund: Kaufleute der Serenissima hatten schon vor rund 1000 Jahren die Basis für die europäische Parfumkultur gelegt, indem sie auf ihren Schiffen aus Asien, Afrika und dem gesamten Mittelmeerraum Gewürze, Aromen, ätherische Öle und auch viel Know-how an die Adria brachten. Ausgestellt finden sich u. a. Aberhunderte historische Flakons, handgeblasene Phiolen, Destillierkolben, aber auch kostbare Schriftzeugnisse wie etwa das 1672 erschienene und damit in Europa früheste Buch über Kosmetik. Begleitende multimediale Elemente, Kurse, ein Labor und ein White Room für temporäre Ausstellungen ermöglichen, in die Welt der Düfte auch sensorisch einzutauchen. Initiator dieses so informativen wie stilvollen **Parfum-Museums** ist übrigens der global tätige Duftproduzent Mavive, Kreateur u. a. der Kollektion ›The Merchant of Venice‹ (s. S. 86), dessen erste Parfumwerkstatt im Jahr 1900 exakt hier im Palazzo Mocenigo stand.

Salizzada San Stae 1992, T 041 72 17 98, www.mocenigo.visitmuve.it, Di–So 10–17, Nov.–März 10.30–16 Uhr, Linea 1, Stazione S. Stae, Eintritt 8 €; Bibliothek des Studienzentrums für Textil- und Modegeschichte: Mo–Fr 10.30–16.30 Uhr, Eintritt frei

Essen

Fischgerichte in einem Palazzo

1 **Poste Vecie:** Nehmen Sie Platz bei Kaminfeuer und Kerzenlicht im freskengeschmückten Palazzo aus dem Cinquecento! Schon im 16. Jh. kehrten die Händler des nahen Rialto-Bezirks hier gerne ein. Entsprechend der Lage an der Pescheria empfiehlt sich in diesem über ein hölzernes Brückchen erreichbaren Restaurant der Genuss der ausgezeichnet zubereiteten Fische und Krustentiere.

Banksy, der britische Streetartist, nimmt auch an Venedigs Mauern zur Gegenwart Stellung. Zu Beginn der Biennale 2019 schuf er dieses »Migrantenkind« in Rettungsweste mit Seenotfackel.

Calle de le Beccarie 1608, T 041 72 18 22, www.postevecie.com, Linee 1, 2, Stazione Rialto, Mi–Mo 12–15, 19–22.30 Uhr, €€€

Pionier unter den feinen Osterien

2 **Da Fiore:** In diesem kleinen Restaurant scheint die Zeit still zu stehen. Von warmherziger Atmosphäre umfangen, genießt man absolute Spitzenküche alla veneziana (die freilich ihre satten Preise hat). Ein Schwerpunkt liegt auf feinst zubereiteten einheimischen Fischen. Dementsprechend sind Tische mindestens zwei Wochen im Voraus zu reservieren. Besonders einladend: ein Platz auf dem kleinen Balkon.

Calle del Scaleter 2202, T 041 72 13 08, www.dafiore.net, Linea 1, Stazione S. Stae, Mo–Fr 19–22.30, Sa 12.30–14, 19.30–22.30 Uhr, €€€

Authentizität in der Oberliga

3 **Do Spade:** Vom Jahre 1415 an bis vor wenigen Jahren pflegten in dieser ehemals einfachen, aber charaktervollen Weinbar vornehmlich Arbeiter und Fischhändler von der nahen Pescheria in Drillich und Gummistiefeln einzukehren. Nun, nach einem Besitzerwechsel, nähert man sich in den »Zwei Schwertern« dem Thema Nahrungsaufnahme auf sehr andere, deutlich prätentiösere Art: Fangfrischer Hummer aus dem Atlantik wird eingeflogen, als Spezialität gelten Risotto mit Trüffel und Gänseleber. Die Speisekarte ist so opulent wie das Interieur gepflegt und das Preisniveau gehoben. Was alles nicht heißen soll, dass man hier nicht in der Tat vorzüglich und bestens betreut isst.

Calle Do Spade 860, T 041 521 05 83, www.cantinadospade.com, Linee 1, 2, Stazione Rialto, tgl. 10–15, 18–22 Uhr, €€

Behagliches Familienrestaurant

4 **Madonna:** Nette Atmosphäre, schneller Service, vor allem aber ausgezeichnete Küche mit Schwerpunkt auf traditionel-

len Fischgerichten. Empfehlenswert: das Meeresfrüchte-Risotto, Fisch-Vorspeisenteller und die Leber alla veneziana.

Calle della Madonna 594, T 041 522 38 24, www.ristoranteallamadonna.com, Linea 1, Stazione S. Silvestro, Do–Di 12–15, 19–22 Uhr, €€

Essen auf dem Campo

5 **Birraria La Corte:** Dieses weitläufige, modern designte Lokal ist teils in den Räumen eines ehemaligen Kaufhauses, teils in einem gotischen Palast untergebracht. Es offeriert gute Kost – u. a. hausgemachte Pasta, Grillfleisch, Salate oder Pizzen – zu passablen Preisen. An lauen Tagen sitzt man schön open air im überdachten Innenhof oder auf dem Campo.

Campo San Polo 2168, T 041 275 05 70, www.birrarialacorte.it, Linea 1, Stazione S. Silvestro, Mi–Mo 12–15, 18–22.30 Uhr, €–€€

Gehobener Standard

6 **Ai Coghi:** Romantiker schätzen an dem gediegenen Restaurant, das in einem mehr als 400 Jahre alten Palast untergebracht ist, die stimmungsvollen Steingewölbe und in der warmen Jahreszeit die prächtige Aussicht auf den Canal Grande. Feinschmecker schwärmen von den teils klassisch venezianischen, teils originellen Kreationen des Kairiner Küchenchefs Mose Sharta und auch von der beeindruckenden Auswahl an guten Käsen und Weinen.

Campo San Silvestro 1022, T 041 522 73 07, www.aicoghi.it, Stazione S. Silvestro, tgl 9–23.30 Uhr, €€

Authentischer geht's nicht

7 **Da Lele:** Klaustrophobisch darf man nicht veranlagt sein. Dafür kommt man in diesem so winzigen wie klassischen Bacareto mit Einheimischen garantiert buchstäblich auf Tuchfühlung. Seit mehr als einem halben Jahrhundert kredenzt man hier, vis-à-vis dem deutschen und österreichischen Honorarkonsulat, pikante Cicchetti, und bis heute Gläschen vom Roten oder Weißen um je unter 1 €. Herzerwärmend!

Fondamenta dei Tolentini 183, T 034 78 46 97 28, Linee 1, 2, 3, 6, 4.1/2, 5.1/2, Stazione Piazzale Roma, Mo–Fr 6–20, Sa 6–14 Uhr, €

Gastronomischer Wohlfühlort

8 **Al Nono Risorto:** Eine jener Adressen mit unverfälschtem Lokalkolorit, an dem Gäste der Stadt Tisch an Tisch mit Einheimischen schmausen. Zur Auswahl stehen diverse klassische venezianische Spezialitäten: Grillfisch, Leber, Risotto ... Paste sowieso und hervorragende Pizze frisch aus dem Holzofen außerdem. Im Sommer lockt der weitläufige, von Glyzinien umrankte Garten.

Ramo Quinto Gallion O del Pezzetto 2338, T 041 524 11 69, www.alnonorisortovenezia.com, Linea 1, Stazione S. Stae, tgl. 12–15,18–22.30 Uhr, €€

Pizzeria der Extraklasse

9 **All'Anfora:** Trotz des unscheinbaren Äußeren eine der Top-Adressen für knusprige, delikat belegte Teigräder. Nett sitzt man im begrünten Innenhof.

Lista dei Bari 1223, T 041 524 03 25, www.pizzeriaallanfora.com, Linee 1, 5.1/2, Stazione Riva di Biasio, Do–Di 11.30–15, 18–22.30 Uhr, €

Pizzeria zum Zweiten

10 **Due Colonne:** Und noch ein Geheimtipp für Pizza-Fans – auch hier erwartet eine Riesenauswahl erstklassiger Teigräder mit teilweise recht ungewöhnlichem Belag, z. B. Pferdefleisch, den hungrigen Gast.

Campo Sant'Agostin 2343, T 041 717 33 38, Linea 1, Stazione S. Stae, tgl. 11–24 Uhr, €

Behagliche Trattoria

11 **La Patatina:** Angenehme Einkehradresse, dessen Koch sorgsam die regionale Spezialitätenküche kultiviert. Fisch, Steaks, Paste – alles schmeichelt dem

Gaumen und Auge; feine Weinauswahl, aber auch sehr preiswerter, süffiger Hauswein; so nette wie fachkundige, deutschsprachige Bedienung. Ebenbürtiger Ableger auf dem Campo San Giacomo 1587.

Campo San Polo 2741, T 041 523 72 38, www.lapatatina.it, Linea Linea 1, Stazione S. Silvestro, tgl. 9–24 Uhr, €€

Herzhaft und sehr günstig

12 **Ai Bari:** Ein Teller hausgemachter Pasta, eine Calzone, Pizza, ein bunter Salat … schmackhaft und preiswert, genossen Tisch an Tisch mit den Arbeitern der bahnhofsnahen Gegend und freundlich bedient von Chef Stephano. Kein Ausbund an Romantik oder Stil, aber bestens geeignet für den Hunger zwischendurch.

Lista dei Bari 1175, T 041 71 89 00, Stazione Riva di Biásio, Di–So 9–23 Uhr, €

Überwiegend vegetarisch/vegan

13 **Frary's:** Die uralte Rolle Venedigs als Kreuzungspunkt zwischen Ost und West bestätigt sich in diesem mit Kamelen und Szenen aus 1001 Nacht heiter dekorierten Lokal. Denn hier kann man sich Gang für Gang durch die Küche des Orients kosten: von Dolma und Falafel über iranisches Fesenjan, maghrebinische Tahine und Fisch-Couscous bis zu Baklava, Datteltorte und Kardamom-Kaffee. Und das begleitet von feinen nahöstlichen Weinen, abends bei Kerzenlicht.

Fondamenta dei Frari 2558, T 041 72 00 50, www.frarysvenezia.it, Linee 1, 2, Stazione S. Tomà, tgl. 11.30–15, 18–23 Uhr, im Sommer Di geschl., €€

Idyllisch und kreativ

14 **La Zucca:** Die Trattoria zu Füßen des malerischen Brückchens über den Rio del Megio war seit ihrer Eröffnung 1980 einer der beliebtesten Treffpunkte für Venedigs kritische Intellektuelle. Die Diskussionen der Linken sind mittlerweile merklich verebbt, doch die idyllische Lage, die durch die Eichenholztäfelung verstärkte, warmherzige Atmosphäre, das wohltuend moderate Preisniveau und vor allem die köstliche Küche sind geblieben. Kein Wunder, dass sich das Betreiber-Trio Paola, Rudy und Rossana allabendlich über ein proppevolles Lokal freuen kann. Markenzeichen der exzellenten Hausmannskost im ›Kürbis‹ sind sowohl Feines vom Huhn, Rind oder Lamm als auch die Vorliebe für Vegetarisches und einen gewissen orientalischen Touch. Besonders lecker: die Kürbisquiche. Besonders nett: die Tische draußen, neben dem Kanal.

Ponte del Megio 1762, T 041 524 15 70, www.lazucca.it, Mo–Sa 12.30–14.30, 19–22.30 Uhr, Linea 1, Stazione S. Stae, €€

D

DINE & WINE MIT STIL

Die Gegend zwischen Rialto-Brücke und Fischmarkt hat sich zu einem veritablen Szeneviertel gemausert. Zu den besten Adressen zählen: direkt am Canal Grande die **Osteria Naranzaria** 15 (venezianische Spezialitäten, aber auch Sushi, überdies exzellente Weine, T 041 724 10 35, www.naranzaria.it, Di–So 12.30–15, 19.30–22.30 Uhr, €€); gleich nebenan, ebenfalls mit feiner Spezialitätenküche und großem Open-Air-Bereich am Kanal, die **Osteria Al Pesador** 16 (www.alpesador.it, T 041 523 94 92, tgl. 11–23 Uhr, €€) sowie **Bancogiro** 17 (verfeinerte Lagunen-Küche, T 041 523 20 61, Di–So 9–24 Uhr, €€). Wenige Schritte landeinwärts, auf dem Campo Bella Vienna, stillt die Stehbar **Al Mercà** 18 mit Cicchetti und heimischen Weinen den kleinen Hunger/Durst zwischendurch (T 346 834 06 60, nur Stehplätze open air, Mo–Sa 10–14.30, 18–21, Fr/Sa bis 21.30 Uhr).

Fondamenta de la Preson heißt die Fläche östlich der Fabbriche Vecchie. Hier, im Herzen des Rialto, wo auch mehrere Open-Air-Lokale zur Einkehr laden, hat man einen herrlichen Blick auf den Canal Grande.

Schinken bis zum Abwinken

19 **Pane, Vino e San Daniele Rialto:** Händler und Kunden vom nahen Rialto wissen, weshalb sie bevorzugt hier einkehren. Unter der historischen Balkendecke dieser Osteria zeigt sich Venedigs Küche von ihrer sehr authentischen Seite. Der Schwerpunkt liegt, nomen est omen, auf Gerichten mit San-Daniele-Schinken und friaulischen Weinen. Vorzüglich aber zum Beispiel auch als Intro die Polpette, der Stockfisch *(baccalà)* oder Sarde in sour, hernach die diversen Focaccie, Zuppe, Paste, Pizze, die Erdapfelpastetchen mit Rohschinken oder die Rindsleber mit Polenta und Zwiebel. Außerdem beachtlich: die große Auswahl feiner Weine.
Calle dei Botteri 1544, T 041 476 40 09, www.panevinorialto.it, Linee 1, 2, Stazione Rialto, Mo–Sa 10–15.30, 18–0.30 Uhr, €€–€€€

Traditionsreiche Bacaros

20 – 22 : siehe Tour S. 160.

Eisliebhaber aufgepasst!

23 **Gelateria Alaska:** Gefrorenes gibt es in Venedig natürlich zuhauf. Aber diese nur schuhschachtelgroße, etwas versteckt unweit dem Bahnhof gelegene Eisdiele lohnt allein schon wegen ihres köstlich kauzigen Betreibers Carlo Pistacchi, einem bekennenden Reggae-Fan, der für jedes Schleckermaul ein schrulliges Scherzchen auf den Lippen hat. Hauptgrund für den Abstecher aber ist die Originalität seines Eises: Geschmäcker sind bekanntlich verschieden. Manche finden Carlos Kreationen leckerstmöglich, andere eher etwas wässrig. Was aber unzweifelhaft besticht, sind die rund zwei Dutzend mit naturreinen Zutaten gemixten Sorten, darunter so exotische wie Maulbeer, Ingwer und Grüner

Tee, ja sogar Artischocken, Lakritze und Kardamom.

Calle Larga dei Bari 1159, T 041 71 52 11, Do–So 11–22, Mo–Mi 11–20.30, im Winter 12–19.30 Uhr, Dez./Jan. geschl.

Einkaufen

Frischer Fisch und würziger Käse

1 – 2: siehe Tour S. 160.

Für Bibliophile der 7. Himmel

3 **Libreria Emiliana:** Venedigs ältester Buchladen gleicht der Bibliothek eines betuchten Privatgelehrten. In den Regalen zwischen Holztäfelungen finden sich neue und antiquarische Bücher über die Serenissima vom 16. bis ins 21. Jh., dazu historische Karten, Stiche, Fotos – eine Fundgrube!

Calle Larga Prima 2941, T 034 04 11 56 67, www.libreriaemiliana.com, Linee 1, 2, Stazione S. Tomà, Mo–Sa 10–18 Uhr

(Ost-)Asiatisches Kunsthandwerk

4 **Gems of Venice:** Orientalische Kostbarkeiten, von Seidenbildern und Silberarbeiten aus Indien, Tankas und Türkisschmuck aus Tibet bis zu Statuetten aus chinesischem Sandelholz.

Ruga Rialto 1044, T 041 522 51 48, www.gemsofvenice.it, Linee 1, 2, Stazione Rialto, Mo–Sa 9 .30–13.30, 15.30–19.30, So erst ab 10.30 Uhr

Feuerwerk der Phantasie

5 **Tragicomica:** Hier sind mit die kreativsten und qualitätsbewusstesten Köpfe im Heer der venezianischen Maskenerzeuger am Werk. Dementsprechend schwelgt die gleich neben der Casa Goldoni gelegene Auslage in opulenter Formen- und Farbenvielfalt. Zu Karneval organisieren die Betreiber auch Partys und Feste.

Calle dei Nomboli 2800, T 041 72 11 02, www.tragicomica.it, Linee 1, 2, Stazione S. Tomà, Mo–Sa 10–13, 14–19 Uhr

Eleganza veneziana

6 **Monica Daniele:** Man kennt ihn von den Gemälden Canalettos, Guardis Longhis oder Tiepolos: jenen weiten, langen Umhang, der dem eleganten Venezianer einst besondere Würde verlieh. Generationenlang war der Tabarro, so der Name des schwarzen, feinwollenen Mantels, in seiner einstigen Heimatstadt nirgendwo erhältlich. Dann, vor ein paar Jahren, besann sich die Hutmacherin Monica Daniele der verloren gegangenen Tradition. Seither können sich stilbewusste Herren mit leicht exzentrischem Modegeschmack das ärmellose Cape – Preis ab 500 € – wieder zulegen und damit zuhause für Furore sorgen. Ebenfalls nähere Beachtung lohnt in dem sympathisch vollgeräumten Laden das große Sortiment an feschen, mehrheitlich extravaganten Hüten für sie und ihn.

Calle Scaleter 2235, T 041 524 62 42 oder 349 139 59 87, www.monicadaniele.com, Linea 1, Stazione S. Stae oder S. Silvestro

Für feinfühlige Füße

7 **Gabriele Gmeiner:** Die junge Meisterin aus Vorarlberg kultiviert in ihrer *bottega* die hohe Kunst des Maßschuhmachers. Ein bis zwei Wochen braucht sie für ein Paar. Entsprechend misst sich die Wartezeit in Monaten und sind die Preise hoch. Dafür hält das Ergebnis bei rechter Pflege ein Leben lang.

Campiello del Sol 951, T 033 88 96 21 89, www.gabrielegmeiner.com, Linea 1, Stazione S. Silvestro, Mo–Fr 9–13, 14–16 Uhr (Voranmeldung erbeten)

Lederaccessoires

8 **Fanny:** Das Fanny bietet eine reiche Auswahl feiner Handschuhe, Taschen und hübscher Accessoires (eine Filiale gibt es im Sestiere Cannaregio, San Leonardo 1647).

Calle dei Saoneri/Campo San Polo 2723, T 041 522 82 66, www. fannygloves.it, Linea 1, Stazione S. Silvestro oder S. Tomà

Rudergabeln old style

9 **Franco Furlanetto:** Er ist einer der letzten Meister, die noch mit Hingabe die Kunst des Forcole-Schnitzens pflegen. In seiner Werkstatt lässt er sich gerne über die Schulter schauen, wenn er in stundenlanger Feinarbeit aus Kirsch-, Nuss- oder Birnholz jene traditionellen Dollen formt, in denen die Gondolieri ihre Ruder führen. Die fertigen Stücke erinnern an abstrakte Skulpturen im Stile Hans Arps und eignen sich wunderbar als stillvolle Souvenirs. Sie kosten zwischen 150 und 800 €. Ebenfalls erhältlich sind kleine Modelle um 25–100 €.

Calle del Nomboli 2768b, T 041 520 95 44, www.ffurlanetto.com, Linee 1, 2, Stazione S. Tomà, Mo–Sa 9–19.30 Uhr

Soziales Shoppen

10 **Malefatte:** Eine Kooperative hilft Häftlingen, indem sie im eigens betriebenen Laden originelle Taschen, bedruckte T-Shirts, Notizblöcke, Biokosmetika und manch andere im städtischen Gefängnis auf der Giudecca hergestellte Produkte aus recycelten Rohstoffen vertreibt.

Fondamenta dei Frari 2559a, T 041 524 31 25, www.malefattevenezia.it, Linee 1, 2, Stazione S. Tomà, Mo–Sa 9.30–19.30 Uhr

Schmuck von speziellem Reiz

11 **Attombri:** Im Rialto-Viertel, an jener Straße, wo Venedigs Goldschmiede über Jahrhunderte edles Geschmeide erzeugten, lässt seit den späten 80ern das Brüderpaar Stefano und Daniele seine Kreativkraft walten. In ihrem exquisiten Modeschmuck, aber auch den Lampen, Lüstern und Wohnaccessoires verschmelzen herkömmliche und moderne Materialien, traditionelle und innovative Verarbeitungstechniken zu eindrucksvoller Symbiose. Die Qualität der beiden hat sich längst in der internationalen Designer- und Dekorateurswelt herumgesprochen. Romeo Gigli z. B. und Dolce & Gabbana verwenden für ihre Catwalk-Shows regelmäßig ihre Kreationen. Dennoch fühlt man sich beim Besuch des Atelier-Shops als Entdecker von etwas Ungekanntem.

Sottoportico degli Orefici 65, T 041 521 25 24, www.attombri.com, Linee 1, 2, Stazione Rialto, Mo–Sa ca. 10.30–13, 14.30–19 Uhr; Filiale in San Marco, Calle Larga S. Marco 1178

Boots- und Schiffsmodelle

12 **Gilberto Penzo:** siehe rechts.

Ausgehen

Ein Pröstchen zum Auftakt

1 **Al Prosecco:** Nichts für Nachteulen, aber ein guter Startplatz für eine feuchtfröhliche Lokaltour ist diese alteingesessene Bar allemal. Denn die Auswahl an Weinen ist exzellent, das Publikum könnte typischer venezianisch und auch die Location idyllischer kaum sein. Außerdem helfen deliziöse *cicchetti* den ersten Appetit stillen. Und, ja, Prosecco fließt hier natürlich auch in Strömen.

Campo San Giacomo all'Orio 1503, T 041 524 02 22, Linee 1, 5.1/2, Stazione Riva de Biasio, Mo–Fr 10–20, Sa 10–17 Uhr, Häppchen ab 6 €

In-Treff mit langer Tradition

2 **Ruga Rialto:** In dieser gemütlichen Osteria tummelt sich bevorzugt junges Publikum, dessen Massen, mit dem Glas in der Hand, nicht selten bis auf die Gasse herausquellen. Kein Wunder, bekommt es doch hier neben leckeren Drinks, *cicchetti* und einfachen Tellergerichten (€€) an manchen Abenden auch Livemusik geboten.

Ruga Vecchia San Giovanni (alias Ruga Rialto) 692, T 041 521 12 43, Linee 1, 2, Stazione Rialto, tgl. 11–14.30, 17–24 Uhr

Mit frivolem Touch

3 **Da Baffo:** Benannt nach Casanovas Zeit- und Zunftgenossen, dem erotomani-

Lieblingsort

Wo das maritime Erbe lebt

Er gilt, was Boots- und Schiffstypen in der Stadt, der Lagune und auf der Adria betrifft, als wandelndes Lexikon. Sein ganzes Leben lang hat **Gilberto Penzo** 12 deren Geschichte recherchiert und daüber etliche voluminöse Bücher verfasst. Zugleich war er immer schon auch manuell aktiv: Sein Laboratorio in San Polo ist aufs Malerischste vollgestopft mit Modellen diverser Wassergefährte. Sie sind freilich kein schnöder Kommerz, sondern bis ins feinste Detail originalgetreue Rekonstruktionen im Miniaturformat, in denen viel Vorstudien und oft Aberhunderte Arbeitsstunden stecken. Manche sind – Fragen lohnt – durchaus zu kaufen. Renner in Penzos wenige Schritte entferntem Shop sind, insbesondere als Souvenirs für Kinder, jene Bausätze, aus deren drei, vier Dutzend Bestandteilen man sich sein eigenes Gondelchen oder Vaporetto zusammenstecken kann (Calle Seconda dei Saoneri 2681, www.veniceboats.com).

schen Lyriker Giorgio Baffo, und dekoriert mit allerlei schlüpfrigen Verszeilen aus seiner Feder, verströmt diese Kombination aus Taverne und Bar ein behagliches Flair. Gute und erschwingliche mediterrane Küche mit Schwerpunkt Meeresfrüchte (€€); besonders nett: ein Bier, ein Spritz oder auch ein romantisches Abendessen im Sommer an den Tischen draußen.

Campiello Sant'Agostin, Calle del Scaleter 2346, T 041 524 20 61, www.tavernadabaffo.com, Linee 1, 2, Stazione S. Tomà, tgl. 11–24 Uhr

Abendessen und Absacker

4 **Bagolo:** Tadelloses Restaurant (€), das sich am späteren Abend als beliebter Treff unter Einheimischen für einen Absacker-Trunk erweist. Innen sitzt sich's dank des vielen Holzes sehr behaglich, noch idyllischer allerdings draußen am Platz bei Kerzenlicht mit Blick auf die Kirche.

Campo San Giacomo dell'Orio 1584, T 041 71 75 84, www.ristorantealbagolo.it, Linee 1, 5.1/2, Stazione Riva de Biasio, tgl. 9–24 Uhr

Sammelpunkt für Durstige

5 **Da Filo:** Diese Bar, von Einheimischen gerne »Popa« genannt, erfreut sich enormen Zulaufs. An lauen Abenden staut sich die Gästeschar oft bis auf die Gasse hinaus. Was wenig verwundert angesichts der entspannten Stimmung, die hier herrscht, und dem charmanten, mit Secondhandmöbeln bestückten und Jutesäcken bespannten Interieur; entscheidender noch aber ist: Die hier gemixten Drinks sind ausgezeichnet und moderat im Preis obendrein.

Calle del Tintor 1539, T 041 524 65 54, Linee 1, 5.1/2, Stazione Riva de Biasio, tgl. 17–23 Uhr

Beschwingt von Anfang an

6 **Enoteca Buso Durello:** Durello Lessini, der Schaumwein aus dem Hügelland zwischen Vicenza und Verona, gilt in Venedigs Bar-Szene als der neue Star unter den Apéros und Ready-to-go-Drinks. Als solcher schickt er sich an, sogar dem guten alten Prosecco den Rang abzulaufen. Diese schlichte Weinbar ist ein guter Ort, um jenen spritzigen Tropfen gleich nach der Ankunft in der Stadt zu verkosten. Umso mehr, als hier, wenige Schritte vom Bahnhof bzw. (Bus-)Parkplatz entfernt, der Magen auch feine, handfeste Kleinigkeiten zum Essen bekommt.

Rio Terà Sant'Andrea, am Südrand der Piazzale Roma, T 041 520 12 99, Linee 1, 2, 3, 6, 4.1/2, 5.1/2, Stazione Piazzale Roma, Mo–Do, Sa 10–21.30, Fr 9.30–24, So 12–14.30, 18–22 Uhr

Der Filmkunst gewidmet

7 **La Casa del Cinema:** Lange Jahre die einzige Oase in der cineastischen Wüste Venedigs. Hochkarätige Arthouse-Streifen aus aller Welt, teils in Originalversion mit italienischen Untertiteln, auch Retrospektiven. Angeschlossen: Venedigs Filmarchiv und eine Videothek namens Pasinetti.

Salizzada San Stae 1990, Palazzo Carminati (nahe Palazzo Mocenigo) T 041 274 71 40, Programm unter www.comune.venezia.it oder www.mymovies.it/cinema/venezia, Linea 1, Stazione S. Stae

Musikalische Trouvaillen

8 **Palazetto Bru Zane:** »Zentrum der Französischen Romantischen Musik« nennt sich jene Organisation, die ihren Sitz in diesem schmucken Palast hat und sich die Förderung vergessener Komponisten aus Frankreich zur Aufgabe gemacht hat. Die 2009 gegründete Stiftung widmet sich vorrangig der Forschung. Doch zwischen frühem Herbst und spätem Frühjahr finden in dem wunderbar freskierten und renovierten, gut 100-sitzigen Konzertsaal gelegentlich auch Konzerte mit eigens angereisten Spitzenmusikern statt.

Calle dell Scaleter, Fondamenta Rio Marin 2368, T 041 303 76, www.bru-zane.com, Linee 1, 2 u. a., Stazione Ferrovia, Kasse Mo–Fr 14.30–17.30 Uhr

Zugabe
Die Ponte della Costituzione

Schick, aber so unpraktisch: Santiago Calatravas Brücke beim Bahnhof

Trockenen Fußes überwinden kann man den Canal Grande seit Generationen an drei Stellen: im Nordosten über die 1934 errichtete Ponte degli Scalzi, kurz vor der Mündung über die nahezu gleich alte Ponte dell'Accademia und etwa auf halbem Weg per weltbekannter Ponte di Rialto. 2008 kam eine vierte hinzu: Die von dem spanischen Architekten Santiago Calatrava entworfene »Brücke der Verfassung« verkürzt den Weg zwischen Piazzale Roma und Ferrovia. Die Tatsache, dass ein futuristisch anmutendes Bauwerk den Beginn des altehrwürdigen Wasserboulevards markiert, darf symbolisch gedeutet werden – als Signal für den ungebrochenen Willen der Venezianer, den Herausforderungen der Zukunft zu begegnen. Allerdings ist die 94 m lange Stahlkonstruktion heftig umstritten. Denn nicht nur kostete sie dreimal mehr als anfangs kalkuliert – über 10 Mio. €. Ihre Stufen laden, da sie der normalen Schrittlänge widersprechen, permanent zum Stolpern, weshalb der ursprüngliche Glasbelag im Jahr 2022 rauem Trachyt weichen musste. Zudem besitzt die Brücke weder Lift noch Rampe, ist also für Reisende mit Gepäck, für Kinderwägen wie Rollstuhlfahrer völlig ungeeignet. ■

Dorsoduro, San Giorgio und Giudecca

Im Süden der Altstadt — warten berühmte Galerien und Kirchen, volkstümliche Plätze und Flaniermeilen mit Ausblick.

Seite 189

Gallerie dell' Accademia ✪

Das Werkverzeichnis der Sammlung Alter Meister gleicht, von den Altarblättern der Gotik über die Schöpfungen der Renaissance bis zu den Genre- und Landschaftsbildern des Barocks und Rokokos, einem Who's who der venezianischen Malerei.

Seite 196

Zur Klosterinsel San Lazzaro

Auf einem kleinen Eiland nahe dem Lido betreiben Mönche vom Orden der Mechitaristen eine faszinierende Enklave armenischer Kultur.

Der Blick vom Dach der Molino Stucky ist absolut famos.

Eintauchen

Seite 199

Squero di San Trovaso

Ein Blick in diese älteste noch aktive Gondelwerft der Stadt ist eine pittoreske Zeitreise in die handwerklichen Geheimnisse von Venedigs zweitältestem Gewerbe.

Seite 200

Santa Maria della Salute

Mit ihrer gewaltigen Kuppel erhebt sich, einem kolossalen, hellweißen Zuckerkringel gleich, dieses Paradeexemplar einer venezianischen Barockkirche weithin strahlend am Eingang zum Canal Grande.

Seite 204

Auf Palladios Spuren

Kein anderer Architekt hatte eine vergleichbare Strahlkraft auf Europa und Amerika. Seine drei Hauptwerke auf venezianischem Boden, die Kirchen San Giorgio Maggiore, Le Zitelle und Il Redentore, offenbaren, weshalb. Und vom Campanile von San Giorgio bietet sich ein unvergleichlicher Blick hinüber zur Altstadt.

Seite 210

Ca' Rezzonico

Das in diesem Gebäude untergebrachte Museo del Settecento bietet die einmalige Gelegenheit, eine komplette Palastausstattung aus dem venezianischen Spätbarock zu bewundern.

Seite 212

Collezione Peggy Guggenheim

Ein Mekka der Kunst des 20. Jh. – in dem Palast am Canal Grande versammelte die Namenspatronin in den über 30 Jahren, die sie hier wohnte, alles, was in der klassischen Moderne Rang und Namen hat.

Seite 219

Caffè Rosso

Ein Lieblingstreff der Studentenschaft und linken Intelligenzija und der ideale Ort, um bei einem Café oder Spritz das pittoreske Treiben auf dem Campo Santa Margherita zu genießen.

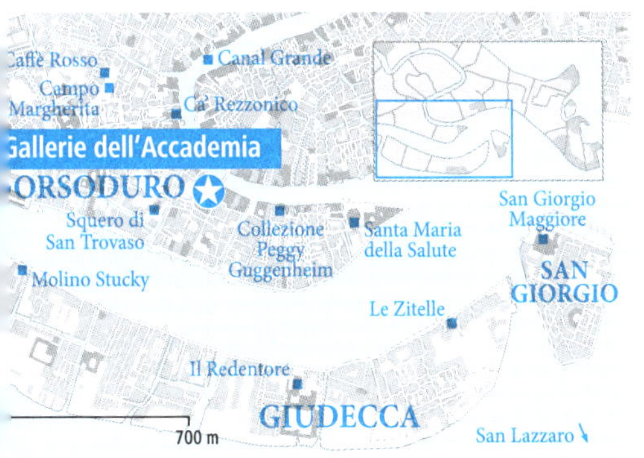

Danke, Gesetzgeber! Bald dürfen keine Kreuzfahrtkolosse mehr durch den Giudecca-Kanal pflügen.

»Die ersten Schnäbel von blankem Eisenblech, die schwarzen Gondelkäfige, alles grüßte mich wie eine alte Bekanntschaft.« (Johann Wolfgang von Goethe)

Venedigs ›Harter Rücken‹

D

Der südwestliche Altstadtbezirk **Dorsoduro** steht, für Venedig atypisch, größtenteils nicht auf Pfählen, sondern auf festem Grund – daher sein Name *dorso duro,* ›harter Rücken‹. Wer ihn durchstreift, pendelt zwischen hoher Malkunst und volkstümlichem Campo-Leben. Wobei die Route durch die Gegend zwischen Canal Grande und Zattere Besuche mehrerer hochkarätiger Kunstsammlungen ebenso umfasst wie einen Bummel über den malerischen Campo Santa Margherita, durch das Hafenviertel und über den Zattere-Kai.

Charakteristisch für dieses Stadtsechstel ist, neben der Häufung an Kulturdenkmälern und Kunsttempeln, die streckenweise hohe Dichte an gastronomischen Angeboten. Die Campi San Pantalon und Santa Margherita sowie die angrenzenden Gassen fungieren als starke Magneten für hungrige und durstige Stadtflaneure und auch Nachtschwärmer.

Der Besuch der beiden Inseln **San Giorgio** und **Giudecca,** die ebenfalls zum Sestiere Dorsoduro gehören, steht ganz im Zeichen Andrea Palladios: Die drei Kirchen San Giorgio Maggiore, Le Zitelle und Il Redentore am Südrand der Altstadt zählen zu den Meisterwerken des genialen Architekten. Der zwei- bis dreistündige Abstecher dorthin verspricht zudem eine kurze Zeitreise in die Pioniertage der venezianischen Industrie und Spaziergänge in luftiger Atmosphäre mit wunderschönen, weiten Blicken auf das Centro Storico.

O

ORIENTIERUNG

Reisekarte: A–H 5–8
Cityplan: S. 190
Routen und Dauer: Der hier vorgeschlagene Rundgang durch das Sestiere wird in zwei Etappen unternommen: Die erste macht, von der Accademia-Brücke ausgehend, in einer weiten Schleife mit dem südwestlichen Altstadtbezirk **Dorsoduro** bekannt. Für die rund 4 km lange erste Tour sind ohne Pausen und Besichtigungen etwa 3–4 Stunden einzuplanen.
Die zweite Etappe führt auf die beiden Inseln **San Giorgio** und **Giudecca;** sie startet praktischerweise in San Marco (Stazione S. Zaccaria), wo man per Vaporetto (Linee 2 bzw. 4.1/4.2) übersetzt.
Für die Erkundung der beiden Inseln sind, Besichtigungen inklusive, etwa 2–3 Stunden zu kalkulieren.

Dorsoduro

Gallerie dell'Accademia 

Es ist früher Morgen. Sie sind frisch und ausgeruht. Außerdem haben sich zu dieser Stunde vor dem Eingang zur **Gallerie dell'Accademia ❶**, was selten ist, noch keine Warteschlangen gebildet ... alles Gründe, die Erkundung Dorsoduros mit dem Besuch dieser zweifellos bedeutendsten Gemäldesammlung der Stadt zu beginnen.

Ein Bau voll mit Kunstschätzen

Dieser Schrein der venezianischen Malerei erhebt sich am rechten Ufer des Canal Grande, dort, wo die gleichnamige Brücke den Sestiere San Marco mit Dorsoduro verbindet. Er besteht aus drei Gebäuden: aus dem spätgotischen Ziegelbau der ehemaligen Klosterkirche **Santa Maria della Carità,** der man nach ihrer Säkularisierung eine Zwischendecke eingezogen hat; aus der im rechten Winkel dazu stehenden **Ex-Scuola Grande della Carità,** ihres Zeichens dem im 14. Jh. errichteten, im frühen 19. profanierten Sitz einer der einst einflussreichsten Bruderschaften der Stadt; und, an der Rückseite angrenzend, aus dem von Andrea Palladio neu gestalteten, wenig später jedoch durch einen Brand teilweise zerstörten und danach umgebauten **Konvent der Lateranischen Kanoniker,** in dem seit mehr als 200 Jahren schon die Akademie der Schönen Künste logiert (Details zur Sammlung s. S. 209).

Zu einer Accademia di Pittura e Scultura hatten sich Venedigs Maler und Bildhauer schon Mitte des 18. Jh. zusammengeschlossen. Ihr erster Sitz, in dem bereits

Auf den flüchtigen Blick würde wohl kaum jemand hinter diesem wenig spektakulären Portal das Mekka der venezianischen Malerei erwarten.

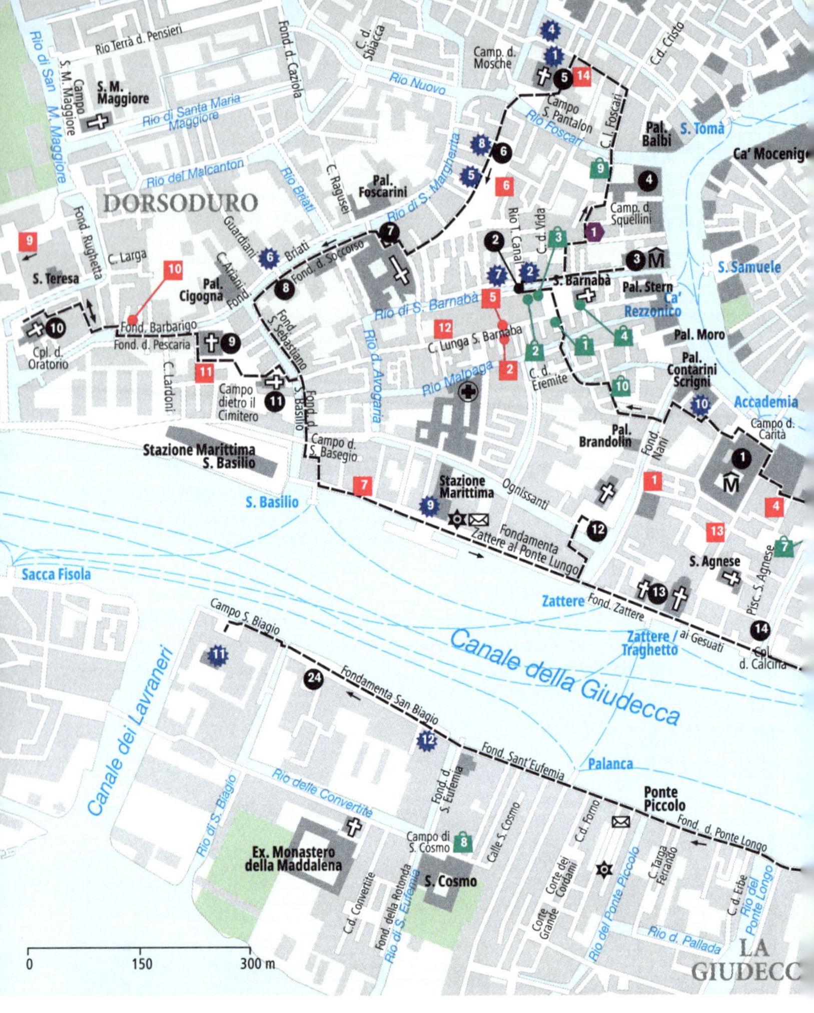

Dorsoduro, San Giorgio und Giudecca

Ansehen

1. Gallerie dell'Accademia
2. Ponte dei Pugni
3. Ca' Rezzonico/Museo del Settecento Veneziano
4. Ca' Foscari (Universität)
5. San Pantalon
6. Campo Santa Margherita
7. Scuola dei Carmini
8. Palazzo Zenobio
9. Sant'Angelo Raffaele
10. San Nicolò dei Mendicoli
11. San Sebastiano
12. Gondelwerft San Trovaso
13. I Gesuati
14. Pensione Seguso
15. Ex Ospedale degli Incurabili
16. Spirito Santo
17. Empori dei Sali/ Fondazione Vedova

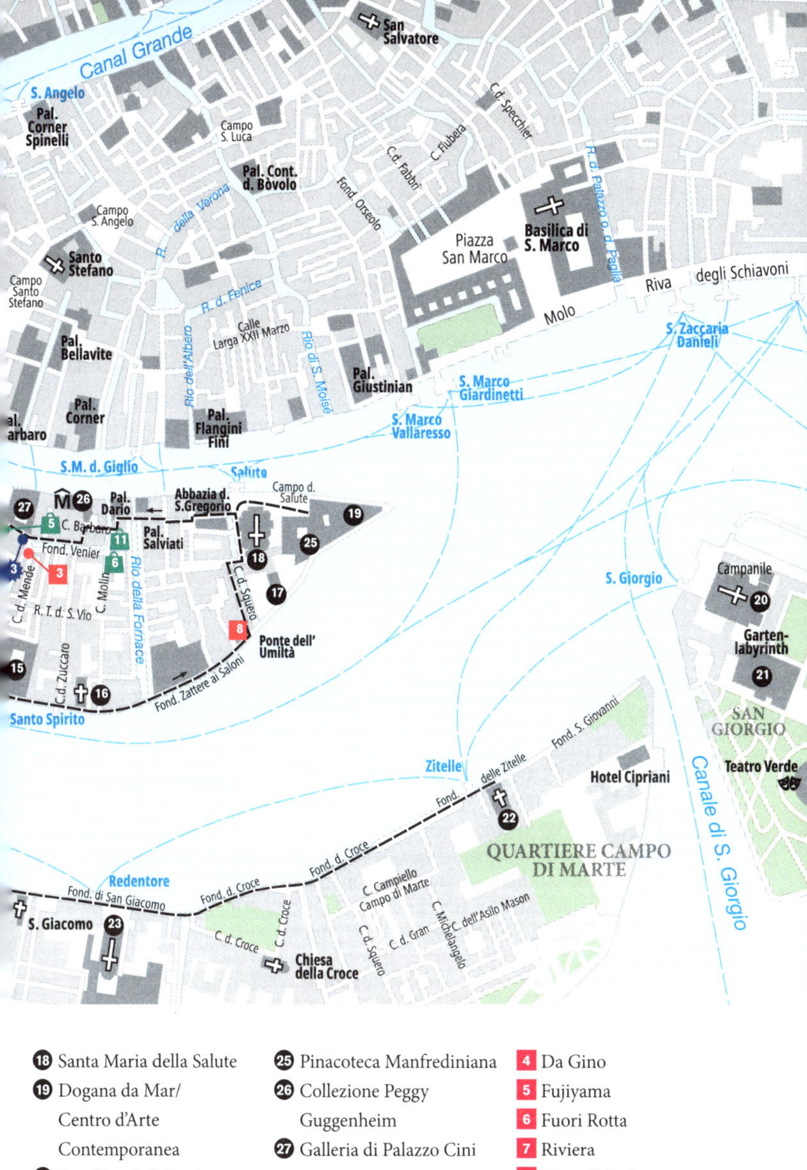

18 Santa Maria della Salute
19 Dogana da Mar/ Centro d'Arte Contemporanea
20 San Giorgio Maggiore
21 Fondazione Giorgio Cini
22 Le Zitelle
23 Il Redentore
24 Fortuny-Fabrik
25 Pinacoteca Manfrediniana
26 Collezione Peggy Guggenheim
27 Galleria di Palazzo Cini

Essen

1 Vini Al Bottegon
2 Africa Experience
3 Ai Gondolieri
4 Da Gino
5 Fujiyama
6 Fuori Rotta
7 Riviera
8 Linea d'Ombra
9 La Tecia Vegana
10 Caco Nero

Fortsetzung S. 192

Dorsoduro, San Giorgio, Giudecca Fortsetzung von Seite 191

11 Anzolo Raffaele
12 Basara
13 Agli Alboretti
14 Pasticceria Tonolo

Einkaufen

1 Pantagruelica
2 Signor Blum
3 Gemüseschiff
4 Madera
5 Cornici Trevisanello
6 Genninger Studio
7 Sent
8 Cartavenezia
9 Paolo Olbi
10 Alla Toletta
11 Saverio Pastor

Bewegen

1 Ca' Macana

Ausgehen

1 Impronta
2 Imagina Cafè
3 Corner Pub
4 Café Noir
5 Caffè Rosso
6 Da Codroma
7 Venice Jazz Club
8 Pier Dickens Inn
9 Al Chioschetto
10 Club Piccolo Mondo Music & Dance
11 Skyline-Bar/ Molino Stucky
12 Harry's Dolci

---

zahlreiche Ausstellungen stattfanden, war ein Fondaco auf dem Gelände der späteren königlichen Gärten. 1807 übersiedelte sie dann auf Geheiß Napoleons in den Baukomplex am Großen Kanal, wo im selben Jahr noch eine Gemäldesammlung – hauptsächlich aus Beständen der säkularisierten Kirchen und Klöster – begründet und wenig später der Öffentlichkeit zugänglich gemacht wurde. Diese wuchs dank privater Stiftungen, aber auch kluger Ankaufspolitik rasch zu ihrer heutigen Größe an.

Campo San Barnaba

Tanzen, schlemmen, spielen

Vom Museumsausgang nach links führt der Weg rechts an einem Laden für Möbeldesign und an dem fast schon legendären Tanzlokal **Club Piccolo Mondo** 10, einem Relikt aus den discobeschwingten 1960ern, vorbei, über den Rio di San Trovaso und durch die Calle della Toletta auf den Campo San Barnabà. Die hiesige, ebenfalls nach dem urchristlichen Apostel benannte **Kirche** (meist Mo–Sa 9.30–19.30 Uhr, Eintritt frei) ist jedoch weit weniger interessant als der gegenüberliegende, köstlich sortierte **Delikatessenladen** 1, das originelle **Geschäft für Holzspielzeug** 2 an der Ecke zur Fondamenta oder das davor ankernde, segeltuchüberdachte **Obst- und Gemüseschiff** 3.

Allerdings werden Kirche und Campo immer wieder von Cineasten aus aller Welt bestaunt, weil sie als Schauplätze einer Schlüsselszene in Steven Spielbergs Abenteuerfilm »Indiana Jones und der letzte Kreuzzug« (1989) mit Harrison Ford und Sean Connery in die Filmgeschichte eingingen. In den angrenzenden Kanal hatte 35 Jahre früher Katherine Hepburn laut Drehbuch zu David Leans Klassiker »Summertime« zu fallen. Woran im Fenster eines Souvenirshops bis heute ein Originalposter erinnert.

Spuren wilder Faustkämpfe

Im Boden der **Ponte dei Pugni** 2, der ›Brücke der Fäuste‹, die unmittelbar neben dem Gemüseschiff den Kanal überspannt, kann man vier in Marmor eingelassene Fußabdrücke entdecken. Sie zeugen von einem bis ins 18. Jh. geübten und von den damaligen Behörden als Aggressionsventil geduldeten Brauch: Zu bestimmten Anlässen pflegten sich Venedigs junge Männer in zwei Parteien, die »Castellani« und »Nicolotti«, aufzuteilen, die dann versuchten, einander mit bloßen Händen, aber auch mit spitzen Stöcken von der damals noch geländerlosen Brücke ins Wasser zu werfen. Die Fußabdrücke kennzeichneten dabei die jeweiligen Positionen bei Beginn des Kampfes.

Schön dekadent

Ein kleines Stück östlich, an der Mündung des Rio San Barnabà, thront die **Ca' Rezzonico** ❸ über dem Großen Kanal. Mit dem Bau dieses Prachtexemplars von Palast wurde 1667 nach Plänen von Baldassare Longhena begonnen. Doch die Geldmittel der Bauherren waren nach dem Piano nobile erschöpft. Erst ab 1745 bekam der Torso, nunmehr unter Leitung Giorgio Massaris, wie vorgesehen, zwei weitere Etagen aufgesetzt. Als Finanziers traten die Rezzonico in Erscheinung, eine eher neureiche Familie aus Como, die sich ihren Adelstitel kurz zuvor erkauft hatte. Nachdem deren Spross Carlo 1758 zum Papst, Clemens XIII., gewählt worden war, avancierte ihr gerade fertiggestelltes Domizil zum begehrtesten In-Treff der feinen Gesellschaft. Gut 100 Jahre später lebte und starb hier der englische Dichter Robert Browning (woran die ein wenig pathetische Gedenktafel an der kanalseitigen Fassade erinnert). Seit 1939 birgt er das **Museo del Settecento Veneziano,** das Museum des 18. Jh. (s. S. 210).

Studentisches Leben

Folgt man nun dem Hauptweg Richtung Frari, quert man zuerst den Campo Squellini (den ein Wandbild des zeitgenössischen Venezianers Pirro schmückt), kommt danach am **Palazzo Giustinian,** wo Richard Wagner den 2. Akt seines »Tristan« komponierte, und schließlich an der **Ca' Foscari** ❹, der Universität, vorbei, wo Studenten aus aller Welt Geschichte, Kunst, Philosophie, Wirtschaft, Chemie und östliche Sprachen lernen. In Letzterer lohnt ein Blick in das mit großem Aufwand renovierte Innere.

Geführte Touren durch die Prachtsäle der Ca' Foscari auf Ital. und Engl. gibt es zu ausgewählten Terminen (8 €), Tickets über www.veneziaunica.it

Zum Campo San Pantalon

An der Brücke über den Rio Nuovo empfiehlt sich ein Blick nach rechts. Zu sehen ist nicht nur eine der wenigen Ampeln der Stadt und die architektonisch grobschlächtige, zur Zeit des Mussolini-Faschismus errichtete Zentrale der Feuerwehr, sondern auch der kleine **Palazzo Masieri.** An seiner Stelle sollte der berühmte Frank Lloyd Wright nach dem Krieg ein modernes Gebäude errichten. Doch der kühne Plan wurde zerredet. Immerhin: In dem innen modernst umgebauten Palast ist ein Institut für zeitgenössische Architektur untergebracht. Im **Palazzo Balbi** nebenan amtiert die Regionalverwaltung des Veneto.

Das größte Leinwandbild der Welt

Auf dem Campo San Pantalon (den man über die Calli Larga Foscari sowie dei Preti Crosera erreicht), heißt es dann tief Luft holen. Von außen deutet kaum etwas auf die kunsthistorische Bedeutung der im ausgehenden 17. Jh. errichteten Kirche **San Pantalon** ❺ hin. Einzig ihr beachtliches Bauvolumen und die Tatsache, dass die Fassade bis heute unvollendet, eine rohe Ziegelwand, geblieben ist, mögen – freilich eher laues – Interesse wecken.

Umso erstaunter blickt auf, wer von dem Vorplatz am viel befahrenen Rio Novo aus den saalartigen Innenraum betritt. Denn was dem arglosen Betrachter dort im wahrsten Wortsinn den Kopf verdreht, ist nichts weniger als das angeblich größte Leinwandgemälde der Welt. Gigantische 443 m² misst das Deckenbild, an dem Gianantonio Fumiani seinerzeit fast drei Jahrzehnte malte, ehe er bei der Arbeit vom Gerüst zu Tode stürzte. Es besteht aus 40 zusammengenähten Leinwandelementen und zeigt, in Öl gemalt und deshalb erheblich nachgedunkelt, Martyrium und Apotheose des hl. Pantaleon. Der im Zuge der diokletianischen Christenverfolgungen ermordete Kirchenpatron und Schutzheilige aller Ärzte ist in dem Figurengewimmel über dem Eingang links an dem weißen Tuch erkennbar.

Umrahmt ist das Geschehen von einer optisch überaus raffinierten, auf starker perspektivischer Verkürzung basierenden Illusionsarchitektur, die aus dem Bild ein monumentales *teatrum sacrum,* einen wahren Augenschmaus für jeden Freund des Hochbarock macht. Nicht versäumen sollte man die große kleine Kostbarkeit der Kirche: das Altarbild »Marienkrönung« von Antonio Vivarini und Giovanni d'Alemagna in der »Kapelle des heiligen Nagels« links vom Chor.

Campo San Pantalon 3703, www.sanpantalon.it, Sa–Do 10–12.30, 15.30–18/19, So ab 9 Uhr, Linee 1, 2, Stazione S. Tomà, Eintritt frei

Campo Santa Margherita

Dorfplatz inmitten der Stadt

Obst- und Fischmarkt, ein Eissalon, ein Zeitungskiosk, spielende Kinder und Rentnerkränzchen, Weinbars, Cafés und ein Open-Air-Ristorante: Der **Campo Santa Margherita** ❻, diese 200 m lange, seltsam unregelmäßig geformte Freifläche im Herzen von Dorsoduro, gilt zu Recht als einer der volkstümlichsten Plätze der Stadt. Noch in den 1960er-Jahren lebten rund um sie fast ausschließlich Arbeiter. Prunkvolle Palazzi sucht man hier vergeblich. Doch als mehr und mehr, des täglichen Pendelns in die Industriezonen von Mestre und Marghera müde, in die modernen Wohnsilos auf dem Festland zogen, siedelten sich Anwälte, Künstler, Intellektuelle an. Auch kauften sich betuchte Ausländer hier im Gefühlsüberschwang Apartments, die sie nun fast nie benützen. Die Wohnungspreise begannen zu steigen und mit ihnen das Image des Campo.

Doch zum radikalen Strukturwandel kam es nicht, die Idylle blieb erhalten. Zwar sind die Zeiten, als die Partita Communista hier ihre populären Feste veranstaltete und die Filmbiennale nachts unter offenem Himmel Avantgarde-Streifen über mobile Leinwände flimmern ließ, lange vorbei. Dafür schlägt auf dem Platz und in den angrenzenden Gassen zwischen San Barnaba und San Pantalon allabendlich und an Wochenenden bis in den frühen Morgen das Herz von Venedigs pulsierender Lokalszene. Es sind vor allem die Studenten der nahen Universität, die hier das Klischee vom dornröschenverschlafenen Provinzstädtchen seit Jahren schon mit Verve und bisweilen recht lautstark Lügen strafen.

Bei den Karmelitern

Doch auch Kunstfreunde bekommen Beachtliches geboten: In der Südwestecke erhebt sich im Schatten ihres so hohen wie schiefen, karmesinroten Campanile die sehenswerte **Klosterkirche der Karmeliter.** Und der Versammlungsraum der benachbarten **Scuola dei Carmini** ❼, einst Sitz einer der großen Bruderschaftsschulen der Stadt, in dem regel-

Leergefischt? Die fangfrische Ware auf dem Campo Santa Margherita scheint die chronischen Klagen der Fischer über den Zustand der Adria zu widerlegen. Das Angebot ist üppig und artenreich.

mäßig recht charmante Opern-Konzert-Tanz-Abende in historischen Kostümen stattfinden, wartet mit einem fulminanten Deckengemälde von Tiepolo auf.

Kirche: Mo–Sa 10.30–13.30, 14.30–17 Uhr, Eintritt 3 € oder Chorus Pass, Abendveranstaltungen: www.musicainmaschera.com; Scuola Grande dei Carmini: Campo dei Carmini 2617, T 041 528 94 20, www.scuolagrandecarmini.it, tgl. 11–17 Uhr, Eintritt 7 €

Stützpunkt armenischer Kultur

An dem Kanal hinter dem Karmeliter-Komplex, nur ein paar Schritte westlich, steht der **Palazzo Zenobio** ❽. In diesem von außen eher unscheinbaren Barockpalast unterhielten die armenischen Mönche von San Lazzaro (s. Tour S. 196) mehr als 150 Jahre lang ein 1836 gegründetes Internat für junge Landsleute. Zu empfehlen ist die Besichtigung des Parks und, mehr noch, des prachtvollen, über und über mit Stuck und Trompe l'oeil-Malerei versehenen Ballsaals. Immerhin handelt es sich bei Letzterem um eines der opulentesten venezianischen Interieurs aus dem späten 17. Jh. Sein Dekor diente den Ausstattern des eine Spur nur jüngeren Ca' Rezzonico als Vorbild.

Fondamenta del Soccorso 2596, T 041 522 87 70, Di–So 10–18 Uhr, Eintritt 6 €

Durch das Quartiere Santa Marta

Venedigs »kleine Bronx«

Weiter den Kanal entlang, links um die Ecke und über die Brücke erreicht

TOUR
Eine Enklave armenischen Geistes

Ausflug zur Klosterinsel San Lazzaro

Es gibt nur noch ganz wenige Orte, die bis heute Zeugnis ablegen davon, welch Magnet die Serenissima einst über die Jahrhunderte darstellte und welch intensiven geistigen Austausch sie zu ihrer Blütezeit vor allem mit den Bewohnern des östlichen Mittelmeerraums und Vorderen Orient pflegte. Ein besonders besuchenswerter dieser Orte ist **San Lazzaro degli Armeni.** Die Klosterinsel liegt nur wenige Steinwürfe vom lagunenseitigen Ufer des Lido entfernt und wirkt doch wie eine Insel im Strom der Zeit. Gerade mal 3 ha misst sie und ist, gemeinsam mit dem Bruderkloster in Wien, ein wichtiger Außenposten armenischer Geistlichkeit in Europa.

Zu einem Zwischenstopp lädt an der Linie 20 die Insel San Servolo. Sie beherbergte über Jahrhunderte ein psychiatrisches Spital, worüber heute ein gut gemachtes Museum informiert (Zugang: Mo–Fr 10.45 u. 14 Uhr). Außerdem zu sehen: ein Skulpturenpark und zur Biennale diverse Kunstschauen.

Seit dem 12. Jh. hatten Pilger auf dem Weg ins Heilige Land hier Kost, Logis und Hilfe gefunden. Später mutierte das Eiland zur Quarantänestation für Pest- und Leprakranke. Der Name ihres Patrons, des hl. Lazarus, steckt noch in der Ortsbezeichnung San Lazzaro. Die Beifügung »der Armenier« erhielt das Inselchen vor knapp 300 Jahren, als der Doge es einem gewissen **Mechitar von Sebasteia,** dem heutigen Sivas in Ostanatolien, zur Nutzung schenkte. Dieser hatte um 1700 in Konstantinopel einen armenisch-unierten, der Regel des hl. Benedikt folgenden Orden gegründet. Bald darauf war Mechitar, der ständigen Anfeindungen durch die Orthodoxie wegen seiner Bande zu Rom müde, mit seinen Glaubensbrüdern auf den Peloponnes ausgewichen und von dort schließlich 1717 vor den anrückenden Osmanen nach Venedig geflohen.

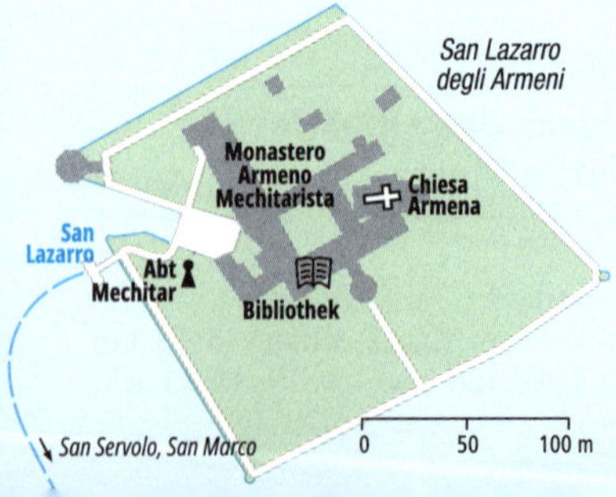

In ihrer neuen Heimat wirkten die Katholiken aus dem Ararat-Hochland, deren Patriarch bis heute im Libanon amtiert, vornehmlich als Sprachforscher, Übersetzer und Erzieher. Mithilfe ihrer weithin berühmten, erst 1993 aufgelasse-

Infos

Karte 6, C/D 2

Anfahrt:
An der Stazione S. Marco S. Zaccaria (Riva degli Schiavoni) startet tgl. u. a. um 9.20, 13.10 u. 15.10 Uhr ein Vaporetto der Linea 20 zur Insel. Die Rückfahrt erfolgt jeweils 2 Stunden später.

Der Inselbesuch ist nur im Rahmen einer 2-stündigen Führung möglich. Sie startet, gleich nach Ankunft des Vaporettos, um 9.45 bzw. 13.45 oder 15.45 Uhr. Der Eintritt beträgt 8 €, eine Voranmeldung (T 041 526 01 04) ist nicht nötig.

nen Druckerei legten sie die Basis für eine Renaissance armenischer Gelehrsamkeit. Zudem betrieben sie von 1946 bis in die 90er-Jahre in Venedigs Altstadt eine Schule, in der sie junge Armenier aus dem gesamten Mittelmeerraum mit ihrer eigenen Kultur und zugleich der westlichen Moderne vertraut machten.

Wer mit dem Vaporetto von San Marco kommend, nach Zwischenstationen auf La Grazia und San Servolo, die Armenierinsel erreicht, wird dort von einer modernen **Bronzestatue Abt Mechitars** willkommen geheißen. Einer der insgesamt acht noch ansässigen Patres nimmt die Touristengruppe in Empfang. Was folgt, ist eine rund 90-minütige, mehrsprachige Tour d'Horizon durch die **Klosteranlage** und parallel durch die Ordensgeschichte.

Über den idyllischen, mit Palmen und Zedern, Rosensträuchern und Rosmarin bestandenen **Kreuzgang** geht es zunächst in die mit Gemälden und funkelnden Mosaiken ausgestattete **Kirche.** Das Kloster wurde als eines der ganz wenigen in Venedig nicht von Napoleons Mannen geplündert. Das dunkel getäfelte **Refektorium,** die nächste Station, atmet mit seinem langen Esstisch, dem altmodischen Silberbesteck und Steingutgeschirr mönchischen Geist vergangener Tage. Pathos und eine gehörige Portion Kitsch hingegen verströmen die meisten Gemälde der Galerie in den Fluren im Obergeschoss.

Die **Museumsräume** bergen ein anregendes Sammelsurium aus historischen Fotos, Waffen, archäologischen Funden und Kunsthandwerk, vornehmlich aus Vorderasien. Ein Zimmer, in dem auch eine original-altägyptische Mumie ruht, ist dem Gedenken an Lord Byron gewidmet. Der englische Dichter war oftmals zu Besuch und mühte sich dabei begeistert, die armenische Sprache mit ihrer komplizierten Grammatik zu erlernen. Größter Schatz des Klosters ist seine rund 200 000-bändige **Bibliothek.** Deren kostbarste Stücke, wunderbar verzierte, teilweise über tausend Jahre alte Handschriften, bekommt man, bevor man im Kollektiv die Rückfahrt mit dem letzten Schiff nach San Marco antritt, in einem modernen, wohltuend gekühlten Rundpavillon zu Gesicht.

Ein Stützpunkt armenischer Kultur und ebenfalls sehr sehenswert ist in Dorsoduro der Palazzo Zenobio mit seinem schönen Park und dem barocken Ballsaal (s. S. 195).

Eine poetische Insel im Strom der Zeit: In der Werft von San Trovaso hält die Familie della Toffola als eine der Letzten die stolze Kunst des Gondelbaus am Leben.

man den Campo dell'Angelo Raffaele. Gleich dahinter beginnt das ärmliche Wohnviertel von Santa Marta. Hier, in der Nähe des Bahnhofs, wo früher hauptsächlich Fischer lebten, hatten die Österreicher Mitte des 19. Jh. die neuen Hafenanlagen gebaut und damit den ökonomischen Schwerpunkt der Stadt vom Rialto in den Westen verlagert. In der Folge siedelten sich kleine Industriebetriebe und Arbeiter mit ihren Familien an. Heute trägt die Gegend bei den Venezianern den Beinamen »il piccolo Bronx«. Die Arbeitslosigkeit ist hier, seit die Chemieindustrie von Marghera in der Krise steckt, besonders hoch, das Drogenproblem unter den Jugendlichen akut und eine Freizeit-Infrastruktur kaum existent.

Symbol dafür, dass sich die Situation punktuell zumindest dennoch zum Besseren wandeln lässt, ist die 1883 erbaute, in den 1960er-Jahren stillgelegte **Baumwollspinnerei Olcese**. Lange Zeit ein trauriges Industriedenkmal, wurde der Backsteinkomplex – ein stilistisches Gegenstück zur berühmten Mühle Molino Stucky, dem heutigen Hilton-Hotel, vis-à-vis – in den 1990ern generalsaniert. Es fungiert heute als Sitz der Architekturhochschule. Auch mehrere der großen, näher am Giudecca-Kanal stehenden Lagerhäuser wurden inzwischen renoviert. Auch unter ihren Dächern sind mittlerweile universitäre Einrichtungen zuhause.

Fasziniert von so viel Modernität und frischem Wind, sollte man freilich nicht die zwei reizvollen Sakralbauten, die sich in dieser profanen Hafengegend aus dem Mittelalter erhalten haben, übersehen: Die Kirchen **Sant'Angelo Raffaele** ❾ und **San Nicolò dei Mendicoli** ❿ verfügen beide über Baukerne aus dem 7. Jh. (in aller Regel tagsüber bis auf eine Mittagspause frei zugänglich).

Paolo Veroneses Vermächtnis

Ein wahres Kirchenjuwel liegt unweit des Campo dell'Angelo Raffaele: **San Sebastiano** ⓫. Wohl kein anderes Gotteshaus in Venedig ist so unmittelbar mit einer einzelnen Künstlerpersönlichkeit verbunden wie dieses in der ersten Hälfte des 15. Jh. von Antonio Abbondi alias Lo Scarpagnino errichtete Kleinod. Kein Geringerer als Paolo Veronese hinterließ in diesem von außen eher schlicht wirkenden Bau sein künstlerisches Vermächtnis, indem er in den 1550er-Jahren nach und nach Wände und Decken mit den für ihn charakteristischen festlich bewegten Inszenierungen versah. Grandios sind die drei Hauptbilder in den Deckenkassetten des Hauptschiffes. Sie illustrieren Szenen aus dem Leben Esthers, der jüdischen Gattin des Perserkönigs Xerxes und Protagonistin des nach ihr benannten alttestamentarischen Buches.

Ebenfalls von Veronese stammen die meisten der Fresken an den Wänden, das Hochaltarblatt sowie die Bemalung der Empore und der Orgeltüren. Zu den frühesten, nicht minder famosen Werken des Meisters, der übrigens 1588 unterhalb der Orgel seine letzte Ruhe fand, zählen seine Deckenbilder in der Sakristei, allen voran die »Himmelskrönung der Muttergottes«.

Campo San Sebastian 1687, Mo–Sa 10.30–13.30, 14.30–17 Uhr, Linee 2, 6, 8, Stazione S. Basilio, Eintritt 3 € bzw. Chorus Pass

An der Zattere

Von der Gondelwerft …

Über den Rio di San Sebastiano und die Fondamenta entlang erreicht man die Zattere, jenen breiten, an die 1,5 km langen Uferweg, von dem aus man einen herrlichen Ausblick auf die Giudecca hat. Besonders an sonnigen Wintertagen wähnt man sich hier weiter im Süden, als man tatsächlich ist, weshalb die Venezianer bevorzugt hier promenieren. Wandert man die Zattere entlang, San Marco entgegen, passiert man zuerst mehrere Konsulate und die Stazione Marittima, das Gebäude der Hafenbehörde. Am ersten Querkanal, etwas landeinwärts, stößt man auf die pittoreske **Gondelwerft** *(squero)* von **San Trovaso** ⓬. Im frühen 17. Jh. gegründet, ist sie die älteste noch aktive und eine der letzten ihrer Art überhaupt.

Für Touristengruppen organisieren ihre Betreiber werktags gerne Werkstattführungen. Einzelreisende hingegen müssen sich mit dem Blick aus der Distanz, vom Ostufer des Rio di San Trovaso, auf das ausgesprochen malerische Ensemble begnügen. Die Ähnlichkeit von dessen Bauweise erinnert übrigens frappant an alpine Holzarchitektur – ein Hinweis auf die Bautradition in jenen Dolomitendörfern, aus denen nicht wenige venezianische Gondelbauer ursprünglich stammen.

… zum literarischen Krimi-Tatort

Ein wenig weiter am Ufer entlang erhebt sich die helle, an Palladio erinnernde Marmorfassade der Dominikanerkirche der Rosenkranzmadonna. Der zwischen 1726 und 1736 errichtete Bau ist unter dem Namen **I Gesuati** ⓭ bekannt (nicht zu verwechseln mit der nicht minder sehenswerten jesuitischen Gesuiti im Norden der Stadt!). Er besitzt eine qualitätvolle Barockausstattung – Deckenfresken von G. B. Tiepolo, Statuen von G. M. Morlaiter und Altarbilder von Tintoretto, Tiepolo, G. B. Piazzetta und Sebastiano Ricci (Mo–Sa 10.30–13.30, 14.30–17 Uhr, Eintritt 3 € bzw. Chorus Pass).

Das Eckhaus am nächsten Querkanal könnte Patricia-Highsmith-Lesern bekannt vorkommen. Hier, in der nur mäßig eleganten **Pensione Seguso ⓮**, hatte sich Ray Garrett, die Hauptfigur in dem Thriller »Venedig kann sehr kalt sein«, eingemietet. Im Nebenhaus (Nr. 781) wohnte in der zweiten Hälfte des 19. Jh. der einflussreiche Kunsthistoriker, Schriftsteller, Maler und Philosoph John Ruskin, Autor der epochalen dreibändigen Architekturstudie »Stones of Venice«.

Hier wirkte Ignatius von Loyola

Etwa 200 m östlich befindet sich das **Ex Ospedale degli Incurabili ⓯** (Fondamente Zattere 423), das Hospital der Unheilbaren. Es wurde 1522 auf dem Höhepunkt einer Syphilis-Epidemie ins Leben gerufen. Für kurze Zeit soll hier Ignatius von Loyola, der Gründer des in Venedig mehr schlecht als recht gelittenen Jesuitenordens, persönlich Kranke betreut haben. Heute ist hier der Sitz der Accademia di Belle Arti di Venezia.

Zu Füßen des nächsten Gotteshauses, **Spirito Santo ⓰** (Nr. 917), und der dazugehörigen Scuola, beide Schöpfungen des späten 15. Jh., wird jährlich jene Pontonbrücke vertäut, auf der jeweils am dritten Julisonntag zum Fest von Redentore die Dankprozession zu Palladios gleichnamiger Kirche zieht.

Ein Salzlager wird Kunsthalle

Als Nächstes erreicht man die Mauern der **Empori dei Sali ⓱** (Nr. 266), der Salzlager. Im Spätmittelalter, als das Konservierungsmittel Salz eines der wertvollsten Handelsgüter darstellte und von Venedig sowohl aus Istrien und Griechenland importiert als auch in der Lagune selbst gewonnen wurde, lagerten hier bis zu 45 000 t des Weißen Goldes. Seit einigen Jahren wird ein Teil der gut erhaltenen Magazine temporär von der Biennale für Ausstellungen, ein anderer permanent von der zum Gedenken an den Avantgardemaler Emilio Vedova gegründeten **Fondazione Vedova** für Kunstausstellungen und auch Konzerte genutzt (Spazio Vedova: Zattere 50, Linee 2, 5.1/2 u. a., Stazione Zattere, www.fondazionevedova.org, Mi–So 10.30–18 Uhr, Eintritt 8 €).

Santa Maria della Salute

Ein kolossales Baiser

Wenige Schritte nach Norden und schon stehen Sie vor der **Basilica di Santa Maria della Salute ⓲**. Dass es sich bei dieser zum Dank an das Ende einer desaströsen Pestepidemie errichteten Votivkirche um den bedeutendsten Sakralbau des venezianischen Barock handelt, ist wohl auf den ersten Blick offensichtlich. Monumentaler und zugleich theatralischer hätte Baldassare Longhena sein erstes großes und wohl auch wichtigstes Werk kaum inszenieren können.

Der bei der Grundsteinlegung 1631 gerade 33 Jahre junge Meister, der später mit Palästen wie der Ca' Pesaro oder Rezzonico das Erscheinungsbild des Canal Grande maßgeblich mitprägen sollte, hatte ein jungfräuliches Werk, seltsam und schön, in der Form einer runden ›Maschine‹ angekündigt und nicht übertrieben. Tatsächlich zog er hier schon alle Register seines Könnens: ein Zentralbau über achteckigem Grundriss, mit weißem Marmor verkleidet und 125 Statuen verziert; mit zwei Glockentürmen, sechs Kapellen und zwei Kuppeln, um deren Trommeln sich höchst kapriziös ein Kranz riesiger Voluten kringelt … Wie ein Stück überdimensionales Eischaumgebäck thront die Salute, auf optimale Fernwirkung in alle Himmelsrichtungen angelegt, über dem ansonsten weitgehend flach bebauten östlichen Landzipfel von Dorsoduro.

Ihre imposante Größe und strahlende Schönheit erkennt man schon von Weitem. Doch wirklich stumm vor Staunen macht die Salute-Kirche erst, wenn man im Inneren, unter ihrer kolossalen Kuppel steht.

Obzwar, so möchte man einschränkend anmerken: Die klassische Strenge eines Sansovino und Palladio ist durchaus noch sicht- und spürbar – am antikisierenden Hauptportal etwa oder im glasklar gegliederten, lichtdurchfluteten Innenraum, der noch rein gar nichts von den sinnlichen Irreführungen und Mystifikationen des Barocks ahnen lässt. Programmatisch im Sinne des Bauauftrags ist die von Juste Le Court geschaffene Statuengruppe am Hochaltar: Zu Füßen Mariens kniet linker Hand die jugendliche Venezia. Nach rechts entflieht ein hexenhaft hässliches Weib. Es ist die Personifikation jener Pest, die Venedig bei ihrem vorangegangenen Ausbruch 50 000 Menschen, ein Drittel der Bevölkerung, gekostet hatte.

Als regelrechte Schatztruhe, in der man Gemälde aus diversen säkularisierten Kirchen der Stadt zusammengetragen findet, erweist sich die Sakristei: Sowohl ihr Altarblatt als auch ihre Deckenbilder stammen von Tizian. Und auch Tintoretto ist mit einem ergreifenden Großformat, einer »Hochzeit zu Kana« – in die er in Form des ersten Apostels links ein Selbstporträt hineinschummelte – vertreten.

Campo della Salute 1, Linea 1, Stazione Salute, tgl. 9–12, 15–17.30 Uhr, Eintritt frei, für die Sakristei 3 €; Achtung: insbesondere So manchmal wechselnde Öffnungszeiten!

Punta della Dogana

Zeitgenössisches vom Feinsten

Ein paar Schritte Richtung Osten erhebt sich die **Dogana da Mar** ⓳, die 1676–82 nach Plänen Giuseppe Benonis erbaute einstige Zollstation. Ihre Vorgängerin

Lieblingsort

Die gesamte Serenissima zu Füßen

Keine Frage, Jacopo de Barbari wusste sehr genau, weshalb er für seine berühmte, heute im Museo Correr befindliche Ansicht Venedigs gerade diese Perspektive wählte: Wie schon im Jahr 1500, als er den fast 3 m langen Holzschnitt anfertigte, ist auch heute der Blick von der Glockenstube des 60 m hohen **Campanile** der Klosterkirche **San Giorgio Maggiore** **20** konkurrenzlos. Dogenpalast, Markusdom, Piazza und Bacino di San Marco, rundum das Häusermeer des Centro Storico, mittendrin das große S des Canal Grande, nach Süden hin Lido und offenes Meer, in der Gegenrichtung bei klarem Wetter die Alpengipfel ... prächtiger sieht man die Serenissima von keinem anderen Standpunkt aus vor sich ausgebreitet (Zugang per Aufzug tgl. 9–19, Nov.–März 8.30–18 Uhr, 6 €).

war ein hoher, zinnenbewehrter Turm, von dem aus man nachts zum Schutz der Stadt quer über den Kanal eine Eisenkette zu spannen pflegte. Der weiße, säulenverzierte Bau, auf dessen Eckturm zwei Atlanten die Erdkugel mit der Figur der Glücksgöttin Fortuna tragen, ist wunderschön – ein Wahrzeichen, das viele Generationen von Seefahrern im Herzen der Serenissima willkommen hieß. Seit 2009 präsentiert hier der Multimilliardär François Pinault, der 2005 schon den Palazzo Grassi (s. S. 79) als Kunstquartier erwarb, im **Centro d'Arte Contemporanea Punta della Dogana** Highlights seiner umfangreichen Sammlung zur Gegenwartskunst (s. S. 211). Aber schöner noch ist das Panorama, das man von hier aus genießt. Markusplatz, San Giorgio, Giudecca, die Fassadenfront entlang der Riva degli Schiavoni und der Beginn des Canal Grande ... alle Pracht des San-Marco-Bassins liegt vor einem ausgebreitet.

Am Canal Grande zurück Richtung Accademia

Ein Muss für Kunstfeunde

Sempre diritto, wie die beliebte Antwort der Venezianer auf die Frage nach der Wegrichtung lautet, steuern Sie nun von der Salute durch die Calle Abbazia den letzten Höhepunkt dieses Rundgangs an. Einen Zwischenstopp gilt es noch auf dem entzückenden **Campiello Barbaro** einzulegen, dessen Akazienbäume und Brunnen samt pflanzenüberwucherter Hinterfront des Palazzo Dario Generationen von Hobbymalern inspirierten.

Dann stehen Sie vor jenem Palastfragment **Venier dei Leoni,** in dem die exzentrische Amerikanerin Peggy Guggenheim über 30 Jahre lang bis 1979 lebte und eine hochkarätige Kunstsammlung zusammentrug: die **Collezione Peggy Guggenheim** (s. S. 212). Eine pikante Besonderheit weist Marino Marinis bronzener nackter Reiter, der vor dem Palast zum Canal Grande hin grüßt, auf: Sein freudig aufgerichtetes bestes Stück kann bei Bedarf, etwa wenn hohe kirchliche Würdenträger auf dem Kanal vorbeifahren, abgeschraubt werden.

Noch mehr Kunst am Wegesrand

Zum Ausgangspunkt des Rundgangs, der Accademia, gelangen Sie, indem Sie an der anglikanischen Kirche St. George und dem Campo San Vio vorbei Richtung Westen wandern. Einen Stopp auf Letzterem lohnt für Kunstfreunde die kostbar bestückte **Galleria di Palazzo Cini** (s. S. 212).

San Giorgio

San Giorgio Maggiore

Wie eine Bühne erhebt sich vis-à-vis von San Marco die kleine Insel San Giorgio mit der gleichnamigen, von Andrea Palladio geschaffenen Kirche. **San Giorgio Maggiore** ⓴ stellt nicht nur einen weithin sichtbaren Blickfang, sondern auch den Höhepunkt venzianischer Sakralarchitektur dar (s. Tour S. 204).

Wachgeküsstes Architekturjuwel

Das dazugehörige **Kloster,** das bis zu seiner Auflösung in napoleonischer Zeit Benediktinermönche betrieben hatten, in der Folge vom österreichischen Militär in Beschlag genommen worden und danach verfallen war, wurde 1951 mitsamt den angrenzenden Gärten von Vittorio Cini gekauft. Der Industriemagnat, ein Philanthrop und Mäzen mit schier unbegrenzter Finanzkraft, sanierte den gesamten Kom-

TOUR
Auf den Spuren eines großen Baumeisters

Zu den Palladio-Kirchen auf San Giorgio und La Giudecca

Startpunkt dieser Tour ist die Vaporetto-Station S. Marco S. Zaccaria an der Riva degli Schiavoni, wo es mit der Linie 2 zunächst zur Insel San Giorgio geht; von dort gelangen Sie mit den Linien 2, 4.1, 4.2. oder 8 zur Stazione Zitelle im Osten der Insel La Giudecca.

Der optische Effekt könnte spektakulärer nicht sein: Steht man an der Punta della Dogana und blickt über das Wasser, sieht man vor sich ein Gebäudeensemble, das wie kein anderes prototypisch den insularen Charakter Venedigs versinnbildlicht. Einem antiken Tempel gleich leuchtet einem die Fassade der Klosterkirche von **San Giorgio Maggiore** ⓴ entgegen – vier kolossale korinthische Säulen auf hohen Sockeln, flankiert von nicht minder mächtigen Pilastern, der klassische Giebel und die Nischen dazwischen bevölkert von Heiligenstatuen. Wie bewegt vom ständigen Wechselspiel aus Licht und Schatten wirkt dieses weiße Relief aus istrischem Marmor – eine in der Lagune verankerte Bühnenkulisse, der im Verbund mit der sie krönenden Kuppel, dem Campanile und den seitlich angrenzenden Trakten des ehemaligen Benediktinerklosters eine kaum zu überbietende Theatralik innewohnt.

Die klare Linienführung und Geschlossenheit der Kirchenfront lassen unweigerlich an den größten aller neuzeitlichen Meister der klassischen Proportionen denken. Und in der Tat stammt der Entwurf dafür von ihm: Andrea di Pietro della Gondola, besser bekannt unter dem Künstlernamen Palladio, jenem genialen, 1508 in Vicenza geborenen Architekten, den Goethe mit gutem Grund als »Polarstern« pries, »der ihm den Weg zu aller Kunst geöffnet habe«. Palladio war zutiefst von der Antikensehnsucht seiner Zeit ergriffen. Auf ausgedehnten Reisen, insbesondere nach Rom, hatte er sich geschult und trachtete, der Architektur wieder zu ihrer klassischen Würde und Größe zu verhelfen. So weisen die Proportionen all seiner Bauten, etwa das

Infos

D–H 7/8

Dauer:
Inkl. An- und Rückfahrt mit dem Vaporetto ca. 3 Stunden

San Giorgio Maggiore:
www.abbaziasangiorgio.it, T 041 522 78 27, April–Okt. Mo–Sa 9–19, Nov.–März 8.30–18, So 10.40–12 Uhr, Kirche Eintritt frei, Campanile 6 €, beide; Führungen durch das ehem. Kloster: s. S. 207

Le Zitelle:
Der Innenraum kann nur zu Zeiten der Sonntagsmesse (ab 10.30 Uhr) betreten werden.

Il Redentore:
Mo–Sa 10.30–13.30, 14.30–17 Uhr, Eintritt 3 € bzw. Chorus Pass

Verhältnis der Seitenlängen, aber auch das von Grund- und Aufriss, mathematische Parallelen zur musikalischen Harmonielehre auf. Und seine Lehrtraktate über die Bauregeln der Antike, allen voran die »Quattro Libri dell'Architettura«, dienten vielen Generationen von Branchenkollegen als Theorie-Handbücher. Palladios gebautes Werk umfasst im Wesentlichen gut zwei Dutzend Villen, an die 20 Paläste und mehrere Kirchen. Letztere stehen allesamt in Venedig, drei der vier auf den Inseln San Giorgio und Giudecca. Ihre Besichtigung gehört mit zu den feinsten Kunstgenüssen, mit denen die Serenissima aufwartet.

Die Klosterkirche von San Giorgio Maggiore ist Palladios Sakralbau mit der wohl größten Strahlkraft. Das Ensemble mit der unvergleichlichen Silhouette mag auf Fernsicht angelegt sein. Doch auch sein Inneres spiegelt die gestalterischen Prinzipien seines Schöpfers, dieses vermutlich einflussreichsten Architekten aller Zeiten, idealtypisch wider. Man fährt nur wenige Minuten im Vaporetto von der Riva degli Schiavoni Richtung Süden. Dann ein paar Schritte und man steht vor der Fassade, die übrigens erst 1610, drei Jahrzehnte nach Palladios Tod, vollendet wurde. Dann betritt man den in schlichtem Weiß getünchten Raum. Säulen, Pfeiler, Pilaster, zentrale Kuppel und die für Palladio so charakteristischen Thermenfenster … die dreischiffige Basilika atmet auch hier antiken Geist. Höhepunkte der bewusst unaufdringlichen Ausstattung sind das geschnitzte Chorgestühl sowie rechts und links vom Altar die großformatigen Spätwerke Tintorettos, »Mannaregen« und »Abendmahl«. Links davon führt eine Tür zum Aufzug auf den **Campanile,** von dessen Plattform man eine wunderbare Aussicht auf Stadt, Lagune und Umland hat (s. Lieblingsort S. 202).

Das zugehörige, zu Zeiten Napoleons säkularisierte **Kloster,** das seit den 1950er-Jahren die **Fondazione Giorgio Cini** 21 beherbergt (s. S. 207), kann in weiten Teilen im Zuge videounterstützter Führungen besichtigt werden. Zugänglich sind u. a. die Bibliothek und das Treppenhaus (beide stammen von Baldassare Longhena), der 128 m lange Schlafsaal und das berühmte, von Palladio entworfene und vor wenigen Jahren restaurierte Refektorium. In Letzterem hängt seit einigen Jahren – als Faksimile – wieder Paolo Veroneses

grandioses Monumentalgemälde »Die Hochzeit zu Kana«, dessen Original einst von Kommissären der napoleonischen Truppen von hier nach Paris verschleppt worden war. Um einen Blick in die beiden prachtvollen Kreuzgänge werfen zu können, muss man den Pförtner am Tor rechts vom Kirchenportal becircen.

Eine Ikone der palladianischen Sakralarchitektur: San Giorgio Maggiore

Mit dem Vaporetto geht es es nun auf die benachbarte **Insel Giudecca.** Verlässt man das Schiff gleich beim ersten Haltepunkt nach San Giorgio, steht man vor der ebenfalls hellen Fassade der Kirche Santa Maria della Presentazione, genannt **Le Zitelle** ㉒. Der Entwurf zu dem um 1580 entstandenen Bau, dessen schlichtes Inneres, abgesehen von den sonntäglichen Hochämtern, nur zu ausgewählten Zeiten zu besichtigen ist, geht zwar auf Palladio zurück. Errichtet wurde er aber, vermutlich nach einer Überarbeitung des Originalplans, erst nach dem Tod des Meisters unter der Leitung eines gewissen Jacopo Bozzetto. Im angrenzenden, auf Initiative der Jesuiten gegründeten und von vielen Venezianern unterstützten Hospiz wurden im 17. und 18. Jh. arme, aber hübsche – ergo ›sittlich gefährdete‹ – Mädchen (*le zitelle* bedeutet ›die Jungfrauen‹) auf ein künftiges Leben in Ehe oder Kloster hin erzogen. Die feine Spitze, die sie währenddessen klöppelten, war zu ihrer Zeit äußerst begehrt.

Jeweils am 3. Juli-Sonntag, zu Redentore, zieht in Erinnerung an das Ende einer Pestepidemie im späten 16. Jh. auf einer Pontonbrücke eine feierliche Prozession über den Giudecca-Kanal zur gleichnamigen Kirche. Am Vorabend feiert ganz Venedig auf lampiongeschmückten Booten, genießt um Mitternacht ein grandioses Feuerwerk und erwartet am Lidostrand bei Wein und den berühmten Sauersardinen den Sonnenaufgang.

Die dritte Palladio-Kirche am Südufer des Canale della Giudecca erhebt sich nur wenige Gehminuten weiter westlich und gilt als eines der bedeutsamsten Bauwerke des Meisters aus Vicenza überhaupt. **Il Redentore** ㉓ entstand auf ein Regierungsgelübde hin, im Fall eines baldigen Endes der Pestepidemie eine Votivkirche errichten zu lassen, und wurde 1592 eingeweiht. In seiner köstlich frechen Huldigung der Lagunenstadt hat der Brite James Morris die Redentore als »aseptischen Tempel« bezeichnet, »den niemand ins Herz geschlossen hat«. Andere Kommentatoren rühmen hingegen ihre erhabene Würde oder die wohltuende Großzügigkeit des Innenraums. Wie auch immer: Der Bau mit seiner tempelhaften Fassade, dem hellen, weiten, von Halbsäulen umstandenen Längsschiff und dem zurückversetzten Kuppelbau stellt ein weiteres Musterbeispiel für Palladios strengen Klassizismus dar.

plex und machte ihn zum Sitz einer eigens dafür ins Leben gerufenen Stiftung. Die nach seinem Sohn benannte **Fondazione Giorgio Cini** 21 umfasst heute ein Schifffahrtszentrum, eine Kunstgewerbeschule sowie ein Kultur- und Studienzentrum. Sie besitzt immens kostbare Kunstschätze, Bücher und Manuskripte.

In der mit großem Aufwand ausgebauten ehemaligen **Marine-Akademie** veranstaltet sie hochkarätige Ausstellungen, im **Teatro Verde,** einem von Zypressen umrahmten Freiluft-Amphitheater, finden gelegentlich Theater- und Tanzaufführungen statt. Zudem agiert die Stiftung als ein kulturwissenschaftlicher Campus von höchstem internationalem Rang: Dieser beherbergt u. a. Institute für Musik- und Kunstgeschichte sowie ein Studienzentrum für italienische Sprache und Literatur.

Erst vor wenigen Jahren wurden die **alte Schiffswerft** zu einem Auditorium für Vorträge und Konzerte und Venedigs seit Langem stillgelegte Schwimmhalle zu einem zusätzlichen Ausstellungsraum für moderne Kunst umgebaut. Im dazugehörigen Grünbereich hat man, inspiriert von einer Idee Jorge Luis Borges', ein **Gartenlabyrinth** geschaffen. Auch dieses ist, wie überhaupt weite Teile von San Giorgio Maggiore, im Rahmen von Führungen zu besichtigen.

Führungen durch das ehemalige Kloster (dank portablem Video auch auf Deutsch): Ende März–Mitte Dez. tgl. 10–18, Rest des Jahres Mi–Mo 10–16 Uhr, Dauer: 60 Min., 13 €, Infos und Online-Tickets unter www.cini.it bzw. Mi–Mo 10–15 Uhr, T 036 64 20 21 81

Giudecca

Nur durch einen Kanal von San Giorgio Maggiore getrennt, erstreckt sich weiter westlich die Giudecca. Die Insel, genau genommen ein schmales Gebilde aus acht mit Brücken verbundenen Eilanden, hieß ursprünglich *spinalunga,* langer Dorn. Die Herkunft ihres modernen Namens ist nicht ganz geklärt. Eine – umstrittene – Theorie besagt, hier hätten vor der Gründung des Ghettos Venedigs Juden, die *giudei,* gewohnt; eine andere, man habe hierher kriminelle oder politisch unerwünschte Adlige verbannt (verurteilt heißt auf Italienisch *giudicato,* der venezianische Dialekt hat daraus *zudegà* gemacht). Der Bezirk gehört zwar verwaltungstechnisch zum gegenüberliegenden Stadtsechstel Dorsoduro, verströmt aber eine gänzlich eigenständige, vom Massentourismus unversehrte Atmosphäre.

Erst Aristokraten, dann Arbeiter

In der Frühzeit, bevor sie sich entlang der Brenta ihre Villen baute, verbrachte die Aristokratie gerne hier an der Peripherie, wo hauptsächlich Fischer wohnten, ihre Sommerfrische. Im 19. Jh. schließlich, nachdem die österreichischen Besatzer mit dem Bau der Eisenbahnbrücke, des Bahnhofs und des neuen Hafens das wirtschaftliche Zentrum von der meeresnahen Gegend rund um Rialto, San Marco und das Arsenal in den festlandnahen Westen verlagert hatten, siedelten sich hier viele Gewerbe- und Industriebetriebe an. Seither herrscht auf der Giudecca ein seltsames Nebeneinander von eleganten Villen und billigen Mietskasernen, Fabriken, Kirchen und einem Luxushotel.

Rundgang über die Insel

Sakrales und Luxuriöses

Hauptattraktion der östlichen Giudecca ist die von Andrea Palladdio entworfene Kirche der unverheirateten Frauen, weithin bekannt unter der Kurzbezeichnung

Ein Fest für Auge und Gaumen gleichermaßen erwartet die Gäste von Harry's Dolci. Was die Küche kredenzt, ist fein, aber fast feiner noch die Aussicht über den Giudecca-Kanal zur Zattere.

Le Zitelle ㉒ (siehe Tour S. 204). Ganz in der Nähe, zur offenen Lagune hin, liegt, hinter den Schnellbooten und Gebäuden der Finanzwache gut verborgen, das ebenso legendäre wie teure **Cipriani** (www.hotelcipriani.it), eines der raren Hotels der Stadt mit Swimmingpool und Tennisplätzen. Es ist, außer durch den Boteneingang in Haus Nr. 10, nur über den hauseigenen Zubringerdienst von San Marco aus erreichbar.

Geht man von Le Zitelle den Kai entlang, kommt man an dem originellen neogotischen Haus, das die Venezianer wegen seiner drei großen Spitzbogenfenster **Casa Tre Oci** (Haus der drei Augen) nennen. Es wurde 1913 nach Plänen des Malers und Fotopioniers Mario De Maria erbaut und beherbergt seit einigen Jahren, quasi als Verbeugung vor seinem Schöpfer, ein Kultur- und Forschungszentrum, das regelmäßig Ausstellungen hochkarätiger Fotokünstler zeigt (Mi–Mo 11–19 Uhr, 13 €, www.treoci.org; Besuch dringend ans Herz gelegt!).

Einen Häuserblock nur weiter befindet sich, untergebracht in einem früheren Kornspeicher, **Ostello Venezia,** die nun schon Generationen von Backpackern aus aller Welt wohl bekannte Jugendherberge der Stadt (s. S. 31). Nach wenigen Minuten erreicht man den zweiten berühmten Palladio-Bau der Insel, die Kirche **Il Redentore** ㉓ (siehe Tour S. 204).

Industriearchitektur reloaded

Auf dem weiteren Weg Richtung Westen sollten Sie, um das Wesen der Insel zu erfassen, immer wieder einmal Abstecher in die Quergässchen unternehmen. Zu entdecken sind – teilweise freilich nur mit kurzen Blicken über Mauern – Werftanlagen, weitläufige private Parks, die leeren Hallen der traditionsreichen Segelleinwand-, Tauwerk- und Kokosteppichwerkstätten; aber auch zeitgenössische Architektur: auf dem Gelände der stillgelegten **Junghans-Uhrenfabrik** etwa und deren seinerzeit fortschrittlichen Arbeiterwohnsiedlungen rund um die Corti Grandi, die großen Höfe, ein ganzes Ensemble stilistisch interessanter Apartmentbauten.

Oder, ganz im Westen, am Ostufer des Rio di San Bagio, der zum schicken Wohnkomplex umgebaute neogotische Ziegelbau der ehemaligen **Brauerei Dreher.** Was sich hier freilich auch noch erschließt, ist ein merkwürdiger proletarischer Charme, der allerdings desto trostloser wird, je mehr Einwohner auf das Festland umziehen. Derzeit leben kaum noch 6000 Menschen auf der Giudecca!

Getreidesilo goes Luxushotel

Am westlichsten Zipfel der Giudecca, erreichbar über die Fondamenta San Biagio, überragt seit dem späten 19. Jh. die frühere Mühle **Molino Stucky** die Silhouette der niedrigen Häuser. Der Unternehmer Giovanni Stucky hatte sich seinerzeit diesen kolossalen Backsteinbau errichten lassen, der an norddeutsche Speichersilos erinnert. 1954 wurde die Produktion eingestellt, jahrzehntelang wartete das Industriedenkmal halb verfallen auf einen Dornröschenkuss. Doch 2007 erwachte es zu neuem Leben – nun als Luxuskomplex, der neben einem Hotel samt empfehlenswerter **Skyline-Bar** 11 ein Konferenzzentrum, Shops und Apartments birgt.

Anstatt nun in die wenig interessante, mehrheitlich in den 1950er-Jahren entstandene Wohnsiedlung auf der damals aufgeschütteten Insel Sacca Fisola oder weiter bis zur Müllinsel dahinter zu wandern, lasse man sich

TEXTILIEN ZUM TRÄUMEN

Im äußersten Westen der Giudecca, unmittelbar neben der Stucky-Mühle, erhebt sich die **Fortuny-Fabrik** 24. Seit nun schon mehr als 100 Jahren werden dort die phantastischen, golddurchwirkten Baumwolldamaste des spanischen Wahlvenezianers Mariano Fortuny y Madrazo hergestellt. Ebendiese kann man – Achtung: allerwärmste Empfehlung! – im selben Gebäude auch in einem Showroom bewundern (T 0393 825 76 51, www.fortuny.com, Mo–Sa 10–13, 14–18 Uhr, im Winter Fr geschl., Anmeldung zu geführten Touren, auch durch den zugehörigen zauberhaften Garten, unter info@fortuny.com).

lieber bei **Harry's Dolci** 12 nieder, um von dort den wunderbaren Blick auf den gegenüberliegenden Zattere-Kai zu genießen.

Museen

Schrein venezianischer Malerei

1 **Gallerie dell'Accademia:** Willkommen in Venedigs mit Abstand wichtigster Gemäldesammlung. Sie zeigt, nach ihrer Entstehungszeit geordnet und in zwei Dutzend Sälen präsentiert, etwa 800 Werke und bietet damit eine so umfassende Leistungsschau der venezianischen Malkunst wie kein zweites Museum dieser Welt. Der Rundgang durch die Galerie, die man durch das klassizistische Portal der Scuola Grande betritt, beginnt in deren einstigem Hauptsaal. Dieser ist der gotischen Tafelmalerei, dem Übergang von der byzantinischen zur westlichen Malweise, gewidmet. Hier finden sich etwa Altarblätter von Alvise

und Bartolomeo Vivarini, von Cima da Conegliano, Paolo und Lorenzo Veneziano. Es folgen kleinere Räume mit Kostbarkeiten u. a. von Giovanni Bellini (»Palla di San Giobbe« und mehrere Madonnen), Andrea Mantegna und Giorgione (»Alte« und »Das Gewitter«). Für Höhepunkte sorgen weiters Tizian mit seiner »Pietà« und »Johannes dem Täufer«, Tintoretto, etwa mit diversen Szenen »Aus dem Leben des hl. Markus«, und Paolo Veronese mit seinem gewaltigen »Gastmahl im Hause Levi«.

Im zweiten Teil der Besichtigung wird es beschaulicher, verspielter im Sinne des Barocks und Rokokos: Vornehmlich kleinere Formate, etwa eines G. Tiepolo, G. B. Piazzetta oder Pietro Longhi sowie Veduten von Guardi, Canaletto & Co. vermitteln bezaubernde Ansichten aus der dekadenten Spätzeit der Republik. Grandiose Schlussakkorde setzen Gentile Bellini und Vittore Carpaccio mit den beiden Zyklen zum »Wunder der Kreuzreliquie« und zur »Ursula-Legende« sowie, im einstigen Herbergssaal der Scuola, Tizians monumentaler »Tempelgang Mariä«.

Campo della Carità 1050, T 041 522 22 47, www.gallerieaccademia.it, Linee 1, 2, Stazione Accademia, Mo 8.15–14, Di–So 8.15–19.15 Uhr, letzter Einlass 1 Std. zuvor, Eintritt 12 €; um Wartezeiten zu vermeiden, ist die Reservierung eines Zeitfensters ratsam (T 041 520 03 45, innerhalb Italiens T 800 15 06 66, plus 1,50 €, Mo–Fr 8.30–19, Sa 8.30–14 Uhr); ohne Reservierung am besten gleich morgens anstellen; der Audioguide (um 6 €) ist wenig informativ; aktuell sind im 1. Stock Arbeiten zu Umbau und Neugestaltung geplant, dadurch kann es zu temporären Teilschließungen kommen.

Z

SOMMERAKADEMIE IM PALAZZO ZENOBIO

Zur Zeit der Kunstbiennale ist der armenische **Palazzo Zenobio** ❽ einen knappen Monat lang Schauplatz der Internationalen Sommerakademie für Bildende Kunst und Medientechnologie. Dabei können sich Postgraduate-Studenten und Profis, aber auch ambitionierte Hobbykünstler in von Fachpädagogen geleiteten Kursen in den Bereichen Malerei, Bildhauerei, Film, Musik, Fotografie, Creative Writing und Experimentelle Architektur weiterbilden. In einem separaten Trainingsmodul bekommen auch Anfänger fundiertes Basiskönnen vermittelt. Arbeitsateliers und Wohnmöglichkeit im Klosterkomplex, Buchung in wöchentlichen Blöcken möglich. Unterricht auch unter freiem Himmel im zugehörigen Park sowie in der Stadt und Lagune; nähere Infos erteilt das Organisationsbüro in Wien (T +43 660 588 40 18, www.sommerakademievenedig.com).

Wie Adelige um 1700 wohnten

❸ Museo del Settecento Veneziano: Aristokratische Wohnkultur und erlesenes Kunsthandwerk im 18. Jh., als die Serenissima ihre letzte, reichlich dekadente Blüte erlebte, sind die Themen dieses viel besuchten, 1936 in der **Ca' Rezzonico** eröffneten Museums. Der Gang durch die lichtdurchfluteten Schauräume ist ein Sinnenfest für alle Freunde schwelgerischen Barocks. Sie sind ausstaffiert mit erlesenen Bildern und Skulpturen, Möbeln, Textilien, Keramiken, pompösen Muranospiegeln und -lüstern. Duftige Fresken – berühmt: G. B. Tiepolos groteske Spaßmacher im Pulcinella-Saal – zieren Decken und Wände. Das gesamte Inventar wurde freilich in der Zwischenkriegszeit von den Museumsgründern aus anderen kommunalen Beständen hierher überführt beziehungsweise von privaten Anbietern erworben. Zu den Höhepunkten zählen die herrlich manierierten Schnitzarbeiten von Andrea Brustolon, der Ballsaal,

Der Palast am Unterlauf des Canal Grande, in dem Peggy Guggenheim drei Jahrzehnte lang wohnte, ist ein Fragment. Die Sammlung jedoch, die er beherbergt, bietet Moderne Kunst in Vollendung.

die Gemäldesammlungen Mestrovich und Martini sowie, im dritten Stock, die gut 250 Jahre alte Apotheke.

Fondamenta Rezzonico 3136, T 041 241 01 00, www.visitmuve.it, Linea 1, Stazione Ca' Rezzonico, April–Okt. Mi–Mo 10–18, Nov.–März 10–17 Uhr, Eintritt 11 € bzw. Museum Pass

Hotspot der Gegenwartskunst

⓳ Centro d'Arte Contemporanea: Zwei Jahre nach dem Palazzo Grassi (s. S. 79), nämlich 2007, erwarb der französische Mäzen François Pinault auch die einstige Zollstation an der Ostspitze des »harten Rücken« und ließ sie innen – ebenfalls von dem Japaner Tadao Ando – umgestalten. Seither werden hier, meist in enger inhaltlicher Abstimmung mit den Ausstellungen in der kanalaufwärts gelegenen Zwillingseinrichtung, Leckerbissen der Fondazione Pinault gezeigt: Spitzenwerke eines Cy Twombly oder Jeff Koons z. B., eines Sigmar Polke, Luc Tuymans, Takashi Murakami, einer Cindy Sherman oder Marlene Dumas.

Fondamenta Dogana alla Salute 2, T 041 200 10 57, www.palazzograssi.it, Linea 1, Stazione Salute, Mi–Mo 10–19 Uhr, zwischen den Ausstellungen manchmal des Längeren geschl., Kombiticket mit Palazzo Grassi 15 €

Tizian, Veronese und Co.

㉕ Pinacoteca Manfrediniana: An der Hinterseite der Dogana liegt der schlichte, von Baldassare Longhena errichtete Klosterkomplex des Seminario Patriarcale, der seit 1817 ein Priesterseminar und nach einer langjährigen Generalrenovierung nunmehr diese Pinakothek beherbergt – eine reichhaltige Sammlung von Kunst aus dem 14.–18. Jh. mit Werken u. a.

von Tizian, Veronese, Pietro Lombardo und Cima da Conegliano.

In die Pinakothek wurde 2019 ein Großteil der Bestände des zuvor im Kloster Santa Apollonia nahe dem Markusdom untergebrachten **Diözesanmuseums** – kostbares Kunsthandwerk und auch Alte Meister – integriert.

Dorsoduro 1, T 041 274 39 73, www.manfrediana.it, Linea 1, Stazione Salute, Do/Fr 10–13, 15–18, Sa 10–18 Uhr, Eintritt 8 €

Mekka der klassischen Moderne

㉖ Collezione Peggy Guggenheim: Kubismus, Futurismus, Dada, De Stijl, Surrealismus und Abstrakter Expressionismus: Für Liebhaber der klassischen Moderne ist das Guggenheim-Museum eine Pflichtstation. In seinen Räumen im Palazzo Venier dei Leoni finden sich so gut wie alle avantgardistischen Kunstströmungen aus der ersten Hälfte des 20. Jh. repräsentiert. Schon vor und während des Zweiten Weltkriegs hatte Peggy Guggenheim, eine exzentrische, für moderne Kunst entflammte Industriellenerbin, in ihrer Heimatstadt New York eine der bis heute weltweit bedeutendsten einschlägigen Sammlungen zusammengetragen. Diese präsentierte sie 1948 der Weltöffentlichkeit in einem Pavillon der Biennale. Der Erfolg war enorm. Die millionenschwere Mäzenin verliebte sich in die Lagunenstadt und erwarb jenen Palasttorso am Unterlauf des Canal Grande, in dem sie als Ehrenbürgerin Venedigs mitsamt ihren geliebten Hunden bis zu ihrem Tod 1979 leben sollte.

Beim Gang durch Peggys ehemalige Wohnräume begegnet man Hauptwerken aller Großen, von Braque und Picasso über Kandinsky und Klee bis Mondrian und Malewitsch. Einen Schwerpunkt stellen die Surrealisten. Von ihnen sind u. a. Magritte, Mirò und Dalí vertreten, aber auch Max Ernst, mit dem die Hausherrin übrigens einige Jahre lang verehelicht war. Umfassend präsent ist außerdem Jackson Pollock, der Meister des Action-Painting und sogenannten Dripping, den Guggenheim besonders intensiv förderte. Eine spannende Ergänzung zu den mehr als 300 Exponaten unter Dach bildet die im Garten aufgestellte Skulpturensammlung. Sie umfasst Wegweisendes u. a. von Brancusi, Calder, Giacometti und Moore.

San Gregorio 701, Palazzo Venier dei Leoni, T 041 240 54 11, www.guggenheim-venice.it, Linee 1, 2, Stazione Accademia, Mi–Mo, auch Fei 10–18 Uhr, Eintritt 16 €

Wenig bekanntes Palastjuwel

㉗ Galleria di Palazzo Cini: Im edlen Ambiente dieses 450 Jahre alten, heute sträflich wenig besuchten Palasts harrt die famose Privatsammlung des Industriellen und Mäzens Graf Vittorio Cini der Bewunderer. Ihr Schwerpunkt ist die italienische Kunst des 13. bis 16. Jh, darunter Gemälde von Botticelli, Pontormo, Tura & Co., aber auch erlesenes Kunsthandwerk und Stilmöbel aus ganz Europa. Ergänzend werden im 2. Stock immer wieder Werke zeitgenössischer Künstler gezeigt.

Campo San Vio 864, T 041 241 12 81, www.palazzocini.it, Linee 1, 2, Stazione Accademia, ca. Mitte April–Mitte Nov. Mi–Mo 11–19 Uhr (aber unregelmäßig!), Eintritt 10 €

Essen

Weinbar aus dem Bilderbuch

1 Vini Al Bottegon: Direkt an der Ponte San Trovaso, schräg gegenüber der gleichnamigen Gondelwerft gelegen, zählt diese Enoteca zu den Top-Treffs traditionsbewusster Einheimischer – angesichts des urigen, mit unzähligen Flaschen ›tapezierten‹, dafür stuhllosen Interieurs und der vorzüglichen Auswahl an Weinen, Panini und Crostini kein Wunder (auch bekannt unter der Bezeichnung Enoteca Cantinone Già Schiavi oder, einfacher, Cantinon).

Fondamenta Nani alias Maravegie 992, T 041 523 00 34, Linee 2, 5.1, 5.2, 6, 8, Stazione Zattere, Mo–Sa 8.30–20.30 Uhr, Cicchetti ab 3 €

Abwechslung für den Gaumen

2 **Africa Experience:** Nomen est omen – Polit-Flüchtling und Selfmade-Tausendsassa Hamed Ahmadi lädt zur kunterbunten kulinarischen Kontinentalreise, vom Maghreb bis Äthiopien, Ausflüge in den Nahen Osten und nach Iran inklusive. Der Staff ist easy going und von infektiöser Fröhlichkeit, das Interieur von den Masken und Fetischfiguren bis zu den Trommellampen und Holzlianen an der Decke erfrischend authentisch und schick zugleich, das Essen köstlich, die Auswahl auch für Vegetarier/Veganer groß. Bestelltipp: die gemischte Vorspeisenplatte als Feuerwerk an exotischen Geschmäckern.

Calle Lunga San Barnaba 2722, T 041 476 78 65, Linea 1, Stazione Ca' Rezzonico, tgl. 12–15, 18–24 Uhr, €

Kreative Gourmetkost

3 **Ai Gondolieri:** Proteine für Kunstfreunde! Einen Steinwurf von der Guggenheim-Collection entfernt, eröffnen sich in dieser gepflegten Enoteca raffinierte Geschmackswelten. Kakao-Ravioli in Trüffelsauce, gratinierte Schnecken oder das *risotto di secole* nach generationenaltem Geheimrezept – der Phantasie sind keine Grenzen gesetzt. Der Schwerpunkt freilich liegt auf lokalen Fleischspezialitäten, und zwar Standards wie *fegato veneziana* (Leber) und Angus Steak, aber auch ausgefallenen Innereien und manchmal sogar Fohlenfleisch.

Calle San Domenico 366, T 041 528 63 96, www.aigondolieri.com, Linee 1 (2), Stazione Salute oder Accademia, tgl. 12–23.30 Uhr, €€€

Klassische Imbiss-Bar

4 **Da Gino:** Riesenauswahl an stets frischen Tramezzini, kalten und ofenwarmen Panini und Toast, dazu First-Class-Kaffee am Tresen oder Tisch, familiäre Bedienung und kaum glaubliche Dauer-Öffnungszeiten. Empfehlenswert: Tische draußen mit hohem Schauwert dank des dichten Passantenverkehrs, um die Ecke der Accademia.

Calle Nuova San Agnese 853a, T 041 528 52 76, Linee 1, 2, Stazione Accademia, tgl. 6–24 Uhr, €

Ein Rundum-Wohlfühl-Rastplatz

5 **Fujiyama:** Hier kehrt man wegen des Speisenangebots und der Atmosphäre ein.

ESSEN AN DER ZATTERE

Zwei aussichtsreiche Kulinarik-Tipps gefällig? Nahe der Vaporetto-Station S. Basilio, am westlichen Ende der Zattere, verwöhnt das Betreiberpaar Monica und Luca in seinem Restaurant **Riviera** 7 Gäste mit feiner Küche, ebensolchen Weinen und behaglicher Atmosphäre. Besonders schön ist das Mahl an einem Sonntag unter freiem Himmel mit Blick über den breiten Kanal auf die Giudecca (Fondamenta Zattere al Ponte Longo, 1473, T 041 522 76 21, ristoranterivieravenezia@gmail.com, tgl. 12–22.30 Uhr, €€€).

Nicht minder prächtig ist die Lage des ganz im Osten, am Rio della Salute gelegenen, für seine vorzüglichen Fischgerichte gerühmten Lokals **Linea d'Ombra** 8. Das Interieur verströmt puristische Eleganz. Auf dem Holzponton über dem Wasser ist ein Teil der Tische für »Drinks only« reserviert. Unvergesslich: ein Sundowner im Angesicht von Redentore und San Giorgio (Ponte dell'Umiltà, 19, T 041 241 18 81, www.ristorantelineadombra.com, tgl. 12–14.15, 19–21.15, €€€).

Das berühmte Gemüseschiff an der Ponte dei Pugni versorgt Dorsoduros Bewohner seit Jahrzehnten mit frischer Nahrung. Das Gros seiner Ladung stammt von den Feldern der Laguneninseln.

Stimmungsvoller als in diesem Teehaus – und mehr noch in dem auf Japanisch gestylten, zugehörigen Garten – kann man sich von langen Erkundungsgängen durch das Gassenlabyrinth kaum erholen. Gastgeberin Elena Piaggi kreiert unablässig neue, originelle Köstlichkeiten – Salate, Quiches, Tatars, Reisröllchen u. v. m., die Mehrheit davon vegetarisch/vegan. Fein ist auch die Auswahl an Süßem, Torten, Kuchen, Keksen Marke Eigenregie sowie an schwarzen, grünen und weißen Tees; probierenswert ist auch das lokale Craftbier Birra Artigianale Venezia (zugehörig: nette, wenn auch schlichte, aber entsprechend preisgünstige B & B-Übernachtungsmöglichkeit, €)

Calle Lunga di San Barnaba 2727a, T 041 724 10 42, Linea 1, Stazione Ca' Rezzonico, Di/Mi 10.30–15, Do–Sa 10–18.30 Uhr, €–€€

Standardküche in idyllischer Lage

6 **Fuori Rotta:** Für Pizza- und Paste-Fans: Der hiesige Koch sprüht zwar nicht gerade vor Phantasie, fabriziert aber einwandfreie Hausmannskost. Von einem der Tische im Freien genießt man einen entzückenden Panoramablick auf einen der volkstümlichsten Plätze der Stadt.

Campo Santa Margherita 3004, T 041 312 20 01, Linea 1, Stazione Ca' Rezzonico, tgl. 11–23 Uhr, €€

Fleischlos vom Feinsten

9 **La Tecia Vegana:** Willkommen in Venedigs vermutlich einzigem Restaurant, das sich so kompromisslos, ohne sich an den anderswo grassierenden Veggie-Hype anzubiedern, dem Gebot nachhaltiger Nahrungsaufnahme verschrieben hat! Hier, an der südwestlichen Peripherie, nahe dem Hafenviertel, kann man sich in

gemütlichem und gepflegtem Ambiente an organischen und veganen Köstlichkeiten delektieren. Ob Pilzravioli oder Rohkost-Burger, Tempeh-Spieße, Lasagne mit Saitan-Ragu oder Zucchininudeln mit Avocadosauce – sie alle, auch die Dolci und der Wein, munden vorzüglich. Die Preise sind mehr als fair, die Kellner ausnehmend freundlich und kompetent. Kurz: rundum ein Vergnügen.

Santa Marta, Calle dei Secchi 2104, T 041 524 62 44, www.lateciavegana.com, Linee 2, 6, 8, Stazione S. Basilio, Di–Sa 12–14.15, 19–22 Uhr, €–€€

Pertekt zum Chillen

10 **Caco Nero:** Wie erfreulich – so jung und idyllisch zugleich kann Venedig sein. Die Speisekarte dieser sonnendurchfluteten Kalorientankstelle ist – ein Indiz für die Frische des Rohmaterials – kurz und wird täglich neu erstellt. Die pikanten Tagesteller werden, wie auch die hausgemachten Kuchen, von dem jungen Betreiberteam liebevoll präpariert. Die Preise sind wohltuend moderat. Dazu gibt's smoothe Musik, internationale Mode-, Kunst- und Designmagazine und schöne Blicke durch die großen Fenster auf den stillen Kanal.

Fondamenta Barbarigo 2344, T 041 524 60 42, www.caconero.it, Linee 2, 6, 8, Stazione S. Basilio, Mo–Fr 9–21, Sa 9–17 Uhr, €

Gute Stimmung, kreative Küche

11 **Anzolo Raffaele:** Luigi Secchi, der Chef dieser behaglichen, abseits des Rummels, zu Füßen der Kirche Anzolo Raffaele situierten und sehr sympathisch geführten Trattoria, versetzt die kulinarischen Traditionen Venetiens mit einem gehörigen Schuss Kreativität. Prosciutto, Paste, Lamm, Leber, dazu stets saisonfrische Gemüse und Salate, und zuletzt Patricias stets leckere Desserts. Famoso!

Campo Anzolo Raffaele 1722, T 041 523 74 56, Linee 2, 8, 6, Stazione S. Basilio, tgl. 12–15, 19–22 Uhr, €€

Selbst für anspruchsvolle Japaner

12 **Basara:** Mal was wirklich anderes: Sushi, Sashimi, Tempura und Uramaki in einer Qualität, die garantiert auch anspruchsvolle Japaner zufriedenstellt. Und das in einem hellen, funktionell-styligem Ambiente. Mittags serviert man – gutes Zeichen: die vielen Gondolieri, lokalen Geschäftsleute und Beamten – ein leichtes Drei-Gänge-Lunch, nachmittags Tee, Kaffee, süßes Gebäck. Zum Tagesausklang kommt auch Handfesteres wie Lachsfilet, Prawns oder gegrillter Seebarsch mit Salat und Beilagen auf den Tisch. Auch Take-away-Service; Fr/Sa abends unbedingt reservieren!

Calle Lunga San Barnaba 2687, T 041 522 59 55, Linea 1, Stazione Ca' Rezzonico, €€

Gehoben speisen

13 **Agli Alboretti:** Angenehmes Restaurant mit duftig-elegantem Ambiente, aufmerksamer Bedienung und so niveauvoller wie kreativer Küche; empfehlenswert insbesondere für Liebhaber feiner Fischgerichte. An Sommerabenden sitzt man im Innenhof des gleichnamigen Hotels unter weinumrankter Pergola.

Rio Terra Foscarini 882, T 041 522 99 37, www.aglialboretti.com, Linee 1, 2, Stazione Accademia, Mi–Mo 12–22 Uhr, €€€

Eine der Top-Konditoreien

14 **Pasticceria Tonolo:** Phantastische Torten, Kuchen und anderes Backwerk, aber auch ein guter Platz für einen gelungenen Start in den Tag bei Cappuccino und Croissant.

Calle dei Crosera 3764, T 041 523 72 09, Linee 1, 2, Stazione S. Tomà, Di–Sa 7.30–20, So nur bis 13 Uhr

Einkaufen

Pikante Zutaten zum Schlemmen

1 **Pantagruelica:** Olivenöl extra vergine, biologisch produzierte Paste, getrocknete

Pilze, köstliche Käse, Schinken, Würste, Spitzenweine und -grappe … Feinschmeckerherz, was willst du mehr? Nicht ohne Grund trägt der unscheinbare, aber feine Laden den Namen von Rabelais' schlemmendem Romanhelden Pantagruel.

Campo San Barnaba 2844, T 041 523 67 66, Linea 1, Stazione Ca' Rezzonico, Mo–Sa 10–20.30 Uhr

Originelles Holzspielzeug

2 **Signor Blum:** Alles in diesem entzückenden Souvenirshop ist selbst entworfen, von Hand per Laubsäge ausgesägt und koloriert: die hölzernen Puzzlebilder, die Nippes und Mobiles für Weihnachten und Halloween, vor allem aber die dreidimensionalen Steckpuzzles, mit denen sich jedermann, vor allem aber natürlich Kinder, venezianische Palazzi und Kirchen en miniature bauen kann. Übrigens: Auf Anfrage sind auch individuelle Sonderanfertigungen möglich.

Campo San Barnaba, 2840, T 041 522 63 67, www.signorblum.com, Linea 1, Stazione Ca' Rezzonico, tgl. 10–13.30, 16–19 Uhr

Gesunder Snack zwischendurch

3 **Gemüseschiff:** Äpfel, Birnen, Bananen & Co. als ambulanter Imbiss gefällig? Zu Füßen der Ponte dei Pugni im Rio di San Bárnaba, auf halbem Weg zwischen Campo San Barnaba und Campo Santa Margherita, ankert ein Schiff, dessen Pächter wochentags von Bord Obst und Gemüse in exzellenter Qualität – fast – zu Supermarktpreisen feilbietet.

Fondamenta Gherardini, Linee 1, 2, Stazione S. Tomà, Mo–Sa ganztägig

Fundgrube für Stilpuristen

4 **Madera:** Ein von Hand geschnitzter Löffel aus Akazien- oder Eschenholz? Ein ufo-förmiges Nachttischlämpchen? Zinngeschirr, Handtaschen, Schals, schräger Schmuck? In ihrem zen-artig schlicht gestalteten Interieur-Shop präsentieren dessen Betreiber, drei Architekten, von jungen Designern aus aller Welt kreierte Haushaltsgeräte und Modeaccessoires aus Holz, Metall und Keramik.

Campo San Barnaba 2762, T 041 522 41 81, www.maderavenezia.it, (besuchenswerter Ableger: Calle Lunga San Barnaba 2729); beide: Linea 1, Stazione Ca' Rezzonico, Di–Sa 10.30–13, 15.30–19.30 Uhr

Rahmenprogramm

5 **Cornici Trevisanello:** Seit mehr als einem halben Jahrhundert bereits werden in diesem Familienbetrieb vergoldete und auch sonst reich verzierte Bilder- und Spiegelrahmen fabriziert.

Fondamenta Bragadin, Campo San Vio 662, T 041 520 77 79, Linee 1, 2, Stazione Accademia, Mo–Fr 9–12.30, 15.30–19, Sa 9.30–12.30 Uhr (wenn geschl., bitte anrufen)

Glas(-perlen) selbstfabriziert

6 **Genninger Studio:** Leslie Genninger, eine Wahlvenezianerin amerikanischer Provenienz, vertieft sich seit nun schon drei Jahrzehnten in die Geheimnisse der Herstellung feinsten Muranoglases. In ihrem Studio auf einem malerischen, kleinen Platz unweit der Ca' Rezzonico designt und produziert sie Vasen, Pokale, Spiegel, Skulpturen, Hängelampen und Schmuck vom Feinsten, die in prominenten Sammlungen und Museen in aller Welt Eingang fanden. Ihre größte Leidenschaft gilt den Glasperlen, die sie, teils blasend, teils über der Flamme, von Hand fabriziert und bevorzugt mit Silber oder 24-karätigem Goldblatt belegt.

Campiello Barbaro 364, T 041 522 55 65 bzw. 0348 221 89 36, www.genningerstudio.com, Linee 1, 2, Stazione Accademia, Sa–Mo 10–13.30, 15–18.30 Uhr, Di–Fr nur nach Voranmeldung

Design-Avantgarde

7 **Sent:** Die zwei experimentierfreudigen Schwestern aus Murano kreieren auf höchstem Niveau, soll heißen: denkbar fern allen disneyesken Glaskitsch,

Lieblingsort

Der die Rudergabeln schnitzt

Er gilt als Maestrissimo seines Faches und steht nicht ohne Grund jener Vereinigung namens El Felze vor, in deren Rahmen Venedigs Handwerker, Gondolieri und Bootsvereine hingebungsvoll das maritime Erbe ihrer Heimat pflegen: **Saverio Pastor** 11, seines Zeichens einer der letzten verbliebenen Schnitzer von *fórcole,* den charakteristischen Rudergabeln für die Gondeln. Sein Atelier ist denn auch ein Paradies für alle Liebhaber des Werkstoffs Holz. Und eine Inspiration für die Sinne: Das würzige Aroma frisch bearbeiteten Holzes erfüllt den Raum, rohe Stücke von Baumstämmen, Schablonen, Sägespäne in allen nur erdenklichen Brauntönen schmeicheln dem Auge. Und die kurvigen Formen der *fórcole* verführen zum Betasten – und Kaufen (Fondamenta Soranzo 341, T 041 522 56 99, www.forcole.com).

avantgardistischen Schmuck, Vasen und Arbeiten aus Holz oder Papier. Weitere Niederlassungen in San Marco (Ponte San Moisè 2090), San Polo (Sotoportego dei Oresi) und, innenarchitektonisch spektakulär, auf Murano (Fondamenta Serenella 20).

Campo San Vio 669, T 041 520 81 36, www.marinaesusannasent.com, Linee 1, 2, Stazione Accademia, Mo–Sa 10–18 Uhr

Papierene Kunst

8 **Cartavenezia:** Origineller geht's kaum: Fernando Masone schöpft in einem aufwendigen Verfahren aus textilen Fasern, bevorzugt Baumwolle, händisch Büttenpapier. Aus dem hellbeigen, an den Rändern ausfransenden Rohmaterial stellt er Grußkarten, Kuverts und Briefpapier her, bindet die Blätterbündel zu Notizbüchern und Alben, die er mit Baumwollfäden verfestigt und mit Reliefstempeln versieht. Oder er faltet sie zu papiernen Lampenschirmen, Schalen, Schmuckanhängern, Kettchen oder Phantasieobjekten.

Calle Cosmo 621, T 041 524 12 83 bzw. 0349 444 60 82, www.cartavenezia.it, Linee 2, 4.1/2, 8, Stazione Palanca, nur Mo und Fr 9–19.30 Uhr geöffnet

Dekoratives für den Schreibtisch

9 **Paolo Olbi:** Und noch ein Meister der papierenen Kunst. Auch er fabriziert Kalender, Notizbücher, Fotoalben und -rahmen sowie diverse Geschenkartikel, handgefertigt aus bestem Leder bzw. Büttenpapier.

Ponte di Ca' Foscari 3253, T 041 523 76 55, Linee 1, 2, Stazione S. Tomà, tgl. 15.30–19.30 Uhr

Preiswerter Intellektuellen-Treff

10 **Alla Toletta:** Hier findet, wer auf Bücher steht, neben klugem Gehirnfutter auf Italienisch, eine große Auswahl tadelloser Bildbände und auch englischsprachiger Belletristik zu reduzierten Preisen.

J

JOGGEN AUF DER GIUDECCA

Venedig bietet Joggern wunderbare Laufstrecken: Eine der lohnendsten führt von Le Zitelle immer geradeaus den Giudecca-Kanal entlang bis zur Molino Stucky. Herrliche Weitblicke und mehrere Brücken sorgen für Abwechslung. Zurück geht's entweder zu Fuß oder per Vaporetto.

Sacca della Toletta 1213, T 032 94 56 73 24, www.latoletta.com, Linee 1, 2, Stazione Accademia, Mo–Sa 9–19.30, So (!) 11–19 Uhr

Rudergabeln als Kunstobjekte

11 **Saverio Pastor:** siehe Lieblingsort S. 217.

Bewegen

Mach dir deine Maske

1 **Ca' Macana:** Einer der ernsthaften, jenseits des verbreiteten Kitsch und Kommerz agierenden Maskenerzeuger, der auch fürs Theater arbeitet. Für interessierte Touristen werden Kurse im Maskenmachen angeboten. Variante A: 45-minütige Schauvorführung; Variante B: ca. 150-minütiger Kurz-Kurs mit Theorie- und Praxisteil; beides auf Anfrage auch auf Deutsch.

Calle Capeller 3215, T 041 277 61 42, Filiale: Fondamenta Toletta 1169, T 522 97 41, www.camacana.com, Linea 1, Stazione Ca' Rezzonico, tgl. 10–20, im Winter 10–18.30 Uhr

Freibad mit Aussicht

11 **Molino Stucky:** Als der Hilton-Konzert in den Nullerjahren die ehemalige Getreidemühle im Westen der Giudecca mit immensem Aufwand in ein Hotel verwandelte, baute man auch ein beeindru-

ckendes Fitness-&-Wellnesscenter ein. 600 m² groß, umfasst es das Übliche: Jacuzzi, Hammam, Geräteparcour und fünf Therapie-Kabinen, alles in fabelhafter Ausführung. Der große Hit ist freilich der Open-Air-Swimmingpool, den man dem neogotischen Kolossalbau aus Backstein aufs Dach gesetzt hat. Dort, 35 m über dem Boden, zieht man im Wasser geruhsam seine Bahnen, entspannt im Liegestuhl oder beim Snack aus dem Skylunch-Buffett, während der Blick über Venedigs Dächer- und Türmemeer schweift. Ein Traum!

Giudecca 810, T 041 272 34 14, www.molinostuckyhilton.com, Linee 2, 8, 4.1/2, Stazione Palanca bzw. Gratis-Shuttleboat von und nach San Marco, Dach-Pool für Hotel-, Fitness- & Wellnessbereich auch für Tagesgäste zugänglich, Mi–Mo 10–18 Uhr, 2-Std.-Benutzung 20 €, jede weitere Std. +10 €

Ausgehen

Zeitgemäß fast rund um die Uhr

1 **Impronta:** Schicke Bar mit kleinen, guten Speisen (€€), Gourmet-Sandwiches, Salaten, Panini, Tortillas, aber – stets mit Pfiff und venezianischem Touch kreiert – auch Substanzielleres wie Pasta, Ente oder manch Meeresgetier; ideal zum Frühstücken und, untermalt mit smoother Lounge-Musik, für den Late-Night-Drink.

Calle dei Preti nahe Crosera Pantalon 3815, T 041 275 03 86, Linee 1, 2, Stazione S. Tomà, Mo–Fr 7–24, Sa/So 8–24 Uhr

Kunst & Kaffee

2 **Imagina Cafè:** Eine Kombination aus Bar und Galerie als vibrierender Ort der Begegnung: im Erdgeschoss der gläserne Tresen, an dem ein nettes Barkeeper-Team gute Weine und originelle Longdrinks kredenzt; im Stock darüber ein Ausstellungsraum, in dem junge Künstler aus der Stadt ihre neuesten Werke präsentieren.

Campo Santa Margherita, Rio T. Canal 3126, Ponte dei Pugni, T 041 241 06 25, www.imaginacafe.it, Linee 1, 2, Stazione S. Tomà, Mo–Do 7–21, Fr/Sa 7–1, So 8–21 Uhr

Britische Insel

3 **Corner Pub:** Wenige Schritte westlich des Guggenheim-Museums wartet eine schummrige Oase angelsächsischen Lebensstils, mit roten Lederfauteuils, Wänden voller Bildern, köstlichen Sandwiches und anderen Snacks sowie sehr gefälligem Bier- und Weinsortiment.

Calle della Chiesa 684, T 0349 457 07 39, Linee 1, 2, Stazione Accademia, tgl. 8.30–24 Uhr

Preisgünstiger In-Treff

4 **Café Noir:** Leer findet man dieses Studentenlokal so gut wie nie. Kein Wunder, ist das kleine, aber extravagant designte Café doch nicht zuletzt dank des niedrigen Preisniveaus eine ideale Adresse für einen Cappuccino (1,50 €), Espresso (1 €), Spritz (1,70 €) oder Sandwich (ab 2,50 €). Spezialtipp für genießerische Sparefrohs: die *aperitivi* zur Happy Hour am frühen Abend.

Calle Lunga San Pantalon 3805, T 041 200 78 93, Linee 1, 2, Stazione S. Tomà, So–Fr 11–2, Sa 18.30–2 Uhr

Treffpunkt der Alternativszene

5 **Caffè Rosso:** Hotspot für Studenten und junge Einheimische. Panini, Tramezzini, *cicchetti,* hervorragende Weine und regelmäßig Live-Blues und -Jazz. Im Sommer schön: ein Sundowner auf dem malerischen Platz.

Campo Santa Margherita 2963, T 041 528 79 98, www.cafferosso.it, Linea 1, Stazione Ca' Rezzonico, Mo–Sa 7–1, So 10–22 Uhr

Studentisch, gemütlich

6 **Da Codroma:** Einer der anregendsten Szene-Treffpunkte: behagliche Boheme-Atmosphäre, man hockt an langen Holztischen (und im Sommer draußen

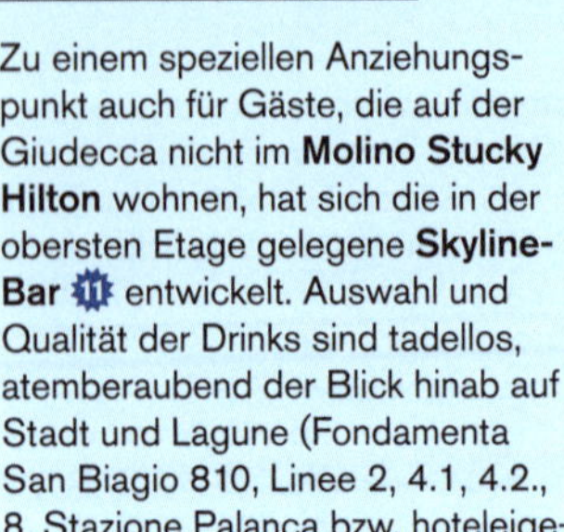

D

GUTE DRINKS UND ATEMBERAUBENDER BLICK

Zu einem speziellen Anziehungspunkt auch für Gäste, die auf der Giudecca nicht im **Molino Stucky Hilton** wohnen, hat sich die in der obersten Etage gelegene **Skyline-Bar** 11 entwickelt. Auswahl und Qualität der Drinks sind tadellos, atemberaubend der Blick hinab auf Stadt und Lagune (Fondamenta San Biagio 810, Linee 2, 4.1, 4.2., 8, Stazione Palanca bzw. hoteleigener Shuttledienst von San Marco; Bar: April–Okt. Mo–Do 17–24, Fr–So 17–1, Nov.–März 16–24 Uhr, Reservierung T 041 272 33 11, www.skylinebarvenice.it).

am Kanalufer), schmaust, beschwingt durch jazzige Hintergrund- und des öfteren auch Livemusik, frisch gemachte, kleine, feine Gerichte à la Sarde saour, Tintenfisch mit Polenta (€). Und die Welt ist gut.

Fondamenta Briati 2540, T 041 524 67 89, Linea 2, 6, 8, Stazione S. Basilio, Di–Sa 12–14.30, 19–22 Uhr

Traditional

7 **Venice Jazz Club:** Führende Adresse für Live-Gigs mit eigenem Ensemble, dem VJC-Quartett, Schwerpunkt: klassische Standards; gemütliche Club-Atmosphäre, ab 19 Uhr Happy Hour, ab 20 Uhr Snacks, Konzertbeginn: 21 Uhr.

Fondamenta dello Squero 3102, T 041 523 20 56 bzw. 340 150 49 85, www.venicejazzclub.com, Linea 1, Stazione Ca' Rezzonico, Mo, Mi, Fr/Sa 19–ca. 23.30 Uhr, Küche €–€€

Very british

8 **Pier Dickens Inn:** Gemütliches Pub mit TV, kleiner Bühne für Liveauftritte und jede Menge guter Biere. Den Hunger stillt man mit Pizza, Club Sandwiches oder Spaghetti.

Campo Santa Margherita 3410, T 041 241 19 79, Linea 1, Stazione Ca' Rezzonico, tgl. 10.30–1.30 Uhr

Umtrunk mit Ausblick

9 **Al Chioschetto:** Ein leckerer Brunch oder Abendtrunk vor dem Traumpanorama der Giudecca; an Sommerabenden gibt es obendrein Jazz und Reggae live! Unprätentiös, stimmungsvoll – ein Ort für unbeschwertes Dolce vita.

Zattere 1406a (nahe dem Hafenamt), T 348 396 84 66, Linee 2, 6, 8, Stazione S. Basilio, tgl. 9–23 Uhr, Dez./Jan. geschl.

Venedigs einzige Disco

10 **Club Piccolo Mondo Music & Dance:** Altgediente Piano-Bar, halb English Pub, halb Diskothek – ein sympathisches, aus der Zeit gefallenes Relikt, freilich einer der raren Plätze, um bis spätnächtens das Tanzbein zu schwingen.

Calle Contarini Corfù 1056, T 041 520 03 71, Linee 1, 2, Stazione Accademia, Mi–Sa tagsüber Bar, 23–4 Uhr Diskothek, im Winter stark eingeschränkte Öffnungszeiten

Tolle Aussicht mit Preisaufschlag

12 **Harry's Dolci:** Was für eine Lage! In dieser von den Lordsiegelbewahrern des Cipriani-Erbes (Harry's Bar) geführten Lokalität genießt man bei Kaffee und Süßigkeit – oder auch feinem, aus venezianischen Spezialitäten erstellten Mehr-Gang-Menü – direkt am Wasser sitzend einen grandiosen Panoramablick über den Giudecca-Kanal auf die Zattere. Doch Vorsicht: Wer hier aus der – zugegeben qualitätvollen – Speisekarte üppiger ordert, muss geradezu unverschämt tief in die Brieftasche greifen (€€€)!

Giudecca, Fondamenta San Biagio 773, T 041 522 48 44, Linee 2, 4.1., 4.2., 8, Stazione Palanca, Mi–So 12–23 Uhr

Zugabe
Seidenlampe & Plissee

Die Renaissance feinsten Fortuny-Designs

Ein stilvolles Souvenir, ein Stück venezianische Eleganz: Seit über einem Vierteljahrhundert nun schon stellt Lino Lando nach Entwürfen des legendären Designers Mariano Fortuny (s. S. 80) wunderschöne, handbemalte Seidenlampen her. Die mit bernsteinfarbenen Glasperlen und Kordeln behängten Stücke schmücken, versehen mit dem Label Venetia Studium, längst Luxushotels und Eigenheime in aller Welt. Sie tragen Namen wie »Scheherezade«, »Samarkand« oder »Konkubine«. Ihre Farben und Muster stammen von 400 Jahre alten osmanischen und venezianischen Stoffen.

In Landos geschmackvoll gestylten Läden – in der Calle Larga XXII, der Mercerie dell'Orologio sowie im Flagshipstore in Dorsoduro (Calle del Bastion) – findet man aber auch edle Plissee-Stoffe, Kleider, Schals, Taschen, Kissen, Bettdecken und Wandtextilien (www.venetiastudium.com). ■

Der Lido und die Laguneninseln

In der aquatischen Traumwelt — zwischen Festland und Meer harren Inseln mit Charme und kostbarem Kunsterbe.

Seite 225

Der Lido

Mondän und elegant – ein Spaziergang über Venedigs Nehrung führt u. a. zu legendären Hotels von höchster Grandezza und in Villenviertel mit elegantem Belle-Époque-Flair. Und während des Sommers können Sie am flachsandigen Adriastrand Dolce Vita pur genießen.

Seite 226

Radelnd durch die Lagune

Durch schmales Terrain zwischen Lagune und Meer führt diese Radtour bis zu dem lebendigen Fischerstädtchen Chiogga und wieder zurück.

Zwischendurch mal baden und chillen? Dann auf zum Lido!

Eintauchen

Seite 229

Murano

Der Besuch der berühmten Glasfabrik und des ebenso sehenswerten Glasmuseums ist natürlich ein Muss. Doch die malerische Insel nördlich Venedigs hat viel mehr zu bieten, zum Beispiel zwei herrliche Kirchen.

Seite 231

Herzhafte Traditionsküche auf Murano

Im Bussa alla Torre auf Murano wird Gastfreundschaft groß geschrieben. Wer hier einkehrt, kann sich auf schmackhafte Schuppentiere aus den Lagunengewässern freuen.

Seite 231

Burano

Die alte Heimat der Spitzenklöpplerinnen empfängt Besucher mit einer Dorfidylle aus kleinen Kanälen und Brückchen, gesäumt von putzigen Würfelhäusern.

Seite 231

San Francesco del Deserto

Eine alte Kirche, ein mediterraner Garten – das nur noch von wenigen Mönchen bewohnte Eiland bezaubert mit bukolischer Stille.

Seite 232

Eilande im Nordosten

Die Gemüseinseln Sant' Erasmo und Vignole, die alte Quarantänestation Lazzaretto Nuovo oder La Certosa … Ausflüge zu den kleinen Inseln im Nordosten bieten einige ungeahnte Eindrücke.

Seite 235

Torcello

Melancholische Reminiszenzen an Venedigs Frühzeit ruft die einstige Bischofsinsel hervor. Eine herausragende Sehenswürdigkeit bildet die Kathedrale mit ihren byzantinischen Mosaiken.

Seite 237

Aeroporto Nicelli

Mitte der 1930er errichtet und musterhaft saniert, ist dieser kleine Flughafen ein Architekturjuwel im späten Bauhausstil.

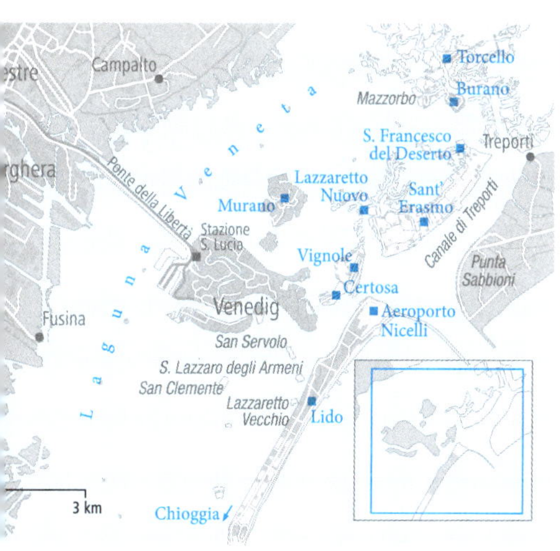

»Man kann alle Städte der Welt gesehen haben und doch überrascht sein, wenn man in Venedig ankommt.« (Charles de Montesquieu, 1689–1755)

Inselhüpfen zwischen Lido und Festland

J

Jener 12 km lange und kaum 1 km breite Sandstreifen, der Lido, der die Lagune von der Adria trennt, bildet für Venedig seit alters einen unverzichtbaren Schutz vor Stürmen und Fluten. Wer durch seine Hauptachse, die Gran Viale, Richtung Meer schlendert, kann sich nur schwer vorstellen, dass der Lido um 1900 Europas oberen Zehntausend als Refugium für Sommerfrischen diente. Das Bild bestimmen Nachkriegsbauten und die für Seebäder übliche Mixtur aus Pizzerien, Eissalons, Souvenir- und Modeboutiquen.

Doch wer sich genauer umschaut, erkennt: auch dieses schmale Stück Land hat sentimentalen Spurensuchern mancherlei zu bieten: Belle-Époque-Flair mit diversen Villen im Liberty-Stil, der italienischen Variante des Art Nouveau, legendäre Hotels von höchster Grandezza, ein Palazzo del Cinema, in dem sich alljährlich die Großen der Filmwelt zeigen, und ein kleiner, aber feiner Airport aus den 1930ern.

Manche der größeren Inseln im Norden der heutigen Altstadt, allen voran Murano und Torcello, blicken auf eine so lange wie reiche Vergangenheit als selbstständige Siedlungsgebiete zurück. Als in sich geschlossene kleine Welten, deren Eigenarten bis heute ziemlich unbeschadet blieben, sind sie ideale – und leicht erreichbare – Ausflugsziele für nostalgisch Gestimmte und zum Teil auch kunsthistorisch lohnend. Apropos: Kulturinteressierte sollten auch kleinere Inseln wie Lazzaretto Nuovo, Sant'Erasmo oder La Certosa besuchen.

O

ORIENTIERUNG

Reisekarte: Karten 2, 3, 5 und 6
Hinkommen: Zum Lido kommt man per Vaporetto vom Centro Storico aus u. a. mit den Linien 1, 2, 5.1/2, 6, 8, 14 und N (Stazione Lido/S. Maria Elisabetta); auf dem Lido verkürzen bei Bedarf die ACTV-Linienbusse die doch recht langen Gehdistanzen. Zu den drei Inseln Torcello, Burano und Murano fährt die Linie 12 im Halbstundentakt ab Fondamenta Nuove; auf Letztere auch die Linien 13 sowie (von Piazzale Roma und Ferrovia) 4.1 und 4.2.
Zeitrahmen: Für den Ausflug zu den drei Hauptinseln der nördlichen Lagune sollten Sie einen ganzen, mindestens jedoch einen guten halben Tag einplanen. Wer sie wirklich mit Muße genießen will, bleibt auf Murano oder Burano über Nacht.

Der Lido

Karte 6

Die Venedig in südöstlicher Richtung vorgelagerte Nehrung schirmt nicht nur seit jeher Stadt und Lagune vor den Unbilden der Adria ab. Sie fungiert darüber hinaus seit dem späten 19. Jh. auch als Erholungsgebiet und Seebad. Damals hatten Blut- und Geldadel sowie viele Künstler die Freuden des Dolce Vita entlang der feinen Sandstrände entdeckt. Prächtige Hotels und Villen, schattige Parks entstanden. In den Sommern gab sich toute l'Europe auf dem Lido ein sommerliches Stelldichein.

Das aristokratische Flair ist weitgehend verschwunden. Lediglich ein paar altehrwürdige Hotelkästen sowie vereinzelte Prachtvillen zeugen noch von der vornehmen Vergangenheit. Geblieben sind die Stimmung und Infrastruktur für unbeschwerte Ferientage am Meer. Sonnenanbeter und Baderatten finden gepflegte Strandanlagen samt netten Bars, Eisdielen und Pizzerien. Auf Nachteulen warten mehrere Discos, auf Hobbysportler Ruder- und Segelclubs, ein Golfplatz und ausgedehnte Fahrradwege, auf denen sich bequem südwärts bis hinüber nach Pellestrina und Chioggia strampeln lässt (s. Tour S. 226).

Prunkvoll-pompöse Herbergen

Als Orientierungspunkt bei der Anfahrt fungiert, weil er sich ganz in der Nähe der Vaporetto-Station Lido erhebt, der **Tempio Votivo.** Der von einer riesigen grünspanigen Kuppel bekrönte Bau wurde um 1930 zur Erinnerung an im Ersten Weltkrieg gefallene Soldaten, vor allem aber auch zum Zeichen der Dankbarkeit dafür erbaut, dass Venedig damals weitgehend von Kriegsschäden verschont blieb (zugänglich Di–Fr 9–15 Uhr). Einen Blickfang von beträchtlicher Extravaganz bildet an der Hauptstraße im zentralen Teil des Lido, der Gran Viale S. M. Elisabetta, rechterseits auf halbem Weg Richtung Meer, das **Hotel Hungaria.** Die Fassade dieses auf Vier-Sterne-Glanz renovierten Grande Albergo aus der Belle Époque ist komplett mit polychromen Majoliken verkleidet. Im Inneren beachtenswert: die Originalmöbel des Mailänder Kunsttischlers Eugenio Quarti (www.hungaria.it).

Noch viel nachdrücklicher bekommt man die einstige Noblesse vorne am Meer vor Augen geführt: Dort, westlich der Piazzale Bucintoro, steht das ehemalige **Grand Hotel des Bains**, jener 1900 eröffnete, wegen Leerstands seit etlichen Jahren leider verkommende Luxuskasten, den Thomas Mann zum Hauptschauplatz seiner 1911 erschienenen Novelle »Der Tod in Venedig« (s. S. 294) wählte und in dessen eichenholzgetäfelten Ballsaal sowie auf dessen mit ausladenden Korbsesseln bestückten Veranda Luchino Visconti zentrale Szenen deren kaum minder berühmten Verfilmung drehte (Lungomare Marconi 17).

Etwa 1 km weiter erhebt sich das nur sieben Jahre jüngere, nicht minder pompöse, sehr maurisch anmutende **Hotel Excelsior** (Lungomare Marconi 41, www.hotelexcelsiorvenezia.com). Von dessen glamourösem Vorleben erzählt – sehenswert! – eine Galerie amüsanter alter Fotos in der Lobby. Dazwischen stößt man an der Uferstraße, oberhalb der langen Reihen von Strandkabinen, auf den **Palazzo del Cinema** (alias Palagalileo), der alljährlich beim Filmfestival Anfang September zum Mekka der Cineastenwelt mutiert (Lungomare Marconi 90/Piazzale Casino).

Ein Friedhof und ein Flughafen

Empfehlenswert ist auch ein Abstecher nach San Nicolò im Osten. Man passiert, noch an der Meerseite unter Pinien, zunächst eine neumodische Aussichtsterrasse, wenig später (Kinder aufgepasst!)

TOUR
Auf schmalem Terrain zwischen Lagune und Meer

Mit dem Rad vom Lido über Pellestrina bis nach Chioggia

Infos

Karte 5, C/D 3/4

Anfahrt:
Per Vaporetto mit Linien 1, 2, 5.1/2, 6, 8, 10 oder 14 vom Centro Storico zur Station Lido.

Dauer:
(Halb-)Tagestour, hin und zurück gut 50 km

Radverleih:
Gardin Piazza Sta. Maria Elisabetta 79a, T 041 276 00 05, www.biciclettegardin.com, und Renato Scarpi, Gran Viale S. Maria Elisabetta 21b, T 041 526 80 19, www.lidoonbike.it; ab 5 € pro 2 Std., auch Tandems und Familienbikes.

Museen:
Zwei Museen, eines in San Pietro in Volta und eines in Chioggia, bieten Informationen zum Thema südliche Lagune (s. S. 266)

Sehnsucht nach der Weite des Meeres? Nicht schwimmend oder (sonnen-)badend lüften Sie bei dieser Tour an der Adria durch, sondern mit dem Fahrrad unterwegs die Küste entlang. Wer sein eigenes Rad dabei hat, kann mit einem speziellen Ticket auf der Autofähre direkt von den Parkhäusern auf der Insel Tronchetto zum **Lido** fahren (Abfahrt von frühmoregens bis spät nachts ca. alle 30 Min.). Für die meisten Venedigbesucher ist es jedoch wohl einfacher, per Vaporetto auf den Lido überzusetzen. In unmittelbarer Nähe des **Anlegers,** am Beginn der Gran Viale Santa Maria Elisabetta, bieten mehrere Fahrradverleiher ihre Dienste an.

An der meerseitigen Straße strampeln Sie am imposanten **Grand Hotel des Bains,** kurz danach am Palazzo del Cinema, in dem alljährlich Anfang September Venedigs Filmfestival logiert, und schließlich am merkwürdig maurisch anmutenden Hotel Excelsior vorbei. Wenig später, an einer sanften Rechtskurve, müssen Sie sich entscheiden: Entweder folgen Sie der Hauptstraße durch die Villensiedlung nach Malamocco. Oder Sie tragen das Rad linker Hand ein paar Stufen hoch und fahren nun auf der Krone der sogenannten *murazzi* weiter, jener im 19. Jh. aufgeschichteten Steinwälle, die Lido und Lagune gegen die offene Adria hin abschirmen. Kleine Hindernisse auf dieser meerseitigen, Leib und Seele erfrischenden Promenade, an der man zur warmen Jahreszeit nicht zufällig zahlreiche Liebespaare antrifft, bilden Sandflächen, durch die man sein Gefährt ab und an zu schieben hat.

Malamocco entpuppt sich als malerischer Fischerort von fast kitschiger Beschaulichkeit. Deutlich fashionabler, weil in erster Linie dem Freizeitvergnügen geweiht, ist das angrenzende **Alberoni** mit seinem auf

dem Gelände der ehemaligen Festung angelegten Golfplatz.

Keine 500 m dahinter heißt es ab- und jene Fähre besteigen, die im 30- bis 60-Minuten-Takt in einem knappen Viertelstündchen zum **Lido di Pellestrina** übersetzt. Dieser 11 km lange Sandstreifen ist keine touristische Vorzeigeinsel. Im 18. Jh. zählte sie noch 10 000 Einwohner, heute fristen hier kaum noch 500 Menschen, hauptsächlich Fischer und Muschelzüchter, ein eher karges Dasein. **San Pietro** in Volta, **Porto Secco** und **Pellestrina** heißen ihre drei Dörfer, die Sie durchfahren. Auch hier stehen zwei Routen zur Auswahl: die meerseitige, relativ verkehrsreiche Straße oder das lagunenseitige Sträßchen, auf dem man die Orte besser kennenlernt und außerdem immer wieder die kuriosen Stelzenhütten im Wasser stehen sieht, in denen die Anrainer ihre Fischereigeräte lagern.

Ganz im Südwesten, am Rand des kleinen Naturschutzgebiets **Ca' Roman,** heißt es nun ein weiteres Mal die Fähre besteigen und anschließend bis **Chioggia** strampeln. Streng genommen gehört dieses bunte, quicklebendige Fischerstädtchen nicht mehr zu Venedig, es orientiert sich mehr zum Festland und zum Meer hin als in die Lagune. Auf dem Rückweg lohnen entlang der nun bereits bekannten Route gleich zwei formidable Restaurants einen kräftigenden Halt: Da wäre zum einen das **Celeste** in Pellestrina (Via Vianelli 625, T 041 96 73 55, www.dacelestepellestrina.com, März–Okt. Do–Di 12–14.30, 19–21.30 Uhr, €€) oder – bereits deutlich näher am Ausgangspunkt der Radtour – **Le Garzette** in Malamocco (Lungomare Alberoni, 32, T 041 73 10 78, www.legarzette.it, Mo–Fr 12–14.30, 18.30–21, Sa/So nur mittags, Dez.–Feb. geschl., €€–€€€, auch hübsche Hotelzimmer).

ein **Planetarium** (Lungomare D'Annunzio, www.astrovenezia.net) und erreicht schließlich, nach diagonaler Querung der Insel, den **Alten Jüdischen Friedhof.** In Letzterem bekommt man im Rahmen von Führungen die auf den jahrhundertealten Grabsteinen eingemeißelten Namen und Symbole sowie die zugehörige Familiengeschichte der Bestatteten erklärt (s. Tour S. 100). Die Endstation bildet der **Aeroporto Nicelli.** Mitte der 1930er-Jahre errichtet und nach einem Fliegerhelden des Ersten Weltkriegs benannt, ist sein Terminal ein Architekturjuwel im späten Bauhausstil (s. S. 237).

Essen

Fisch & Kunst

Andri: Das erlebt man nicht oft: ein weit über dem Durchschnitt kochender Wirt, der sein schniekes Restaurant mit selbst fabrizierten abstrakten Gemälden ausstaffiert und zudem auch noch seinen süffigen Wein in selbst designten bunten Glaskaraffen serviert! Luca Meneguzzi ist offensichtlich ein Multitalent. Die Augen freut's, aber mehr noch den Gaumen. Denn speziell die Fischgerichte (Antipasti-Teller und Risotto!) sind so gut, dass man die Wahl getrost dem Hausherrn überlassen kann.

Via Lepanto 21, T 041 526 54 82, Linee 1, 2, 5.1/2 u. a., Stazione Lido, Di–So 19–22, So auch 12–14 Uhr, €€

Asien lässt grüßen

Buddha Soul Resto: Lust auf Abwechslung? Hier kredenzt man Indisches (Curries, Thali und Pilaw) plus Spezialitäten aus Nah- und Fernost, viel Vegetarisches, aber auch Fisch, Fleisch, auch als Take-away, dazu gute Lassi und Weine.

Gran Viale St. Ma. Elisabetta 28, T 041 77 06 18, www.buddhasoulresto.net, Linee 1, 2, 5.1/2 u. a., Stazione Lido, Do–Di 12–14.30, 18–22 Uhr, €–€€

Teigräder vom Besten

Parco delle Rose: Auf halbem Weg zum Sandstrand, ein Gartenlokal mit tadellosen und preiswerten Pizze, Paste und mehr. Vegetarisches Menü, rasche Bedienung. Im Frühsommer verströmt eine gigantische Glyzinie ihren betörenden Duft.

Gran Viale St. Ma. Elisabetta 59, T 041 476 19 43, Linee 1, 2, 5.1/2 u. a., Stazione Lido, tgl. 12–22 Uhr, €

Ausgehen

Allseits bekannter Eissalon

Lino da Titta: Ideal für das süße Finale eines Sonnentages am Strand oder beim abendlichen Flanieren: *der* Treffpunkt für Schleckermäuler am Lido, Gefrorenes aus eigener Produktion, schöne Laube zum Sitzen, Spezialtipp: ein Stück Gianduiotto-Eistorte.

Viale Santa Maria Elisabetta 61/Ecke Via Zara, T 041 526 03 59, Linee 1, 2 u. a., Stazione Lido, April–Okt. Mi–Mo 8–23 Uhr

Heiße Nächte am Strand

Pachuka: Karibisch anmutende Bar mit Terrasse und vorgelagert weitem Sandstrand. Gute Weine, Biere, Cocktails und Long Drinks, mittags venezianische Küche.

Via Klinger 1, Spiaggia di San Nicolò, T 041 77 01 47, Linee 1, 2 u. a., Stazione S. Nicolò, Restaurant tgl. 12–15.30, 19.30–22.30, Bar 8–24 Uhr

Zum Chillen am Meer

Weitere gepflegte, gut ausgestattete Strandbars oder -clubs mit Sommerbetrieb und Gastronomie: **Aurora Beach,** Lungomare D'Annunzio, www.aurorabeachvenezia.it, Mo–Fr 8.30–22, Sa bis 2, So bis 20 Uhr; **Blue Moon,** Lungomare Marconi 1–17, tgl. 9–22 Uhr; **Paradise Beach,** kinderfreundlich, Via Klinger, San Nicoletto, www.spiaggiaparadiso.it, tgl. ca. 9–18 Uhr.

Infos

Rund-um-Infos zu Hotellerie, Gastronomie, Freizeitangeboten u. v. m. unter: www.visitlido.it (ital./engl.).

Murano

Karte 3

Die nur 1,5 km von den Fondamenta Nuove entfernt gelegene Insel gilt weltweit als Synonym für erlesene Kunstwerke aus Glas. Bereits im ausgehenden 13. Jh. hatten die Venezianer ihre Glasindustrie wegen der von den Schmelzöfen verursachten Feuergefahr, aber auch, um das kostbare Know-how der Glasbläser besser zu kontrollieren und Industriespionage vorbeugen zu können, von der Altstadt hinüber nach Murano verlegt. Zuvor schon hatten die Menschen hier von Fischfang, Handel und dem Salz ihrer Salinen gut gelebt. Dank des Glases jedoch, vor allem den Perlen und Spiegeln, die sich rasch als Exportschlager erwiesen, genossen sie bald großen Reichtum.

Heutzutage kämpfen die Glasproduzenten, nicht überraschend, gegen Billigkonkurrenz aus Übersee. Doch halten sie die altehrwürdigen Traditionen ihres Metiers tapfer hoch. In einem der immer noch zahlreichen Fabrikateliers Glasbläser live dabei zu beobachten, wie sie aus einem Klumpen bunter Schmelzmasse mit Geschicklichkeit und Phantasie binnen wenigen Minuten ein zerbrechliches Objekt von höchster Anmut zaubern, zählt denn auch zu den unverzichtbaren Erlebnissen während eines Venedig-Besuchs.

Sakralarchitektur vom Feinsten

Zu seiner Blüte zählte dieser kleine, aus fünf Einzelinseln bestehende Archipel etwa 30 000 Einwohner und war von den mächtigen Nachbarn in San Marco politisch relativ unabhängig. Viele Patrizierfamilien vom Canal Grande verbrachten hier ihre Sommerfrische. Noch im 18. Jh. besaß Murano 17 Kirchen, mehrere Klöster und etliche Dutzend Paläste. Viele davon mussten später Wohn- und Industriebauten weichen. Einige architektonische Glanzstücke haben die Zeit freilich unbeschadet überdauert – allen voran die ursprünglich vor gut 1400 Jahren geweihte Kirche **Santi Maria e Donato.** Die ehemalige Kathedrale der Bischöfe von Torcello und Murano ist eine Gründung aus dem ersten Jahrtausend; der jetzige romanische Bau stammt aus dem frühen 12. Jh. Er wurde zwischendurch barockisiert, um 1860 dann wieder re-romanisiert und erscheint heute etwas museal-steril. Seine zwei besonderen Kostbarkeiten sind die Chorpartie mit ihrer zweistöckigen Arkadenwand, die

Die Ateliers und Läden auf der Glasbläserinsel bieten fragile Kunst für jeden Geschmack.

G

AUF TUCHFÜHLUNG MIT DER GLASBLÄSERKUNST

Zu den namhaftesten Glaskünstlern der Insel, deren Ateliers und Verkaufsläden Sie besuchen sollten, zählt die seit mehr als 500 Jahren aktive **Familie Seguso.** Archimede, ihr Doyen, hat durch die Entwicklung neuer Techniken, Farben und Designs über die Jahrzehnte zahlreiche innovative Impulse gesetzt. Seine Erzeugnisse sind so exklusiv wie prominent (und entsprechend teuer; Fondazione Venier 29, T 041 73 90 90, www.seguso.com).

Zu den Platzhirschen der Branche gehört weiters die für ihr hohes Qualitätsbewusstsein und ihre knallbunten, witzig-schrillen Serien bekannte **Familie Cenedese** (Calle di Odoardo 1, T 041 73 91 01, www.arscenedese.com). Traditionelle Perlen, aber auch neuen Glasschmuck sowie Lampenschirme bietet das **Atelier Costantini** (Calle del Cimitero 11, T 041 73 92 74, www.costantiniglassbeads.com).

Sensationelles erwartet einen in der **Fondazione Berengo Art Space:** Unter dem Titel **»Glasstress«** animiert sie alljährlich führende Gegenwartskünstler aus aller Welt wie Tony Cragg, Jan Fabre, Erwin Wurm oder Ai Weiwei in Kooperation mit Meisterbläsern zur Auseinandersetzung mit dem Werkstoff Glas. Die Ergebnisse werden in historischen Werkshallen ausgestellt – absolut sehenswert (Fondazione Berengo/Glasstress: Fond. dei Vetrai 109/a, T 041 73 94 53, www.glasstress.org, oder im Palazzo Cavalli-Franchetti, San Marco 2847, s. S. 71, www.fondazioneberengo.org)!

ein wenig an die Fassaden der großen romanischen Kirchen am Rhein erinnert, und der originale Mosaikfußboden.
Murano 11, Campo San Donato, Mo–Sa 9–18, So erst ab 12.30 Uhr, Eintritt frei

Ebenfalls einen Blick wert

Ein weiteres Highlight markiert die um 1500 errichtete Pfarrkirche **San Pietro Martire** an der Fondamenta Vetrai. Sie beherbergt eines der Hauptwerke Giovanni Bellinis: das Votivbild, auf dem der hl. Markus der Madonna den Dogen Agostino Barbarigo anempfiehlt (Mo–Fr 8–19, Sa 11–19, So 12–17 Uhr, Eintritt frei, Sakristei 1,50 €). Der benachbarte, für das Publikum leider unzugängliche **Palazzo Mula** bildet mit seinem Park Muranos einzige erhaltene Villenanlage aus der Renaissance, als viele venezianische Patrizier und Intellektuelle hier den Sommer verbrachten.

Exquisite Glaskunst

Ein Besuchermagnet allererster Güte ist das **Glasmuseum,** das man 1861 im Palazzo Giustiniani eingerichtet hat. Es präsentiert in prachtvollem Rahmen wertvolle archäologische Stücke, in erster Linie aber natürlich gläserne Kunstwerke aus neuzeitlichen Jahrhunderten – Lüster, Vasen, Pokale, Trinkgläser, Tafelaufsätze u. v. m. – insgesamt über 4000 Raritäten. Außerdem informiert es über die Arbeit gegenwärtiger Produzenten.
Museo Vetrario di Murano, Murano 8, Fondamenta Giustinian, T 041 4273 08 92, museovetro.visitmuve.it, Linee 4.1/2, Stazione Murano Museo, tgl. 10–18, Nov.–März bis 16.30 Uhr, Eintritt 14 €

Essen

Exzellenter Fisch

Trattoria Valmarana: Restauriertes Lokal gegenüber dem Glasmuseum und der Basilika San Donato mit stimmungsvollem

Open-Air-Bereich. Typisch venezianische Küche lässt sich hier genießen, vorwiegend Fisch. Spezialitäten: gedünsteter Meerbutt und Aal, gebratene Krabben.

Fondamenta Navagero, 31, T 041 73 93 13, www.trattoriavalmarana.it, Linee 4.1/2 u. a., Stazione Murano-Navagero, Di–Do, So 8–16, Fr/Sa 8–22.30 Uhr, €–€€

Herzhafte Traditionsküche

Busa alla Torre: Ein Klassiker der Inselgastronomie, nicht zuletzt dank der überbordenden Gastfreundschaft von Wirt Gabriele Masiol alias »Lele il Rosso«. Der Schwerpunkt liegt auf Schuppengetier aus den Lagunengewässern, flankiert von saisonal-frischen Produkten von den Feldern der Inseln.

Campo Santo Stefano 3, T 041 73 96 62, Linee 4.1/2 u. a., Stazione Faro, tgl. 11.30–15.45 Uhr, €–€€

Burano

Karte 2

Was Murano sein Glas, sind Burano seine Spitzen *(merletti)*. Die rund 40 Vaporetto-Minuten nördlich des Centro Storico gelegene Insel, auf der heute gerade noch 4000 Menschen zuhause sind, erlebte vom 16. bis ins späte 18. Jh. eine wirtschaftliche Blüte. Diese verdankte sich der speziellen unter den örtlichen Frauen mit Hingabe gepflegten Tradition, feinste Spitze zu fertigen. Deren hohe Kunst des *Punto in Aria* (zu Deutsch: Luftstich) erfuhr um 1900 eine kurze Wiedergeburt.

Früher echt spitze

Damals fertigten in örtlichen Manufakturen 5000 Arbeiterinnen mit Nadel und Klöppel sowie schier unerschöpflicher Geduld im Akkord jene textilen Kunstwerke, die seinerzeit als Modeaccessoires und Statussymbol in ganz Europa reißenden Absatz fanden. Heute wird in den malerischen Seitengassen und Höfen zwar noch vielerorts gestickt, jedoch nur mehr vergleichsweise wenig echte Spitze hergestellt. Die in zahlreichen Läden feilgebotene Ware stammt nicht selten aus fernöstlichen Billiglohnländern.

Absolut authentisch sind hingegen die alten Meisterstücke, die man in dem vor einigen Jahren von Grund auf modernisierten **Museo del Merletto** präsentiert bekommt (Piazza Galuppi 187, T 041 73 00 34, www.museomerletto.visitmuve.it, Di–So 10–16 Uhr, Eintritt 5 €). Kunsthistoriker wissen über den Ort wenig zu sagen – einzig die Kirche **San Martino Vescovo** mit ihrem erstaunlich schiefen Campanile ist wegen einer frühen »Kreuzigung« von G. B. Tiepolo erwähnenswert (Piazza Galuppi 20, tgl. 8–12, 15–19 Uhr, Eintritt frei).

Putzig-bunte Puppenhäuschen

Die eigentliche Attraktion des Inselchens, in dessen Namen angeblich die Bezeichnung für den kalten Nordwind Bora steckt und die wahrscheinlich schon in römischer Zeit besiedelt war, ist sein pittoreskes Erscheinungsbild. Die putzigen Fischerhäuschen, die wie bonbonfarbene Würfel die schmalen Kanäle und Brücken säumen, die knorrigen Fischer und Klöpplerinnen haben schon viele Generationen von Malern inspiriert. Sie verleihen Burano den Charakter einer Bühnenkulisse – etwa für eine heitere Oper, wie sie der hier geborene Baldassare Galuppi (1706–85) zu Dutzenden komponierte.

Kontemplation im Mönchsidyll

Ein entzückender Ausflug führt auf die Burano 1 km südlich vorgelagerte Klosterinsel **San Francesco del Deserto,** auf der im Jahr 1220 der Legende nach der hl. Franziskus von Assisi auf dem Rückweg vom Heiligen Land Schutz suchte. Das bloß noch von einer Hand voll Mön-

TOUR
Ländliche Idyllen der nördlichen Lagune

Zu den Inseln Sant'Erasmo, Le Vignole, La Certosa & Co.

Ein Spaziergang über Felder, keine 30 Bootsminuten von Venedigs Altstadt entfernt? Sie müssen bloß im Vaporetto ein Stück weit nordwestwärts schippern, um das Unerwartete zu erleben. Auf der ›Gemüseinsel‹ **Sant' Erasmo** findet, wer als Abwechslung zum vielen Stein nach Natur lechzt, eine bäuerliche Idylle par excellence. Mehr als 3 km² ist dieser *orto* (Garten) *di Venezia* groß, von nur 750 Menschen bewohnt und zahlreichen Feldwegen durchzogen. Es gibt einen kleinen Strand, eine Restaurant-Bar (Al Bacan, ganzjährig tgl. 10–21.30 Uhr, T 041 244 41 39) sowie mehrere Tümpel, an denen man mit etwas Glück seltene Wasservögel antrifft. Hauptattraktion ist am südwestlichen Inselende, 15 Gehminuten von der Vaporetto-Station Capannone, der **Torre Massimiliana** – ein 1843 vom österreichischen Militär errichteter Festungsturm, der zurzeit leider nur von außen zu besichtigen ist.

Ein Quartier-Tipp für Naturfreunde ist das Landhaus **Il Lato Azzuro** auf Sant'Erasmo – nicht luxuriös, aber luftig-hell, mit sehr nettem Service, guter Küche und einem Fahrradverleih (www.latoazzuro.it, €).

Gar nur 50 Dauerbewohner zählt die ebenfalls nur agrarisch genutzte Nachbarinsel **Le Vignole.** Die unter Insel-Hoppern lange wohlbekannte Trattoria ist zwar, dem Corona-Virus sei »Dank«, dauerhaft geschlossen. Doch zum Spazieren im Grünen lohnt auch hier ein Zwischenstopp). Die im 16. Jh. von Sanmichele an der Südwestspitze erbaute **Seefestung Sant'Andrea** jedoch, deren Kanonen einst Feinden der Serenissima die Zufahrt vom Meer verwehrten, ist freilich nur vom Wasser her im Privatboot mit spezieller Genehmigung erreichbar.

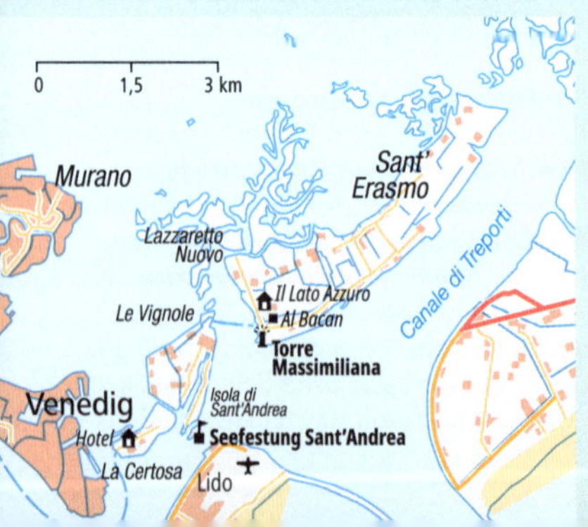

Traurige Assoziationen weckt die Sant'Erasmo nordwestlich vorgelagerte Insel: In Reaktion auf die Verheerungen

Infos

Karte 5, C/D 3

Anreise: Anfahrt nach La Certosa mit den Linien 4.1 und 4.2 (den Wunsch auszusteigen rechtzeitig melden!); zu den drei anderen Inseln mit der 13 (alle ab Fonamente Nuove via Murano).

Venice Kayak: Paddelnd im Leihkajak von Insel zu Insel: Treffpunkt auf La Certosa, T 041 523 67 20, www.venicekayak.com

Lazzaretto Nuovo: Führungen April–Okt. jeweils an den Wochenenden, Infos, auch zu den Grabungen und Ausstellungen: www.lazzarettiveneziani.it bzw. www.archeove.com.

durch die Pest erklärte der Senat 1486 sie, nachdem er zuvor schon das nahe dem Lido gelegene Eiland Santa Maria di Nazareth zur Spitals- und Siecheninsel gemacht und in Lazzaretto Vecchio umbenannt hatte, zur Entseuchungs- und Quarantänestation für Menschen und Waren (s. S. 298). **Lazzaretto Nuovo,** wie man das 9 ha große Eiland seinerzeit taufte, ist heute im Unterschied zur »alten« Namensvetterin im Süden öffentlich zugänglich. Bei Führungen bekommt man die riesigen Hallen, vor allem den über 100 m langen Teson Grande, gezeigt, in denen einst die aufwendig gereinigten Schiffsladungen lagerten. Und dazu einen kleinen Film zur Geschichte der apokalyptischen Pestepidemien. Auch die Grundrisse der Häuser, in denen die Behörden damals zeitgleich die Besatzungen von Dutzenden Schiffen 40 Tage lang festzuhalten pflegten, sind noch gut erkennbar.

Unbedingt sollten Sie auch den etwa einstündigen **Naturlehrpfad** entlang der Außenmauer abgehen. Er bietet stimmungsvolle Blicke über die weiten morastigen Salzwiesen *(barene),* auf denen von Mai bis Juli wunderschön violett der Strandflieder blüht. Zum anderen bietet der Archeoclub d'Italia, eine italienweit aktive NGO, im Sommer die Möglichkeit, auf dieser und auch anderen Inseln der Lagune als Gäste bei Grabungen mitzumachen. Außerdem organisiert Girolamo Fazzini, der so vielseitige wie umtriebige Leiter des Ekos-Clubs sehenswerte Wechselausstellungen zur Frühgeschichte der Region sowie allerlei ökologische und künstlerische Events.

In gewissem Sinne an Venedigs große Seefahrertradition wird auf **La Certosa** angeknüpft. Das 2,2 km² große Eiland vis-à-vis Sant'Elena war von 1424 bis zur Eroberung durch Napoleon im Besitz von Kartäusermönchen und wurde seit dem 19. Jh. vom Militär als Schieß- und Lagerplatz genutzt – woran bis heute diverse Ruinen erinnern. 2003 hatten zwei italienische Profisegler beschlossen, auf ihm ein Yachtzentrum von internationalem Topformat zu errichten. Heute existieren ein Werftgebäude und ein Bootshafen, eine Schule für Hochsee-Segler in spe und ein Institut zur Ausbildung von ›Yachtdesignern‹ sowie, auch für Gäste von auswärts, ein kleines, schmuckes **Hotel.**

I

ABGESCHIEDENE IDYLLEN IM NORDEN

Im traditionellen Holzboot die Ökologie und Geschichte der Peripherie erkunden: In die entlegenen, von Menschenhand kaum berührten Gebiete der Lagune gelangen Sie auf geführten Exkursionen an Bord historischer Frachtkähne. Zwischen Schilf, Salzmarschen und Schlickinseln durch stille, gewundene Kanäle gleitend, genießt man die wässrige Traumwelt und beobachtet die immer noch vielfältige Fauna. Und erfährt dabei sowie im Rahmen diverser Landgänge Hintergründiges, etwa über die Klosterinsel San Francesco del Deserto, die Inselchen San'Ariano, La Cura, Ammiana, Costanziaca, die Salinen von San Felice, die Pfahlhütten der Fischer in den Sümpfen von Santa Rosa, archäologische Stätten, Zugvogelstationen, Sant'Andrea und andere Festungsbauten. Die Ausflüge sind meist ganztägig, teilweise aber auch in halb- bzw. mehrtägigen Versionen buchbar. Für Verpflegung an Bord wird gesorgt. Infos & Buchung: Martino Rizzi (www.guidetovenice.it), Il Nuovo Trionfo (www.ilnuovotrionfo.org), Terra & Acqua (www.terraeacqua.com).

chen bewohnte Kloster ist eine Oase der Stille, wo sich in den beiden Kreuzgängen sowie zwischen Zypressen, Pinien und Palmen herrlich lustwandeln lässt. Erreichbar ist das Idyll nur im Wassertaxi von Burano aus (tour-retour pauschal für bis zu 4 Pers. ca. 90 €) bzw. per Privatboot (Kontakt: T 0347 992 29 59).

Klosterkonvent: Di–So 9–11, 15–17 Uhr, T 041 528 68 63, www.sanfrancescodeldeserto.it, Eintritt frei, Spende erbeten

Essen

Ein Top-Lokal der Lagune

Al Gatto Nero: Abseits des Touristenpfads zeichnet sich diese Trattoria durch famos zubereitete frische Fischgerichte, aber auch herrliche hausgemachte *dolci* und ein gepflegtes Weinsortiment aus.

Fondamenta Giudecca 88, T 041 73 01 20, www.gattonero.com, Stazione Burano, Mi/Do, So 12.30–15, Di, Fr/Sa 12.30–15, 19.30–22 Uhr, €€–€€€

Schlemmer-Refugium

Venissa: Die seit fast 500 Jahren im Weinbau tätige Familie Bisol betreibt auf der Insel Mazzorbo ein stilvoll revitalisiertes Landgut. Damit greift sie auf der Burano unmittelbar benachbarten, über eine Holzbrücke zu Fuß erreichbaren Gemüseinsel eine uralte Winzertradition wieder auf. Das Anwesen bietet eine nette Übernachtungsmöglichkeit fernab jeglichen Touristenrummels. Im zugehörigen Ristorante – und niedrigpreisiger in der Osteria – wird Vorzügliches aus heimischer Küche kredenzt, dazu gibt es hauseigene Weine, die man vor Ort auch gleich erwerben kann.

Isola di Mazzorbo, Fondamenta Santa Caterina 3, T 041 527 22 81, www.venissa.it, Linea 12 (14) Stazione Mazzorbo (Burano), Restaurant Mitte März–Ende Nov. Do–Mo (Juni/Juli, Sept. auch Mi) 12.30–14, 19.30–21 Uhr, €€€; Osteria April–Nov. Do–Di, Winterhalbjahr Do–Mo 12–14, 19–21, Bar tgl. 11–21 Uhr, €€

Einkaufen

Drei der besten Adressen für Spitzen-Ware mit großer Auswahl, weitgehend immer noch aus örtlichen Ateliers: **Emilia:** Piazza Galuppi 205, www.emiliaburano.it; **Martina Vidal:** Via San Mauro 309, www.martinavidal.com; **Merletti dalla Olga:** Burano, Piazza Galuppi 303; alle tgl. 10–18 Uhr geöffnet.

Der Blick vom Campanile der Kathedrale von Torcello offenbart die Verlassenheit dieser einst vielbevölkerten Bischofsinsel.

Torcello

Karte 5, D 2

Auf dieser nördlichsten der per Vaporetto erreichbaren Laguneninseln sind Melancholiker in ihrem Element. Geht man nach knapp dreiviertelstündiger Fahrt von Bord, wandert man zunächst ca. 10 Minuten einen Kanal entlang. Rechts und links: Felder, vereinzelt Bauernhäuser, zwischendurch eine Trattoria, rechterhand die ungewöhnliche, weil geländerlose Ponte del Diavolo. Wirklich interessant wird es erst am Ziel des kurzen Fußmarsches, der **Piazza.** Torcello zählte im Mittelalter zeitweilig über 20 000 Einwohner. Es war Sitz des Bischofs der Festlanddiözese von Altinum, dem jetzigen Altino, und ein blühendes Gemeinwesen. Die übermächtige Konkurrenz des rasant aufstrebenden Venedig jedoch, aber auch die allmähliche Versumpfung und, daraus resultierend, Malariaepidemien entvölkerten die Insel. Gegenwärtig leben auf dem autolosen Eiland nur noch zwei Dutzend Menschen. Doch der Baubestand rund um den Hauptplatz, zwei Kirchen und die beiden als Museum genutzten Palazzi dell'Archivio und del Consiglio, belegen, welch Wohlstand hier einst geherrscht haben muss.

Byzantinische Goldpracht

Die buchstäblich alles überragende Sehenswürdigkeit heißt **Santa Maria Assunta.** Sie wurde im Jahr 640 gegründet, ist in ihrer heutigen Form ziemlich genau 1000 Jahre alt und stellt einen Bau von hohem Symbolwert dar, steht sie doch historisch wie stilistisch gleichsam am Schnittpunkt der römischen und der byzantinischen Welt. Ihr Aufbau mit drei Schiffen, aber ohne Querhaus erinnert an eine frühchristliche Basilika, die Höhe nimmt jedoch bereits die Luftigkeit eines frühgotischen Doms vorweg. Ihre

M

EIN TAG IN MESTRE

Venedigs Zwillingsstadt gilt nicht zu Unrecht als wenig attraktiv. Doch das »Aschenputtel auf dem Festland« verspürt neuerdings frischen Wind und lohnt durchaus einen Tagesausflug. Hauptattraktion ist das 2018 eröffnete Museum des 20. Jh., genannt **M9.** Hinter seiner Fassade birgt der teils in einem ehemaligen Kloster, teils neu erbaute Komplex eine Dauerschau zur Moderne Italiens. Schwerpunkte temporärer Ausstellungen sind Stadtplanung, Industrie-, Sozial- und Alltagsgeschichte (Via Giovanni Pascoli 11, www.m9museum.it, Mi–Fr 10–18, Sa/So 10–19 Uhr, Tickets 10 €, Führungen durch Dauerschau: plus 5 €).
Zu vielerlei Outdoor-Aktivitäten lädt am Ende der Festlandbrücke rechterhand der **Parco San Giuliano** (Eingang: Via S. Giuliano). Abends bieten gleich zwei Stadtbühnen ein Potpourri an Konzerten, Theater, Tanz, Film, Vorträgen etc.: das **Teatro Toniolo** (Piazzetta Battisti 1) und das **Centro Cultural Candiani** (Piazzale Candiani 7; beide: www.comune.venezia.it).

großartigen Mosaiken sind nur mit jenen der Markusbasilika vergleichbar. Sie entstanden großteils im 12. Jh. und zeigen u. a. die Muttergottes mit den Aposteln und das Jüngste Gericht.

Besuchenswert ist auch die direkt benachbarte **Chiesa di Santa Fosca,** ein wunderschön schlichter, über achteckigem Grundriss errichteter, romanischer Bau. Außerdem sollte man des Panoramablicks wegen den **Campanile** besteigen.

Sta. Ma. Assunta: Basilica und Campanile: tgl. 10.30–18, Nov.–Feb. 10–17 Uhr, Eintritt 5 €, Kombiticket mit Campanile und Museo 8 €

Museen

Antike Kostbarkeiten

Museo della Provincia: Das Museum präsentiert römisch-antike Fundstücke aus der Lagune, aber auch verschiedene Gemälde aus früheren Kirchen der Insel sowie Gold- und Silberschätze aus der Kathedrale von Torcello und diverse kostbare Schriftstücke. Postskriptum: Wer sich näher für die lagunare Frühgeschichte interessiert, sollte auch den Besuch des Archäologischen Museums in Altino in Betracht ziehen (6 km nördl. des Flughafens am Festland, T 04 22 78 94 43, Mi–So 14.30–19.30 Uhr, Eintritt 3 €).

Di–So 10.30–17.30, Nov.–März 10–17/17.30 Uhr, Eintritt 3 €, Kombitickets 8 €

Geheimtipp

Museo Andrich: Künstlerdomizil am Rande der Salzmarschen inmitten eines großen Gemüsegartens. Werke in Seide und Silber, Tapestrien, Stiche etc. von Paolo Andrich plus ein unvergessliches Naturerlebnis (Flamingo-Schwärme!).

April–Sept. Fr nachm., Sa/So; Besuch – auf Wunsch mit Angelausflug und Fischmahl – nur nach Vorbuchung (www.museoandrich.com)

Essen

Zeitgemäßer Schick

Al Ponte del Diavolo: In dem elegant umgestalteten Fischerhaus aus dem 17. Jh., auf halbem Weg zwischen Vaporetto-Station und Kathedrale, wird fein gekocht. Fisch aus der Lagune, Gemüse aus dem Garten nebenan, Pasta, Brot und Süßes aus eigener Herstellung, im Winter am offenen Kamin, sommers auf der Gartenterrasse oder im Pavillon.

Fondamenta Borgognoni 10/11, T 041 73 04 01, www.osteriaalpontedeldiavolo.com, Stazione Torcello, Mai–Okt. Di–So 10–16 Uhr, Dinner nur Fr/Sa, Hauptgerichte 16–30 €

Zugabe

Wundersame Wiedergeburt

Aeroporto Nicelli – die Wiege der italienischen Zivilluftfahrt

Wer heute per Flugzeug in die Lagunenstadt kommt, landet auf dem Aeroporto Marco Polo in Tessera oder, mit der Billig-Airline, in Treviso. Kaum jemand weiß, dass Venedigs aeronautisches Herz ursprünglich auf dem Lido schlug. Und dass es dort, an der Nordspitze in San Nicolò, ein musterhaft saniertes Juwel von einem Flughafen aus den 1930er-Jahren zu besichtigen gibt.

Ihre früheste, allerdings unliebsame Erfahrung mit der Luftfahrt machten die Venezianer 1849. Damals ließ der habsburgische General Radetzky von Heißluftballonen aus sogenannte Lufttorpedos auf die Stadt regnen. Es waren die ersten, zum Glück noch recht harmlosen Fliegerbomben der Militärgeschichte. Die frühesten zivilen Rundflüge starteten 1912 von der Esplanade. Im Jahr darauf eröffnete man im Fort von Sant' Andrea auf Le Vignole eine Station für Wasserflugzeuge.

Ende des Ersten Weltkriegs bildete Venedig das unbestrittene Zentrum der italienischen Militärluftfahrt. Inzwischen hatte man den Flughafen nach San Nicolò verlegt und nach dem Kampfpilot Giovanni Nicelli benannt. 1918 wurde eine Postlinie nach Rijeka eingerichtet, es folgten Militärverbindungen nach Mailand, Turin und Wien; und 1926 die Gründung der Transadriatica, die mit ihrer Junkers-Flotte regelmäßige Passagierflüge nach Wien und bald auch Rom, München, Florenz und Trient anbot. Der Aeroporto Nicelli war Italiens erster ziviler Flughafen und die gesamten 1930er hindurch landesweit nach Rom Nummer zwei als Drehscheibe im Nord-Süd-Verkehr.

Ein Juwel im Stil des späten Bauhaus

Bis Mitte der 60er herrschte am Lido hektische Aktivität. Dann ging am Nordrand der Lagune Marco Polo in Betrieb. Und dessen Vorgänger versank in einen Dornröschenschlaf, aus dem man ihn erst 1990 wachküsste. Heute wirkt der einst so weltläufige Flughafen von San Nicolò ziemlich provinziell, dafür jedoch wie aus dem Ei gepellt. Das grasbewachsene, längst nur mehr von einmotorigen Maschinen benutzte Rollfeld erscheint wie mit der Nagelschere manikürt. Kontrollturm und Hangars sind neuen Datums. Das zentrale, im späten Bauhausstil gestaltete Abfertigungsgebäude jedoch mit dem gläsernen Turmaufbau hat man originalgetreu und behutsam saniert.

Picobello präsentieren sich auch die Innenräume: An den Wänden der Haupthalle illustrieren Gemälde Guglielmo Tatos – bunte Bilder von Doppeldeckern, deren wirbelnde Propeller den Himmel zerschneiden – die technoide Ästhetik der Futuristen. Jedes Dekordetail, von der historischen Streckenkarte an der Wand über die schwarzen Marmorsäulen bis zur 30er-Jahr-Typographie der Wegweiser, zeugt von hohem Stilbewusstsein. Und im elegant geschwungenen Seitentrakt laden das für seine Küche gerühmte Restaurant Fly, eine schicke Bar und, davor, eine Terrasse mit Korbliegen zum Verweilen (www.aeroportonicelli.it). ■

Das Kleingedruckte

Zugegeben, schon arg teuer und ja, je nach Rahmenprogramm auch reichlich kitschig. Aber dennoch: Eine Fahrt mit einer der unzähligen Gondeln ist ein Muss.

Anreise

Mit dem Flugzeug

Venedigs internationaler **Flughafen Marco Polo** liegt im Norden der Lagune, 13 km von der Piazzale Roma entfernt. Ein zweiter, vorwiegend von Billigairlines genutzter Flughafen befindet sich im 20 km entfernten Treviso. Flugauskünfte Marco Polo: T 041 260 92 60, www.veniceairport.com; Flugauskünfte Treviso: Info-T 0422 31 51 11, www.trevisoairport.it.

Bustransfer: Zwischen Aeroporto Marco Polo in Tessera und Piazzale Roma je nach Tageszeit alle 20, 30 oder 40 Min. mit Bus Nr. 5 der ATVO. Abfahrt außerhalb des Ankunftsbereichs rechts; Fahrtdauer: ca. 20 Min., Preis inkl. Gepäck 10 € (hin und zurück 18 €); Infos & Ticketkauf: T 0421 59 46 72 tgl. 8–24 Uhr in der Ankunftshalle; von Aeroporto Treviso im 30–60-Min.-Takt mit Eurobus »Canova« via Mestre, Dauer: ca. 70 Min., Preis inkl. Gepäck 12 € (hin und zurück 22 €); Infos & Ticketkauf: T 0422 31 53 81, tgl. 7.30–22.30 Uhr in der Ankunftshalle; für beide auch online über www.atvo.it.

Übers Wasser: Die einfache Fahrt im privaten Taxiboot *(motoscafo)* kostet 65–120 €. Weitaus preiswerter (7–15 €) sind die Linienboote von Alilaguna. Deren »Rote Linie« (Linea Rossa) verbindet den Airport Marco Polo mit Murano, Certosa und dem Lido, die »Blaue« (Linea Blu) führt über Murano, die Fondamente Nuove, Lido, Arsenale, San Marco, Giudecca und Zattere zum Terminal für Kreuzfahrtschiffe (Abfahrten stündlich). Die »Orange Linie« (Linea Arancio) führt vom Flughafen nach Cannaregio und an den Canal Grande. Infos: T 041 2401 701, www.alilaguna.it (Online-Buchungen preisreduziert).

Mit dem Bus

Per Fernbus gelangt man von zahlreichen Orten in Deutschland, Österreich und der Schweiz nach Venedig bzw. Mestre. Allein

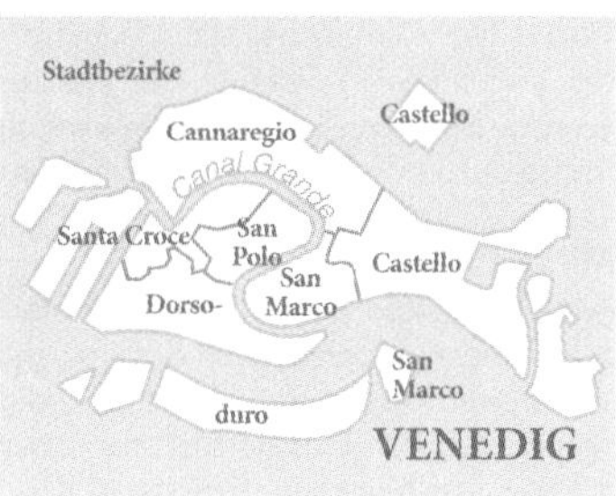

STECKBRIEF

S

Lage: 45° 26′N, 12° 20′ O
Fläche: Stadtgemeinde inkl. Wasserfläche 458 km², ohne 190 km²; Altstadt 7,06 km² (= ca. 1000 Fußballfelder)
Einwohner: im historischen Zentrum noch rund 50 000, knapp 30 000 auf Laguneninseln und Lido, rund 176 000 auf dem Festland; in Summe aktuell rund 261 000
Name: Venezia; im Dialekt: Venexia
Politik und Verwaltung: Die Gemeinde Venedig ist Hauptstadt der Region Veneto und in 18 Bezirke gegliedert. Ihr Magistrat besteht aus 46 Mitgliedern plus Bürgermeister und wird alle fünf Jahre gewählt.
Tourismus: Die Gesamtbesucherzahl beträgt jährlich ca. 30 Mio., die der Übernachtungen in jüngsten Jahren (vor Ausbruch der Corona-Epidemie) 9–11 Mio. Entsprechend ist der Fremdenverkehr, neben Handwerk und Handel, ein zentraler Wirtschaftsfaktor.
Zeitzone: MEZ, Sommerzeit
Vorwahl: Italien +39, die Stadtvorwahl (041) ist fester Bestandteil der Teilnehmernummer und die Null daher stets mitzuwählen; Ausnahmen: dreistellige Notruf-, Service- und Handynummern.

Flixbus (www.flixbus.de) bietet Direktverbindungen von 31 Städten aus. Weitere wichtige Betreiber sind Eurolines (www.eurolines.de) und RegioJet (www.regiojet.de).

Mit der Bahn

Alle Großstädte in Deutschland, Österreich und der Schweiz sind durch tgl. verkehrende Schnellzüge mit Venedig verbunden. Von Frankfurt ist man etwa 13 Std., von München, Zürich und Wien gut 8 Std. unterwegs. Darüber hinaus gibt es unzählige Verbindungen mit Anschlüssen in Mailand, Verona und Mestre. Von Venedigs Bahnhof Santa Lucia gibt es tgl. jeweils eine Tages- und eine Nacht-Direktverbindung nach München, Wien, Zürich und Genf bzw. Bern.

Fahrplanhinweise erhält man von Italien aus unter T 199 89 20 21 (tgl. 24 Std.), aus dem Ausland unter T 00 39 06 68 47 54 75 (tgl. 7–24 Uhr) sowie online unter www.trenitalia.com bzw. www.fsitaliane.it.

Gepäckaufbewahrung: im Bahnhof Santa Lucia: tgl. 6–23 Uhr; im Bahnhof in Mestre: tgl. 8–20 Uhr; am Flughafen Marco Polo (im Terminal, Erdgeschoss nahe Eingang 1): tgl. 5–21 Uhr; an der Piazzale Roma (an der Seite des Parkhauses, nahe der Pullman Bar): tgl. 6–21 Uhr; 3 Min. östlich des Bahnhofs Santa Lucia: Stow your bags/Schließfächer, Calle della Spezier 193, tgl. 7–23 Uhr.

Mit dem Schiff

Kreuzfahrtpassagiere (mittlerweile mehr als 2 Mio. pro Jahr) betreten Venedig entweder an der Zattere (Stazione Marittima) am Südostrand der Altstadt oder an der Riva dei Sette Martiri, dem breiten Kai des Stadtteils Castello. Wer sein eigener (Segel-)Kapitän ist, legt auf Sant'Elena (im äußersten Osten der Altstadt) oder im Jachthafen von San Giorgio Maggiore bzw. auf La Certosa an.

Passagier-Terminal an der Stazione Marittima für Fähren, Jachten und Kreuzfahrtschiffe: T 041 240 30 00, www.vtp.it.

Bitte keine falschen Erwartungen: Die Anreise per Privatboot im Ohrenfauteuil thronend ist selbst in Venedig eher unüblich.

Mit dem Auto

Als Anfahrtsweg über die Alpen bieten sich die bekannten Transversalen über den Brenner-, Felbertauern- oder Plöckenpass an (Mautgebühr!). Wer über Österreich anreist, sollte unbedingt beachten, dass überall dort, wo die Autobahnvignette benötigt wird, die Bildung von Rettungsgassen bei stockendem Verkehr oder Stau Pflicht ist. Bei Behinderung von Einsatzfahrzeugen sind Geldstrafen bis zu 2180 € möglich (Infos: www.asfinag.at).

Parken: Einmal angekommen, stellt sich das Problem des Parkens. Der Altstadt am nächsten, weil am Ende des Fahrdamms, liegen die Parkhäuser auf der **Nuova Isola del Tronchetto** sowie rund um den **Piazzale Roma** (»Autorimessa Comunale« und »San Marco«, 24 Std. geöffnet, bzw. »Isotta« und »Venezia«, nur Tagesbetrieb). Sie sind allerdings teuer und häufig besetzt. Zwischen Tronchetto und Piazzale Roma verkehrt eine knapp 900 m lange,

hypermoderne Kabinenbahn auf Stelzen, genannt **People Mover** (Ticket einfache Fahrt 1,50 €).
Preiswerter sind die Festland-Parkplätze von Treporti, Punta Sabbioni und Fusina. Es besteht außerdem die Möglichkeit, den Wagen bereits in Mestre abzustellen und von dort mit dem Pendelzug über den Damm zum Bahnhof Santa Lucia oder mit der neuen Monorail-Tram T 1 (s. www.actv.it) bzw. mit dem Bus zum Piazzale Roma zu fahren.
Dringend abzuraten ist hingegen von wildem Parken rund um den Piazzale Roma. Falschparker werden ausnahmslos abgeschleppt. Wer sein Auto nicht mehr findet, erhält Auskünfte unter T 041 274 70 70 (= Polizia Municipale). Wer sein Quartier auf dem Lido hat, kann den Wagen auf der Fähre *(traghetto)* dorthin mitnehmen.
ACI-Pannenhilfe: innerhalb Italiens T 803 116, aus dem Ausland T 800 116 800; Parken auf Tronchetto: s. www.veniceparking.it.

Bewegen und Entschleunigen

Baden
Schwimmen ist in den Kanälen wie überhaupt innerhalb der Lagune aus hygienischen und verkehrstechnischen Gründen verboten. Zwar besitzt das Centro Storico zwei städtische Bäder, ungleich schöner aber ist ein Bad im offenen Meer am Lidostrand (s. S. 225).

Laufen
Von Jahr zu Jahr mehr Langstreckensportler aus aller Welt lockt der jeweils am vierten Oktober-Wochenende veranstaltete **Venice Marathon** an (www.venicemarathon.it). Eine traditionsreichere Gelegenheit zum Konditionscheck bietet der Volkslauf **Su e zo per i ponti** – alljährlich an einem März-Sonntag (www.suezo.it).

Radfahren
Venedig per Fahrrad? Klingt unwahrscheinlich, aber Teile des Lidos (s. Tour S. 226) wie auch der Parco San Giuliano in Mestre eignen sich bestens zum lustvollen Treten.

Reiten & Golf
Pferdefreunde pilgern zum Circolo Ippico Veneziano am Lido (T 335 607 77 74), Golfer nach Alberoni zum dortigen 18-Loch-Green (www.circologolfvenezia.it).

Wassersport
Venezianisch rudern lernt man in Traditionsclubs wie der Società Canottieri Bucintoro an der Zattere (www.bucintoro.org) oder den Canottieri Francesco Querini in Castello (Fondamente Nuove 6576, www.canottieriquerini.it).
Geführte Touren per Kayak bieten das Hotel Certosa auf der gleichnamigen Insel (www.venicecertosahotel.com) und Venice Kayak (www.venicekayak.com).
Für Hobbysegler von Interesse sind die Compagnia della Vela auf der Insel San Giorgio Maggiore (www.compagniadellavela.org) und die Associazione Vela al Terzo (www.velaalterzo.it). Motorisierte Boote leiht man am besten bei Giampietro Brussa (www.brussaisboat.it) – allerdings nur für Fahrten zu den Inseln und in die offene Lagune (innerstädtische Kanäle sind für selbsternannte Kapitäne auf Besuch per Gesetz tabu).

Wellness
Das Angebot an Spa & Beauty-Einrichtungen ist in Venedig überraschend dürftig. Als – freilich sehr teure – Adressen, die auch Tagesgäste aufnehmen, empfehlen sich Luxushotels wie Bauer Palladio (Fond. Delle Zitelle, www.bauer-palladio-hotel-spa.venice.hotels-veneto.com), Cipriani (Giudecca 10, www.belmond.com) und Grand Hotel dei Dogi (Fond. Madonna dell' Orto, Calle Larga Plave 3500, www.

VENEZIA UNICA CITY PASS

Den preiswertesten Zugang zu allen Dienstleistungen und den meisten wichtigen Sehenswürdigkeiten der Stadt erhalten Sie mit dem Venezia Unica City Pass. Dieser erlaubt es Besuchern, ein auf ihre individuellen Bedürfnisse angepasstes Angebotspaket zu schnüren. Im Zentrum stehen der freie Eintritt in den Dogenpalast, diverse Städtische Museen (z. B. über den **Museum Pass** zu 40 €), in Kirchen sowie in andere Kulturdenkmäler. Zusätzlich können Sie Tickets für Öffis, Parkgaragen, öffentliche Toiletten sowie den Rund-um-die-Uhr-Zugang zum WLAN-Netz der Stadt erwerben. Lassen Sie sich von der anfangs verwirrenden Vielfalt an Pass-Varianten nicht abschrecken! Die »Rumpfversion« des City Pass kostet für Erwachsene (ab 30 Jahren) 38,90 €, für Juniors (6–29 Jahre) 23,90 €, in der Maximalversion inkl. Eintritt in 16 Kirchen, ein Dutzend Museen, Öffi-Generalticket, Flughafentransfer und diversen Extras um die 150 €. Erhältlich ist der Pass online unter **www.veneziaunica.it** sowie vor Ort an folgenden Verkaufsstellen: Tronchetto, Piazzale Roma, Rialto Linea 1, Lido, Burano, Punta Sabbioni (jeweils an den Anlegern der Actv-Vaporetti), des Weiteren in Mestre, Dolo, Mirano und Sottomarina.
Für Jugendliche interessant ist die Rabattkarte **Rolling Venice** (um 6 €). Bei Rückfragen zu den diversen Angeboten hilft die Telefon-Hotline unter T (+39) 041 24 24 – allerdings nur auf Italienisch und Englisch.

dahotels.com). Ein guter Fitnessclub ist Club Delfino (Fond. Zattere 788/a, www.palestraclubdelfino.com).

Einreisebestimmungen

Für die Einreise aus EU-Staaten wie auch der Schweiz gelten die Bestimmungen der EU, die den unbeschränkten Aufenthalt zulassen. Ausweispapiere müssen mitgeführt werden, ebenso Führerschein und Fahrzeugpapiere, wenn man mit dem Auto anreist. Jedes Kind benötigt für den Grenzübertritt, unabhängig vom Alter, ebenfalls ein eigenes Reisedokument.

Zoll

Ein- und Ausfuhrbeschränkungen für mitgeführte Waren für den eigenen Bedarf gibt es nicht (für Nicht-EU-Bürger: max. 200 Zigaretten und 1 l Spirituosen). Kontrollen werden bei der Einreise aus einem EU-Land gemäß dem Schengener Abkommen nicht mehr durchgeführt. Stichproben sind allerdings – insbesondere bei Einreise aus der Schweiz – jederzeit möglich.

Feiertage

1. Januar: Neujahr
6. Januar: Heilige Drei Könige
25. April: Tag der Befreiung
Ostermontag
1. Mai: Tag der Arbeit
Christi Himmelfahrt
Pfingstmontag
15. August: Mariä Himmelfahrt (Ferragosto)
1. November: Allerheiligen
8. Dezember: Mariä Empfängnis
25./26. Dezember: Weihnachten

Schulferien sind von Mitte Juni bis Mitte September. Rund um Mariä Himmelfahrt (Ferragosto) machen die Italiener traditionsgemäß blau. Geschäfte und Büros sind dann für ein bis zwei Wochen geschlossen, die Strände dagegen überfüllt.

Informationsquellen

Tourismusämter

Nach Schließung der kommunalen Tourismusagentur APT bilden die **Telefon-Hotline +39 041 24 24** (tgl. 7.30–19 Uhr) und die Website **www.veneziaunica.it** (s. u.) die einzige Kontaktmöglichkeit für Touristen vor Reiseantritt. Beide geben Auskunfte zu (fast) allen für Besucher relevanten Fragen).

Auskunftsstellen (Informazioni Turistiche) vor Ort:

Achtung: generell häufig Änderungen der Öffnungszeiten.
Markusplatz: in der Südwestecke (San Marco all'Ascensione, Piazza San Marco 71/f, ganzjährig tgl. 9–19 Uhr) mit Info-Point und Ticketverkauf.
Bahnhof S. Lucia: vis-à-vis Bahnsteig 2, ganzjährig tgl. 7–20.40 Uhr.
Piazzale Roma: innerhalb des Parkplatzbereiches, ganzjährig tgl. 7–20 Uhr.
Flughafen Marco Polo: Ankunftsbereich, ganzjährig tgl. 8–19 Uhr.

Weitere Info-Stellen: in Mestre (Via Lazzari 32, tgl. 8.30–19 Uhr), in Dolo (Via G. Matteotti 15h, Mo–Sa 11–17.50 Uhr) und in Mira (Villa Widmann, Via Nazionale, 420, Mo–Fr 9–14.30, Sa/So 10.30–13, 13.30–16.30 Uhr); nur in der Sommersaison hingegen die beiden in Cavallino Treporti (Via Equilia 26 bzw. Piazzale di Sabbioni, tgl. 6.15–20 Uhr).

Im Internet

www.veneziaunica.it: Ob Fahrpläne, Routen und Preise öffentlicher Verkehrsmittel, Öffnungszeiten, Eintritte und deren Ermäßigungen für Museen, Kirchen, Paläste oder aktuelle Programmauskünfte: Über diese Website erfährt man (fast) alles praktisch Wissenswerte über die Stadt. Vor allem aber kann man hier auch den überaus hilfreichen **Venezia Unica City Pass** in all seinen Varianten kaufen (s. S. 242) – für alle, die nicht gänzlich planlos die Stadt erkunden wollen, ein Muss.
www.actv.it bzw. www.atvo.it: Alles rund um Vaporetti und Busse.
www.comune.venezia.it: Kommunales von Verwaltung bis Kulturprogramm.
www.venedig.com: Kulturnachrichten über Stadt und Umgebung.
www.unospitedivenezia.it und www.venezianews.it: Aktuelle Programminfos
www.visitmuve.it: Webseite der Städtischen Museen Venedigs.

Klima und Reisezeit

Grundsätzlich herrscht in Venedig ein gemäßigt mediterranes Klima. Doch bewirkt die Lagune einige mikroklimatische Besonderheiten. Da ist der *scirocco,* der gefürchtete Südwind, der Venedig im Juli/August häufig in bleiernen Dunst hüllt und die Kanäle gehörig stinken lässt; da ist das Hochwasser, *acqua alta,* das die Adria der Stadt vor allem zwischen November und Februar immer öfter beschert. Und da ist die extrem hohe Luftfeuchtigkeit, die aus Sommerhitze Schwüle macht und aus Winterkälte nassen – manch einer sagt: romantischen – Nebel.
Für das Gros der Besucher gelten deshalb April und Mai, September und Oktober als ideale Reisemonate. Dann sind die Temperaturen in der Regel mild und die Straßen belebt, aber nicht überfüllt. Und mit etwas Glück können sportliche Naturen draußen am Lido schon oder noch ein Bad im Meer nehmen. Immer mehr Kenner versichern allerdings, die Stadt sei eigentlich im Januar und Februar am schönsten: Wenn die *bora,* der kalte Nordwind, die Wolken vertreibt und das Quecksilber unter Null

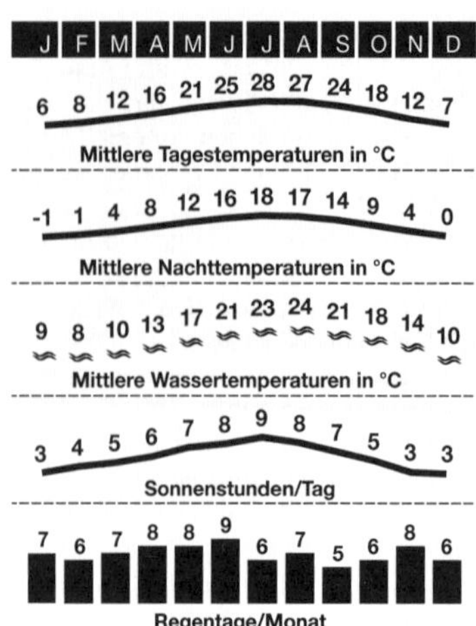

So ist das Wetter in Venedig.

sinken lässt. Wenn Paläste und Plätze in einem Licht von gläserner Reinheit erstrahlen. Und Venedig (fast) den Venezianern gehört. Nüchtern kalkulierende Zeitgenossen loben außerdem die in jenen Monaten moderateren Preise; was freilich nicht für die Tage des Karnevals gilt.

Aktuelles Wetter: www.arpa.veneto.it.

Kleidung

Wer nicht gerade zu einem der hocheleganten Karnevalsbälle eingeladen ist oder den Besuch einer Galapremiere im Fenice plant, für den genügt im touristischen Alltag in der Regel Freizeitkleidung. Allerdings sieht man es in Luxusrestaurants und -hotels nicht so gerne, wenn Gäste allzu lässig gekleidet sind. Und kurze Hosen, Unterleibchen oder gar bloßer Oberkörper gehen im Stadtgebiet selbst bei größter Affenhitze gar nicht (s. a. S. 245).

Hochwasser

Vor allem in den Wintermonaten wird Venedig oft von *acqua alta* heimgesucht. Kündigt sich wieder einmal eine Flut an, ertönen in der ganzen Stadt Warnsirenen. Einheimische streifen dann ihre hüfthohen Stiefel über. Gäste sollten ein über Straßenniveau gelegenes Ruheplätzchen suchen und sich in Geduld üben. Aber kein Grund zur Sorge: Der Spuk ist fast immer in wenigen Stunden vorbei.

In manchen Vaporetto-Stationen hängen Stadtpläne aus, auf denen jene Holzstege eingezeichnet sind, über die man auch bei Hochwasser sein Ziel erreicht. Flut-Vorhersage unter T 041 274 87 87 bzw. www.comune.venezia.it/maree.

Lesetipps

Belletristik

Die Rote, Alfred Andersch: Emotions- und problembeladener Pionierroman der Women's Lib aus den späten 1950ern, angesiedelt im winterlichen Venedig.

Der Liebhaber ohne festen Wohnsitz, Carlo Fruttero und Franco Lucentini: Eine überaus charmante Liebes- und Kriminalgeschichte, bei der auch der gehörige Schuss Wehmut nicht fehlt.

Das schöne Gegengewicht der Welt, Birgit Haustedt (Hg.): Mit Rilke durch Venedig. Literarische Spaziergänge. Eine sehr lyrische Annäherung, in der freilich viel mehr Realitätssinn steckt, als man auf den ersten Blick erwarten würde.

Venezianisches Finale, Donna Leon: Die seit fast 30 Jahren in Venedig wohnhafte Amerikanerin hat ihren Helden, Commissario Guido Brunetti, seit ihrem höchst erfolgreichen Erstling Ende der 1980er-Jahre, in rund 30 Thrillern knifflige Fälle lösen lassen und dabei auch manch soziale Missstände in der Lagunenstadt angeprangert.

Venedig. Eine Verführung, Hanns-Josef Ortheil: Der Romancier entführt in literarisch-kulinarische Gefilde, Rezepte inklusive.

Venedig. Eine literarische Einladung, Susanne Müller-Wolff (Hg.): Feinfühlig komponierte Anthologie mit Texten zeitgenössischer Liebhaber der Lagunenstadt.

Sachbücher

Venedig. Von der Kunst, eine Stadt im Wasser zu bauen, Norbert Huse: Die Lage der Lagunenstadt, ihre Baustruktur und Entwicklung von der Renaissance bis zur Gegenwart (antiquar.).
Alles über Venedig, Petra Reski/Johannes Thiele: Liebe- und stilvoll gestalteter Band, dessen feuilletonistische Texte und historische Schwarz-Weiß-Abbildungen zu ausgedehnten kulturellen und kulinarischen Streifzugen im Fauteuil laden.
Leben in Venedig, Dirk Schümer: So amüsanter wie kundiger Bericht eines im Centro Storico lebenden Korrespondenten über Freud und Leid am venezianischen Alltag fernab aller Touristenpfade.
Venedig ist ein Fisch, Tiziano Scarpa: Charmante Annäherung jenseits gängiger Klischees.

Reisen mit Handicap

Die zahllosen Brücken und Gässchen machen Venedig für Behinderte zu einem schwierigen Pflaster. Ein- und auszusteigen immerhin ist bei den allermeisten Vaporetti relativ problemlos zu bewerkstelligen (Anlegerpontons und Schiff liegen auf gleichem Niveau). Viele der 4- und 5-Sterne-Hotels sind behindertengerecht ausgestattet und im offiziellen Unterkunftsverzeichnis gekennzeichnet. Der Eintritt in die allermeisten Museen ist für Behinderte plus Begleiter kostenlos.
Die Stadtverwaltung hat einen **Stadtplan** publiziert, der – auf Englisch – detailliert die Erreichbarkeit einzelner Straßen und Plätze etwa für Rollstuhlbenutzer aufzeigt, aber auch über Hilfseinrichtung z. B. auf Flughafen, Bahnhof, Schiffsterminal und Autogaragen sowie die knapp zwei Dutzend auf die Bedürfnisse Behinderter ausgerichtete WC-Anlagen informiert. Erhältlich ist er an den Touristischen Auskunftsstellen (IAT), gratis herunterzuladen von: www.comune.venezia.it, Suchbefehl »Accessible Venice«.
Auskünfte, Broschüren, Stadtpläne etc. bietet auch der städtische Service im PR-Büro des Rathauses (Ca' Farsetti, Do 15–17 Uhr geöffnet; Online-Kontakt: in formahandicap@comune.venezia.it) bzw. die Website www.veneziaunica.it/de/content/behindertengerechtes-venedig.

Reiseplanung

Stippvisite

So Sie wirklich nur einen Tag zur Verfügung haben, sollten Sie wenigstens

ENJOY*RESPECT*VENEZIA 

Aus der Notwendigkeit, einen verantwortungsbewussten Tourismus zu fördern, der die Einzigartigkeit Venedigs erhalten hilft, die Umwelt schont und im Einklang mit dem Alltag der Bewohner steht, hat die Stadtverwaltung eine Sensibilisierungskampagne gestartet. Unter den zwölf praktischen Tipps für Altstadt-Besucher findet sich u. a.:

- Nicht in die Kanäle springen oder darin schwimmen
- Keine Picknicks auf Kirchentreppen, Brücken, Brunnen, Uferwegen etc.
- Kein Zelten
- Kein Füttern von Tauben und Möwen
- Nackte Oberkörper und Badekleidung sind ebenso tabu wie Fahrräder, Rollschuhe, Skateboards etc. und lautes Musikgerät.

Auf Zuwiderhandeln stehen zum Teil saftige Strafen (www.enjoyrespectvenezia.it)!

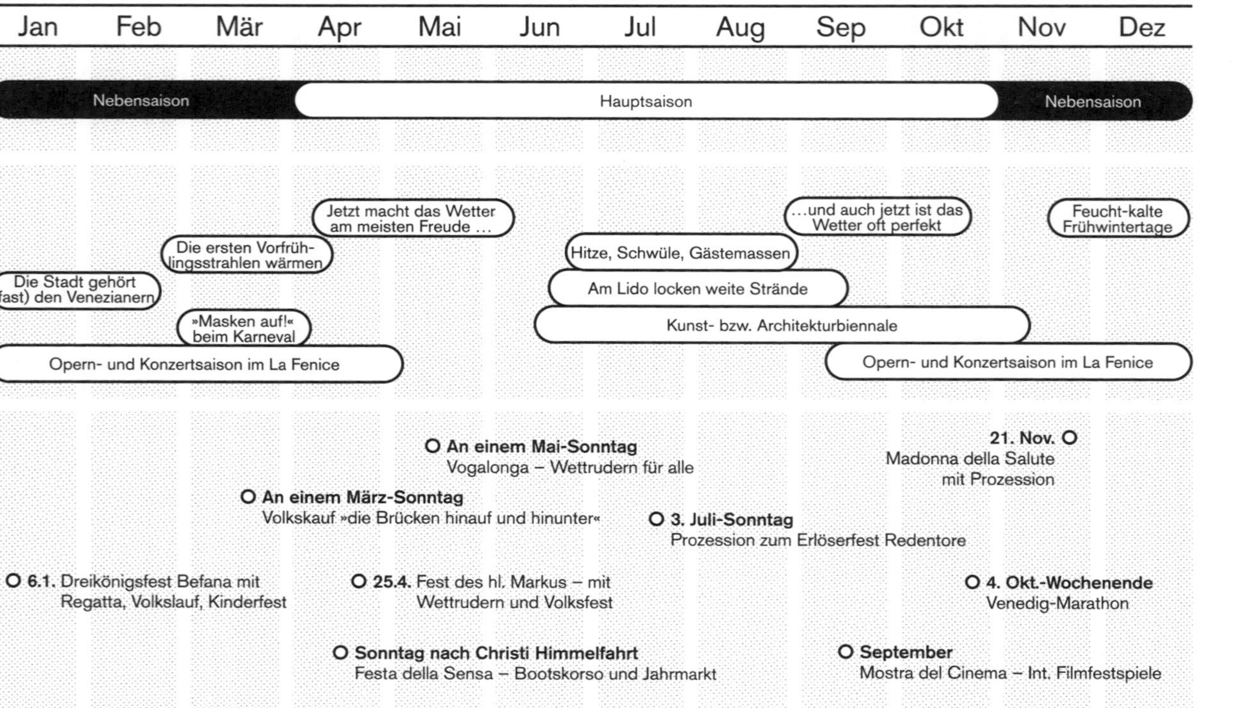
Jan
Feb
Mär
Apr
Mai
Jun
Jul
Aug
Sep
Okt
Nov
Dez
Nebensaison
Hauptsaison
Nebensaison
Jetzt macht das Wetter am meisten Freude …
…und auch jetzt ist das Wetter oft perfekt
Feucht-kalte Frühwintertage
Die ersten Vorfrühlingsstrahlen wärmen
Hitze, Schwüle, Gästemassen
Die Stadt gehört (fast) den Venezianern
Am Lido locken weite Strände
»Masken auf!« beim Karneval
Kunst- bzw. Architekturbiennale
Opern- und Konzertsaison im La Fenice
Opern- und Konzertsaison im La Fenice
An einem Mai-Sonntag Vogalonga – Wettrudern für alle
21. Nov. Madonna della Salute mit Prozession
An einem März-Sonntag Volkskauf »die Brücken hinauf und hinunter«
3. Juli-Sonntag Prozession zum Erlöserfest Redentore
6.1. Dreikönigsfest Befana mit Regatta, Volkslauf, Kinderfest
25.4. Fest des hl. Markus – mit Wettrudern und Volksfest
4. Okt.-Wochenende Venedig-Marathon
Sonntag nach Christi Himmelfahrt Festa della Sensa – Bootskorso und Jahrmarkt
September Mostra del Cinema – Int. Filmfestspiele

dem Canal Grande vom Vaporetto aus die Parade abnehmen, der Piazza di San Marco samt Markusdom die Reverenz erweisen und von dort zur Rialto-Brücke schlendern. Unvergessliche Panoramablicke eröffnet ein Bummel entlang der Riva dei Schiavoni oder Zattere.

Museale Musts

Ganz oben auf der Liste sehenswerter Sammlungen stehen der Dogenpalast, die Gemäldegalerie Accademia und, zum Thema Stadtgeschichte, das Museo Correr. Die stärksten Magneten für Liebhaber Moderner Kunst sind das Guggenheim-Museum, Ca' Pesaro und Palazzo Grassi.

Spannende Stadtviertel & Inseln

Für ihre trendigen Lokale und Party-Atmosphäre an Sommerabenden bekannt sind die Plätze östlich der Rialto-Brücke, die Campi San Pantalon und Santa Margherita sowie, im Nordwesten, das Sestiere (Stadtteil) Cannaregio. Feine Meeresstrände locken auf den Lido, alte Handwerkstraditionen auf die Inseln Murano (Glasbläser) und Burano (Spitzenklöppler). Melancholisch stimmend, doch sehr besuchenswert sind Torcello und die Friedhofsinsel San Michele.

KIRCHEN BESICHTIGEN

Eine ideale Möglichkeit, 16 der wichtigsten Gotteshäuser der Stadt im Rahmen von Führungen kennenzulernen, bietet **Associazione Chorus.** Der Eintritt pro Kirche kostet, auch bei individueller Besichtigung, 3 €, der Besuch aller 16 Kirchen ist mit dem ein Jahr gültigen **Chorus Pass** für 12 € möglich (ermäßigt 8 €, Familienpass 24 €); nähere Infos unter www.chorusvenezia.org sowie unter www.veneziaunica.com, wo der Chorus Pass online zu erwerben ist.

Sicherheit und Notfälle

Venedig gilt zu Recht als äußerst sicher. Nicht dass nicht Taschendiebereien vorkommen könnten. Aber Bedenken, welche Viertel und zu welcher Uhrzeit zu queren seien, sind – auch für Einzelreisende – gänzlich unangebracht.

Wichtige Telefonnummern

Polizei-Notruf: T 113
Carabinieri: T 112 bzw. T 041 523 53 33 (Piazzale Roma)
Stadtpolizei – Notruf: T 041 274 70 70 und T 041 274 73 10 (San Marco); T 041 522 45 76 (Piazzale Roma); T 041 544 51 11 (Ferrovia); T 041 522 45 76 (Tronchetto); T 041 526 03 95 (Lido)
Feuerwehr: T 115
Medizinische Erste Hilfe: T 118
Städtisches Spital: Ospedale Civile SS. Giovanni e Paolo: in akuten Fällen T 041 529 43 11; für Notaufnahmen ist die dortige Abteilung *pronto soccorso* zuständig.
Erste-Hilfe-Stationen: Piazza San Marco u. Piazzale Roma 496, beide tgl. 8–20 Uhr
Städtische Passbehörde: T 041 271 57 72
Fundbüro: am Flughafen, T 041 260 92 22 (Rückgabe tgl. 9–12, 15–18 Uhr)
Sperrnotruf von Handys, Bank- und Kreditkarten: T +49 116 116; für Österreich und Schweiz über die ausstellende Bank

Verkehrsmittel

Das innerstädtische Verkehrsnetz besteht aus 150 Kanälen, etwa 3000 Fußwegen, 411 Brücken und 127 Plätzen. Venedig ist mit Ausnahme des Lido eine Fußgängerstadt. Der öffentliche Personennahverkehr basiert auf einem dichten Liniennetz von Linienbooten *(vaporetti).* Von den einst über 10 000 Gondeln hingegen sind nur noch knapp 400 übrig, die fast nur noch touristisch genutzt werden.

Linienboote (vaporetti)

Der Großteil des Verkehrs spielt sich naturgemäß auf dem Wasser ab. Steuert man eine der Inseln an oder will man einmal nicht zu Fuß gehen (obwohl man so oft am schnellsten vorankommt) und Sightseeing vom Wasser aus betreiben, ist man auf Boote angewiesen. Die häufigsten und preiswertesten Fortbewegungsmittel sind *vaporetti,* die Linienboote der städtischen Verkehrsbetriebe (ACTV). Sie verkehren – in unterschiedlichen Abständen – rund um die Uhr auf dem Canal Grande sowie auf den wichtigsten Nebenkanälen. Außerdem verbinden sie Venedig mit den Laguneninseln, dem Lido und dem Festland.

Die von Touristen häufig frequentierten Linien sind **Nr. 1** (von Piazzale Roma bzw. Bahnhof durch den Canal Grande zum Lido und retour), **Nr. 2** (von Piazzale Roma bzw. Bahnhof durch den Giudecca-Kanal via San Marco zum Lido und retour) sowie zur Umrundung der gesamten Altstadt die Linien **Nr. 4.1/4.2** und **Nr. 5.1/5.2.** Nachteulen können die Dienste der **Linee Notturne** in Anspruch nehmen.

Tickets: Eine Einzelfahrt kostet 9,50 € (für Kinder von 6–10 Jahren unbeschränkt gültig für Fahrten auf (fast) allen Linien für max. 75 Min.; Kinder unter 6 fahren gratis). Tickets werden für ein, zwei, drei oder sieben Tage (25, 35, 45, 65 €) angeboten und sind jeweils gültig für alle Linien inkl. Busse am Lido sowie in und um Mestre. Große Gepäckstücke werden extra berechnet. Inhaber der Rolling VENICEcard (s. S. 242) erhalten das Drei-Tage-Ticket für 33 € (alle Preisangaben: Herbst 2022).

Auskünfte über das Liniennetz: tgl. 7.30–20 Uhr in der ACTV-Infostelle beim Pkw-Terminal am Piazzale Roma bzw. unter T 041 24 24, www.actv.it (zu den einzelnen Linien und Routen siehe auch den Verkehrsplan auf der Faltkarte am Ende dieses Buches).

Bootstaxis (motoscafi)

Häufiger Benutzung erfreuen sich auch die *motoscafi.* Ihr Taxometer steht bei Abfahrt auf 15 € (telefonische Bestellung: 6 € extra), alle weiteren 60 Sekunden kommen 2 € hinzu. Für mehr als vier Personen, Nachtfahrten, große Gepäckstücke etc. werden allerlei saftige Zuschläge berechnet. Auch die Fixtarife für Fahrten außerhalb des Centro Storico sind gesalzen. Die wichtigsten Standplätze sind am Bahnhof, am Piazzale Roma und der Rialto-Brücke, in San Marco, am Lido und beim Flughafen.

Infos & Reservierung: Mo–Fr 9–18 Uhr unter T 041 240 6712, Sa/So/Fei bzw.

HILFE IM LABYRINTH

H

In Venedigs Labyrinth ist die Orientierung nicht einfach. Hinzu kommt, dass viele Straßennamen mehrfach verwendet werden – so gibt es in der Stadt allein 18 Gassen namens Calle Forno. Dennoch kann man sich in Venedig kaum ernsthaft verirren. Wichtig zu wissen ist, dass die postalischen Adressen sich nicht, wie sonst üblich, aus Straßenbezeichnung und Hausnummer zusammensetzen. Die Hausnummernzählung bezieht sich hier auf die Stadtviertel – eigentlich Sechstel *(sestiere),* sodass man häufig mit Nummern im vierstelligen Bereich konfrontiert wird. Um ein Gebäude genau zu lokalisieren, d. h. die zugehörige Straße herauszufinden, kann man Google Maps oder spezielle Verzeichnisse konsultieren, die in Postämtern und an Kiosken hinterlegt sind.

18–9 Uhr unter T 041 522 23 03, oder online: www.motoscafivenezia.it.

Gondeln

Für romantische Touristenseelen immer noch unverzichtbar, von Einheimischen im Alltag aber kaum mehr praktiziert, ist eine Gondelfahrt. Die Preise dafür sind freilich eher ernüchternd: 95 € bis sechs Personen für 30 Min.; eine Preisabsprache vor Abfahrt ist empfehlenswert! Die Honorare für eventuelle Vokalbegleitung seien hier wohlweislich verschwiegen.

Startpunkte: Die insgesamt elf Standplätze der Gondolieri befinden sich an der Mole vor der Piazzetta San Marco (T 041 520 06 85), vor dem Hotel Danieli (T 041 522 22 54), auf der Hinterseite des Markusplatzes am Bacino Orseolo (T 041 528 93 16) bzw. am Campo San Moisè (T 041 523 18 37). Entlang des Canal Grande findet man sie am Piazzale Roma (T 041 522 11 51), am Bahnhof (T 041 71 85 43), in der Nähe des Campo Santa Sofia (T 041 522 28 44), bei Rialto (T 041 522 49 04), San Tomà (T 041 520 52 75), Santa Maria del Giglio (T 041 522 20 73) und an der Calle Vallaresso (T 041 520 61 20).

Auskünfte und Reservierung: Gondolieri Travel, T 041 241 00 85, www.gondolieritravel.com/venice. Hier können Sie auch Fahrten vorab reservieren. Um die Preispolitik der Gondoliere und Kapitäne von Wassertaxis transparenter zu machen, hat die Stadtverwaltung an neuralgischen Punkten Tafeln montiert. Sie informieren, auch auf Deutsch, über die amtlich festgesetzten Transportgebühren.

Autobusse und Straßenbahn

Die Busse der ACTV (www.actv.it) verkehren auf dem Lido, über die Brücke aufs Festland und im Großraum Mestre bis nach Chioggia (Einzelticket 1,50 €), während jene der ATVO (www.atvo.it) über ein dichtes Streckennetz den ganzen Osten des Veneto bedienen. Zwischen Piazzale Roma und Mestre bzw. Favaro ist die **Monorail-Straßenbahn T1** in Betrieb (werktags alle 10 Min., Fei alle 15 Min., Tickets 1,50 €, www.actv.it).

VENEDIGS GONDELFÄHREN: DIE TRAGHETTI

Eine Gelegenheit, die Sie wenigstens einmal nutzen sollten, ist die Überquerung des Canal Grande auf einer der sechs Gondelfähren, den sogenannten *traghetti.* Sie pendeln vormittags (teilweise auch nachmittags) zwischen San Marcuola und Fondaco dei Turchi, Campo San Sofia und Pescheria, Riva del Carbon und Riva del Vin (Rialto), Ca' Garzoni und San Tomà, San Samuele und Ca' Rezzonico sowie Santa Maria del Giglio und San Gregorio und kosten zwischen 0,70 und 2 €; bezahlt wird an Bord.

Mit dem Fahrrad

Adressen von Verleihstellen in der Nähe des zentralen Vaporetto-Anlegers am Lido sowie in Mestre plus Vorschlag für einen (Halb-)Tagesausflug s. S. 226.

Stadtführungen

Lizenzierte Fremdenführer vermittelt die **Cooperativa Guide Turistiche,** T 041 520 90 38, Mo–Fr 9–13 Uhr, www.guidevenezia.it. Für Familien reizvoll, allerdings nur auf Italienisch und Englisch: **VeneziaUnica** (s. S. 242) bietet organisierte Wanderungen und spielerische Schatz- und Spurensuchen namens Macacotour an. Nähere Infos unter www.veneziaunica.it.

Gepäckträger

... gibt es am Bahnhof (T 041 71 52 72) und an der Piazzale Roma (T 041 522 35 90); Infos zu beiden: T 041 458 16 67, tgl. 7–20 Uhr.

Sprachführer Italienisch

A

AUSSPRACHE

Allgemeines
In der Regel wird Italienisch so ausgesprochen wie geschrieben. Treffen zwei Vokale aufeinander, so werden beide einzeln gesprochen (z. B. E-uropa). Die Betonung liegt bei den meisten Wörtern auf der vorletzten Silbe. Liegt sie auf der letzten Silbe, wird ein Akzent verwendet (z. B. città, caffè).

Konsonanten
c vor a, o, u wie k, z. B. conto; vor e, i wie tsch, z. B. cinque
ch wie k, z. B. chiuso
ci vor a, o, u wie tsch, z. B. doccia
g vor e, i wie dsch, z. B. Germania
gi vor a, o, u wie dsch, z. B. spiaggia
gl wie ll in Brillant, z. B. taglia
gn wie gn in Kognak, z. B. bagno
h wird nicht gesprochen
s teils stimmhaft wie in Saal, z. B. museo; teils stimmlos wie in Haus, z. B. sinistra
sc vor a, o, u wie sk, z. B. scusi; vor e, i wie sch, z. B. scelta
sch wie sk, z. B. schiena
sci vor a, o, u wie sch, z. B. scienza
v wie w, z. B. venerdì
z teils wie ds, z. B. zero; teils wie ts, z. B. zitto

Allgemeines

Guten Morgen/Tag	Buon giorno
Guten Abend	Buona sera
Gute Nacht	Buona notte
auf Wiedersehen	arrivederci
entschuldige(n Sie)	scusa (scusi)
hallo/grüß dich	salve/ciao
bitte	prego/per favore
danke	grazie
ja/nein	sì/no
Wie bitte?	come?/prego?

Unterwegs

Haltestelle	fermata
Bus/Auto	autobus/macchina
Ausfahrt/-gang	uscita
Tankstelle	stazione di servizio
rechts/links	a destra/a sinistra
geradeaus	diritto
Auskunft	informazione
Bahnhof/Flughafen	stazione/aeroporto
alle Richtungen	tutte le direzioni
Einbahnstraße	senso unico
Eingang	entrata
geöffnet	aperto/-a
geschlossen	chiuso/-a
Kirche/Museum	chiesa/museo
Strand/Brücke	spiaggia/ponte
Platz	piazza/posto

Zeit

Stunde/Tag	ora/giorno
Woche/ Monat	settimana/mese
Jahr	anno
heute/gestern	oggi/ieri
morgen	domani
Montag	lunedì
Dienstag	martedì
Mittwoch	mercoledì
Donnerstag	giovedì
Freitag	venerdì
Samstag	sàbato
Sonntag	doménica

Notfall

Hilfe!	Soccorso!/Aiuto!
Polizei	polizia
Arzt/Zahnarzt	medico/dentista
Apotheke	farmacia
Krankenhaus	ospedale
Unfall	incidente

Schmerzen	dolori
Fieber	febbre
Panne	guasto

Übernachten

Hotel	albergo
Pension	pensione
Einzelzimmer	camera singola
Doppelzimmer	camera doppia
mit/ohne Bad	con/senza bagno
Toilette	bagno, gabinetto
Dusche	doccia
mit Frühstück	con prima colazione
Halbpension	mezza pensione
Gepäck	bagagli

Einkaufen

Geschäft/Markt	negozio/mercato
Bäckerei	panificio
Kreditkarte	carta di credito
Geld	soldi
Geldautomat	bancomat
Lebensmittel	alimentari
Größe	taglia
bezahlen	pagare

Zahlen

1	uno	18	diciotto
2	due	19	diciannove
3	tre	20	venti
4	quattro	21	ventuno
5	cinque	30	trenta
6	sei	40	quaranta
7	sette	50	cinquanta
8	otto	60	sessanta
9	nove	70	settanta
10	dieci	80	ottanta
11	undici	90	novanta
12	dodici	100	cento
13	tredici	101	centuno
14	quattordici	150	cento-cinquanta
15	quindici		
16	sedici	200	duecento
17	diciassette	1000	mille

WICHTIGE SÄTZE

Allgemeines

Sprechen Sie … Deutsch/Englisch?	Parla … tedesco/inglese?
Ich verstehe nicht.	Non capisco.
Ich spreche kein Italienisch.	Non parlo italiano.
Ich heiße …	Mi chiamo …
Wie heißt Du/heißen Sie?	Come ti chiami/si chiama?
Wie geht es Dir/Ihnen?	Come stai/sta?
Danke, gut.	Grazie, bene.

Unterwegs

Wo ist bitte …?	Scusi, dov'è …?
Könnten Sie mir bitte … zeigen?	Mi potrebbe indicare …, per favore?

Notfall

Können Sie mir bitte helfen?	Mi può aiutare, per favore?
Ich brauche einen Arzt.	Ho bisogno di un medico.
Hier tut es weh.	Mi fa male qui.

Übernachten

Haben Sie ein freies Zimmer?	C'è una camera libera?
Wie viel kostet das Zimmer pro Nacht?	Quanto costa la camera per notte?
Ich habe ein Zimmer bestellt.	Ho prenotato una camera.

Einkaufen

Wie viel kostet …?	Quanto costa …?
Wann öffnet/schließt …?	Quando apre/chiude …?

Im Restaurant

Die Speisekarte, bitte.	Il menu, per favore.
Die Rechnung, bitte.	Il conto, per favore.

Kulinarisches Lexikon

Allgemeines

antipasto/ primo piatto	Vorspeise
minestra/zuppa	Suppe
piatto principale	Hauptgericht
menù del giorno	Tagesgericht
contorno	Beilagen
dessert/dolce	Nachspeise
lista dei vini	Weinkarte
pepe	Pfeffer
sale	Salz
zucchero/saccarina	Zucker/Süßstoff

Zubereitung

al forno	aus dem Backofen
alla griglia	gegrillt
allo spiedo	am Spieß
amabile/dolce	süß
arrostito/-a	geröstet
arrosto/-a	gebraten
bollito/-a	gekocht
brasato/-a	geschmort
caldo/-a	warm
con/senza	mit/ohne
freddo/-a	kalt
fritto/-a	gebacken
gratinato/-a	überbacken

Vorspeisen und Suppen

antipasti del mare	Vorspeisenplatte mit Fisch/ Meeresfrüchten
antipasti misti	gemischte Vorspeisen
bruschetta	geröstetes Weißbrot mit Knoblauch und Öl
cannellini	weiße längliche Bohnen, ungewürzt
carciofi	Artischocken
cozze ripiene	gefüllte Muscheln
fagiolini bianchi	weiße Bohnen
insalata di polpo	Tintenfischsalat
melanzane alla griglia	gegrillte Auberginen
minestrone	Gemüsesuppe
peperonata	gemischtes geschmortes Gemüse
prosciutto	Schinken
salame di cinghiale	Wildschweinsalami
sarde in saour	sauer eingelegte Sardinen
vitello tonnato	Kalbsbraten mit Thunfischsauce
zucchine alla griglia	gegrillte Zucchini
zuppa di pesce	Fischsuppe

Pasta und Co.

cannelloni	gefüllte Nudelröhren
fettuccine/tagliatelle	Bandnudeln
formaggio	Käse
gnocchi	Kartoffelklößchen
lasagne	Nudelauflauf mit Hackfleisch, Tomaten, Bechamelsoße
paglia e fieno	gelbe und grüne Bandnudeln
pasta fresca (fatta in casa)	frische (hausgemachte) Pasta
pasta ripiena	gefüllte Pasta, meist mit Spinat und Ricotta
polenta	Maisbrei
risotto ai funghi	Pilzrisotto
risotto alla marinara	Risotto mit Meeresfrüchten

Fisch und Meeresfrüchte

anguilla	Aal
aragosta	Languste
aringa	Hering
cozza	Miesmuschel
frutti di mare	Meeresfrüchte

gamberetto	Garnele
gambero	Hummer
orata	Dorade/ Goldbrasse
ostrica	Auster
pesce persico	Barsch
salmone	Lachs
seppia	Tintenfisch
sogliola	Seezunge
tonno	Thunfisch
trota	Forelle

Fleisch und Geflügel

agnello	Lamm
anatra	Ente
arrosto	Braten
brasato	Rinder-schmorbraten
capra/capretto	Ziege/Zicklein
carne	Fleisch
cinghiale	Wildschwein
coniglio	Kaninchen
coscia/cosciotto	Keule
faraona	Perlhuhn
lepre	Hase
maiale/porco	Schwein
manzo	Rind
oca	Gans
pernice	Rebhuhn
pollo	Hähnchen
quaglia	Wachtel
salumi	Wurstwaren
spezzatino	Gulasch
tacchino	Pute
vitello	Kalb

Gemüse und Beilagen

bietola	Mangold
carota	Mohrrübe
cavolfiore	Blumenkohl
cavolo	Kohl
cipolla	Zwiebel
fagioli/fave	Bohnen
finocchio	Fenchel
fungo porcino	Steinpilz
insalata mista	gemischter Salat
melanzana	Aubergine
pane	Brot
patata	Kartoffel
pisello	Erbse
polenta	Maisbrei
pomodoro	Tomate
porro	Lauch
riso	Reis
sedano	Sellerie
spinaci	Spinat
zucca	Kürbis

Nachspeisen und Obst

albicocca	Aprikose
cantuccino	Mandelgebäck
cassata	Eisschnitte mit kandierten Früchten
cocomero	Wassermelone
fico	Feige
lampone	Himbeere
macedonia	frischer Obstsalat
mela	Apfel
mellone	Honigmelone
panna cotta	gekochte Sahnecreme
tiramisù	Löffelbiskuit mit Mascarponecreme
torta (di frutta)	(Obst-)Torte
zabaione	Eierschaumcreme
zuppa inglese	likörgetränktes Biscuit mit Vanillecreme

Getränke

acqua (minerale)	(Mineral-)Wasser
… con gas/gassata	… mit Kohlensäure
… senza gas/liscia	… ohne Kohlensäure
birra (alla spina)	(Fass-)Bier
caffè (corretto)	Kaffee (mit Grappa)
ghiaccio	Eis
granita di caffè	Eiskaffee
grappa	Branntwein
latte	Milch
liquore	Likör
spumante	Sekt
succo	Saft
tè	Tee
vino bianco	Weißwein
vino rosso	Rotwein

Das

Drei Klassiker auf einem Bild: Rialto-Brücke, La Gondola und Venedigs schwimmende Straßenbahn – das Vaporetto

Magazin
TRA
Rialto
Rialto

Zwischen Abwanderung und Disneyland

Ist von Venedigs Zukunft die Rede — denken viele an das Szenario des langsamen Versinkens im Lagunenschlamm. Weitaus größer aber ist die Gefahr, dass das historische Zentrum demnächst als soziales Stadtgefüge gestorben sein wird.

Ein lauer Sommerabend, kurz nach Sonnenuntergang auf einem der zahllosen Plätze inmitten des Altstadtlabyrinths. Die Abendkühle hat die Venezianer aus den schattigen Wohnungen auf die kleinen, von Blumen überwucherten Balkone gelockt. Wie warmer Regen träufelt ihr Geplauder, die sanft zischelnden Wohllaute ihres Dialekts, durch die trocknenden Wäschebahnen auf die Passanten herab. Hie und da dringt eine halbe Liedstrophe oder der Warnruf eines Gondoliere herüber, das Miauen einer Katze oder das Klappen eines hölzernen Fensterladens. Absätze klacken über steinerne Brückenstufen. Wellen schwappen leise gegen Ufermauern. Kirchenglocken breiten ihren wuchtigen, melancholischen Klang über das Viertel. Von Motorengebrumm und Gehupe jedoch bleiben die Ohren in diesem autolosen Ambiente verschont.

Irgendwann lässt nebenan der Betreiber einer Boutique, eines Handwerksladens den Rolladen herunter. Im Gegenzug schließt eine erste Osteria auf. Man tritt ein, ordert eine *ombra,* ein Gläschen Weißwein, und dazu einen Teller *cicchetti,* die typischen kleinen Häppchen. Spätestens jetzt, inmitten der fröhlich schwatzenden Einheimischen, hat die Seele begonnen, im rechten Rhythmus zu schwingen. Wieder einmal ist man der »venezianità«, der unvergleichlichen Anmut der Lagunenstadt und dem Charme der Lebensart ihrer Bewohner, erlegen.

Die Schattenseiten eines Weltwunders

Von Venedig kann man auf zweierlei Weise erzählen. Man kann von seiner Märchenhaftigkeit schwärmen, den grandiosen Kirchen, den mit Kunstschätzen prall gefüllten Museen und den feingliedrigen, wie aus Klöppelspitze gefertigten Palastfassaden. Auch von den traumhaften Lichtstimmungen über der Lagune, den Reizen der entlegeneren Inseln und der Entrücktheit während nächtlicher Spaziergänge durch das Gassengeflecht. So wird man der spektakulären Schönheit dieser Stadt und ihrer Funktion als Projektionsfläche romantischer Sehnsüchte gerecht.

Man kann aber auch Venedigs Unzulänglichkeiten hervorheben, sein gegenwärtiges, wenig glanzvolles Dasein als Verwaltungszentrum der Region Veneto und den alltäglichen Mühseligkeiten, die es seinen Bewohnern abverlangt. Was Kurzzeit-Besucher nämlich angesichts der betörenden Kulisse oft vergessen, ist die Doppelrolle dieser Stadt. Es gibt das Venedig, das die Touristen besuchen

Die Stadt platzt aus allen Nähten. Wer hier schnell mal eben über den Markusplatz will, muss sich durch die Touristenmassen kämpfen.

– bis zu 30 Mio. pro Jahr sind es mittlerweile. Und es gibt das Venedig, in dem Menschen leben – arbeiten, einkaufen, studieren, spielen, Sport betreiben und sich amüsieren. Gut 175 000 Einwohner zählte das historische Zentrum noch in den 1950er-Jahren. Mittlerweile ist ihre Zahl auf 50 000 geschrumpft. Und von diesen Verbliebenen pendelt mehr als ein Drittel täglich zum Arbeitsplatz auf das Festland und tätigt dort auch das Gros seiner Einkäufe.

Die Gründe für diese allseits beklagte Abwanderung, den *esodo?* Nach 1945 waren es zunächst die Wohnverhältnisse, die Beengtheit, die feuchten Mauern, die mangelnden Freizeitmöglichkeiten, die vornehmlich junge Familien zum Umzug in die neuen, komfortablen Retortensiedlungen im Raum Mestre veranlassten. Parallel übersiedelten auch zahlreiche Handwerks-, Gewerbe- und Dienstleistungsunternehmen wegen der dort besseren Infrastruktur ins Hinterland. Als dann in den 70ern mit Vehemenz der Massentourismus einsetzte, begann der Besucherstrom weitere Einheimische aus der Lagune zu spülen.

Zu viele Gäste

Die Gegenwart von vielen Fremden sind die Venezianer seit dem Mittelalter gewohnt. Das Gastgewerbe betreiben sie seit damals mit großer Routine. Doch der heutige Massenbetrieb überfordert sie, droht die Stadt zu ersticken. So scheitert man etwa zu Stoßzeiten als Passagier, selbst wenn man sanft drängelt, immer öfter daran, überhaupt an Bord der überfüllten Vaporetti zu gelangen. In den touristischen Haupteinzugschneisen kommt man zu Fuß oft bloß noch im Stop-and-go-Tempo voran. Auch sonst erweist sich der Alltag als sehr beschwerlich. So ist etwa binnen nur einer Generation die Zahl der Einzelhandelsgeschäfte um mehr als die Hälfte gesunken. Um kurz mal Brot und Milch zu besorgen, muss man inzwischen in vielen Gegenden, besonders bitter für Senioren, brückauf brückab schier endlos laufen. Dafür schießen Kitschbuden für Masken und Muranoglas Made in China wie Pilze nach einem Gewitterregen aus dem Boden.

Was immer man zum Leben braucht, muss langwierig in Frachtkähnen herangeschafft, entladen und anschließend auf einer Sackkarre über Treppen gewuchtet werden. Zwar verdankt inzwischen jeder zweite Venezianer seinen Arbeitsplatz dem Fremdenverkehr. Doch was nützt's, wenn im Gegenzug die Ansprüche betuchter Gäste das Leben für ansässige Normalverdiener unerschwinglich machen. Die Kosten für Lebensmittel und Konsumgüter, auch die Kommunalabgaben steigen ins Uferlose. Vor allem aber steigen, da immer mehr wohlhabende Ausländer leerstehende Wohnungen als Zweitwohnsitze erwerben, die Immobilienpreise und damit auch die Mieten. Um die Jahrtausendwende wurden per Gesetz die Regeln für die Umwandlung von Wohneigentum in Touristenunterkünfte gelockert. Seither hat sich die Zahl der Hotels und Pensionen vervielfacht und die Wohnungsknappheit, auch durch Airbnb & Co., verschärft. Und seit 2014 ist private Vermietung an Urlauber nahezu steuerfrei.

Unlösbares Verkehrsproblem

Ein Schlüssel zur Lösung vieler aktueller Probleme läge, darin sind sich alle einig, in einer Verbesserung der Verkehrssituation. Denn betrüge etwa die Fahrzeit von San Marco nach Mestre mit öffentlichen Transportmitteln nicht wie zur Zeit fast eine Stunde, wäre die Altstadt weniger isoliert und gewänne wieder an Anziehungskraft. Außerdem würde ein effizienteres Öffi-System wohl mithelfen, manch verödete Stadtgegend mit neuen Aufgaben zu beleben. Nicht ohne Grund tauchen deshalb immer wieder radikale Vorschläge auf. Schon die österreichischen Besatzer hegten die Absicht, eine Eisenbahntrasse über den Giudecca-Kanal bis San Giorgio Maggiore zu legen. 1925 wurde hitzig die Idee einer Untergrundbahn zwischen Marghera und dem Lido diskutiert. Nach dem Krieg erwog man kurze Zeit den Bau einer Autobahn, die von Jesolo die Fondamenta Nuove entlang zum Festland führen sollte, und Anfang der 1990er den einer magnetbetriebenen Metro.

Um ihre Dringlichkeit zu unterstreichen, wurde das Motto der PR-Kampagne prominent platziert.

Klar, manche dieser kapriziösen Projekte lassen Ökologen und Ästheten noch im Nachhinein die Haare zu Berge stehen. Doch andererseits offenbart die Tatsache, dass sich im Transportsystem seit Einführung der Vaporetti im Jahr 1880 nichts wirklich geändert hat, eine bedenkliche Entscheidungsschwäche. Sie weckt bei nicht wenigen Venezianern die Sehnsucht nach einem Vittorio Cini oder Giuseppe Volpi, jener Sorte von tatkräftigen Männern, die in der

Zwischenkriegszeit das Festland-Venedig industrialisierten und nebenbei als großzügige Mäzene wirkten. Doch solche Führungspersönlichkeiten sind nirgends in Sicht.

Im Gegenteil: Die Neigung der politischen Elite, sich in endlosen Debatten zu ergehen, macht, gepaart mit chronischen Finanznöten, konstruktive Arbeit oft unmöglich. Über viele Jahre pflegten einander die aus einer Koalition von linken Kräften gebildete Stadtregierung, und die von einem Mitte-rechts-Bündnis geführte Regionalregierung des Veneto, einer Hochburg der Lega Nord, mit lähmender Regelmäßigkeit zu blockieren. Und der 2015 gewählte Bürgermeister Luigi Brugnaro, Frontmann einer Koalition, zu der auch Berlusconis Forza Italia zählt, sorgt vorwiegend mit sonderbaren Law-&-Order-Einfällen für Schlagzeilen, die an den strukturellen Nöten kaum etwas ändern.

Punktuelle Reformschübe

Doch allen Unbilden zum Trotz werden die Venezianer wundersamerweise bisweilen von regelrechten Optimismus-Schüben erfasst. Dann renovieren sie, wie 1966 nach der bisher schlimmsten Hochwasserkatastrophe, mit internationaler Hilfe eine erkleckliche Anzahl von Palästen und Kirchen und entwickeln für die Lagune ein sündteures Schleusensystem, das berühmt-berüchtigte Projekt M.O.S.E (s. S. 267), reinigen – erstmals nach 40 Jahren – wieder Innenstadtkanäle und gründen neue Museen wie z. B. jene beiden von François Pinault für Gegenwartskunst.

Auch in Fragen der Alltagspraxis ringen sich die Venezianer bisweilen zu Modernisierungsmaßnahmen durch: Bereits seit 2006 etwa muss der Hausmüll getrennt werden und ahnden Inspektoren das Anhäufen wilder Abfallberge. Eingedämmt wurde auch die Menge der in der Altstadt agierenden Straßenkünstler. Sie dürfen nur noch mit offizieller Genehmigung auftreten, ihre Zahl ist auf insgesamt zehn pro Tag beschränkt. Schließlich wurden für den Aufenthalt rund um den Markusplatz strikte Verhaltensregeln erlassen (s. S. 245). Und im Laufe des Jahres 2023 soll für Besucher der Stadt eine Pflichtregistrierung plus eine via App einzuhebende Gebühr eingeführt werden, um das Leben der Einheimischen mittelfristig durch Steuerung und Dämpfung der Touristenströme erträglicher zu machen.

Am Scheideweg

Doch Restaurierungen hin, Schleusen und Eintrittsgebühr her – die wirklich ausschlaggebende und unausweichliche Frage der Zukunft wird sein, welche Idee Venedig langfristig von sich selbst hat. Will es eine Industriestadt sein, gefügig der Chemie- und Petroleumlobby von Porto Maghera, oder eine für Touristen, begierig nach dem schnellen Geld? Versteht es sich als postmodernes Museums- und Kongresszentrum, von dem Kultursponsoren und Intellektuelle träumen, oder schlicht und einfach als lebenswerte Heimat der übrig gebliebenen Venezianer? Konsequente Weichenstellungen, die solche Fragen langfristig beantworten, schieben die Entscheidungsträger bislang geflissentlich vor sich her. ■

LEKTÜRE-TIPP

»Wenn Venedig stirbt« – in seiner Streitschrift, einem Produkt aus scharfem Intellekt und moralischer Empörung, wettert der Kunsthistoriker und Archäologe Salvatore Settis so flammend wie luzide gegen den »Ausverkauf der Städte« (erschienen 2019 bei Wagenbach).

Die Herren der Kanäle

Typisch Gondoliere — gestreiftes Hemd, blaue pantalone, Strohhut und ein Schmachtlied auf den Lippen. Doch unterwegs mit einem Meister des Metiers zeigt sich: Hinter dem Klischeejob steckt allerhöchste Handwerkskunst.

»Aou'! stagondo, aou'! Oihé!« Wenn Marco Farnea während Venedigs Rush-hour seine Warnrufe ausstößt, runzeln uneingeweihte Passanten schon mal die Stirn. Kein Wunder, hört sich das Signal im gedehnten venezianischen Dialekt doch ein wenig wie ein archaischer Brunftschrei an. Doch seine Kollegen und, viel wichtiger, die übrigen Verkehrsteilnehmer, wissen um die Bedeutung des kuriosen Lauts: »Achtung! Rechtsabbieger!« Und »Aou', premando!« kündigt einen Linksschwenk an. Mit solch Kommandos machen Männer wie Marco in den engen Kanälen auf sich aufmerksam. Müssen es. Denn wer dort, wie er, mit einem fragilen Gefährt lautlos übers Wasser gleitet, wird zwischen all den lärmigen Motorbooten leicht überhört. Und eine Kollision mit einem der eiligen Wassertaxis, Frachtkähne oder gar Vaporetti wäre verhängnisvoll.

Eine Männerdomäne bröckelt

Marco arbeitet, erraten, als Gondoliere. Seit 1984 schon geht er diesem Gewerbe nach, das zum Klischee von Venedig gehört wie die Tauben, der Campanile und Karneval. Die dafür nötige Lizenz hat er nach alter Sitte von seinem Vater übernommen – nach Ablegung einer strengen Prüfung, bei der er neben der Kunst des perfekten Manövrierens auch beträchtliches Wissen über die Geschichte und Attraktionen der Stadt demonstrieren musste. Er liebe, sagt er, seinen Beruf. Schwärmt von den Begegnungen mit Gästen aus aller Welt, und davon, Wind, Sonne, Regen, den Wechsel der Jahreszeiten zu spüren. Nur das lange Warten auf Kunden im Winter sei manchmal hart. Auch leise Klagen über die Dreistigkeit mancher Motorbootfahrer kommen ihm über die Lippen.

Und da sei dann noch die Frauenfrage: 900 Jahre lang sei sein Beruf reine Männerdomäne gewesen. Doch seit Ende der Nullerjahre mit Giorgia Boscolo, einer jungen Venezianerin, die erste Frau den Titel einer staatlich geprüften »Gondoliera« erworben hat, sind die Dämme gebrochen. Und eine Dame aus Deutschland treibe seit Jahren schon ihr Unwesen – rudere ohne

Einer der etwa 400 Gondolieri der Stadt wartet auf Kundschaft – während der Sommermonate dauert das allerdings nie lang.

Berufslizenz auf eigene Rechnung Hotelgäste auf ihrer Gondel durch die Kanäle und liege mit den Stadtbehörden darüber im Dauerstreit. Also bitte, sei das wirklich nötig, eh?

Aus acht Hölzern gefertigt

Im Nu versöhnt mit der Welt wirkt Marco, wenn die Rede auf die Gondel kommt. Aus insgesamt 280 Teilen bestehe sie, erzählt er, während er mit einem Lederlappen liebevoll die Gischttropfen von den glänzenden Firnissflächen tupft. Die einzelnen Spanten und Planken, Leisten und Verstrebungen, deren jede eine genau definierte strukturelle oder dekorative Funktion ausübt, werde mit Hilfe der *sesti* zugeschnitten – jener mit mittelalterlichen Maßen versehenen gerundeten Winkelhölzer, die innerhalb der Handwerksfamilien von Generation zu Generation weitervererbt werden. Zur Verwendung kommen dabei, je nach Konstruktionsteil streng unterschieden, acht verschiedene Hölzer – Eiche, Lärche, Tanne, Linde, Ulme, Nussbaum, Mahagoni, Kirsche und ein klein wenig Kornelkirsche. Gebogen werden die Stücke über brennendem Sumpfschilf aus der Lagune, das allein den für den Vorgang notwendigen Feuchtigkeitsgrad garantieren soll. Verfugt werden sie – statt wie früher mit Pech und Werg – mit synthetischen Isoliermitteln.

Zur Grundausstattung gehören das 20 kg schwere Bugeisen, genannt *ferro*, das den Schwerpunkt ausbalanciert und dessen sechs Zacken Venedigs Stadtsechstel symbolisieren; weiters die stets aus hartem Nussholz geschnitzte Rudergabel *(forcole)*, die acht verschiedene Ruderstellungen ermöglicht, gepolsterte Lehnen, Kissen, Teppiche sowie Seidenquasten und zwei Seepferdchen aus Messing. 350 kg wiegt das Gefährt, gut 10 m ist es lang, plusminus 1,5 m breit und für maximal sechs Fahrgäste zugelassen.

Das zweitälteste Gewerbe der Stadt

Form und Ausstattung der Gondel, erzählt Marco später bei einem Gläschen Weißwein in seinem Stammbacaro, hätten sich seit der Zeit um das Jahr 700, als ihre Existenz erstmals urkundlich erwähnt wurde, gründlich geändert. Die ersten Boote müsse man sich als vergleichsweise grobschlächtige, schmucklose Fahrzeuge vorstellen, die man über den Bug bestieg. Im 16. Jh. seien die meisten der mehr als 10 000 Gondeln bunt bemalt und reich ausstaffiert gewesen. So reich, dass der Senat im Jahr 1562, um der Protzerei ein

G

RUND UM DIE GONDEL

El Felze heißt der Verband, dessen Mitglieder der Wunsch vereint, Geschichte und Geheimnisse der Gondel zu bewahren und zu verbreiten. Es ist ein kulturelles und zugleich kommerzielles Projekt – offen für Handwerker, Gondelführer, Privatpersonen, Sportvereine, Kultur- und Berufsverbände. Mehr als zwei Dutzend Spezialisten aus zehn Berufsgruppen zählt die Organisation (www.elfelze.it).
Grundsätzliches zur Gondel findet man auch unter www.gondolavenezia.it. Der private Verein **Arzana** bietet auf seiner Website sowie in einem kleinen Museum Infos über venezianische Spezifika des Ruderns (www.arzana.org).
Ebenfalls sehenswert: das Museum des Traditionsclubs **Canottieri Bucintoro** (Dorsoduro 263, Zattere ai Saloni, Di–Sa 9–13,14–18, So 8.30–13, Sekr. Di–Sa 11.30–15.30 Uhr, T 041 520 56 30, www.bucintoro.org). Hier können Laien auch Ruderkurse belegen (s. S. 241).

Ende zu machen, per Gesetz befahl, dass alle Gondeln unterschiedslos schwarz zu lackieren seien.

Ausgerechnet um 1880, als die ersten dampfbetriebenen Vaporetti das rudernde Gewerbe gehörig unter Druck setzten, gab ein genialer Konstrukteur namens Domenico Tramontin dem edlen Gefährt schließlich den letzten Schliff: Indem er die Längssymmetrie um ganze 24 cm versetzte, verpasste er der Gondel einen leichten Rechtsdrall und erleichterte dem rechts seitlich Rudernden damit die Steuerung.

Ein wohlgeregeltes Metier

Ebenso kompliziert wie die Konstruktion und Handhabung der Gondel ist die Art und Weise, in der die Gondolieri ihre Arbeit organisieren. Die momentan 425 Männer wählen wie in alten Zeiten jeden Winter aus ihrer Mitte 43 Vertrauensmänner. Diese bilden eine Art zunftinternes Aufsichtsorgan, das über die strikte Einhaltung eines ausgeklügelten Rotationsprinzips wacht. Diesem zufolge muss jeder Ruderer nach und nach in allen zehn *stazii*, das sind von der Gilde der Gondolieri im Mittelalter geschaffene Verwaltungsbezirke, Dienst tun. Und zwar abwechselnd auf einer *gondola turistica* und auf einem der *traghetti*, den Fährbooten am Canal Grande. Letztere sind weniger einträglich, dafür aber von der Gemeinde mitfinanziert. Ihr Betrieb ist durch uralte Satzungen geregelt.

Viele Senioren sind zudem in einer der fünf Kooperativen registriert – Vereinen, die seit Jahrhunderten u. a. private Rentenfonds verwalten und die Regata Storica organisieren. Seit gut vier Jahrzehnten sind sämtliche Gondolieri überdies Mitglieder in der staatlichen »Gesellschaft zur Erhaltung der Gondel und zum Schutz der Gondolieri«. Sie überwacht das erwähnte Rotationsprinzip, verleiht neue Lizenzen und achtet darauf, dass die klassische Berufskleidung – die langen, blauen *pantaloni*, die blau- oder rotweiß gestreifte *marinara* (Hemd), sommers der Strohhut und winters der *fiocco* (eine Stoffmütze) – getragen wird.

Schwankende Zukunft?

Alle paar Jahre beschwören diese Institutionen rituell das baldige Ende der Gondeltradition. Dafür gibt es manch Argument: Statt wie früher für Taxifahrten oder Überfuhren zu den Inseln angeheuert zu werden, rudern die Gondolieri heute bloß noch Touristen im Kreis. Die Wellen und der Sog der immer zahlreicheren Motorboote, von denen sich kaum eines an das vorgeschriebene Tempolimit hält, vermindern empfindlich die Lebensdauer der Gondeln. Die Gemeinschaftsbank des Syndikats, ein Ausdruck innerer Solidarität, ist Vergangenheit. Und auch die sehr menschliche Form des Altenteils für Gondolieri, das Dasein als »Ganzer«, der die Traghetto-Stationen sauber hielt und den Fahrgästen beim Ein- und Aussteigen half, wurde ein Opfer des Zeitgeists.

Doch vom Untergang des Gewerbes kann dennoch keine Rede sein. Die Auftragsbücher in den verbliebenen Gondelwerkstätten sind für Jahre gefüllt. Die Kaste der Gondolieri hat dank ihrer innerfamiliären Erbfolge keinerlei Nachwuchssorgen. Und trotz fünfmonatiger saisonbedingter Flaute auch keine Finanzprobleme. Immerhin bringen ihre Mitglieder mit Tarifen von 115 € für 30 Minuten während der Hochsaison pro Monat etliche tausend Euro nach Hause. Das Wichtigste aber ist: Selbst in so hektischen, unromantischen Zeiten wie den gegenwärtigen gilt immer noch das ungeschriebene Gesetz, dass die Stadt nicht wirklich kennt, wer sie nicht von einem Gondelsitz aus gesehen hat. ■

Rettung oder Untergang?

Venedigs amphibischer Lebensraum — die unvergleichliche Grenzlage zwischen Wasser und Land, sie verleiht der Stadt ihr zauberhaftes Flair, erweist sich jedoch auch als Fluch. Schutz soll künftig ein kolossales Sperrwerk bieten.

Der 4. November 1966 ist als Katastrophendatum in die Annalen Venedigs eingegangen: Eine vom Schirokko aufgepeitschte Sturmflut ließ das Wasser in der Lagune 1,94 m über den Normalpegel steigen – so hoch wie nie in der Geschichte der Stadt. Die Schutzwälle im Süden bei Pellestrina hatten den 5 m hohen Wellen nachgegeben. Kirchen, Paläste und Geschäfte standen bis zum ersten Stock in einer öligen, algigen Flut. Licht, Gas und Telefon fielen aus. Die bis dahin romantische Vision von Venedigs Untergang war mit einem Schlag bedrohliche Realität geworden.

Wenig später schwappte eine Welle der Hilfsbereitschaft über die Stadt. Die UNESCO zog eine detaillierte Schadensbilanz. Der Staat machte umgerechnet über 200 Mio. € zur Sanierung locker. Und Dutzende ausländische Privatvereinigungen organisierten die Restaurierung von zahlreichen Kunstdenkmälern. Doch die Fluten kehrten wieder: Etliche Male schon kamen sie der absoluten Höchstmarke gefährlich nahe. Über die Jahre betrachtet haben die Sirenen heute dreimal so oft *acqua alta*, Hochwasser, zu vermelden wie in vergleichbaren Zeitspannen vor 1945.

Fragile Balance zwischen Wasser und Land

Es bedurfte fast zweier Jahrzehnte, mehrerer Politskandale und zahlloser Studien, Deklarationen und Proteste, bis sich die Erkenntnis allgemein durchsetzte, dass das Dilemma der Lagunenstadt nicht mit einzelnen Restaurierungen oder mit dem oft geforderten Bau höherer Dämme zu beheben ist, sondern komplexere ökologische Ursachen hat.

Die biologische Balance in der Lagune war seit jeher eine Grundvoraussetzung für das Gedeihen der Stadt. Sie basierte auf einem sensiblen Wechselspiel zwischen den Wassern der Adria und des Festlands: Die zweimal täglich durch die *porti* ein- und ausströmende Flut belieferte Flora und Fauna des Binnengewässers mit Nährstoffen und

Ihre Passagiere mögen, an die Reling gelehnt, das prächtige Panorama genießen. Für Venedig hingegen sind die Schiffskolosse eine permanente Gefahr. Ihre Verbannung aus der Altstadt ist dringend an der Zeit.

schwemmte außerdem die Abfälle der Stadt ins Meer. Die Flüsse aus den Alpen hingegen verhinderten mit ihrer Strömung die Bildung von Sümpfen und damit den Ausbruch von Malaria. Deshalb hatten die Dogen bereits vor Jahrhunderten Küste und Mündungen mit Dämmen abgesichert, Flussläufe mit großem Aufwand umgeleitet und jedem drakonische Strafen angedroht, der »aus welchem Grund auch immer dem öffentlichen Wasserbereich Schaden zufügt«.

Doch nach dem Sturz der Serenissima geriet das System aus dem Gleichgewicht. Zuerst reduzierten Bauern und Fischer die Wasserfläche, indem sie Flachstellen eindeichten oder trockenlegten und in Äcker verwandelten. Dann pumpten die Industriegiganten von Mestre-Marghera so große Mengen Grundwasser ab, dass der Lagunenboden, der sich ohnehin infolge tektonischer Bewegungen alljährlich um etwa einen halben Millimeter senkt, binnen 20 Jahren um 10 cm absackte.

Gleichzeitig grub man für die Öltanker von der Porta di Malamocco quer durch die südliche Lagune bis zum Hafen einen 14 km langen Kanal, den *canal di petrolio,* durch den nun bei Flut ein Vielfaches der früheren Wassermenge eindringt und die *barene,* die Sedimentinseln, wegschwemmt. Mitte der 1980er-Jahre kam es wegen Überdüngung zu einer Algenpest. Experten hielten dies für eine Folge der nahen Chemieindustrie mit ihrer Kohlen- und Schwefeldioxid-Emission.

Zu alldem kommt noch die Tatsache, dass der Stadtverwaltung gemeinsam mit Industrie und Tourismus binnen Kurzem gelang, was Wind und Wetter jahrhundertelang nicht geschafft hatten: die Fundamente der Stadt nachhaltig zu schwächen. Denn wegen des steigenden Süßwasserverbrauchs sinkt der Salzgehalt der Lagune im Stadtbereich stetig. Zudem werden die Holzpfähle durch die immer größere Differenz zwischen Ebbe und Flut vermehrt der Luft ausgesetzt – beides Gründe für ein rascheres Morschen. Im Wasser gelöste Umweltgifte und der Wellenschlag von immer mehr und immer stärkeren Schiffen tat ein Übriges. Besonders schlimm waren die kolossalen Kreuzfahrtschiffe. Die Zahl ihrer in Venedig anlandenden Passagiere ist binnen 20 Jahren um fast 500 % auf fast 2 Mio. gewachsen!

Komplexe Fragen, vielfältige Antworten

Es waren heikle, miteinander verwobene Probleme, die da der Lösung harrten. Dementsprechend vielfältig waren die Vorschläge. Zu den skurrilsten zählten etwa jene, das gesamte Stadtfundament mit Spritzbeton zu heben oder die Altstadt mit einer Plexiglaskuppel vor dem sauren Regen zu schützen. Auch nicht unoriginell war die Anregung, die von der britischen Tageszeitung The Guardian kam: Angesichts der Unfähigkeit der Venezianer, ihr Schicksal selbst in die Hand zu nehmen, schlug der Kommentator vor, die Stadt solle von einem Rettungskommando der UNO besetzt oder, noch besser, gleich Stück für Stück als Souvenir verkauft werden. In dem sarkastischen Scherz steckte ein Kern bitterer Wahrheit: Als die italienische Regierung 1984 zur Rettung wieder einmal – wie schon oft – eine Riesensumme zusagte, zerstritt sich der Stadtrat über deren Verwendung. Der Bürgermeister trat zurück; das Geld versickerte zum großen Teil im bürokratischen Morast zwischen Stadt-, Regional- und Staatsregierung.

Doch es gab auch eine ganze Reihe erfolgreicher Initiativen. Bald nach dem großen Hochwasser wurde ein staatliches Forschungslabor eingerichtet, das in der Lagune erstmals die exakten Strömungsverhältnisse analysierte. Ebenfalls in den 1960er-Jahren stoppte man die Grundwasserentnahme durch die Industrie und damit das dramatische Absinken des Pegels. Zugleich wurde es verboten, neue Brunnen zu bohren und phosphathaltige Waschmittel zu verwenden. Die Festlandbauern brachte man mit Informationskampagnen dazu, ihren Kunstdüngerverbrauch einzuschränken. Mestre-Maghera und der Lido erhielten neue Kanalsysteme und die meisten Haushalte statt der alten Ölheizungen umweltschonende Gasanlagen. Außerdem wurden bei Fusina Kläranlagen gebaut, die jährlich immerhin 50 Mio. l Abwässer reinigen.

L

GESCHICHTE(N) RUND UM DIE WELT DER LAGUNE

Das **»Kleine Museum der südlichen Lagune«** in San Pietro in Volta zeigt eine Dauerschau zum Thema Hochwasserschutz (www.pellestrinaturismo.it, Link »Cosa verde«, Sa/So 10–13 Uhr, Jan. geschl., Eintritt frei). Das **»Städtische Museum der südlichen Lagune«** in Chioggia präsentiert die ›aquatische‹ Geschichte des alten Hafenstädtchens südlich von Venedig (San Francesco Fuori le Mura, Campo Marconi 1, T 041 55 00 911, Sept.–Mitte Juni Di–Fr 10–13, Sa/So zusätzl. 15–19, Sommermonate: Di/Mi 10–13, Do–So auch 18–22 Uhr, Eintritt 4 €). Mit der Geologie, Fauna und Flora sowie der traditionellen Berufswelt in der Lagune beschäftigt sich das **Naturgeschichte-Museum** in Jesolo (www.museojesolo.org, derzeit geschl., Wiedereröffnung für 2023 geplant).

2019 beschloss das Verkehrsministerium in Rom nach jahrelangen Debatten endlich, dass Passagierschiffe mit mehr als 55 000 t künftig nicht mehr im historischen Zentrum, sondern im Festlandhafen Marghera anlegen müssen, wo eigens für sie ein neuer Terminal gebaut werden soll. Die Tage, da sich die vielstöckigen Schiffskolosse im Kanal von Giudecca dicht an San Marco und den Palastfassaden vorbeischieben, sind also definitiv vorbei.

Das Projekt M.O.S.E.

Das weitaus größte Vorhaben jedoch war und ist das Progetto Venezia. Es wurde 1985 von dem Industriekonsortium Venezia Nuova (dem damals u. a. Fiat und Montedison angehörten) gestartet und sah, neben der behutsamen Reanimierung der sterbenden Lagune, vor allem ihre Abschottung von der Adria vor. Das Modello Sperimentale Elettromeccanico, abgekürzt M.O.S.E. (ital. Moses), umfasst ein System von fast 80 gigantischen Stahlschleusen, Hohlkörpern von 15 m Höhe und 20 m Breite, die, in den *porti* installiert, bei einem Wasserstand von mehr als 110 cm über normal durch Pressluft automatisch hochgeklappt werden. Die geplanten Kosten lagen damals bei rund 2,5 Mrd. €; der ursprüngliche Fertigstellungstermin: 1995.

… Fluch oder Segen?

Gegen die Mammutkonstruktion formierte sich rasch Widerstand. Mehrere Umweltorganisationen – ihr Sprachrohr ist die private Vereinigung Italia Nostra – kritisieren, dass Riesensummen für fragwürdige technische Lösungen ausgegeben würden, während für die ökologische Erhaltung der Lagune vergleichsweise wenig geschieht. Anfang der 1990er-Jahre schien es, nachdem Rom zunächst massiv in die Planung investiert, später jedoch den Geldhahn zugedreht hatte, als würde M.O.S.E. die Fluten niemals teilen.

Doch Anfang des dritten Millenniums drückte die Regierung Berlusconi nach Jahren des Forschens und Streitens die »Re-Start«-Taste, pumpte neue, immense Geldsummen in das Projekt. Seither wurden entlang der Lidi die meerseitigen Ufer durch Mauern und künstliche Dünen verstärkt. Auch auf diversen Laguneninseln und im Centro Storico hat man vielerorts gravierenderen Schäden durch aufwendige Baumaßnahmen, etwa Uferbefestigungen, Drainagierungen oder Erhöhungen von Kais und Molen, vorgebeugt. Vor allem aber nahm der Ministerpräsident höchstpersönlich 2003 im Beisein etlicher Minister – und gegen den fortgesetzten heftigen Protest der Projektgegner, zu denen auch der damalige Bürgermeister Cacciari zählte – den offiziellen Spatenstich für die Errichtung des Schleusensystems inklusive dreier draußen in der Adria vorgelagerter künstlicher Wellenbrecher vor.

Lange Zeit wurde als Termin für die komplette Inbetriebnahme der Sommer 2018 genannt. Doch 2014 – inzwischen waren die Bauarbeiten an allen drei Hafeneinfahrten, nämlich von Lido, Malamocco und Chioggia, weit vorangeschritten, rackerten Lkws und Caterpillar, Betonmischer und Baggerschiffe in Permanenz und die ersten Schleusentore hatten sich gerade in einem ersten Probebetrieb bewährt – wurden insgesamt 34 Politiker und Bauunternehmer verhaftet. Unter ihnen: Venedigs damaliger Bürgermeister Giorgio Orsoni. Der Vorwurf der Staatsanwaltschaft: Geldwäsche, Veruntreuung und Erpressung im Amt im Zusammenhang mit M.O.S.E. Nach einer Unterbrechung gingen die Arbeiten freilich weiter. Und siehe da: Sechs Jahre später, am 10. Juli 2020, wurden, es schien wie ein Wunder, offiziell erstmals alle 78 Fluttore zugleich aufgerichtet. Die Gesamtkosten: mehr als 6 Mrd. Euro. ■

Casa Veneziana

Zu den herausragenden Leistungen — des spätmittelalterlichen Venedig gehörte seine beispiellose Baukultur. Sie spiegelt den Wunsch der hiesigen Händler wider, ihrem wachsenden Wohlstand auch architektonisch Ausdruck zu verleihen.

Etwa ab dem frühen 13. Jh. begannen die ersten venzianischen Handelsherren damit, nicht mehr mit Holz, sondern mit Stein zu bauen. Das erhöhte zwar die Lebensdauer der Häuser sowie das Prestige ihrer Bewohner, schuf aber auch statische Probleme. Denn die um vieles schwereren Gebäude verlangten nach einer festeren Verankerung in dem weichen, wasserbedeckten Lagunengrund.

Ein Wald unter Wasser

Die Lösung bestand in einer Technik, die man in Venedig im Wesentlichen bis heute anwendet: Zunächst werden ca. 2 m lange Pfähle aus dalmatischem Eichen- oder Lärchenholz in den Boden aus gepresstem Ton und Sand *(caranto)* gerammt, wo sie dank des sehr salzhaltigen Adriawassers rasch erhärten und dennoch eine gewisse Elastizität bewahren. Bei besonders monumentalen Bauwerken bedecken diese Piloten – im Falle der Salute-Kirche z. B. sind es 1,2 Mio. Stück – spiralförmig angeordnet deren ganze Grundfläche. Über diesen Unterwasserwald breitet man, um den Druck noch gleichmäßiger zu verteilen, ein Geflecht aus Walnuss- oder Mahagoniplanken. Es folgt ein Fundament aus Ziegeln und schließlich das *basamento*, eine Schicht aus Stein- oder Marmorblöcken, die das Mauerwerk gegen aufsteigende Feuchtigkeit isoliert.

Eine weitere wegweisende Errungenschaft war die Rationalisierung des Bauens: Venedig war die erste Stadt im Europa des Mittelalters, wo Elemente wie Balken, Stützen oder Fensterrahmen genormt und auf Vorrat hergestellt wurden; wo man, um die Brandgefahr zu reduzieren, die Kamine außen führte – sorgfältig gegen Holzteile isoliert und in hohen, trichterförmigen Schornsteinen endend; und wo bereits im 14. Jh. Balkone, Terrassengärten und hygienisch einwandfreie Zisternen gang und gäbe waren.

Aus Fertigbauteilen …

Die Urzelle des heutigen Stadtgefüges ist der *fondaco*, der Händlerpalast, meist Ca' (von *casa* = Haus) oder sogar Palazzo genannt. Er wirkt von Anfang an offen und zugänglich, denn die Bauherren der Serenissima konnten dank der geschützten Lage und des sozialen Friedens auf eine militärische Befestigung ihrer Häuser verzichten. Die Grundfläche eines *fondaco* zeigt in der Regel eine leichte Trapezform – die Hauptfront, fast immer dem Kanal zugewandt und oft reich verziert, pflegt aus Repräsentationsgründen etwas länger als die Gassenfront zu sein. Die Fassaden, die meist aus unverputzten Ziegeln bestehen, aber auch als *Rovigno* (hellgrau) oder *Pastellone* (ziegelrot) verputzt sein können, haben stets einen horizontalen, also giebellosen Abschluss und sind in einen breiten Mittel- und zwei schmalere Seitentrakte gegliedert.

Die innere Raumaufteilung entspricht diesem Prinzip: Der wasserseitige Eingang *(ingresso all'acqua)*, dem oft eine Treppenanlage sowie mehrere *pali*, mit den Wappen des Hauses bemalte Bootspfähle, vorgelagert sind, führt in einen tiefen Korridor, den *andron*. Hier war im Winter früher die Gondel aufgebockt. Rechts und links davon befinden sich kleinere Warenlager.

… werden noble Palazzi

Der darüber gelegene *piano nobile* beherbergt die Privat- und Repräsentationsräume. Die Mittelachse dieser Hauptetage bildet ein imposanter Salon, der sich meist mit hohen Bogenfenstern und einem Balkon zum Kanal hin öffnet. An ihn grenzen die Wohn- und Schlafsowie Vorratszimmer. In den engen Kammern darüber war das Dienstpersonal untergebracht. Manchmal wurde zwischen Parterre und erstem Stock noch ein Zwischengeschoss für Büros, der *mezzanino*, eingezogen.

Zum Inventar eines nobleren Hauses zählten außerdem ein Innenhof samt Zisternenbrunnen, eine Terrasse mit Topfpflanzen und hängenden Vogelkäfigen sowie die *altana* – eine hölzerne Dachplattform, auf der die Damen, vor neugierigen Blicken geschützt, ihr Haar von der Sonne bleichen ließen. Apropos Dächer: Die sind in Venedig meist mit Mönch-Nonnen-Ziegeln gedeckt und rundum von steinernen Regenrinnen gesäumt, die über Abflussrohre mit den Zisternen verbunden sind.

In Ausschmückungen und strukturellen Details hat die *casa veneziana* seit ihren Anfängen manche Veränderung erlebt. Das einst zweistöckige Gebäude ist während der Gotik, der Renaissance und des Barocks um mehrere Geschosse gewachsen. Seine offenen Arkadenreihen haben sich nach und nach in Fassaden verwandelt, an denen Säulen, Bogenfenster und glatte Wände rhythmisch abwechseln. Und statt mit Fresken oder flachen Marmorverkleidungen sind die jüngeren Exemplare mit modellierten Steinreliefs geschmückt. Doch die prinzipielle Bauweise und das Raumschema haben sich in all diesen Epochen kaum verändert.

Ca' d'Oro, das Goldene Haus am Canal Grande, ist das gleißende Paradestück eines gotischen Palasts.

Was sich freilich dramatisch verändert hat, ist der Grad der Bedrohung für die gesamte Bausubstanz. Der stetig zunehmende Bootsverkehr und Süßwasserverbrauch, Umweltgifte, extreme Fluten und die Säumigkeit der Stadtregierung haben binnen weniger Jahrzehnte bewirkt, was zuvor Wasser und Wind in Jahrhunderten nicht schafften – die hölzernen und steinernen Fundamente dieser Gebäude so nachhaltig zu schwächen, dass mittlerweile selbst optimistische Experten die Möglichkeit ihrer Rettung bezweifeln. ■

Der Mythos vom hl. Markus

Ein prestigeträchtiger Heiliger und ein geflügelter Löwe — sie spielten in jenem perfekten Propaganda-Coup, den die Dogenrepublik im Mittelalter einfädelte, die zentralen Rollen. Mit weltpolitisch durchaus nachhaltigen Folgen.

Die Geschichte müsste wegen ihres Erfolgs jeden modernen PR- und Werbestrategen vor Neid erblassen lassen: Da hat die kleine Gemeinschaft von Festlandsflüchtlingen am unwirtlichen Ufer des Rialto eben erst ihre endgültige Heimat gefunden und sich aus der Umarmung der Franken und Byzantiner befreit. Und schon schickt sie sich an, allen geografischen und politischen Widrigkeiten zum Trotz ein neues Kapitel der Weltgeschichte zu eröffnen.

Ein Werbeträger wird gesucht …

Doch was ihr für den Aufstieg zur Großmacht noch fehlt, ist ein Talisman für die junge Unabhängigkeit, eine Identifikationsfigur, die dem Handeltreiben und Kriegführen einen höheren Sinn verleiht, es gegenüber dem Rest der Welt legitimiert. Zu dieser Zeit – Anfang des 9. Jh. – stehen Reliquien in Europa wieder einmal hoch im Kurs. Speziell in Italien giert jeder angehende Stadtstaat nach Knochensplittern oder Ascheresten, Gewandstücken oder Gegenständen von möglichst prestigeträchtigen Heiligen.

Für die Venezianer ist das Objekt der Begierde das Skelett des Evangelisten Markus. Zwar ist ziemlich ungeklärt, wo die Überreste dieses Biografen Jesu ruhen. Und ungeklärt ist sogar, ob er wirklich, wie überliefert, die christliche Kirche von Alexandria gegründet, dort als Bischof gewirkt und als Märtyrer geendet hat. Aber erstens legen die mirakelgläubigen Massen auf die Echtheit von Ereignissen ohnehin wenig Wert. Und zweitens scheint Markus für die Nachfolge des wenig charismatischen Theodor als Schutzpatron Venedigs wie prädestiniert. Denn er höchstpersönlich soll, so will es zumindest die Legende, das Bistum von Aquileia und Grado gegründet haben.

… und pompös vermarktet

Also schickt der Doge Giustiniano Partecipazio im Jahr 827 eine Hand voll wagemutiger Landsleute los, um die begehrten Gebeine zu beschaffen. Was folgt, ist die von Chronisten unendlich oft kolportierte und von zahllosen Malern und Mosaizisten verewigte *Translatio Sancti Marci* – der schönfärberisch

Die Knochen des hl. Markus – hier abgebildet mit seinem Attribut, dem Löwen – untermauerten den Mythos von der himmlisch vorherbestimmten Rolle Venedigs als »Herrin der Meere«.

SEC MAR
VN CVM
DVM

als Überführung bezeichnete Raub der Reliquie (828) aus der Metropole im Nildelta.

Und um von Beginn an keinen Zweifel an der Absicht zu lassen, die neue religiöse Symbolgestalt für irdische Zwecke zu gebrauchen, baut man ihr einen kostbaren Schrein, die Markusbasilika, und weiht diese nicht als Bischofssitz, sondern als Staatskirche und Kapelle der Dogen.

Wunder über Wunder

Um die erste Jahrtausendwende ist die Laufbahn des Schutzheiligen gefährdet: Beim Aufstand gegen den Dogen Petrus Candiano IV. (976) brennt die Markuskirche ab, die hochverehrten Knochen – in Wirklichkeit wohl die irgendeines koptischen Priesters – gehen verloren. Ein katastrophaler Umstand, über den der Senat peinliches Stillschweigen bewahrt! Erst über ein Jahrhundert später (1094) rettet ihn ein – wohl schlau inszeniertes – Wunder aus der Verlegenheit: Dank ›göttlicher Fügung‹ öffnet sich ein Pfeiler in der neu erbauten Basilica und gibt den Blick auf die eingemauerten Knochen frei. Das Ereignis geht als *apparitio*, als Wiedererscheinung, in die Geschichte ein.

Im 13. Jh. wird die Mystifikation des Markus auf die Spitze getrieben, indem man eine neue Legende erfindet. Ihr zufolge hat der Evangelist einst auf einer Missionsreise durch die Lagune Schiffbruch erlitten und ist auf einer Insel eingeschlafen. Im Traum habe ihm ein Engel mit den Einleitungsworten »Pax tibi, Marce, evangelista meus ...« (Friede sei mit dir, mein Evangelist Markus) prophezeit, dass dereinst an dieser Stelle sein Leib ruhen und eine Stadt entstehen möge, deren Bewohner seinen Ruhm in alle Welt tragen würden. Dank dieser *praedestinatio* (Vorherbestimmung) können sich die Venezianer nun als von Gott auserwähltes Volk betrachten – ihr Expansionismus ist von alleroberster Stelle abgesegnet.

Im Namen des Löwen

Die Karriere des Patrons nimmt einen kometenhaften Verlauf. Sein Attribut, der geflügelte Löwe, wird in der Stadt zum allgegenwärtigen Hoheitszeichen und zum Wappentier, in dessen Namen die venezianische Flotte eine Kolonie nach der anderen erobert. Seine Insignien – die Flügel (für die Schnelligkeit der Flotte), das aufgeschlagene Buch (für die Göttlichkeit) und das Schwert (für die Rechtmäßigkeit des Anspruchs) – erinnern fortan fast 500 Jahre lang Millionen von Untertanen zwischen Adria und Levante an die Präsenz der Seerepublik. Und die Nachwelt an die Allmacht des Aberglaubens. ■

Dem Hund erschließt sich die Ironie der Szene wohl nicht – dass nämlich über ihn Angeleinten eine allmächtige Raubkatze wacht.

Die Stadt als Zoo

»Hier fliegen die Löwen — und die Tauben gehen zu Fuß«, schwärmte Jean Cocteau. Der aufmerksame Flaneur begegnet in der Tat einer unterhaltsamen Tierwelt, die teils lebendig, teils in Stein gehauen ist.

Tierliebhaber, die in der Lagunenstadt nach einem zoologischen Garten Ausschau halten, tun dies vergeblich. Lediglich das Aquarium des Naturhistorischen Museums im Fondaco dei Turchi stillt das Interesse an lebender Fauna. Doch dessen Bestände beschränken sich auf wenige Exemplare jener Fische, Weich- und Schalentiere, die man entlang der oberadriatischen Küste auch beim Schnorcheln beobachten kann. Dafür wird, wer beim Spazierengehen nach tierischen Wesen Ausschau hält, durch eine aus Stein gemeißelte und Metall gegossene Menagerie entschädigt, die an Exotik jeden Zoo übertrifft.

Ein Raubtier macht Weltkarriere …

Der König dieser phantastischen Tierwelt ist unbestritten der Markuslöwe. Man begegnet ihm noch heute in hunderterlei Ausformungen – an Fassaden, Simsen, Säulenkapitellen und Wappen, auf Schornsteinen, Gräbern, Blumentöpfen, Gemälden und, freistehend, als Statuen. Sein Urahne ist jene bronzene, wahrscheinlich mesopotamische Chimäre, die Venezianer irgendwann nach der ersten Jahrtausendwende im Morgenland erbeuteten und auf der östlichen der beiden Piazzetta-Säulen postierten. Wenig später stieg das kuriose Tier zum Attribut des Stadtpatrons, dem hl. Markus, auf und machte als Hoheitszeichen der Seerepublik Weltkarriere (siehe links). Zu den originellsten Exemplaren des Wappentiers gehören zweifellos jene vier Großkatzen, die das Hauptportal des Arsenals bewachen. Sie stammen aus dem spätantiken Griechenland, und jene ganz links hat an ihrer Flanke rätselhafte Runen aus Skandinavien eingraviert.

… und lädt zur Denunziation

Die unrühmlichsten Exemplare sind wohl die berüchtigten *bocche di leone,* jene steinernen Löwenmäuler, die denunziationswütigen Bürgern jahrhundertelang als Briefkästen für ihre anonymen Anschwärzungen dienten. Dutzende solcher »Mäuler der Wahrheit« waren einst über die ganze Stadt verteilt und warben um *denontie secrete,* geheime Informationen. Das berühmteste bis heute erhaltene Exemplar befindet sich im Ostflügel des Dogenpalasts, und zwar eingelassen in der Wand des Bogengangs im ersten Stock, wenige Schritte vom Eingang in die Sala del Consiglio dei Dieci entfernt. Der Zehnerrat, der hier tagte, wurde 1310 ins Leben gerufen. Als eine Art Verfassungsschutzbehörde und später auch Inquisitionstribunal besaß er weitgehende richterliche Befugnisse, um staatsfeindliche Umtriebe aufzudecken und zu ahnden.

Zunächst konnten Bürger mittels Klagebriefen jedermann gleichsam frei Haus gegenüber den Behörden aller Arten von Vergehen, von der Steuerhinterziehung bis zum Hochverrat, bezichtigen. Ab 1386 jedoch befahl ein Gesetz, dass jede Anschuldigung vor zwei Zeugen zu unterzeichnen war. Stellte sich bei der Anhörung vor dem Consiglio dei Dieci heraus, dass die Anzeige erfunden war, erhielt der Denunziant jene Strafe, die den (fälschlich) Beschuldigten für sein Vergehen erwartet hätte.

Hochverehrte Samtpfötchen

Von dieser grenzenlosen Löwenverehrung rührt möglicherweise die Liebe der Venezianer zu ihren Katzen. Ganze Heerscharen der exzentrischen Vierbeiner bevölkern Gässchen und Hinterhöfe. Sie verdingen sich als Rattenfänger in den Kirchen oder ernähren sich von den in Zeitungspapier gewickelten Speiseresten, die ihnen barmherzige Hausfrauen auf die Türschwellen legen. Viele sind räudig; die gelegentlich aus Hygienegründen angeordneten Razzien jedoch überstehen sie mehrheitlich unbeschadet, denn die behördlichen Katzenjäger schrecken – vermutlich aus Angst vor Racheakten der Bevölkerung – vor rigoroseren Dezimierungsmaßnahmen zurück und beschränken sich auf halbherzige Fangversuche.

N

KATER NINI HÄLT HOF

Der berühmteste Vertreter der schnurrenden Samtpfoten war wohl der weiße Kater Nini, der Ende des 19. Jh. in einem Café nahe dem Eingang zur Frari-Kirche Hof hielt. Damals gehörte es unter Venedig-Reisenden zum guten Ton, dem prominenten Tier einen Besuch abzustatten. In Ninis Gästebuch haben sich der russische Zar, der Papst, Könige und Fürsten sowie unzählige Dichter, Maler und Musiker verewigt.

Geliebtes und gehasstes Federvieh

Eine Sonderstellung unter den Geschöpfen aus Fleisch und Blut nehmen auch die Tauben ein. Eine These besagt, Enrico Dandolo habe ihnen dazu verholfen, als er die Nachricht von der Eroberung Konstantinopels durch eine Brieftaube übermittelte. Eine andere meint, sie sei das Erbe jener Sitte aus der Blütezeit der Republik, derzufolge jede Stadt des riesigen Kolonialreiches dem Dogen alljährlich als Friedenszeichen ein Taubenpaar überreichte. Und eine dritte behauptet, sie hänge mit dem alten Palmsonntagsbrauch zusammen, nach dem auf der Piazza ein Schwarm Tauben in den Himmel entlassen wurde und jene Vögel, die sich nicht mehr einfangen ließen, ewige Freiheit versprochen bekamen – eine Freiheit, die sich nach und nach auf alle Artgenossen übertrug.

Wo immer die Wurzeln der Wertschätzung liegen mögen: Die Tauben, die heute auf der Piazza die Touristen umflattern (und von denen angeblich rund 15 % Salmonellen in sich tragen), erfreuten sich jedenfalls bis vor einigen Jahren ungehinderter Vermehrung. Ende der Nullerjahre jedoch verbannte eine bürgermeisterliche Verordnung die Futterverkäufer vom Markusplatz. Zugleich wurde der alte Brauch untersagt, frisch vermählte Paare nach Verlassen der Kirche mit Reiskörnern zu bewerfen. Denn nach dem Abgang der Hochzeitsgesellschaft pflegten sich die unliebsamen Vögel auf die unverhoffte Zusatzmahlzeit zu stürzen. Außerdem bedeutet das Federvieh eine Gefahr für den Kalkstein,

Trotz Fütterverbots üben die Tauben vom Markusplatz, wie seinerzeit auf den surrealistischen Maler Miró (s. unteres Bild), noch heute auf Eltern wie Kids eine große Faszination aus.

aus dem Venedigs Kirchen und Paläste erbaut sind. Konservatoren beklagen, die Phosphorsäure aus ihrem Kot zerfräße die Oberflächen. Und die Nitrate wirkten als Dünger, der in den Mauerritzen Moose und Flechten wuchern lasse.

Aus dem Stadtbild völlig verschwunden sind übrigens die Pferde: Noch an der Wende vom 14. zum 15. Jh. gab es ihrer so viele, dass sie aus Gründen der Verkehrssicherheit Warnglocken trugen. Doch seit Einführung der Bogenbrücken findet man sie nur noch in Form von Denkmälern – etwa als Viergespann über dem Eingangsportal der Markuskirche oder als Reittier des Söldnerführers Colleoni.

Ein steinernes Bestiarium

Freilich haben in Venedig auch seltenere Spezies ihre Spuren hinterlassen: An der Außenfassade des Palazzo Mastelli in Cannaregio zum Beispiel erinnert auf einer Reliefplatte ein Kamel an die Zeiten, da Karawanen im Dienste der Serenissima durch die Welt zogen. An der Ecke der einstigen Kirche Santa Margherita stößt man auf in Stein verewigte Delphine und Pfaue. Auf einem Bild Pietro Longhis in der Ca' Rezzonico mampft ein Rhinozeros, von einer kleinen Karnevalsgesellschaft bestaunt, hinter einem Bretterschlag friedlich Heu.

Füchse, Hasen, Stachelschweine, Lämmer, Spinnen und Pelikane … Kaum ein Tiersymbol lässt sich denken, das der aufmerksame Stadtflaneur nicht entdecken könnte. Ganz zu schweigen von den vielen bizarren Geschöpfen – all den Drachen, Schlangen, Basilisken und sonstigen undefinierbaren Bestien, aus deren Menge im wahrsten Sinne des Wortes eines besonders herausragt: das Krokodil neben dem vormaligen Stadtpatron Theodor auf der westlichen Säule der Piazzetta, dem der Markuslöwe bekanntlich die Karriere vermasselt hat. ■

Bootsmarathon für jedermann

Vogalonga, die große Volksregatta — lockt alljährlich tausende Ruder- und Paddelamateure in die Lagune. Die mehrstündige Wettfahrt ist eine sportliche Herausforderung, vor allem aber ein kunterbuntes Spektakel mit hohem Spaßfaktor.

Das Ritual wiederholt sich nun schon seit bald 50 Jahren: An einem Sonntag Ende Mai erschallt morgens Schlag neun auf dem Markusplatz ein Kanonendonner, der die Tauben erschreckt aufflattern lässt. Daraufhin tauchen draußen, vor der Punta della Dogana, am Ausgang des Giudecca-Kanals, nach einem spannungsgeladenen Moment stillen Innehaltens Abertausende Ruder platschend ins Wasser. Die Schaulustigen, die den Molo und die Riva degli Schiavoni bis nach Sant'Elena säumen, klatschen und rufen Hurra. Von den rundum ankernden Schiffen ertönen Sirenengrüße. Und eine riesige, kunterbunte Flotte von Booten beginnt, sich ihren Weg durch das Markusbecken zu bahnen.

Dabei sein ist alles

Zu der Regatta Vogalonga (›langes Rudern‹) pflegen alljährlich aus ganz Europa scharenweise Ruderenthusiasten mit ihren Bootsanhängern anzureisen. Amateure wie Vereinssportler eint der Wunsch, sich einmal selbst wie Gondolieri durch die Kanäle der Stadt und die Lagune zu bewegen. Teilnehmen darf an dem längst berühmten Marathon jedermann und jeden Alters (Jugendliche unter sechzehn allerdings nur in Begleitung ihrer Eltern), einzige Voraussetzungen sind ein eigenes, ausschließlich mit Muskelkraft zu betreibendes Boot und ein Minimum an Kondition. Es gilt das olympische Motto »Dabei sein ist alles«. Was zählt, sind nicht Tempo oder gar Sieg, sondern Spaß und der Genuss des unvergleichlichen Flairs. Entsprechend improvisiert, nämlich fliegend, erfolgt der Start. In der Ausschreibung heißt es dazu bloß, »die Eiligen« mögen sich »vorne sammeln«. Und ausnahmslos jeder, der die 30 km lange Strecke bewältigt hat, erhält nach dem Zieleinlauf in San Marco eine Urkunde und Medaille.

Heiterer Protest gegen Lärm, Wellenschlag und Gestank

Geboren wurde die Idee zu dem heiteren Spektakel im Herbst 1974. Zu jener Zeit hatte unter traditionsbewussten Venezianern der Unmut über die Allgegenwart der Motorboote eine kritische Marke erreicht. Tausend Jahre lang war ihren Vorfahren das Ruderboot unverzichtbares Alltagsrequisit gewesen. Dabei hatten sie sogar eine ganz spezielle Navigiertechnik entwickelt: *remare alla veneziana* bedeutet, mit Blick Richtung Bug stehend beidhändig das Ruder anstatt, wie üblich, zu sich zu ziehen, von sich weg zu schieben. Stets war man nicht nur gerudert, um Güter oder Passagiere zu befördern. Man liebte es auch, sich die Freizeit bei einem *giro vogando*, einer vergnügten Spazierfahrt über die Lagune, zu vertreiben. Und nun drohten neumodische Gefährte, die lärmend, nach Benzin stinkend und hohe Wellen schlagend durch die Kanäle brausten, die altbewährte, so mühe- wie stimmungsvolle Fortbewegungsart ad absurdum zu führen.

Ein Grüppchen beherzter Pioniere, allesamt Angehörige alteingesessener Familien, beschloss, ein Signal des Protests zu setzen. Mit der Ausrichtung einer Volksregatta im großen Stil hofften sie außerdem, in der breiten Bevölkerung die Leidenschaft für den Rudersport neu zu entfachen. Wobei der Zeitgeist ihr Vorhaben förderte: Soeben hatte der Westen die erste massive Ölkrise überstanden. Das öffentliche Interesse an ökologischen Fragen und auch die Begeisterung für den Fitnessgedanken wuchsen rapide. Als schließlich am 8. Mai 1975 der Startschuss für die erste Vogalonga fiel, hatten sich auf der weiten Wasserfläche zwischen San Giorgio und San Marco 1500 erwartungsvolle Ruderer auf 500 Booten versammelt.

Gut drei Dutzend Regatten später verzeichnet das Comitato Organizzatore alljährlich mehr als viermal so viele Anmeldungen. Wobei der Erfolg der Veranstaltung ihrer Volksfestfröhlichkeit zum Glück bislang nichts hat anhaben können. So halten vor allem Italiener entlang der Strecke immer noch gerne an, um sich an mitgebrachten Getränken und Panini zur laben. Immer noch feuern entlang der Ufer vielerorts begeisterte Anrainer die Rudernden lautstark an. Und gegen Ende, in Sichtweite der Rialto-Brücke, halten nicht wenige Bootsbesatzungen inne, singen zu Ehren der Serenissima ein Lied oder halten Paddel und Ruder stolz in die Höhe. Die Stimmung ist von Fairness und Kameraderie geprägt und keinerlei Kommerzialisierung getrübt.

30 km durch die nördliche Lagune

Auch die Route blieb bis auf minimale Korrekturen unverandert. Sie führt weiterhin von San Marco, westlich an Vignole und Sant'Erasmo vorbei bis nach Burano und über Murano, durch den Canale di Cannaregio und Canal Grande zurück zum Ausgangspunkt. Noch gesteigert hat sich indes zur allgemeinen Freude seit den Anfängen die Vielfalt der Wassergefährte. So tummeln sich am Tag der Tage vor San Marco nicht nur sämtliche traditionellen Bootstypen – Bragozzo, Bissa, Caorlina, Cofano, Peata, Puparin, Sandolo, Sanpierota, und wie sie sonst alle heißen. Mittlerweile erspäht man in dem farbenprächtigen Tohuwabohu zwischen den einheimischen Gefährten, den Gondeln, hochsportiven Kajaks und Kanus auch diverse Exoten, fernöstliche Drachenboote z. B., Punting-Kähne aus Oxfords Kanälen und so manch schwimmendes Phantasiegebilde. ■

WOLLEN SIE MITMACHEN ODER ZUSCHAUEN? M

Anmeldung ab Mitte Mai bis zum Vorabend der Regatta im Büro des Comitato Organizzatore Vogalonga (wechselnde Adressen, Auskunft unter info@vogalonga) oder bis ca. fünf Tage vor Start über www.vogalonga.it; Startgebühr pro Person 22 €. Umfassende Infos über Teilnahmebedingungen, Fahrgemeinschaften, Sattel-, Hänger- und einzelne Mitruderplätze unter www.vogalonga.eu (auch auf Deutsch). Ein Tipp für Zuschauer: Die aussichtsreichsten Standorte sind, neben Molo und Riva degli Schiavoni, der Große Kanal in Murano, der Canale di Cannaregio und als Schauplatz des »Endspurts« der Canal Grande.

Das Outfit der Männer und ihrer Boote hat sich seit 1950, als dieses Foto entstand, eindeutig geändert, die morbide Atmosphäre in den engen Kanälen indes kaum.

Reise durch Zeit & Raum

Vom Flüchtlingsnest zum Hotspot des Welthandels – die Karriere Venedigs hätte steiler nicht verlaufen können. Facettenreich aufbereitet ist sie im Museo Correr.

Lagunendorf von Byzanz' Gnaden
Ab dem 5. Jh. n. Chr.

Begonnen hat die Ruhmesgeschichte der einstigen »Königin der Meere« im 5. Jh. »Venedig entstand«, resümierte Niccolò Machiavelli, der als gewifter Machtpolitiker Venedigs Erfolge sehr bewunderte, »als sich viele Leute auf einige Inseln an der Spitze des Adriatischen Meeres geflüchtet hatten, um den ewigen Kriegen zu entgehen, die in Italien nach dem Untergang des Römischen Reiches durch die fortwährenden Barbareneinfälle ausbrachen. Diese Flüchtlinge begannen miteinander ohne einen besonderen Führer zu leben, der ihnen Einrichtungen gab. Sie schufen sich selbst die Gesetze, die ihnen zu ihrer Selbsterhaltung geeignet erschienen.« Dass ihnen dies aufs Beste gelang, verdankte sich ihrer geografischen Lage. Denn die Völker, die Italien verheerten, hatten keine Schiffe, um die noch junge, vollständig von Wasser umgebene Siedlung anzugreifen.

Gänzlich unabhängig sind die wackeren Veneter freilich in der Frühzeit keineswegs. Zwar können sie sich dem Zugriff der Westgoten, Hunnen und Langobarden entziehen. Doch stehen sie politisch unter dem Schutz des byzantinischen Reiches. Das politische Sagen hat der Exarch von Ravenna. Selbst als sie 697 eigenständig einen ersten Duca, einen »Herzog«, wählen, bedarf dieser noch der Bestätigung durch Ostrom. Mögen Venedigs Dogen – so heißen die Herzöge seit 742 – als Volksführer und Kriegsherren mehr und mehr faktische Eigenständigkeit erlangen: Nominell bleiben ihre Bande zu Byzanz noch während etlicher Generationen sehr eng.

Zum Anschauen:
Museo della Provincia in Torcello, S. 236

Ein selbstbewusstes Handelszentrum
Frühmittelalter

Dass die Serenissima im Ränkespiel der europäischen Mächte schon früh eine Sonderstellung einnimmt, hat mehrere Ursachen. Ein zentraler Faktor ist ihre handelsstrategische Position: Schon bald erwerben sich die vorwiegend als Fisch- und Vogelfänger tätigen Lagunenbewohner den Ruf geschickter Händler. Mit ihren Holzkähnen dringen sie auf den Flüssen Sile, Brenta und Piave weit in das Veneto und die Po-Ebene vor. Ihre wichtigsten Güter sind das in den Salinen von Chioggia gewonnene Salz, Öl aus Istrien und, in die Gegenrichtung, Holz aus den Wäldern um Treviso und Cadore. Rasch mausert sich Malamocco, wo die Dogen ihren ersten Sitz errichten, zu einem viel frequentierten Adriahafen.

Für die Karriere der Kommune förderlich ist auch ihre eigenwillige Kirchenpolitik. In einem cleveren Schachzug entführen sie 828 die Gebeine des Evangelisten Markus aus Alexandria (s. S. 270). Die kostbare Reliquie beschert der Seerepublik in Nachfolge des hl. Theodor einen neuen Schutzheiligen und mit dessen Attribut, dem Löwen, ein Sinnbild ihrer wachsenden Schlagkraft sowie der religiösen und politischen Unabhängigkeit von Rom.

Zum Anschauen:
Markusdom, S. 38

Der Aufstieg zum Global Player

10.–13. Jh.

Einen entscheidenden Schritt zur Erweiterung des Territoriums markiert das Jahr 1000. Exakt zum angstbesetzten Millenniumswechsel gelingt dem Dogen Pietro Orseolo die Einnahme der dalmatinischen Häfen Spalato (Split) und Zara (Zadar). Der Aufstieg von der Regional- zur Großmacht nimmt seinen Lauf. Und mit ihm die Emanzipation von Konstantinopel. Venedig unterstützt die Kaiserstadt finanziell und militärisch in ihrem Kampf gegen Sarazenen und Normannen. Im Gegenzug erhält es Handelsprivilegien für das gesamte östliche Mittelmeer.

Ebendort vermag es zur Zeit der Kreuzzüge dank einer schlagkräftigen Flotte seine militärische und merkantile Stellung massiv auszubauen. Seine Diplomaten, Feld- und Handelsherren lavieren auf dem Spielfeld der Weltpolitik geschickt zwischen den großen, einander gegenseitig in Schach haltenden Widersachern – Byzanz und Rom, Papst und Kaiser, italienischen Tyrannen und Stadtrepubliken. Zugleich entwickelt sich der Rialto zum merkantilen Hotspot des Hochmittelalters. In seinen Kontoren und Lagerhäusern laufen die Fäden des Fernhandels zwischen mediterranem und nordeuropäischem Raum, zwischen Orient und Okzident zusammen.

Zum Anschauen:
Rialto, S. 76

Prosperität zu Wasser und Land

Spätmittelalter

Im Laufe des 14. Jh. stellen verheerende Pestepidemien samt Hungersnot und Wirtschaftskrise sowie Konflikte mit Konkurrenten, allen voran den Genuesen, das Durchhaltevermögen der Venezianer auf harte Proben. Doch nachdem sie die Gegner niedergerungen und sich der ganzen Adria bemächtigt haben, brechen Goldene Zeiten an. An den Kais des Rialto, mittlerweile der unbestrittene Brennpunkt des internationalen Geld- und Warenverkehrs, machen reihenweise Handelsgaleeren fest – »schwimmende Berge«, wie der Dichter Petrarca schwärmt, die zuvor nebenan, in der weltgrößten Schiffswerft, im Akkord gezimmert wurden. In ihren dicken Bäuchen haben sie Gewürze und Arzneien, Brokate und Seiden, Teppiche, Perlen, Keramiken, Öl, Wein und andere Luxusgüter aus den Metropolen des Orients geladen. In den angrenzenden Gassen betreiben Schiffsagenturen, Geldwechsler und Privatbankiers emsig ihre internationalen Geschäfte.

Auch zu Land strebt die Markusrepublik nun nach Hegemonie. Mitte des 15. Jh. herrscht sie über ein Gebiet, das vom Po bis zum Isonzo, von der Adria bis zu den Alpen reicht. Venedig ist neben Florenz und Mailand die dritte große Landmacht Norditaliens. Ein nicht unbeträchtlicher Teil seines immensen Reichtums stammt nun von den Agrarprodukten, Getreide, Gemüse, Wein, die auf den Latifundien der *Terra ferma*, dem Festland, gedeihen.

Zum Anschauen:
Arsenal, S. 154

Glanzzeit in Politik und Kunst

Die Jahrzehnte vor und nach 1500

Am Beginn der Neuzeit steht die Markusrepublik im Zenit ihres Erfolgs. Ihre politischen Institutionen arbeiten klaglos und scheinen unantastbar. Dank

Unbestechlichkeit und Stolz, die beiden Kernqualitäten jedes Dogen, kommen in Giovanni Bellinis Porträt von Lorenzo Loredan (1501) klar zum Ausdruck.

einer Politik behutsamer Neutralität wird sie vergleichsweise wenig in die blutigen Konflikte zwischen Europas großen Monarchien verwickelt. Nicht zuletzt deshalb unterhält sie als einer der ersten Staaten in vielen Hauptstädten des Kontinents diplomatische Vertretungen. Parallel steigt Venedig nach Florenz und Rom zum dritten Zentrum der italienischen Renaissance auf. Tizian, Tintoretto, Veronese sind hellstrahlende Fixsterne auf dem europäischen Malerhimmel. Und Großmeister wie Sansovino und Palladio verschaffen auch der örtlichen Architektur Weltgeltung.

Zum Anschauen: Piazza San Marco und Gallerie dell'Accademia, S. 37, 209

Allmählicher Niedergang

Spätes 16. bis frühes 18. Jh.

Freilich tauchen inmitten dieser triumphalen Zeit schon erste Anzeichen des Niedergangs auf. Wenig erfreulich entwickelt sich vor allem die Lage im östlichen Mittelmeer. Dort sind, nachdem sie 1453 Konstantinopel eingenommen haben, die Osmanen zu gefährlichen Widersachern gewachsen. Serenissima und Hohe Pforte geraten sich bald regelmäßig militärisch in die Haare. Dabei fallen im Laufe des 16. Jh. nach und nach fast alle Inseln der Ägäis, einschließlich Zyperns und Kretas, an das neue Großreich im Osten. Einzelne Erfolge der Christen wie etwa der legendäre Sieg in der Seeschlacht von Lepanto oder die temporäre Einnahme Athens und des Peloponnes bleiben Episode. Bereits 1718 muss die Serenissima im Frieden von Passarowitz endgültig auf Griechenland samt seinen Inseln verzichten. Ihre Dominanz im Orienthandel ist dauerhaft gebrochen.

Und auch aus anderen Gründen verschieben sich die Positionen im Überseehandel nachhaltig. 1492 hat Kolumbus Amerika entdeckt und nur sechs Jahre später Vasco da Gama den Seeweg um die Südspitze Afrikas nach Indien. Fortan verlaufen die globalen Güterwege fernab der Adria. Besonders schmerzlich ist für Venedig dabei der Verlust der Monopolstellung im lukrativen Business mit Gewürzen, vor allem Pfeffer, an die Portugiesen. Außerdem bauen die Engländer und Holländer inzwischen Schiffe, die deutlich wendiger und schneller sind als die *galee, galeazze* und *navi* aus dem Arsenal.

Zum Anschauen: Schifffahrtsmuseum und Padiglione delle Navi, S. 145

Fröhliches Requiem

18. Jh.

Politisch und kommerziell führt Venedig ein Rückzugsgefecht. Seine Macht schrumpft. Umso selbstbewusster und ausgelassener beschwören die Bewohner privat den alten Glanz. Während der Adel in seinen Prunkvillen entlang der Brenta im venetischen Hinterland dem ausschweifenden Nichtstun frönt, wird das Centro Storico zusehends zur ›Fest- und Theaterstadt‹. Auf ihren Bühnen feiern die Commedia-dell'Arte-Stücke Goldonis und Gozzis Dauererfolge. Deren Protagonisten bevölkern auch die Veduten der berühmten Rokokomaler wie Guardi, Piazzetta und Canaletto. Ausdruck der überbordenden Feierlaune und das größte aller Spektakel ist der Karneval. Er lockt jedes Jahr Zehntausende Gäste an den Canal Grande. Symbolgestalt für die frivole Seite des fidelen Treibens ist Giacomo Casanova. Maskenbälle, Festumzüge, Glücksspiel im Casino, Besuche im Theater oder Freudenhaus: Der bunte Strauß an Lustbarkeiten bedeutet für die Stadt eine erhebliche Einnahmequelle. Doch auch Europas Bildungsbürger entdecken Venedig. Seine Kunstschätze machen es in jener touristischen Pionierzeit zur Pflichtstation auf der Grand Tour, der klassischen Italienfahrt. Wovon Goethe und Rousseau schwärmen, das muss man sehen!

Zum Anschauen: Vaporettofahrt auf dem Canal Grande, S. 54

Der letzte Vorhang

Die Jahrzehnte um 1800

Ende des 18. Jh. ist freilich Schluss mit lustig. Die einstige »Königin der Meere« ist nicht nur dekadent geworden, sondern auch sozial und politisch verknöchert. Dem jungen, revolutionären Geist, der von Paris aus Europa erfasst, steht sie schwach und verständnislos gegenüber. Ein gefundenes Fressen für Napoleon: Der dringt 1796 ungeniert auf venezianisches Territorium vor, erklärt der Serenissima unter fadenscheinigem Vorwand den Krieg. Diese kapituliert. Eiligst. Der letzte Doge, Ludovico Manin, dankt ab. Der Große Rat löst sich auf. Wenig später treten die Franzosen das Gebiet der ehemaligen Markusrepublik, gleichsam als Trostpflaster für deren Verlust der Lombardei, an die Österreicher ab. 1806 kehrt Napoleon zurück, schlägt Venedig seinem kurzlebigen Königreich Italien zu. Das zweite Intermezzo endet 1814 mit dem Wiener Kongress.

Nun haben abermals die Habsburger das Sagen. Sie legen die einst so stolze Lagunenstadt nicht nur politisch, sondern auch physisch gleichsam an die Leine: 1846 wird im Zuge des Baus der Eisenbahnstrecke Mailand–Venedig an deren Ostende eine Schienenbrücke errichtet, die das Festland mit dem Centro Storico verbindet. Venedigs Dasein als Insel in der Lagune und in der Zeit ist beendet, der Anschluss an die Moderne vollzogen. Ungeahnte Touristenströme beginnen über Brücke und Bahnhof und durch die neu angelegte Fußgängertransversa-

Die Szene ist heiter, doch das von den beiden Buben bekletterte Denkmal bitterernst: Es erinnert an den Helden der Revolution von 1848.

le Strada Nuova in die Stadt zu fließen, Handel und Produktion erleben einen Boom.

Zum Anschauen:
Museo del Settecento Veneziano, S. 210

Revolution und ›Italienisierung‹

Zwischen 1848 und 1866

Die bei den Venezianern verhasste Fremdherrschaft der Österreicher währt über ein halbes Jahrhundert. Zwischendurch, im März 1848, kommt es zwar zur Rebellion. Eine unabhängige Repubblica di San Marco wird ausgerufen und Revolutionsführer Daniele Manin deren Präsident. Doch schon im Jahr darauf belagern habsburgische Truppen die Stadt und schlagen den Aufstand blutig nieder. Erst der Sieg Preußens über Österreich bei Königgrätz (1866) zwingt Kaiser Franz Joseph zum Friedensschluss mit Victor Emanuel II., seinem italienischen Thronkollegen. Bei der folgenden Volksabstimmung votieren 674 426 Bewohner des Veneto für dessen Eingliederung in den kürzlich geeinten Nationalstaat. Ganze 65 stimmen dagegen. Venedig ist nunmehr als frischgebackene Provinzhauptstadt des Veneto Teil des Königreichs Italien.

Zum Anschauen:
Museo Correr, S. 52

Zwischen Dekadenz …

Um 1900

Im 20. Jh. schwankt die Stadt zwischen zögerlicher Modernisierung und Stagnation. Im Fin de siècle hat ihr Labyrinth aus verwitternden Palästen Dichtern wie Rilke, D'Annunzio und Hofmannsthal als ein Hauptort der literarischen Décadence gedient. »Die schmeichlerische und verdächtig Schöne« nannte Thomas Mann sie in seiner Novelle »Der Tod in Venedig« – »diese Stadt, halb Märchen, halb Fremdenfalle, in deren fauliger Luft die Kunst einst schwelgerisch aufwucherte und welche den Musikern Klänge eingab, die wiegen und buhlerisch einhüllen«. In diesem Sinne muss der jähe Einsturz des Campanile auf dem Markusplatz 1902 wie ein Menetekel gewirkt haben.

Zum Nachlesen: Thomas Mann und Louis Begley, S. 294

… und Aufbruch

20. Jh.

Andererseits hält man, indem man 1895 die Biennale d'Arte Moderna gründet, die Fackel als eine Kernzone des zeitgenössischen Kunstgeschehens hoch. Zugleich ist Venedigs Hafen infolge der Eröffnung des Suezkanals unverhofft aus seinem Dornröschenschlaf erwacht. Anstelle der alten Fischersiedlung an der Punta S. Marta entsteht ein Pier für Schiffspassagiere, die Stazione Marittima. Der Werftbetrieb im Arsenal wird reorganisiert. Und auf der Giudecca siedeln sich Gewerbebetriebe und Fabriken an.

Zwischen den Kriegen bekommt Mestre einen industriellen Großhafen. Mussolini lässt da und dort zwischen Piazzale Roma und Sant'Elena städtebauliche Akzente setzen. Und nach 1945 wachsen am westlichen Horizont gewaltige petrochemische Anlagen himmelwärts. Doch trotz aller Bemühungen mag es mit der Metamorphose in eine pulsierende Stadt modernen Gepräges nicht so recht klappen. Bald nehmen die Probleme überhand: Venedigs Wirtschaft wird vom Dienstleistungssektor dominiert. Seine Bevölkerung schrumpft und altert rapide. Und auch ökologisch drohen Stadt und Lagune dramatisch ihre Balance zu verlieren. Im öffentlichen Diskurs um Venedigs Zukunft werden jene Themen beherrschend, um die dieser sich auch zu Beginn des Dritten Jahrtausends vornehmlich dreht (Details dazu s. S. 256 und S. 264).

Zum Anschauen: Die Giardini und Zeugnisse moderner Architektur, S. 132, 82

Das zählt

Zahlen sind schnell überlesen — aber sie können die Augen öffnen. Nehmen Sie sich Zeit für ein paar überraschende Einblicke. Und lesen Sie, was in Venedig zählt.

3

Euro. So viel kassiert die Kommunalverwaltung Venedig als Reaktion auf den Overtourims seit 2019 von jedem Ankömmling … als »Eintrittsgeld«.

600

Quadratkilometer misst die Laguna Veneta, in deren Mitte die Serenissima liegt. Sie ist damit die größte der einstmals sieben, mittlerweile überwiegend verlandeten Lagunen an der nördlichen Adria. Ihr Wasser ist in den hafennahen Kanälen 15 bis 20 m, im Durchschnitt jedoch lediglich 50 cm tief – und je nach Gezeitenstand mehr oder weniger brackig.

175

Kanäle haben eifrige Statistiker auf dem Gebiet des Centro Storico gezählt. Sie sind in Summe knapp 40 km lang und können auf insgesamt etwa 440 Brücken überquert werden. Und zwar ausnahmslos zu Fuß.

18

Bezirke bilden gemeinsam die Gemeinde Venedig. Diese ist Hauptstadt der Region Veneto, zu der außerdem die Provinzen Belluno, Padua, Rovigo, Treviso, Verona und Vicenza gehören.

30

Millionen Touristen suchen Venedig mittlerweile, die Zeiten der Corona-Pandemie ausgenommen, pro Jahr heim.

54

Prozent, und damit die absolute Mehrheit der gültigen Stimmen erhielt Luigi Brugnaro bei seiner Wiederwahl zum Bürgermeister Venedigs im September 2020. Der Unternehmer und ehemalige Chef des Unternehmerverbands der Provinz Venedig war dabei erneut als Kanditat der rechtskonservativen Forza Italia um Ex-Premier Silvio Berlusconi ins Rennen gegangen.

20

Prozent ist über die vergangenen 90 Jahre die Zahl der frei lebenden Vögel in der Lagune gesunken. Die Bestände an der für diesen Lebensraum charakteristischen Fauna haben sich sogar um vier Fünftel reduziert.

9

Händler sind es nur noch, die auf dem berühmten Fischmarkt von Rialto allmorgendlich ihr fangfrisches Meeresgetier auf Eis gebettet präsentieren. Vor wenigen Jahren noch waren in der neugotischen Markthalle doppelt so viele aktiv. Doch die Kosten für den Erhalt der Stände und der Steuerdruck, klagen die Ausharrenden, wachsen, während die Kundenzahl sinkt.

21.000

Studenten sind zurzeit in Venedigs wichtigster Universität, der nach ihrem Hauptsitz, einem Palast am Canal Grande, benannten Ca' Foscari inskribiert. An ihr werden neben Wirtschafts-, Sprach- und Literaturwissenschaft auch Philosophie und Industriechemie gelehrt. Daneben existieren die Venice International University und jene für Architektur, abgekürzt IUAV.

50.000

Einwohner zählt Venedigs Altstadt heute, rund 125 000 weniger als 1950. Hauptgrund für diesen wahren Massenauszug (auf Italienisch: *esodo)* sind die deutlich besseren Arbeits- und Lebensbedingungen auf dem Festland.

2,5

Milliarden Euro hätte das berühmt-berüchtigte Schleusensystem M.O.S.E. ursprünglich kosten sollen – jene Mammutkonstruktion, die bei drohender Hochwassergefahr die Lagune vor den Fluten der offenen Adria hin abschirmen soll. Der ursprüngliche Fertigstellungstermin war 1995. Im Juli 2020 schlossen sich die 78 Fluttore dann erstmals tatsächlich. Die Gesamtkosten des Projekts: 6 Milliarden Euro.

600

poggi, also Brunnen, kann der aufmerksame Flaneur über die Campi und Calle der Stadt verteilt heute noch entdecken. Vor der 1884 erfolgten Inbetriebnahme des Aquädukts vom Festland sicherten mehr als zehnmal so viele Zisternen, in denen Regenwasser gesammelt und gefiltert wurde, die Versorgung der Stadtbevölkerung mit dem kostbaren Nass.

16.000

Arbeiter waren im Hochmittelalter, als die Venezianer an vorderster Front militärisch gegen die vordringenden Osmanenheere kämpften, zu Spitzenzeiten in der Werft der Stadt, dem Arsenal, tätig. Unter ihnen befanden sich allein 3000 Säger und Zimmerer, 2000 Schmiede und 1000 Seiler. Ihr Jahresausstoß betrug immerhin bis zu 200 Schiffe!

Ein Paradies für Kaffeegenießer

Dem Laster der Koffeinsucht — frönen die Venezianer mit Inbrunst in den Aberhunderten Cafés und Bars ihrer Stadt. Den Brennpunkt des Kults um das bittersüße Elixier bildet seit 300 Jahren das legendäre Florian.

Es ist ein sommerlicher Nachmittag auf dem Markusplatz, das übliche Treiben. Tauben flattern, Kameras klicken. Salonmelodien wehen, die versunkene Welt der Fracks und Federboas beschwörend, über den Platz. Nicht wenige Touristen haben sich vor der Hitze in die schattigen Arkaden geflüchtet. Auf die Marmorstufen gefläzt, mampfen sie Pizzaschnitten aus Pappkartons und nuckeln Softdrinks aus Plastikflaschen.

Eine Oase höchster Eleganz

An der Südseite der Piazza jedoch ragt, fatamorganahaft fast, ein Ort höchster Eleganz wie eine Insel in der Zeit aus der sich breit machenden Stillosigkeit. Im legendären Caffè Florian kredenzen weiß livrierte Kellner den Kaffee auf silbernen Tabletts, mit Stoffservietten und kleinen Wasserkaraffen. Auf einer Bühne, vor den theatralisch drapierten Sonnenvorhängen, musiziert ein kleines Kammerensemble. Dahinter studieren grau melierte, in edlen Flanell gewandete Herren an Marmortischchen den »Gazzettino«. Und drinnen, in Räumen mit Namen wie Sala del Senato, Sala Liberty oder Orientale, sitzen auf roten Samtbänken nostalgisch gestimmte Gäste aus Übersee.

Während ihre Blicke über die Kalifen, Dogen und Haremsdamen an den Wänden, die Kassettendecken, vergoldeten Rocaillen und mild erblindeten Spiegel schweifen, staunen sie, dass solch Kaffeehauskultur in höchster Vollendung noch existiert. Und verdrängen geflis-

K

TOP-ADRESSEN FÜR KOFFEIN-AFICIONADOS

Zu den besonders geschätzten Lokalitäten zählen die Ableger der Konditorei **Rosa Salva** (z. B. am Campo San Zanipolo, s. S. 138). Auch das **Caffé del Doge** am Rialto genießt den Status eines Pilgerorts (Calle dei Cinque 609, tgl. 7–18.30 Uhr). Als Paradies auf Erden jedoch gilt die **Torrefazione Cannaregio** an der Fondamenta dei Ormesini 2804 (Di–Sa 8–12.30, Mo 9–12.30 Uhr). Deren Betreiber, die Familie Marchi, röstet nun schon in dritter Generation ihre eigenen Mischungen. Wer hier etwa, zwischen hohen Jutesäcken stehend, den aus acht Arabica-Sorten gemixten *caffè della sposa* geschlürft hat, der wird dies so schnell nicht vergessen.

sentlich, welch gesalzenen Preis sie für diesen Gaumen- und Augenschmaus werden berappen müssen.

»Schwarzes, brühendheißes Wasser« …

»Da sitzen sie drinnen und draußen auf der Straße, einfache und vornehmste Leute, und trinken ein schwarzes, brühendheißes Wasser, das sie aus einem Samen namens *kahvè* herausziehen, und von dem sie sagen, es könnte jeden Mann wach erhalten.« So rapportierte 1585 Giovanni Francesco Morosini, Venedigs Gesandter beim Sultan von Konstantinopel, in die Heimat. Die Nachricht von dem bittersüßen Wundertrank verbreitete sich dort in Windeseile.

1683 eröffnete unter den Arkaden der Procuratie Nuove das erste Kaffeehaus Italiens. Bereits im 18. Jh. warteten in der Stadt über 400 Cafés auf Kundschaft – allein auf dem Markusplatz insgesamt acht. Sie hießen »Der Schutzengel«, »Die Hoffnung«, »Der Mut« oder »Alla Venezia Trionfante«. Letzteres hatte zu Weihnachten 1720 ein gewisser Floriano Francesconi eröffnet. Der durfte sich zwar rasch über viele Stammgäste freuen. Doch der Name seines Etablissements war ein Misserfolg. Anstatt »Zum triumphierenden Venedig« sagten die Venezianer verkürzend nur: Andemo da Florian! »Gehen wir zu Florian!«

… für Zelebritäten und Revoluzzer

Dem Ruf sind in den vergangenen 300 Jahren, von Balzac und Goethe bis Chopin, Wagner und Proust, so gut wie alle am Canal Grande auf Besuch weilende Zelebritäten gefolgt. Und auch im Herzen italienischer Patrioten hat das Florian einen besonderen Ehrenplatz inne: als »Hauptquartier« der republikanischen Verschwörer um Niccolo Tommaseo und Daniele Manin, die hier 1848 ihre Strategien gegen die österreichischen Besatzer ausheckten.

Das Outfit manch heutiger Karnevalsgäste gibt eine vage Idee von der Exzentrik und Extravaganz, die im dekadenten 18. und 19. Jh. in Promi-Cafés wie dem Florian herrschten.

Heimelig fauchende Maschinen verführen allerorten

Als die Venezianer die ersten Bohnen aus der Levante importierten, wurde *kahvé*, wie später etwa auch Coca-Cola, als Medizin erachtet und in Apotheken verkauft. Heute dient er ihnen als Droge, von der sie täglich etliche Dosen benötigen. Dementsprechend bildet jeden Morgen nach Verlassen des Hauses die Verabreichung eines ersten Kreislaufboosters samt backfrischem *cornetto* (Hörnchen) in der nächsten Bar ein unverzichtbares Ritual. Wobei die Zahl der Energietankstellen die Abhängigkeit natürlich ungemein fördert: An jeder zweiten Ecke dringt dem Fußgänger das verheißungsvolle Fauchen einer auf Hochglanz polierten Espressomaschine – meist der Marken Gaggia, La Cimbali, DeLonghi – ans Ohr. Insgesamt laden, über die Stadt verstreut, Aberhunderte Cafés, Bars und *pasticcerie* (Konditoreien) zum aufputschenden Zwischenstopp. ■

Scuola veneziana

Venedigs ›Schulen‹ — sie fungierten nicht etwa als Lehranstalten für Kinder. Vielmehr als karitative Bruderschaften, die entfernt mit den mittelalterlichen Gilden und Zünften sowie mit den späteren Logen der Freimaurer verwandt waren.

Den *plebei* oder *popolani,* die immerhin rund vier Fünftel der Stadtbevölkerung stellten, war der Zutritt in diese Scuole verwehrt. Adlige und Geistliche konnten zwar Mitglieder werden, jedoch keine Ämter übernehmen. Diese waren allein den *cittadini* vorbehalten, die als Kaufleute, Ärzte, Anwälte und hohe Beamte mehrheitlich über Vermögen und erheblichen politischen Einfluss verfügten und, wie es eine zeitgenössische Quelle formulierte, in den Scuole quasi *in propria Repubblica,* also »wie in einem eigenen Staat«, lebten. Die – übrigens durchwegs männlichen – Brüder einer Scuola gehörten entweder derselben nationalen Minderheit oder demselben Berufszweig an. So hatten beispielsweise die Griechen, Dalmatiner und Albaner, aber auch die Färber und Maurer, Goldschmiede und Schuhmacher eine eigene Korporation.

Frühe Solidarität

Sie alle widmeten sich hauptsächlich wohltätigen Zwecken. Die in Venedig früher als in anderen europäischen Staaten entwickelte Idee einer Solidargesellschaft, dergemäß die soziale Absicherung und medizinische Betreuung für möglichst alle Bevölkerungsteile zu gewährleisten sei, wurde von den Bruderschaften wesentlich mitgetragen. Manche unterhielten Spitäler oder Waisenhäuser, andere standen gefallenen Mädchen und verurteilten Verbrechern spirituell und materiell bei. Eine wesentliche Verpflichtung galt dem sozialen Wohnungsbau. So besaßen Ende des 16. Jh. die Scuole insgesamt über 200 Wohneinheiten, die etwa armen Mitgliedern auf Lebenszeit kostenlos zur Verfügung gestellt wurden. Manche der Anlagen waren von bescheidenen Palästen kaum zu unterscheiden. Andere glichen, aus nur ein oder zwei Zimmern bestehend, eher ummauerten Feuerstellen.

Nicht wenige Sozialquartiere wurden auch von einzelnen Brüdern privat gestiftet: Häuser *per amor di Dio* waren häufig Bestandteil venezianischer Testamente. Gemein war allen Scuole außerdem eine starke religiöse Note. Jede hatte an ihrem Versammlungsort eine eigene Kapelle und einen Schutzheiligen, den sie verehrte. Die ›Jenseitsfürsorge‹, etwa in Form von Gebet und Buße, für das Seelenheil der Mitbrüder spielte im Selbstverständnis eine zentrale Rolle.

Mäzenaten- und Protzertum

Beim Senat waren diese ›Klubs‹ gut gelitten. Denn einerseits unterstützten sie mit ihren sozialen Aktivitäten den Staat in seinem Bemühen um allgemeines Wohlergehen. Andererseits boten sie für jene Mehrheit der Bevölkerung, die von der Macht ausgeschlossen blieb, eine politisch harmlose Gelegenheit zur Selbstdarstellung. Und obendrein ermöglichten sie den herrschenden Patriziern, ihre bürgerlichen potenziellen Widersacher so diskret wie effektiv zu überwachen.

Ihre volle Blüte entfalteten die Bruderschaften zwischen dem 15. und 18. Jh. Damals existierten bis zu acht *scuole grandi* (Große Schulen) sowie an die 100, laut manchen Quellen sogar mehr als 200 kleinere *scuole minore* oder *piccole*. Vor allem erstere waren dank häufiger Spenden hochvermögend, ergo sehr einflussreich, und wetteiferten darum, das imposanteste Versammlungsgebäude mit dem kostbarsten Interieur ihr Eigen nennen zu können.

Sie wurden zu Auftraggebern und Mäzenen der besten Künstler jener Zeit wie Tintoretto, Tiepolo, Bellini und Carpaccio. Und nicht selten zu Zielscheiben heftiger Kritik. Der immer wieder – auch von Mitbrüdern – geäußerte Vorwurf: Man residiere in palastähnlichen Prunkbauten, für die man mehr Mittel aufwende als für Arme und Kranke, und trachte sich in neureicher Manier mit festtäglichen Schauprozessionen in Szene zu setzen.

Ein jähes Ende

Sein jähes Ende fand das Bruderschaftswesen 1797 mit dem Sturz der Republik. Napoleon ließ die immensen Kunstschätze versteigern und die Vereinsgebäude profanieren. Die meisten werden seitdem als Kauf- und Lagerhäuser, als Archive, Werkstätten und sogar Kinosäle zweckentfremdet. Nur einige wenige geben heute noch im ursprünglichen Zustand Zeugnis von der einst weitverbreiteten Pracht. ■

DIE SCUOLE GRANDI

Folgende »Große Schulen« – ihnen allen gemein ist der vom Eingangsbereich über eine repräsentative Treppenanlage zu erreichende und mit großen Historienbildern und einer Prunkdecke geschmückte Versammlungsraum *(sala)* im *piano nobile* – sollten Sie unbedingt besichtigen:

San Rocco: mit Tintorettos kolossalem Bilderzyklus, s. S. 169.

San Giovanni Evangelista: mit Bilderzyklus von Gentile Bellini und Carpaccio sowie reizendem Vorhof aus der Frührenaissance; regelmäßig für Musikabende und auch Ausstellungen genutzt, s. S. 170.

San Marco: heute zum Städtischen Krankenhaus umfunktioniert; Renaissancefassade von Mauro Codussi sowie Pietro Lombardo und Söhnen, s. S. 139.

San Teodoro: entworfen von Giuseppe Sarid Mitte 17. Jh., Verwendung als Konzert- bzw. Ausstellungsraum, s. S. 79.

Dei Carmini: erbaut nach Plänen Baldassare Longhenas, mit Fresken von G. B. Tiepolo, s. S. 194.

Santa Maria della Carità: gemeinsam mit der gleichnamigen Kirche seit dem 19. Jh. Heimat der Gemäldegalerie Accademia, s. S. 189.

Scuola Dalmata di San Giorgio degli Schiavoni: komplett von Carpaccio ausgemalt, s. S. 134.

Festliche Töne

Säuselnde Melodien, gespielt mit starkem Vibrato: So bringen Salonmusiker auf der Piazza die Herzen der Kaffeehausgäste garantiert zum Schmelzen.

Von Monteverdi und Rossini bis zu Nono — Venedigs Komponisten setzten musikgeschichtlich immer wieder neue Maßstäbe. Der populärste von allen ist heute Antonio Vivaldi: Seine Concerti sind für die Stadt, was der Walzer für Wien.

»Es ist wie mit Wien, dem Walzer und Johann Strauß. Diese Stadt ist durchdrungen von Barockmusik und der Name Vivaldi untrennbar mit ihr verbunden. Die Werke des berühmten Maestro di Cappella am Ort ihrer Entstehung zu hören, vermittelt ungemein intensive Emotionen.« Wenn Stefano Biguzzi über das zutiefst musikalische Wesen Venedigs philosophiert, weiß er genau, wovon er spricht. Er ist Soloviolinist der Interpreti Veneziani, des vermutlich besten Kammerorchesters der Stadt. Fast jeden Abend konzertiert er zur Saison in der Kirche San Vidal am Fuße der Accademia-Brücke. Zwischendurch tourt er als Botschafter italienischer *musicalità* um die Welt. Und im Mittelpunkt jedes Programms steht, wie bei den vielen anderen tagtäglich in Palästen und Kirchen vor Touristen aufspielenden Ensembles auch, keine Frage, der Lokalmatador der Stadt – Antonio Vivaldi.

Weit mehr als nur »Quattro stagioni«

»Il prete rosso«, der rote Priester, wie der 1678 in Venedig geborene Komponist seiner Haarfarbe und seines Berufsstandes wegen genannt wurde, gilt als großer Reformator der Instrumentalmusik. Er ersetzte die Solistengruppe,

KLASSISCHE KLÄNGE

Wer in der Stadt Vivaldis und Monteverdis ein Livekonzert erleben will, steht vor der Qual der Wahl. In zahlreichen Sälen buhlen – durch die Bank respektable bis sehr gute – Ensembles um die Gunst des Publikums. Zu den bekanntesten Veranstaltungsorten zählen der **Palazzo delle Prigione,** die **Scuole dei Carmini, di San Teodoro** und **di San Giovanni Evangelista,** weiters die Kirchen **Santa Maria della Pietà** (www.ivirtuosiitaliani.eu), **Ospedaletto** (www.mandolinvenice.com) und **San Vidal** (www.interpretiveneziani.com).
Für Arien-Abende bekannt sind der **Palazzo Barbarigo Minotto** (www.musicapalazzo.com), **La Serra dei Giardini** (www.musicainmaschera.it) und für gemischte Genres, vorwiegend französischer Provenienz, der **Palazzeto Bru Zane** (www.bru-zane.com).
Nicht zu vergessen sind, natürlich, die beiden großen Traditionsbühnen, das **Teatro Malibran** und das Opernhaus **La Fenice.**

die beim Concerto grosso bislang den Gegenpart zum Orchester bildete, durch ein einzelnes Instrument. Womit er das Solokonzert in seiner klassischen, bis heute praktizierten Form – bestehend aus Allegro / Andante / Allegro – schuf.

Vivaldi war allerdings nicht nur Tonsetzer, sondern auch ein vorzüglicher Violinist und ein ebenso guter Pädagoge: Das Mädcheninternat und Konservatorium Ospedale della Pietà, das er musikalisch leitete, zählte unter den vielen derartigen Institutionen im damaligen Venedig zu den professionellsten. Die angeschlossene Kirche Santa Maria della Pietà an der Riva degli Schiavoni heißt im Volksmund bis heute »la chiesa di Vivaldi«.

Der Maestro komponierte 446 Konzerte, davon allein 221 für Violine, und 49 Opern, von denen allerdings nur 19 erhalten sind. Sein populärstes Werk, »Die vier Jahreszeiten«, gilt heute als Inbegriff für spätbarocke Klangentfaltung. Obwohl er dank seiner Konzertreisen durch ganz Europa auch als Geigenvirtuose Berühmtheit genoss, geriet er, ähnlich wie seine zeitgenössischen Branchenkollegen Tommaso Albinoni und Benedetto Marcello, noch zu Lebzeiten in Vergessenheit. Er starb im Sommer 1741 völlig verelendet in einem Wiener Armenasyl – erst im 20. Jh. wurde er als einer der Großen seiner Epoche wieder erkannt.

Avantgardistisch musizierte man schon vor Vivaldi

Ein Schauplatz wegweisender Neuerungen in der abendländischen Musik war Venedig freilich schon lange vor Vivaldi: Gegen Ende der Renaissance hatte der Niederländer Adrian Willaert mit Formen wie dem Ricercar, der Fantasia und Sonata die noch junge Kompositionstechnik der Mehrstimmigkeit entscheidend weiterentwickelt. Mit seiner *Musica nova* begründete er die sogenannte Venezianische Schule. Seine Schüler und Nachfolger im Kapellmeisteramt von San Marco, allen voran Andrea Gabrieli und dessen Neffe Giovanni, schufen immer kunstvollere Messen, Motetten und Madrigale und erzielten durch die räumlich getrennte Aufstellung der Gesangs- und Instrumentalgruppen bis dahin unbekannte mehrchörige Klangeffekte.

Wenig später, 1613, übernahm der gebürtige Cremonese Claudio Monteverdi die musikalische Leitung im Markusdom. Er revolutionierte nicht nur die geistliche Musik, indem er den Übergang vom A-cappella-Satz zu den instrumental begleiteten Gattungen des vokalen Kammerkonzerts und der Kantate vollzog.

Nicht nur die ersten Opernarien …

Monteverdi wurde, ungleich wichtiger, aber auch zum ersten großen Opernkomponisten der Geschichte. Weit über die Prinzipien des in Florenz begründeten *Dramma per musica* hinausgehend, löste er schon in seinen frühen Opern, dem »Orfeo« etwa und »Arianna«, eine Solostimme aus dem Chor, verlieh ihr dramatischen Charakter und setzte auch die Instrumente zur Akzentuierung von Geschehnissen und Gefühlen ein.

In seinen späteren Werken wie der »Rückkehr des Ulisse« und der »Krönung der Poppea« legte er mit Vorformen der Ouvertüre, mit Sinfonien, Ritornellen und ersten Dacapo-Arien endgültig den bis weit in das 18. Jh. verbindlichen Operntypus fest. Einen Typus, den seine Schüler Francesco Cavalli und Antonio Cesti in den Folgejahren weiter differenzierten. Zugute kam Monteverdi dabei Venedigs republikanische Verfassung. Hier, wo die mittleren und unteren Klassen in allen Dingen des öffentlichen Lebens mehr Mitspracherecht als in allen anderen italienischen Städten genossen, war die Oper nicht bloß ein aristokratisches Vergnügen, sondern ein Anliegen sämtlicher Bevölkerungsschichten.

Ein letztes Mal war Venedig dann gegen 1850 der Nabel der Musikwelt. Es war die Hochzeit des Belcanto und der Primadonnen vom Schlag einer Felicità Malibran, deren Namen seit damals sogar ein Bühnenhaus ziert. Vor allem Rossini löste seinerzeit am Teatro Fenice mit mehreren Uraufführungen einen regelrechten Opera-buffa-Taumel aus. Wohingegen Giuseppe Verdi, der zwischen 1844 und 1857 gleich fünf Hauptwerke, darunter »Rigoletto« und »La Traviata«, am Canal Grande aus der Taufe hob, bereits politisch-patriotische Gefühle entfachte.

… auch Zwölftöner gebar die Lagune

Seit damals steht Venedig zwar nicht mehr im Zentrum des internationalen Musikgeschehens. Einige Komponisten von Weltrang brachte die Stadt allerdings auch im 20. Jh. hervor: Gian Francesco Malipiero zum Beispiel, der sich zudem als Herausgeber der Werke Monteverdis und Vivaldis Verdienste erwarb, Ermanno Wolf-Ferrari, der in der Tradition der Buffo-Oper schrieb, oder die beiden Zwölftöner Riccardo Malipiero und Bruno Maderna. Den höchsten Bekanntheitsgrad genießt wohl Luigi Nono (1924–90), der, anknüpfend an das Spätwerk Anton von Weberns, ebenfalls maßgeblich an der Weiterentwicklung der seriellen Musik beteiligt war.

»Vivaldi, das ist der Rock'n' Roll des Barock.«

Doch in puncto Popularität kann keiner von ihnen Antonio Vivaldi auch nur annähernd das Wasser reichen. Wie meint Stefano Biguzzi über die »Vier Jahreszeiten«? »Ich habe diesen Konzertzyklus in meiner Laufbahn schon Aberhunderte Male gespielt. Doch seine Qualität und Energie greifen mir jedes Mal von neuem ans Herz. Vivaldi, das ist der Rock'n' Roll des Barock.« ■

Sinnenrausch und Todessehnsucht

»Von tiefem Traum besiegt,
Vom Tod eingewiegt
Schläft hier die Zeit
Und alles Leben scheint so weit, so weit!«
(Hermann Hesse)

Der ewige Widerstreit — zwischen Eros und Thanatos … Thomas Manns »Tod in Venedig« und »Mistlers Abschied« von Louis Begley behandeln im Grunde dasselbe Schicksalsthema. Und die Lagunenstadt liefert beiden den perfekten Rahmen.

»So sah er ihn denn wieder, den erstaunlichsten Landungsplatz, jene blendende Komposition phantastischen Bauwerks, welche die Republik den ehrfürchtigen Blicken nahender Seefahrer entgegenstellte, die leichte Herrlichkeit des Palastes und die Seufzerbrücke, die Säulen mit Löw' und Heiligen am Ufer, die prunkend vortretende Flanke des Märchentempels, den Durchblick auf Torweg und Riesenuhr …« Es gibt wohl keine andere Stadt, bei der die Wechselwirkung so eng ist zwischen den Bildern, die man von ihr aus Büchern und Filmen kennt, und jenen, die man sich als Tourist vor Ort selbst gemacht hat. San Marco, Rialto, der Canal Grande, all die Gässchen, Kanäle und Inseln betrachten wir als Teil unserer persönlichen Erfahrung. Doch wie bereits 1842 ein englischer Reiseführer feststellte: »No one enters Venice as a stranger«.

»No one enters Venice as a stranger«

Damals schon hatten Canaletto und Guardi der Welt ihre Heimat detailgetreu auf Veduten präsentiert. Turner war gerade dabei, die Serenissima in ihrem schönsten Licht wechselweise auftauchen und verschwinden zu lassen. Und bald sollten weitere Leinwandkünstler, von Redon und Renoir über Manet und Monet bis hin zu den Amerikanern Whistler und Sargent, den Bilderreigen bereichern. Parallel wurde die Stadt auch zu einem viel strapazierten Topos der Literatur. Rilke, Trakl, Hofmannsthal, Proust, Lord Byron, John Ruskin und Henry James … Heerscharen großer Dichter schrieben sich an Venedig Finger und Herzen wund.

Wohl am tiefsten von allen hat unsere Vorstellung von der Lagunenstadt Thomas Mann geprägt. In seiner 1912 erschienenen Novelle »Der Tod in Venedig«, die Luchino Visconti zwei Generationen später kongenial verfilmen, Benjamin Britten zu einer Oper und der Choreograph John Neumeier zu einem Ballett verarbeiten sollten, lässt er den Protagonisten namens Gustav Aschenbach zunächst auf eine istrische Insel verreisen. Dort fühlt sich der gefeierte Schriftsteller aus München, das gut 50-jährige Alter Ego Manns, unwohl. Und »auf einmal, zugleich überraschend und selbstverständlich«, steht ihm ein neues Ziel vor Augen: »Wenn man über Nacht das Unvergleichliche, das märchenhaft Abweichende zu erreichen wünschte, wohin ging man?« Nach Venedig!

Nach der eingangs zitierten Ankunft über die Seeseite – »zu Lande, auf dem Bahnhof anzulangen hieße, einen Palast durch die Hintertür betreten« – nimmt

Aschenbach im »Bäderhotel« am Lido Quartier. Er trifft auf Tadzio, einen polnischen Knaben adeliger Herkunft, dessen »vollkommener Schönheit« er alsbald verfällt. Der bislang stets nüchtern-kühle, harter Selbstdisziplin und Arbeit verpflichtete Künstler durchlebt einen späten Gefühlsrausch. Schritt um Schritt seiner Selbstachtung beraubt, sinkt er zum alternden Gecken herab, um schließlich der in der Lagunenstadt grassierenden Cholera zum Opfer zu fallen.

Die Stadt, ein alter Freund

Völlig konträr im Sprachduktus, aber auffallend ähnlich in Plot und Gehalt präsentiert sich der 1998 veröffentlichte Roman »Mistlers Abschied«. Sein Autor, der US-Amerikaner Louis Begley, schildert darin einen weltläufigen Erfolgsmann im Bann einer fundamentalen Lebenskrise. Thomas Mistler, ein gebildeter und millionenschwerer Werbemogul aus New York, hat soeben erfahren, dass er Leberkrebs und nur mehr wenige Monate zu leben hat. Noch Herr seiner Kräfte, beschließt er, für ein paar Tage allein in sein geliebtes Venedig zu flüchten.

Er durchstreift die Stadt, hat eine Art Four-Night-Stand mit einer jungen Frau, trifft einen alten Freund und, nach 40 Jahren, seine erste Liebe wieder, quält sich mit Erinnerungen an seine Eltern, seine Frau, an ehemalige Geschäftspartner und seinen entfremdeten Sohn. An seinem letzten Tag kauft er ohne ersichtlichen Grund in einem der traditionsreichen Ruderclubs ein Boot – »gedrungen und schwarz glänzend wie ein langer Sarg« … Ohne Lamento und Moralismus zieht er Bilanz. Aschenbach ist nach Venedig in der Hoffnung gekommen, neue Kräfte zu sammeln, findet aber den Tod. Mistler sieht in New York dem Tod ins Auge und findet am Canal Grande ein klareres Bild von seinem Leben.

Warum Begley seine Geschichte in Venedig spielen ließ, obwohl er genau wusste, dass er damit Aschenbach-Assoziationen heraufbeschwor, also gewissermaßen gegen Thomas Mann »anschreiben« würde? Ihm sei, bekannte er Jahre später in einem Essay, unweigerlich diese Stadt in den Sinn gekommen. Denn »wie Mistler weiß ich, dass mich an Venedig nichts stört, und, wieder wie Mistler, kenne ich Venedig so gut, dass ich ganz zwanglos mit der Stadt umgehen kann, wie mit einem alten Freund, mit dem keine Unterhaltung nötig ist, so dass ich mich folglich nicht gezwungen fühle, Museen, Kirchen und sonstige zum Pflichtprogramm gehörende Baudenkmäler zu besichtigen.«

Auf Spurensuche

Beide Werke kann man vordergründig als topografische Spurensuchen genießen. Der Nobelpreisträger aus Lübeck schildert Venedigs Schönheit mit unnachahmlicher Eleganz. Wenn sich Aschenbach an die Fersen des Knaben heftet, folgt ihm der Leser auf mäandernden Pfaden durch die labyrinthische Altstadt – nimmt mit ihm den Tee auf der Piazza und »der großen Flucht der Paläste« die Parade ab; wandelt zwischen »verwitterten Häusern … mit Spitzbogenfenstern und kleinen Löwenbalkonen«; bestaunt »des Rialto prächtig gespannten Marmorbogen« und beobachtet draußen, »am Rande des Meeres, zwischen den Hütten … Tadzios lieblich nichtiges, müßiges Treiben in Sonne und Sand«.

Auch Begley stillt die Neugier auf Stadtlandschaft trefflich – lädt zur Vaporetto-Fahrt an San Giorgio und Dogana vorbei zur Giudecca und auf die Zattere. Man irrt mit ihm über Brücken, durch ellbogenbreite *calli* und unter *sottoporteghi,* bestaunt den Tizian in der Gesuiti und kehrt im Café vor San Zanipolo, zu Füßen des Colleoni-Denkmals auf ein *gelato* ein. Im Grunde aber sind die konkreten Örtlichkeiten kaum mehr als Staffage. Denn den zwei Autoren dient Venedig vorrangig als Idee – ein allegorischer Raum zwischen Wasser und Himmel, an dem die Flüchtigkeit des Daseins und der Zeit besonders offenkundig zutage tritt. Generationen feinnerviger Dichter sahen in dieser Stadt einen Gegenort zu Funktionalität und Fortschritt der Moderne, der gleichsam in der eigenen Geschichte stecken geblieben ist.

Zwei Seelenverwandte

Am Vorabend des Ersten Weltkriegs sah Thomas Mann die Kultur des europäischen Großbürgertums vor dem endgültigen Zerfall. Mit Sicherheit empfand er Venedig als Brennpunkt der Dekadenz, die ihn, den bisexuellen Ehemann und Vater von sechs Kindern, auch auf ganz persönlicher Ebene bedrohlich schien und zugleich ungemein faszinierte.

Eine Ikone der Filmgeschichte: Dirk Bogarde als Viktor Aschenbach in Viscontis Verfilmung von »Tod in Venedig«.

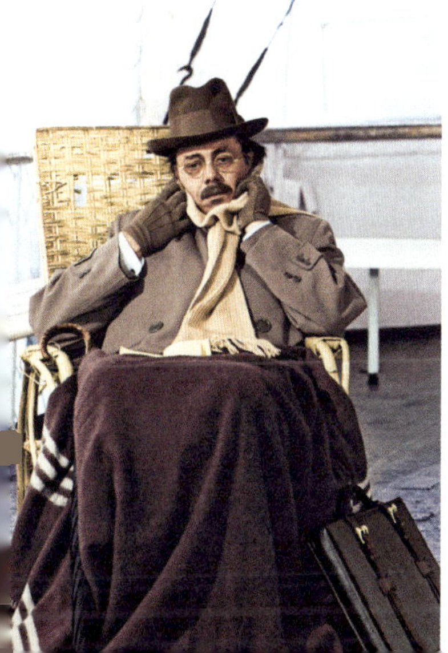

Eines Nachts im Hotel Des Bains träumt der Künstler eine heidnische Orgie von maßloser Heftigkeit. Der rauschhafte, »fremde« Dionysos wird von seinem zottigen, menschlich-tierischen Gefolge gefeiert. Mittendrin: der Träumende, dessen »Seele Unzucht und Raserei des Untergangs kostet«. Wenige Tage später kämpft Aschenbach »mit gewissen nur halb körperlichen Schwindelanfällen«. Das apollinisch Hehre ist unterlegen, der Zusammenbruch besiegelt. Der letzte Gondoliere, den er anheuert, nimmt bereits die Begegnung mit Charon, dem Fährmann ins Jenseits, vorweg. Und wenn Tadzio im Schlussbild dem Sterbenden zulächelt und am Meeresrand seine Hand dem Horizont entgegenstreckt, weist er ihm den Weg »ins Verheißungsvoll-Ungeheure«.

Und Louis Begley? Der erzählt im coolen Plauderton, durch den dann und wann aus existenziellen Tiefen ein durchaus herzzerreißender Akkord heraufdringt, eine sehr seelenverwandte Geschichte. Darüber darf sein postmodern lakonischer Erzählstil nicht hinwegtäuschen. Was wäre, prüft er den Leser, wenn dein Leben zu Ende ginge, jetzt oder übermorgen oder nächstes Jahr? Hinter der Frage aller Fragen, die jeden von uns in schreckenshellen Augenblicken überfallen kann, lauert die Ahnung, das Leben verfehlt zu haben – vielleicht, gerade weil man es auf der Sonnenseite hat zubringen dürfen. Verfehlt, weil ein fremdes Gesetz, das dem eigenen, inneren Gesetz zuwiderläuft und es aufhebt, zu einer unrichtigen Lebensweise zwingt. Und sei es nur das Gesetz, das uns vermeintlich vorschreibt, den Weg des äußeren Erfolges zu gehen. Mit ihm haben wohl auch Thomas Mistler und Gustav Aschenbach alias Thomas Mann tief zuinnerst ihr Erwachsenenleben lang gehadert. ■

Inseln des Schmerzes

Ob Lazzaretto Vecchio oder Nuovo — die Namen beider Eilande lassen erschauern. Doch wo einst die Pest regierte, unzählige Venezianer Höllenqualen litten, keimt heute neues Leben, lässt sich die lagunare Geschichte erkunden.

Glanz und Elend der Serenissima liegen wohl nirgendwo sonst so gespenstisch nah beieinander: Wer ein kleines Stück südlich der zentralen Vaporetto-Station über die schmale Landzunge des Lido wandert, durchlebt ein Wechselbad der Gefühle. Entlang dem offenen Meer wogt sommers am Sandstrand unbeschwerte Dolce Vita. Lagunenseitig hingegen fällt der Blick auf ein Eiland, das, kaum mehr als einen Steinwurf vom Ufer der Ferieninsel entfernt, die düstersten Kapitel der Stadthistorie wieder aufleben lässt. Lazzaretto Vecchio, so der Name des trapezförmigen Inselchens, ist rundum von hohen Mauern eingefasst. Man kann es mit öffentlichen Verkehrsmitteln nicht erreichen, ja durfte es bis in die allerjüngste Vergangenheit überhaupt nur mit amtlicher Sondergenehmigung betreten.

Eine Insel wird zum Synonym

Begründet liegt diese abweisende Aura in seiner Nutzungsgeschichte: 1423 nämlich wurde auf der »Insel des Schmerzes«, wie die Venezianer sie nannten, per Senatsbeschluss ein Pestspital errichtet. Und zwar das europaweit erste seiner Art! Diese Vorreiterrolle hinterließ im Vokabular vieler Sprachen Spuren: Ursprünglich hatte die Siecheninsel »Santa Maria di Nazareth« geheißen. Erst im Laufe des 15. Jh. war ihr Name zu »Lazzaretto« verballhornt worden. Und diese Bezeichnung stieg in der Folge weltweit zum Synonym für Spezialkrankenhäuser auf.

Wahrhaft schauerliche Zustände

Zu Zeiten der großen Epidemien müssen auf der Insel schauerliche Zustände geherrscht haben. Zwar sorgte die Kommunalverwaltung grundsätzlich gar nicht schlecht für die Patienten. Sie erhielten regelmäßig frische Nahrungsmittel und waren von jeglicher Arbeit befreit. Auch wurden sie medizinisch betreut. Ein eigens angestellter Dottore – der mit seiner angeblich vor Ansteckung schützenden, langnasigen Maske dauerhaft im Figurenrepertoire der Commedia dell'Arte Eingang fand – absolvierte mehrmals täglich Visiten. Doch herrschte offenbar pestilenzartiger Gestank. Zeitzeugen berichteten außerdem, die Angst- und Schmerzensschreie seien bis hinüber zum Lido zu hören gewesen.

Der Anblick der mit weißen Tüchern drapierten Boote, auf denen man die Todgeweihten zum Ort ihrer finalen Bestimmung transportierte, wirkte auf die noch Gesunden naturgemäß extrem demoralisierend. Wann immer Leichen verbrannt wurden, habe man von San Marco aus die Rauchwolken aufsteigen sehen. Bis zu 500 Menschen starben auf der Pestinsel pro Tag. Manchmal dämmerten auf ihr bis zu 8000, zu dritt oder gar viert ein Bett teilend, zeitgleich dem Schwarzen Tod entgegen. Beim verheerendsten aller Ausbrüche, 1575/76, forderte die Seuche 40 000 Opfer, rund ein Drittel der damaligen Stadtbevölkerung.

Das »alte Lazarett« wurde bis 1965 vom Militär und danach vorübergehend als Tierasyl genutzt. Seine Gebäude sollen bald schon ein archäologisches Museum bergen.

Die Quarantäne ist beendet

Auf der nördlich der Altstadt, vor Sant'Erasmo gelegenen Namensvetterin hingegen, Lazzaretto Nuovo, herrscht seit Längerem schon Aufbruchstimmung: Die 9 ha große Insel diente der Seerepublik seit 1486 als Entseuchungs- und Quarantänestation für Menschen und Waren. In mächtigen Hallen wurden damals tonnenweise Schiffsladungen aus dem östlichen Mittelmeer zwischengelagert bzw. aufwendigen Reinigungsverfahren unterzogen. Für Besatzungen und Passagiere standen 100 Häuschen zur Verfügung. Darin mussten sie durchschnittlich 40 Tage – daher rührt der Begriff *quarantine* – ausharren, ehe sie als gesund entlassen oder als infiziert ins Pestspital überstellt wurden.

Von den menschlichen Behausungen sind bloß noch die Fundamente übrig. Dafür erhebt sich inmitten der Insel, gewaltige 100 m lang und tadellos erhalten, die zentrale Lagerhalle von einst, der Teson Grande. Auf den Innenwänden dieses 100 m langen Baus finden sich, in Rot auf die Ziegel gemalt, Listen von Schiffsrouten und Gütertransporten in die entlegensten Ecken des Mittelmeers.

Graffiti aus der frühen Neuzeit

Inzwischen hat ein Verein namens Ekos Club, dem die Stadtbehörde in den späten 1970er-Jahren das Management von Lazzaretto Nuovo übertragen hat, eine informative Dauerschau zum Thema Pest eingerichtet. Darin wird u. a. in einem informativen Film die Bau- und Nutzungsgeschichte der Anlagen dokumentiert. Auch die verschiedenen Maßnahmen zur Desinfektion werden erläutert. Besonders faszinierend wirken auf die jährlich mittlerweile 15 000 Besucher der Insel die Originalinschriften an den Innenwänden des Teson Grande. Da vermerkte etwa am 6. Juli 1585 ein Beamter des »Magistrato alla Sanità«, der Gesundheitsbehörde der Serenissima: »Ich kam mit Kollegen hierher, um die Ladung eines Schiffes aus Konstantinopel zu purifzieren. Wir blieben bis Ende August. Am 28. Juli starb der Doge Nicolo da Ponte.« Kaufleute und Matrosen vom Bosporus und Peloponnes, aus Zypern, Alexandria und der Levante, aber auch Packträger und staatliche Wächter hinterließen auf dem Putz zahlreiche Notizen, Signaturen, Siegel sowie seltsame Symbole – Zeugnisse allesamt, wie kosmopolitisch es im 16. Jh. hier zuging. ■

L

LOKALAUGENSCHEIN

Lazzaretto Vecchio war die längste Zeit über für jegliche Öffentlichkeit gesperrt. Erst seit wenigen Jahren bietet der Archeoclub d'Italia vor Ort von April bis Oktober an manchen Sonntagen Spezialführungen über die einstige Pestinsel an; die Anfahrt erfolgt per Bootsfähre von der Riva di Corinto am Lido (wegen des Ausbaus zum Archäologischen Museum temporär eingeschränkter Führungsbetrieb). Nähere Infos unter www.lazzarettiveneziani.it. Aktivitäten auf **Lazzaretto Nuovo:** siehe Tour S. 233.

Insel der Stille im Strom der Zeit

Alberto Peratoner ist Philosoph — und wohnte lange Jahre am Markusplatz, direkt unter der berühmten Turmuhr, deren technische Instandhaltung ihm oblag. Auch deshalb hat er über das innerste Wesen seiner Heimatstadt Essentielles zu sagen.

Sie sind Venezianer mit Leib und Seele. Weshalb vor allem?

Unter all den Eigenarten meiner Heimatstadt schätze ich ihr einzigartiges Raumgefüge – nicht zuletzt, weil dieses mir ermöglicht, umgeben von einer speziellen Art von Stille zu leben. Damit meine ich keine absolute Stille, sondern jene, die den Klang der Natur vernehmbar macht – die Geräusche von Wasser und Wind, aber auch die der Menschen. Die Schritte zum Beispiel, die auf den *masegni*, so nennen wir die Trachytplatten, mit denen die Stadt gepflastert ist, widerhallen: Diese Resonanz, so habe ich bemerkt, ist eine Qualität, die viele Neuankömmlinge sofort registrieren. Touristen schwärmen oft: »Du kannst die Schritte, den Klang der Schritte hören!«

Welche Bedeutung messen Sie dieser Stille bei?

Ich finde es tröstlich, dass die Stadt Gästen dieses spezielle Geschenk macht. Zumal eine solche Stille uns nicht nur den äußeren, sondern auch den inneren Stimmen lauschen lässt, jenen des Herzens und des Geistes. Momente der Meditation tun jedem gut. Für einen Philosophen ist die Stille unentbehrlich, gleichsam als Grundatmosphäre, welche die Reflexion begünstigt. Blaise Pascal, den ich sehr verehre, schrieb im 17. Jh., der Mensch trachte, die Stille aus seinem Leben tunlichst zu verbannen, und mit ihr das Innewerden seiner selbst, da dieses ihn tendenziell traurig stimmt. Er plädierte denn auch für die Wiederentdeckung des gelassenen und freudvollen Denkens.

Mit Blick auf Venedig meint dies was?

Venedig fördert Freude, weil es aus der Stille heraus eine nicht in Worte zu fassende, ganz außergewöhnliche Schönheit offenbart, eine ungeheure Fülle spezifischer Phänomene – Kunst, Klänge, Licht und Schatten, Brechungen und Spiegelungen. Diese Stadt ist zu jeder Stunde des Tages, des Jahres eine andere. Ein Leben reicht nicht aus, um ihr Wesen wirklich zu erfassen, denn sie verwandelt sich mit den Stimmungen und Saisonen unaufhörlich. Vor allem auch dank der Lagune, in die sie wie ein Edelstein in seiner Fassung gebettet liegt, bindet sie uns Menschen sehr eng in den Kreislauf der Jahreszeiten ein.

Und dies wirkt sich auch auf das Zeitempfinden aus?

Absolut. Von Kindheit an wohnte ich im Uhrturm. Mehr als 30 Jahre lang. Das Ticken des Pendels, das im Zwei-Sekunden-Takt schwang, war im Haus permanent zu hören und prägte, untermalt von dem ständigen Schlagen der Glocken, meine Wahrnehmung von Zeit auf sehr spezielle Weise. Allgemeiner gesprochen: Diese Stadt mit ihrem so facettenreichen Ambiente ermöglicht es, den Wechsel der Jahreszeiten, die zyklische Wiederkehr bestimmter Farben, Düfte, Geschmäcker besonders intensiv auszukosten. Hier spricht, ich habe das über die Jahre selbst erfahren dürfen, die Natur zu den Menschen so nachdrücklich, wie sonst vielleicht nur auf dem Land, in den Bergen. Jedenfalls wie in keiner anderen Stadt.

Akustische Phänomene und Musikalität der Stadt: Sehen Sie einen Zusammenhang?

Wir dürfen annehmen, dass die charakteristische Geräuschwelt Venedigs zu seiner Karriere als wichtiges Zentrum der europäischen Musikgeschichte beigetragen hat. Ohne all die großen hier tätigen Musiker eigens aufzuzählen: Man ahnt, was sie zu ihren Schöpfungen bewogen haben mag. Wohl nicht schlicht Inspiration, sondern etwas mehr … Als hätte die Luft der Lagune selbst ihren Instrumenten eine einzigartige Wirkkraft eingehaucht. Man kann sich das polyphone Crescendo noch vorstellen, wie es seinerzeit in den grandiosen Palästen und Kirchen echote.

Welche Rolle spielt der Reichtum an Bildender Kunst beim tieferen Erleben?

Eine enorme, denke ich. Venedig ist bekanntlich übersät mit Kirchen. Diese standen stets und stehen zum Teil oft heute noch für jedermann offen. Wer durch das steinerne Stadtlabyrinth wandert, findet auf Schritt und Tritt Rückzugsorte für Gebet und Einkehr. Zeit, zugebracht in diesen sakralen Räumen, umgeben von der ungeheuren Fülle an Kunstwerken, die von üppigen Formen, Farben, Ausdrucks- und Symbolkraft

Beim Anblick der Touristenmassen, die sich zu Füßen seines früheren Wohnhauses tummeln, vergeht dem Philosophen schon mal das Lachen.

strotzen, entwickelt eine zusätzliche Dimension, hebt uns über die normale, irdische Erfahrung der Welt hinaus. Zeit wird so geheiligt, zu einer Art endlosen Liturgie. Ich nenne dies die venezianische Spiritualität.

Sind die Einheimischen dafür noch zugänglich?

Für viele junge Menschen, fürchte ich, kann Venedig sehr schwierig sein. Der Zeitgeist, in dem sie aufgewachsen sind, und der ihnen nahelegt, sich vom Lärm und den Zerstreuungen der Gegenwart vereinnahmen zu lassen, erlaubt ihnen kaum, diese Stadt zu lieben als das, was sie war und zum Teil noch ist. Nämlich der Ort der Konzentration schlechthin, der jedermann die seltene Gelegenheit zur Selbstbesinnung bietet. ∎

DAS KLIMA IM BLICK

Reisen bereichert und verbindet Menschen und Kulturen. Wer reist, erzeugt auch CO_2. Der Flugverkehr trägt mit einem Anteil von bis zu 10 % zur globalen Erwärmung bei. Wer das Klima schützen will, sollte sich für eine schonendere Reiseform (z. B. die Bahn) entscheiden – oder die Projekte von atmosfair unterstützen. Atmosfair ist eine gemeinnützige Klimaschutzorganisation. Die Idee: Flugpassagiere spenden einen kilometerabhängigen Beitrag für die von ihnen verursachten Emissionen und finanzieren damit Projekte in Entwicklungsländern, die dort den Ausstoß von Klimagasen verringern helfen. Dazu berechnet man mit dem Emissionsrechner auf www.atmosfair.de, wie viel CO_2 der Flug produziert und was es kostet, eine vergleichbare Menge Klimagase einzusparen (z. B. Berlin – London – Berlin 14 €). Atmosfair garantiert die sorgfältige Verwendung Ihres Beitrags.

Walter M. Weiss, der in Wien lebt, ist dem Zauber der großen Verführerin Venezia schon als Jugendlicher erlegen. Seither hat er Stadt und Lagune dank unzähliger Aufenthalte lieben und bis in die entlegensten Gässchen und Inselchen kennengelernt. Insgesamt hat er in seinen bald 40 Berufsjahren an die 120 Reise- und Sachbücher verfasst, darunter ein gutes Dutzend für den DuMont Reiseverlag. Näheres unter: www.wmweiss.com.

Abbildungsnachweis
DuMont Bildarchiv, Ostfildern: S. 6 o. li., 14, 18, 19 li., 34 li., 62 re., 73, 78, 137, 156 li., 162, 187 li., 214, 222 li., 222 re., 223 re., 229, 235, 240, 272 (Sabine Lubenow) **Getty Images,** München: S. 208 (Reda&Co./Universal Images Group) **Huber-Images,** Garmisch-Partenkirchen: Titelbild (Alessandro Bellani); S. 26, 27 (Franco Cogoli); 30 (Aldo Pavan) **iStock.com,** Calgary (CA): S. 22 (Baloncici); 157 u. re. (AlexRaths) **Markus Kirchgessner,** Frankfurt a. M.: S. 81 **laif,** Köln: S. 125, 156 re., 171 (Pierre Adenis); 258 (CAMERA PRESS/James Lange); 52 (Luigi Caputo); 60/61 (contrasto/Archivio GBB); 15 (contrasto/Matteo de Mayda); 275 u. (eyevine/Graziano Arici); Umschlagklappe vorn, 7 o. li., 180, 254/255 (Jörg Glaescher); 47, 186 re., 201 (hemis.fr/Christian Guy); 287 (hemis.fr/Rene Mattes); 92 li., 103 (Naftali Hilger); 257 (Le Figaro Magazine/ Eric Vandeville); 75, 159 (Loop Images/Slawek Staszczuk); 107 (Eric Martin/Le Figaro Magazine); 32/33 (Heiko Meyer); 185 (Palladium/Barbara Burg + Oliver Schuh); 186 li. (Polaris/Piero Oliosi); 35 li. (Polaris/Anne Ryan); 20, 56, 114 (Polaris/Manuel Silvestri); 294 (robertharding/Lee Frost); 37, 59, 123, 260/261 (Dorothea Schmid); 7 re.(SZ Photo/ Jose Giribas); 35 o. re. (Fulvo Zanettini); 211 (Horst Dieter Zinn) **Look,** München: S. 2/3 (age fotostock); 65 (Sabine Lubenow) **MATO,** Hamburg: S. 92 re., 104, 168 (Guido Baviera); 87 (Matteo Carassale); 120 re., 138, 167 (Franco Cogoli); 62 li., 70 (Olimpio Fantuz); 16 u. (Stefano Scatà) **Mauritius Images,** Mittenwald: S. 221 (Alamy/Alex Armitage); 8 (Alamy/Bailey-Cooper Photography); 19 M., 29, 189 (Alamy/Piere Bonbon); 120 li., 131 (Alamy/ Eden Breitz); 63 M. (Alamy/FP Collection); 21 re. (Alamy/Oxana Medvedeva); 28 (Alamy/Ilpo Musto); 63 o. re. (Alamy/William Perry); 24, 88, 95, 121 M., 147, 172, 177, 198, 223 M., 265, 290/291 (Alamy/ Matthias Scholz); 93 M., 113 (Alamy/Travelpix); 269 (Alamy/Travelstock44); 275 o. (Alamy/Terry Vacha); 23 (CuboImages/Eddy Buttarelli); 93 o. re., 118/119 (CuboImages/Stefano Tripodi); 34 re. (Cultura/Fabio Muzzi); 21 o. (imageBroker/Kevon Galvin); 40 (John Warbuton-Lee/Ken Scicluna); 150 (Novarc/Stefano Paterna); 278 (United Archives/Erich Andres); 271 (United Archives/A. de Gregorio) **Alberto Peratoner,** Venedig (IT): S. 301 **picture-alliance,** Frankfurt a. M.: S. 297 (akg-images); 51 (Kurt Amthor/ imageBroker); 195 (blickwinkel/S. Oehlschlaeger); 281 (Design Pics/Ken Welsh) **Shutterstock.com,** Amsterdam (NL): S. 25 (Alex_dobrii); 121 u. re. (Africa Studio); 187 o. re. (Paolo Bona); 157 li. (Damian Byrne); 238 (Danussa); 144 (frantic00); 7 u. li. (freeskyline); 63 u. re. (HP Productions); 206 (Lee Yiu Tung); 35 u. re. (Boris Medvedev); 43 (Millionstock); 108 (Elena Odareeva); 91 (pisaphotography); 16 o. (David Reilly); 93 u. re. (Vector-3D); 187 u. re. (Vereshchagin Dmitry) **Walter M. Weiss,** Wien: S. 121 o.re., 155, 157 o. re., 183, 202, 217, 282, 307

Umschlagfotos
Titelbild: Der Canal Grande bei Sonnenuntergang
Umschlagklappe vorn: Rialto-Brücke

Kartografie
© DuMont Reiseverlag, Ostfildern

Autor: Walter M. Weiss **Redaktion/Lektorat:** Susanne Pütz **Bildredaktion:** Susanne Pütz, Titelbild: Sima Ebrahimi **Grafisches Konzept und Umschlaggestaltung:** zmyk, Oliver Griep und Jan Spading, Hamburg

Hinweis: Autor und Verlag haben alle Informationen mit größtmöglicher Sorgfalt geprüft. Gleichwohl erfolgen alle Angaben ohne Gewähr. Bitte schreiben Sie uns! Über Ihre Rückmeldung und Ihre Verbesserungsvorschläge freuen wir uns: DuMont Reiseverlag, Postfach 3151, 73751 Ostfildern, info@dumontreise.de, www.dumontreise.de

2., aktualisierte Auflage 2023

Printed in Poland

Offene Fragen*

Schwarze Spaghetti? Saure Sardinen? Wo serviert man denn solche Gerichte?

Geht sie denn nun unter oder nicht?

Seite 264

Stirbt sich's in Venedig eigentlich immer so schön melodramatisch, Herr Visconti, Herr Mann?

Seite 294

Wie bitte? Stehend rudern und mit dem Blick nach vorn?

Seite 260

Ist diese ganze Pracht wirklich nur auf Sand gebaut?

Seite 268

Wo in aller Welt kostet ein kleiner Espresso mehr als 10 €?

Wieso gab es gerade in Venedig das weltweit erste Lazarett und auch das erste Ghetto?

Seite 298, 100

Wo ist das Verlies, aus dem Casanova türmte?

Seite 124

Wie kommt's, dass man in Venedig einen Schatten trinken kann?

Seite 15

Wie? Venedig ist ein Fisch?

Seite 3

Wieso verhalfen ein paar alte Knochen der Seerepublik zu viel Macht?

Seite 270

Löwenmäuler für Lästermäuler? Wo gibt's denn sowas?

Seite 273

** Fragen über Fragen – aber Ihre ist nicht dabei? Dann schreiben Sie an info@dumontreise.de. Über Anregungen für die nächste Ausgabe freuen wir uns.*